JN118764

治安維持法の歴史 Ⅳ

朝鮮の治安維持法

運用の通史

荻野富士夫

六花出版

治安維持法の歴史Ⅳ

朝鮮の治安維持法　運用の通史

◉目次

II　全開する治安維持法――一九二八～三四年　71

◉凡例

一、原則として常用漢字を用いた。

二、史料の引用にあたっては、旧字旧かなは新字新かなとし、カタカナ表記はひらかな表記にあらためた。また、適宜、句読点を付した。難読の語・人名にはルビ（振りかな）を付した。

はじめに

「日本の治安維持法実施」

日本国内以上の「悪法」性

第一次・第二次朝鮮共産党事件に対する京城(キョンソン)地方法院の判決を受けて、一九二七年一一月一六日の『朝鮮日報』社説「思想取締に対して」は、朝鮮における思想取締は日本国内よりはるかに苛酷であり、「出版法、治安維持法其他の制令違反等、幾重にも重なっている」と論じた。

弁護士の角本佐一は「間島(カンド)共産党事件」の官選弁護を受任し、朝鮮における治安維持法運用の実態を知るにおよんで、一九三三年、次のような感想を述べる(『法政新聞』第二七一号、一九三三年九月二〇日)。

本年三月末現在に於ける未決人員は、約二千人の多数を示して居る。之等のものは何れも前途ある青年、或は一家庭の中堅人物にして、今を盛りの活動時期に在る人々である。然るに之等のものに対する刑事政策の現況は全然厳罰主義にして、或は全く教育なき文盲者、又は学窓にある未成年者、共産主義社会主義の何物たるやを解せざるものに対し、全部殆(ほとん)ど稀に二年、普通三年四年、甚しきに至りては五年六年の実刑を以て望み、其資料に提供せられたる記録の如きは、全く専門家ならでは羅列し得ざる言辞を以て飾り、美化されている。

角本は自身はこのような「反社会性」の人間を最も嫌忌するひとりとしつつ、「其処罰の余りにも苛酷であり、法の威信をも失墜する程度のものたるに一驚し」たとする。治安維持法の「法の威信をも失墜する」ほどの「悪法」性に官選弁護人ですら気づき、恐れおののいているといってよい。

一方で、同時代の司法当局者にとって治安維持法による厳重な処断は必然のこととされていた。朝鮮の「共産主義結社」がほとんどすべて朝鮮社会の「共産化」とならんで独立をその目的としており、「朝鮮の独立を企図する点に於ては、普通の独立運動と何等異る処はな」く、「植民地の独立は、統治権の内容を領土的に縮少すると云う意味に於て、国体の変革と為ることは明である」ととらえていた。この見解は、京城地方法院検事局の思想検事佐々木日出男が「植民地独立運動の法律上の性質」という論文（高等法院検事局思想部『思想彙報』第一号、一九三四年一二月）で展開している。

佐々木はそこで法律の解釈は必ずしも立法者の意思に沿ってその適用を制限する必要はなく、それぞれの時点の「国家又は社会に適応したる新しい意義を有せしむべき」ということも述べていた。政治・経済・社会状況の進展にともなって「国家又は社会」は変転していくが、法律の解釈は常にその変転に「適応したる新しい意義」をもつべきとするこの論理は、治安維持法の際限なき拡張解釈を合理化・正当化する。治安維持法制定時の議会における政府の説明にとらわれる必要はなく、時代の変化に即応した解釈が許容されるべきという考え方である。治安維持法が「法の威信をも失墜する」ほどの苛酷さを有するという批判は、一蹴されるべきものだった。

こうした治安維持法の拡張解釈を合理化・正当化する論理は、日本国内においては司法当局者のなかで一九三〇年代後半になって高まり、四一年の二度目の治安維持法「改正」を押し上げていく力となったが、朝鮮において三〇年代半ばに登場していること自体が朝鮮における治安維持法運用の苛酷さを反映しているといってよい。

現在、治安維持法が「悪法」であることは多くの人の共通認識になっているが、その「悪法」の範疇のなかに日本国外での運用が含まれていることは、まだ十分に知られていない。植民地、かいらい国家「満洲国」においてその運用実態は苛酷を極めた。とりわけ朝鮮において「悪法」ぶりが際立っていた。

その「悪法」ぶりについては、統計上の数値からも類推できる。現在確認しうる朝鮮での検察の受理数は約二万六千人以上におよび、起訴者数は約七千人である（一九四三年八月まで）。四五年八月までを含めると、起訴者総数は約七千五百人近くになるであろう。日本国内での検挙者数は約六万八千人で、起訴者数は約七千人である。これらから朝鮮における起訴率は日本国内の約三倍近く高かったことが導かれるが、それは日本国内では不起訴であっても朝鮮においては起訴処分となるという、基準の厳重さを示している。予審という戦前の独特の制度で一部は免訴となるが、大部分は公判へと進み、ほとんどが有罪となった。

したがって、植民地朝鮮で起訴となった約七千五百人（日本人・中国人も少数含まれるが、大部分は朝鮮人）が治安維持法違反事件としての裁判を受けたと推測される。おそらく公判の数としては約一四〇〇件にのぼるだろう。

「いちぶしじゅう」を知りぬくこと

すでに前著『治安維持法の「現場」――治安維持法事件はどう裁かれたか』において引用したが、朝鮮の治安維持法を論じていくうえで、もう一度、治安維持法などが「どうして、どんなにして、つくられたか」という能勢克男の言葉を噛みしめておくことから出発したい。能勢はファシズムに対抗する雑誌『土曜日』の発行責任者として、一九三八年に治安維持法違反で検挙され、懲役二年（執行猶予二年）を科せられた京都の弁護士である。『人民の法律　現代史のながれの中で』（一九四八年）のなかで「どんなに法律としての力をふるって、人民を苦しめたか。――そのいわれいんねんの、いちぶしじゅうを、みなもとにさかのぼって、私たち人民が知りぬき、考えぬいていないということは、危険きわまることだ。もう一度、そういうことが何かにまぎれて、おこって来ないとは、だれもいえない。いや、そういうことは、何度でも、まきかえし、くりかえし、おこって来る」と述べていた。

植民地朝鮮において、治安維持法は「どんなに法律としての力をふるって、人民を苦しめたか」。このことをできるかぎり「いちぶしじゅう」にわたって知ることからはじめなければ、その「悪法」性を明らかにすることはできないだろう。

　この主題に取り組むにあたり、二つのアプローチを試みる。まず、朝鮮における治安維持法運用の二〇年間を、その前史と後史を含めて、通史的に概観することである。本書がそれにあたる。その際に依拠するのは、奥平康弘『治安維持法小史』（一九七七年）の「治安維持法はその成立から崩壊にいたるまでのあいだ、ノッペラボウに一本調子で悪法であったのではない」という視点である。本書は朝鮮における治安維持法運用の二〇年間を四つの時期に区分し、章の構成としている。それぞれの段階で治安維持法が何を対象とし、どのように抑圧していったのかの推移を実証的かつ詳細に明らかにすることが、その「悪法」の「悪法」たる由縁を追及することにつながると考えた。

　一般的には治安維持法の「悪法」ぶりは、警察による検挙と残忍な取調という弾圧の場面でイメージされるが、本書では主に治安維持法違反事件における判決を中心とし、それに連なる警察・検察・予審・公判という司法処分の状況を視野におさめつつ、四つの時期区分を通して追っていく。各段階の取調過程の実際と最終的な判決の検討により、「どんなに法律としての力をふるって、人民を苦しめたか」をみていきたい。

　もう一つ留意したことは、治安維持法を補完する諸治安法令――とくに保安法（一九〇九年）と制令第七号（一九一九年）――を視野に入れて、それらも含めて植民地統治体制の治安維持がどのように図られていったのかを総合的にとらえることである。ただ、出版物の検閲については、ほとんど手が届いていない。

　本書ではこのような観点から治安維持法の運用全般を通史的に考察することになるが、内偵・検挙から判決、そして行刑や保護観察までの一連の司法処分の過程については、別の著作を準備することにしたい。そこでは「朝鮮における治安維持法事件はどのように裁かれたか」という観点からのアプローチとなる（『朝鮮の治安維持法の「現場」』二〇二二年五月刊予定）。

先行研究について

朴慶植（パクキョンシク）は「治安維持法による朝鮮人弾圧」（『季刊現代史』第七号「治安維持法体制」一九七六年六月）で、冒頭に「日本における戦前の「治安維持法」によってもっともひどい弾圧を受け、多くの犠牲を強いられたのは朝鮮人民だった」とし、在日朝鮮人運動の弾圧を含め、「独立運動に治安維持法適用」「治安維持法による大量の死刑判決」などに言及し、その弾圧の全体像をはじめて明らかにした。「天皇制ファシズム支配下の弾圧法規である治安維持法の犠牲を論ずる場合、朝鮮人の犠牲を軽視ないし無視したりすることは、悪逆極まる治安維持法、特高警察の科学的究明に不充分なだけでなく、その思想的根源が問われなければならない」という指摘は重く、重要である。

こうした指摘にも応えるかたちで朝鮮における治安維持法運用の実態解明を精力的に、実証的に押し進めてきたのが水野直樹である。その前半の集成というべき『植民地朝鮮・台湾における治安維持法に関する研究』（科研費研究成果報告書、一九九九年）は、主眼を「「内地」と植民地との違い・差異を明らかにすること」におくとともに、「治安維持法そのものの歴史的性格を植民地における運用の実態を通じて明らかにすること」がめざされた。「治安維持法が植民地に施行されることによって、そしてそれが植民地の解放を目指す運動に適用されることによって、治安維持法の解釈・運用が拡大された」という指摘は、本書にとっても大きな指針と示唆になっている。

その後も水野は、主に韓国で新たに公開された史料群を用いて、上記の視点をさらに実証的に重層的に深める論文を多数公表し、朝鮮における治安維持法運用の苛酷さと植民地法としての本質を追及している。たとえば「植民地独立運動に対する治安維持法の適用」（浅野豊美・松田利彦編『植民地帝国日本の法的構造』二〇〇四年）では、「植民地では「内地」と異なる治安維持法体制が成立した」と結論づけられている。

韓国においては、一九二〇年代の治安維持法運用の初動期などについて個別論文があるものの、まだ二〇年間の運用全般を通観した研究はないようである。

二〇二〇年に刊行された全明赫（チョンミョンヒョク）編著『刑事判決文で見た治安維持法事件と一九二〇年代社会主義運動』と『刑事判決文で見た治安維持法事件と一九三〇～四〇年代初め社会主義運動』は、主に京城地方法院と京城覆審法院の判決を素材に、各治安維持法事件の概要と治安維持法の新たな法解釈について詳細に分析しており、これまでの治安維持法研究の水準を大きく引き上げたといえる。

本書では以上のような先行研究の視点と分析方法に学びつつ、何よりも運用二〇年間の全体像を把握し、とくに日本国内の運用との異同比較を試みることに努めた。

史料の状況

日本国内の治安維持法の運用実態を明らかにするうえで大きな壁となってきたのは、司法処分過程の記録――具体的には警察の聴取書、検事局・予審における各訊問調書、公判記録、判決など――の過半が、敗戦と治安維持法体制「解体」時に焼却処分されたため、残存するものが非常に少ないことである。判決については大審院の判例が確認されるものの、大部分を占める地方法院・控訴院のものは一部が司法省刑事局『思想月報』に掲載されるに止まる。法廷における被告訊問や検察の論告求刑、被告・弁護人の弁論を記載する「公判記録」に至っては、皆無に近いといってよいだろう。

一方で、思想検事を中心とする毎年の思想実務家会同の議事録はかなり残っており（復刻版がある）、各段階において思想検事や予審判事らが当面の焦点となる問題への対応をめぐって意見交換をし、治安維持法の拡大解釈の論理を開発していく経過や、司法省刑事局・大審院検事局によって指導統制がなされていく経過などを、詳細にたどることができる。

これに対して、朝鮮においても日本の敗戦時に史料の焼却処分がなされたと推測される。それでも司法処分の記録――警察・検事局・予審の各訊問調書を中心に、それらと関連する文書類、地方法院・覆審法院・高等法院の各判決――は比較的よく残存している。しかも、それらの多くはデジタル化されて、ウェブ上で公開されている。このことは、韓国で前出『刑事判決文で見た治安維持法事件と一九二〇年代社会主義運動』などが編集刊行される直接的な背景ともなっており、本書でも多大の恩恵を受けている。ただし、日本国内で恒常的に開催されていた思想実務家会同のような場は設定されなかったために、治安維持法運用の全般的および地方的な基準や具体的な運用実態とともに、思想検事や予審判事らの見解の異同を知ることは難しい。

少し具体的にみておこう。まず、「訊問調書」などの史料群は国史編纂委員会「日帝強占期」の「京城地方法院検事局資料」としてウェブ上で閲覧が可能である（한국사데이터베이스（history.go.kr））。朝鮮における刑事裁判においては、「警察訊問調書」や「検事訊問調書」も証拠能力を有するため（日本国内においては新治安維持法施行まではそれらは証拠能力をもつことがなかった）、「予審訊問調書」とともに京城地方法院検事局に保管・所蔵されていたものと思われる。公判での裁判長との一問一答である「公判記録」が含まれることもある。事件によってほぼすべての段階のものが揃っていることもあるが、多くは「警察訊問調書」のみ、あるいは「予審訊問調書」のみなどとバラつきがある。取調官との一問一答の形式であるが、本論でみるようにそこには拷問による自白の強要や調書の捏造などが含まれており、注意が必要となる。証人に対する「訊問調書」も残されている。

ただし、この史料群はある事件がどのように司法処分されていくのかを追跡できる点で貴重だが、その到達点ともいうべき「予審終結決定書」および「判決文」は欠けている。

なお、この「京城地方法院検事局資料」の主要部分は国史編纂委員会『韓民族独立運動史資料集』として活字化されている。全七〇巻中、「中国地域独立運動　裁判記録」「同盟休校事件　裁判記録」「常緑会事件　裁判記録」などが治安維持法関連である（なお、この活字化されたものもウェブ上で閲覧が可能である〔한국사데이터베이스（history.go.kr）〕）。

これと一対をなすものとして高麗大学校図書館漢籍室所蔵の「京城地方法院検事局資料」があるが、私はまだ閲覧ができていない。目録として『稀貴文献　解題』（高麗大学校アジア問題研究所）が利用できる。ただ、朝鮮共産党事件などの「訊問調書」「意見書」「予審請求書」「予審終結決定書」「判決文」などは、金俊燁（キムジュンヨプ）・金昌順（キムチャンスン）共編『韓国共産主義運動史』資料篇Ⅰ・Ⅱ（高麗大学亜細亜問題研究所、一九八〇年）に活字化されて刊行されている。校正中、尹素英さんからこの高麗大学図書館所蔵の「京城地方法院検事局資料」もウェブ上で閲覧できることをご教示いただいた（library.korea.ac.kr）。

韓国国会図書館にも「朝鮮人抗日運動調査記録（朝鮮総督府所蔵）」中の「治安維持法違反」事件記録や「鮮内検事局情報」「思想事件起訴状決定判決写綴」などが所蔵されており、ウェブ上で閲覧可能である〔국회도서관 소장자료검색 전체（nanet.go.kr）〕。ここにも各段階の「訊問調書」や「判決文」が含まれる。

判決文としては、国家記録院所蔵の「独立運動判決文」中に治安維持法事件判決の原本が多数含まれており、ウェブ上で閲覧ができる〔콘텐츠 소개 – 콘텐츠 소개 – 독립운동관련 판결문（archives.go.kr）〕。地方法院判決が中心だが、予審終結決定書、覆審法院・高等法院の各判決もある。ここには保安法違反や制令第七号違反関係の判決文もある。なお、これらは「南」の地方法院と京城・大邱（テグ）覆審と高等法院の判決に限られ、「北」の平壌（ピョンヤン）・咸興（ハムフン）・清津（チョンジン）などの地方法院と平壌覆審法院の判決は含まれない。本書ではこの一群の判決文をもっとも多

く利用している。

本文中に引用した判決文については、ウェブ上で被告人名から検索するほか、判決日を指定して検索すると見ることができる。

ほかに、国家記録院所蔵の「仮出獄」文書と「在所者資料」文書中にやはり多くの治安維持法判決をみることができる（デジタル化されているが、ウェブ上では公開されていない）。前者には、「仮出獄」を許可する際の刑務所保管の行刑資料中に判決文（謄写）が参考資料として含まれている。その資料の性格上、刑務所における行刑状況が判明する点でも貴重である。行刑中の成績や「転向」表明、「上申書」などが一緒にあり、「行刑」そのものについて考えるうえでも重要な史料群となっている。なお、一部に「北」の咸興地方法院・平壌地方法院、平壌覆審法院などの判決を含むのは、「刑務所」間の移送によって「南」の刑務所に籍が移ることがあり、受刑者とともにその関係書類が一式送付されたからである。前述の「独立運動判決文」と重複することもある。「在所者資料」も行刑中の成績などとともに、判決文（謄写）が含まれている。

韓国の出版社から刊行されたいくつかの資料集にも、治安維持法違反事件の判決が収録されている。たとえば、韓国歴史研究会編『日帝下社会運動史資料叢書』第八巻～第一二巻（一九九二年）、金炅一（キムギョンイル）編『日帝下社会運動資料集』第六巻～第一〇巻（二〇〇二年）、韓国教会史文献研究院編『日帝下治安維持法違反公判記録資料集――李鉉相（リヒョンサン）事件――』全九巻（二〇一〇年）などがある。

朝鮮民主主義人民共和国における史料状況については不明である。

*

各章扉および本文中の写真については、明記したもの以外はすべて国史編纂委員会のデータベースによる〔한국사데이터베이스（history.go.kr)〕。

I

治安維持法運用の開始
――一九二五～二七年

被疑者訊問調書

被疑者 朴憲永

右之者ニ對スル治安維持法違反被疑事件ニ付大正十四年十二月十二日新義州地方法院檢事局ニ於テ

朝鮮總督府檢事

朝鮮總督府裁判所書記

列席ノ上檢事ハ被疑者ニ對シ訊問ヲ爲スコト左ノ如シ

問 氏名、年齡、身分、職業、住居、本籍ハ如何

答 氏名ハ朴憲永

「被疑者訊問調書」(新義州地方法院検事局 朴憲永 1925年12月12日)

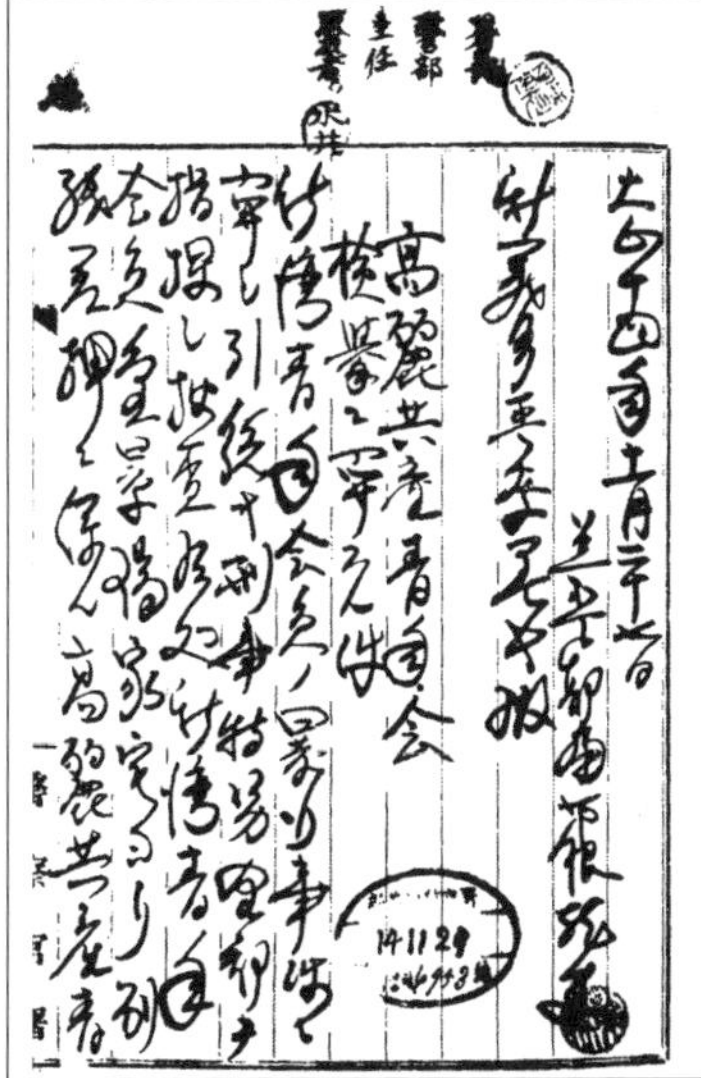

第一次朝鮮共産党事件茅根警部補「高麗共産青年会検挙に関する件」1925年11月27日

一　朝鮮における治安維持法前史

三・一独立運動後の社会運動の取締

植民地朝鮮では、一九一九年の三・一独立運動により大きく治安が動揺したのに加えて、ロシア革命に発する共産主義運動・思想の波及に直面することになった。

一九二二年、日本の第四五議会において過激社会運動取締法案が廃案になってまもなく、五月の検事長・検事正会議で中村竹蔵高等法院検事長は、共産主義の宣伝は今後「過激手段」が予想され、「暗殺、爆弾投擲等の如き兇行は勿論、集団的妄動の起るべきことは必ずしも杞憂」ではないとして、「此の如き妄動起らば無論、宣伝に付ても事案の如何に依り、或は保安法、或は大正八年制令第七号に依り相当処罰を行うの必要あり」と訓示した。ついで、翌二三年五月の同会議では「共産主義」の「蔓延の傾向」がみえるとし、「此の主義に依る各種の社会運動は勿論、単純なる主義宣伝と雖、看過することなく適当の処置を取り、其の思想の瀰漫せざるに先ち、之が防止に努力せられたい」と述べた（『高等法院検事長訓示通牒類纂』『日帝下支配政策資料集』第八巻所収）。

「共産主義」の「蔓延の傾向」については、たとえば一九二三年四月一一日の日本語新聞『朝鮮時報』社説「共産主義者の内外呼応」でも、「不逞思想に投合して、朝鮮を攪乱せんとする事は、多く恐るるに足らない、併しながら茲に悲しむべきは、近時各種の青年界労働者界に雲醸しつつある事、之である。何となれば、之れ実に既に赤化に対する温室ならんとするものであるからである」という観測がなされていた。

この段階の新聞に「東亜共産党の公判　犯罪を犯した動機と経過」（『毎日申報』一九二三年五月一〇日）、「平壌の共産主義者　四十名検挙さる」（『朝鮮新聞』二四年八月二四日）などの記事が散見されるように、「共産主義」に弾圧が加えられていた。朝鮮における治安維持法の施行以前、中村高等法院検事長が具体的に指示したように、「共産主義」の断罪には保安法（一九〇九年）や制令第七号（一九一九年）が活用された。

二三年一月一六日の京城地方法院は週刊新聞『新生活』の関係者朴熙道・金明植・辛日鎔らに、制令第七号違反・新聞紙法違反・出版法違反で懲役二年六月から一年六月の判決を言い渡した。金・辛らの「犯罪事実」は、二二年一一月一一日、「露西亜革命五周年紀年号」と題する『新生活』第一一号で、「共謀の上、現時の我国家統治の基本制度を破壊し、労働者を本位とする共産制の社会を実現する」目的で、「朝鮮に於ける無産民衆に対し共産主義の思想を宣伝鼓吹せんとし」たというものである。同号では金が「露西亜革命を賞讃謳歌し、之を以て世界的革命の第一声なりと註し、暗に我邦に於ても現代に於ける社会組織を破壊すべき革命は避くべからざるものなりと説示し、且無産民衆に対し須く之れに向って奮起すべきことを使嗾せる」文章を、辛が「朝鮮無産民衆に対し露西亜に於けるが如き新社会の現出に努力すべきことを使嗾せる」文章を掲載したことが、「安寧秩序」妨害の制令第七号に該当するとされた。

金らは同号の文章が朝鮮の独立を目的としていないこと、制令第七号の規定を適用することの誤りを主張したが、判決は「同令は必ずしも朝鮮の独立を目的とする犯行にのみ適用せらるべきに非ずして、苟も政治の変革を目的とする限りは其の政治変革の具体的の趣意の何たるを問わず之を適用するの法意なること、其の法文自体に照し毫も疑なき所」という認定だった（「独立運動判決文」、国家記録院所蔵）。この判決以降、「共産主義思想」の宣伝の処罰に制令第七号が適用されることが標準となった。

一一月一九日の京城地方法院判決でも、こうした言論活動が問われた。月刊誌『新天地』九月号掲載の「総ての弱者階級に訴えて団結を促す」という評論で、兪炳璣が発行者朴済鎬とともに制令第七号第一条違反として各懲役一年を科された。そこでは「征服されたる植民地を解放せしめ、同じ境遇の弱者と共に征服者又は搾取者階級を倒壊し、理想の社会の建設に努力するに如かず」「総ての弱者は国家的観念を超越して反抗せんとする者を扶助すべし」などの文章により、「世人を煽動して現在の政治組織を一変する為め、安寧秩序を妨害せしめんことを企て」たとされた（「独立運動判決文」）。

言論活動以上に実行行為があるとみなされた場合は、制令第七号違反はさらに重罪とされた。上海で高麗共産党に入党し、モスクワの東洋民族大会に出席した義烈団の団員金始顕、黄鈺ら一二人になされた二三年八月二一日の京城地方法院の判決のうち、李賢俊に対しては制令第七号違反で懲役五年という重罪が科せられた。東洋民族大会の「意嚮は極東の民族は一般の智識幼稚にして、口筆にて共産主義を宣伝するも其の効果なきにより、爆弾其の他の兇器を使用し破壊暗殺を実行し、日本政府及資本主義を倒して民族を覚醒せんとするにあるを知り」ながら、朝鮮に戻り、「安寧秩序」妨害を試みようとしたとされる（「独立運動判決文」）。

保安法の場合は、明確な政治的な意図を伴わない民族思想の噴出・吐露の処断に用いられている。その一例として、一九二二年六月一六日、京城地方法院が南癸福（農業、四八歳）に対して保安法第七条を適用した懲役六月の判決がある。「狷介にして予て帝国の政治に悦服せざる者なる」被告は、納税の督促に対して「我韓国は既に亡びたるに汝等は何人の命に因り税金を徴収するや、韓国再び独立の暁には納入すべきも、爰んぞ今日之を納むべき理由あらんや、汝等若し朝鮮民族たらば須らく倭奴の走狗たるを止めよ、との趣旨を揚言」して、「政治に関し不穏の言論を為し、因て治安を妨害したる」（「独立運動判決文」）という認定である。

なお、後述するように、制令第七号や保安法は治安維持法の施行とともに役割を終えたわけではなく、その後も治安維持法を補完するかたちで適用されていく。

朝鮮の「特殊の事情」

一九二五年二月七日の日本語新聞『朝鮮新聞』は「朝鮮と治安維持法案　警務局でも研究調査中」という記事のなかで、起案中の治安維持法案について、「朝鮮としては内地以上に其必要が痛感されて居るので警務当局でも夫々研究を重ねて居る……朝鮮には特殊の事情もあり、旁々同法案其儘実施となるや、或は多少修正を見るやは全く同法案の如何に在る」と観測していた。ここで朝鮮の「特殊の事情」とは、民族独立運動の取締という以上に、前述のような「共産主義」の「蔓延の傾向」への対応と見るべきだろう。それは、第五〇議会の衆議院治安維持法特別委員会における下岡忠治政務総監の次のような答弁（一九二五年二月二四日）にうかがえる。

序に申上げますが、此治安維持法のような法律は、朝鮮に於ても是非必要なものであると考えて居ります、若し之が制定せられると云う場合に於ては、必ず之を朝鮮にも施行して貰いたい希望を持っております、現在に於ても一の制令がありまして、政治を変革する目的を以て安寧秩序を抗害し、又は妨害せむとしたる者は云々、之を煽動する者云々と云うようなことがありまして、其制令に一種の規定はありますけれども、其れでは少し範囲が狭く、過激派共産主義の宣伝の如きはそれに包含し難いものである、又他の意味に於ても政体国体を云々するような事柄は、今の制令の条項には当嵌まらない、随て其範囲が狭いのでありますから、若し此法律が出来ると云うことであるならば、朝鮮にも是非施行して貰いたいと云う考を持って居ります。

総督府当局者が治安維持法案に期待しているのは、「過激派共産主義の宣伝の如き」ものの取締であった。現実的には制令第七号を拡大解釈するかたちでそれらを取締ってはいるが、「其範囲が狭い」と認めざるをえず、より広範囲に厳重に取締ることのできる治安維持法が待望されていたといえる。斎藤実総督の三月五日『京城日報』(日本語新聞)の談話には、「万一これが通過せぬとなれば其の対策としては朝鮮には制令があるので、もし国体を破壊せんとするが如き行動を現すものでもあるとすれば、此の制令を発布して取り締まるまでの事であって、治安維持法案が通過せねば通過せぬで、其時にはこれ等によって又新なる対策を考える心算である」とある。この「国体を破壊せんとするが如き行動」が「過激派共産主義の宣伝の如き」と同義であることは、次に述べる施行前後の総督府の治安当局者の言動が裏づける。斎藤のいう「国体」の破壊とは、独立運動を指していない。

治安維持法が四月二二日に公布されると、五月八日の勅令第一七五号「治安維持法を朝鮮、台湾及樺太に施行するの件」により、日本国内と同じく朝鮮でも五月一二日から施行された。

独立運動適用の「解決」

一九二五年三月七日、第五〇議会で治安維持法が成立すると、総督府の治安当局は施行の準備を始めた。まず新聞の報じるところからその状況をみてみる。

五月三日『京城日報』によれば、三矢宮松警務局長は「治安維持法なるものは全然、其の法律の性質を異にして居るのであるから、制令第七号は勿論其の儘存置して置く事になって居る」と発言したという。五月一二日『東亜日報』には警務局高等警察課長田中武雄の「制令はその目標が独立運動者にあり、治安維持法は無政府主義者や共産主義者にあるだけで、実質においては共通する点が多く、実際、制令でも無政府主義者や共産主義者を十分に取り締まることができると同時に、治安維持法でも独立運動者を十分に取り締まることができる」という談話がある。治安維持法の目的が「無政府主義者や共産主義者」にあること、独立運動取締を目的とする制令第七号はそのまま存続すること、さらに両治安法令が独立運動と共産主義運動のいずれをも対象とすることが示されている。

そして、五月一八日の道知事会議において下岡忠治政務総監は大陸と陸続きの朝鮮では「種々の思想、殊に矯激なる思想の流入伝播する」危険性が大きいとして、これらに対して準備と警戒とを怠らず厳重な取締をおこなう必要があるとしたうえで、新たに朝鮮にも治安維持法が施行されることになり、「思想取締上の法規一層完きを得たる」とする。各道知事に向けて司法官憲とよく連絡協調を保ち、「大正八年制令第七号と相俟って其の運用宜しきを制し、事を未然に防止すると共に、苟も国家社会の存立を危うせんとするが如き、又は朝鮮統治の大方針に悖るが如き非違を企つる徒輩あらば、寸毫の仮借なく処罰するを要する」と訓示した（朝鮮総督府官房文書課編『論告・訓示・演述総攬』、一九四一年）。

治安維持法の目的が「矯激なる思想の流入伝播」の防遏にあること、制令第七号に加えて「思想、取締上の法規一層完きを得たる」ことが治安当局者に自覚されている。国家社会の存立や朝鮮統治を揺るがす「非違を企つる徒輩」に対する「寸毫の仮借」ない処罰の方針は、その後の植民地統治二〇年を通じて徹底的な弾圧として実行された。

司法関係では、司法官会議に出席した釜山地方法院検事正杉村逸楼が「治安維持法を適用して　朝鮮の労働運動や小作争議を厳重に取締る　釜山は内鮮の連絡地だけに最も注意」（『朝鮮時報』五月七日）と語る。また、五月一四日の『釜山日報』にも杉村の「現行法の欠陥はこれで十分補われる事になる　悪用すれば甚しき害毒を　国体国憲の安固を期する」という談話が載る。

司法官会議での協定事項として、施行の翌日五月一三日に高等法院検事長から検事長・検事正宛に「無政府主義又は共産主義の宣伝、其の実行の煽動、又は結社の組織、其の他同主義運動に関する事実にして、他の管内にも連絡あり、又は影響を及ぼす虞(おそれ)ありと認むるもの、若(もし)くは其の運動の方法等検察事務の参考となるべきものと認むるものは、相互に通報を為すこと」(『日帝下支配政策資料集』第八巻)という通牒が発せられた。

ついで六月一三日の「治安維持法の適用に関する件」という高等法院検事長の各検事長・検事正宛の通牒では、「朝鮮を独立せしむることを目的とし結社を組織し、又は情を知りて之に加入し、或は其の目的事項の実行に関し協議を為し、又は其の実行を煽動したる者等に対しては治安維持法を適用すべきものと解決候条、此の趣旨に依り取扱相成度」(『日帝下支配政策資料集』第九巻)と指示された。施行から一カ月を経過したこの通牒は、民族独立運動に対して治安維持法を適用することに「解決」がついたというもので、治安維持法施行段階では独立運動への適用が未解決で、自明のことではなかったことがわかる。施行時点で治安維持法は「無政府主義又は共産主義の宣伝、其の実行の煽動、又は結社の組織、其の他同主義運動」の取締が想定されていた。

この独立運動への治安維持法適用の「解決」について、野村調太郎高等法院判事の「治安維持法と朝鮮独立運動」(『普声』第二号、一九二五年六月)は一つの見解を提示している。野村は独立運動の取締において制令第七号では「政治の変革」、治安維持法では「国体の変革」、そして保安法では政治に関する不穏の言論という、それぞれ異なった態様・領域の処罰を想定しているとしたうえで、次のように整理する。

(一)結社の組織及知情加入　朝鮮の独立を目的として結社を組織し又は情を知りて之に加入するも、同志の間に止まる場合には、未だ制令に所謂治安を妨害し又は妨害せんとしたるものとは謂われない、随って制令違反には為らないけれども、治安維持法に所謂国体を変革することを目的として結社を組織し、又は知情加入した者と謂うに該当する。

(二)目的たる事項の実行協議及実行煽動　朝鮮の独立を目的とする実行行為にして適法の手段があるとは想像し得ないから、其の協議及煽動は多くは治安妨害の予備若は陰謀と謂うことに為る、随って従前も治安を妨害せんとしたものとして制令に依って処罰されたのであるが、新法に適当な規定を設けられたのであるから、制令は此の部分に関する規定は廃止されたことに為る。即ち此の種の行為に対しては制令の適用は排除されたものと解すべきであろう。

朝鮮独立のための結社の組織や加入、その目的実行のための協議や煽動は新たな治安維持法の領域となり、結社によらない独立運動の宣伝や煽動は従前の制令第七号や保安法の領域とするという整理である。後述するように、治安維持法の初期の運用段階ではとくに治安維持法と制令第七号の適用について混沌としているが、治安維持法の運用が軌道に乗り、安定すると、ほぼ野村の整理した方向で、これら三つの治安法令の住み分けが定着していくといってよい。

こうした整理をおこなう野村論文で、もう一つのことも注目される。「治安維持法は主として社会主義的過激運動を取締らんとする趣旨に於て制定されたものに違ないけれども、是れ亦法律制定の具体的動機たるに止まる、縦しや立法の理由は其所にあったとしても、成法の解釈としては去様な具体的事由に拘束されないで法文に現われた所の意義と治安維持という法の根本精神とに依って、其の適用範囲を定めねばならない」という認識である。前述の佐々木日出男検事と同様に、「社会主義的過激運動」取締という「具体的事由」に拘束される必要はなく、時代の要請に応じて「其の適用範囲」は拡大できるという見解が施行直後の段階で早くも提示されたことは驚きだが、むしろこうした治安法令が拡張解釈の余地を内包していることをその運用当事者が率直に語ったというべきだろう。

警察の事前「警告」

警察当局を中心とする具体的な準備状況をみよう。一九二五年四月二六日の『朝鮮新聞』は「治安維持法愈々朝鮮に　勅令で実施」として、警務局の薄田美朝事務官の談話を載せる。治安維持法の実施にあたり、「最近の左傾団体、思想団体等蠢動に対して此法令を如何に適用すべきか判明はしないが、兎も角法令実施に伴い一応の注意を促し、然る後に断々乎として法の適用と云う順序となる訳であろうと思う」という。事前に「左傾団体、思想団体等」に「注意」という警告を発するこの方針は、まもなく実行されていく。

「第五十一回帝国議会説明資料」（『朝鮮総督府帝国議会説明資料』第一三巻）によれば、各警察署は朝鮮各地にある一五六の「要注意団体」（思想団体・青年団体・労働組合など）幹部に「本法の趣旨を説明して今後の行動に関し厳重警告を与」えたという。具体的には運動を慎めという「注意」で、これまでのような活動をすれば治安維持法を発動するぞという「厳重警告」であったはずである。五月一七日『釜山日報』には「治安維持法は一応注意を促し　尚聞かねば適用」という斎藤総督談が載る。

五月八日の『朝鮮時報』は「治安法の適用で震い戦く鮮人主義者　慶南警察部のブラックリストに　載って居る思想団体は二十　根底のない慶南の主義者　上ッ調子の蠢動に過ぎぬ　之れから厳重に取締る」と報じ、五月二三日の『朝鮮新聞』は「朝鮮と治安維持法　取締りは竣烈を極む　素より温情主義に依るがと　警憲長会議で一致」という見出しのもと、「道に依りては最も峻烈な取締方針を執ることあるも止むを得ざるべきが、大体に於て出来得るだけ取締を要する方面に対しては注意を与え自省せしめる方法を執り、□□暴挙を敢行する者に対しては徹底的取締を断行すると云うことに意見の一致を見つつあることと仄聞する」と報じた。

水野直樹「治安維持法の制定と植民地朝鮮」（『人文学報』第八三号、二〇〇〇年）は「総督府警察当局のねらいは、前年の「治安警察令案」でもくろんでいた労働争議・小作争議の事前妨止、団体行動の阻止を治安維持法の威力を借りて行なおうとするところにあったのではないか、と推測される」とするが、その指摘は社会運動団体への「警告」の事実と照応する。ほぼ一年前、「治安警察令の起案に警務局で手を着け始めた　内地の第十七条を其儘朝鮮へ？」（『京城日報』一九二四年四月一九日）という動きがあったのである。朝鮮では未施行の治安警察法の実施が画策されていた。

治安維持法の施行は警察当局を「警告」の域にとどめておかなかった。社会団体の解散や集会の禁止という具体的抑圧を加え始めた。七月五日『朝鮮日報』の報じる「児童運動会を治安維持法により禁止　優勝旗まで押収し端午運動会を禁止して　朝天駐在所の横暴」はその一例である。一〇月三一日の『朝鮮新聞』には「危険分子の研究会中止」として、「本月初旬治安により解散を命ぜられた苦学生を以て組織する朝鮮共栄会は、解散命令を発した鐘路署管内より本町署管内に移り、更に学生科学研究会なるものの創立を企図して本町署で禁止され、其れにも懲り、卅一日社会思想に関する大講演会を開催せんとして術策を講じ、鐘路署を欺瞞せんとして発覚し、断然禁止されたが、同署高等係では是を機会に同派の不良分子を徹底的に処分する意嚮である」という記事が載る。

また、一〇月八日の『東亜日報』には「治安妨害を口実に　黄青聯盟会禁止　表裡不同の載寧警察当局　治安維持法適用？」とある。「黄青聯盟会」は黄海道青年聯盟会である。朝鮮共栄会も黄海道青年聯盟会も、治安維持法を適用するという威嚇を受けて解散を余儀なくされたのだろう。それは本来の治安維持法の法益とは異なるが、治安維持法の茫漠ながらも絶大な威力をもつ取締法というイメージに乗って、警察当局が一気呵成に社会運動側に脅威を与えたことを推測させる。二六年一月二〇日の『朝鮮新聞』は「主義運動は深く進むのか　此頃の鮮内事情」という見出しで、「共産、虚無、社会主義と鮮内の主義運動は逐年盛になって来て、漸く此種の主義運動は全鮮に瀰漫したが、昨年治安維持法施行以来、主義運動に対する当局の禁圧で屏息(へいそく)の状態にある模様である」と観測している。治安維持法に内包される行政警察機能も発揮され始めた。

社会運動側への脅威

治安維持法の施行前後、警察の発した、運動を慎めという「注意」という名の「警告」は、社会運動側にとって大きな脅威となった。新聞各紙を見ると、「各左傾団体運命　解散、屈服の分岐点で」(『毎日申報』一九二五年五月九日)、「左傾団体は一刀両断か　治安維持法を振翳(ふりかざ)して　主義者は大ビクビク」(『朝鮮時報』五月一六日)という具合である。さらに一九二五年五月三〇日の『朝鮮新聞』は「治安維持法で左傾連閉塞か」として、「治安維持法施行以来左傾団体は恐怖不安に襲われて居た模様であるが、全く最近は其蠢動を絶った模様である、警務当局の談に依ると、最近は左傾団体の会合すら碌々ない、従って蠢動なぞ殆(ほとん)ど無い、伝家の宝刀は遂に抜くに及ばない形勢にある……茲暫(ここしば)らくは左傾分子は八方塞(ふさが)りの状態に在る」と伝えた。七月一〇日の『朝鮮時報』には「「治安維持法」に脅えて　影を潜めた鮮人主義者　モウこれからは手も足も出ぬ　警察官憲も之で一安心か」とある。

なお、総督府系の『京城日報』は治安維持法施行直後の五月一三日、「手も足も出ぬ朝鮮の主義者　治安法施行前から　八方塞がりの悲境」と題する記事に、馬野精一京畿道警察部長の「治安法に依って殊更に彼等に解散などを命ぜずとも、彼等はもう世間からは顧みられず、内訌は益々甚しく、主義運動の前途は蓋し灯り尽そうとする蝋燭の如きものであろう」という談話を載せている。運動の実態を表すというより、「手も足も出ぬ」状況にしておきたい当局者の願望と読むべきだろう。警察当局は治安維持法の施行を機に、そうした状況をしゃにむに作っていった。

後述する治安維持法の初期運用段階における『朝鮮日報』記者辛日鎔の京城地方法院の公判は、辛の国外逃亡によって中止されたが、帰国後の検挙で再開された公判（一九三三年七月二八日）で、その逃亡の理由を辛は「改正前の治安維持法制定当時の事であり、同法は違反者に対しては非常に厳罰を科することになって居り、鮮内に於ては当時未だ同法に依り処罰せられたる者なく、一度弁護人に相談したる処最初の事にて全く見当が着かぬとのことなりし為め、被告人は既に処罰せられて拘禁生活の辛さを経験して居りますので重く処罰せられることを恐れ」（「公判調書」〔京城地方法院検事局資料〕、国史編纂委員会）たためと述べている。この公判は二五年一〇月に開廷され、最初の治安維持法公判になるはずだったが、辛が厳罰を科せられることに強い恐怖を覚えていたことを示している。

朝鮮社会の批判的反応

治安維持法施行に対する朝鮮社会の受け止め方はどうだったのだろうか。やはりここでも各新聞の反応からその一端を見るほかない。

代表的な朝鮮語新聞『東亜日報』『朝鮮日報』『時代日報』『毎日申報』などは、一九二五年五月一二日の施行を期に政府の発表した「治安維持法釈義」を数回にわたって掲載している。そして、その後、一九三〇年代終盤まで治安維持法関係の検挙・裁判などの記事は実に頻繁に掲載された。日本国内での報道に比べてもはるかに多い。たとえば、『朝鮮日報』（朝鮮総督府により一九四〇年八月廃刊）のデータベースを「治安維持法」で検索すると、約四三〇〇件がヒットする。朝鮮共産党事件などの重要事件では、長文の予審終結決定書や判決文を連載する。治安維持法の運用がピークに達する一九三〇年代前半、各紙社会面は事件検挙・予審終結・公判の記事が際立って多い。それらは新聞読者とその背後の社会の関心の強さを反映するといってよい。

なお、雑誌『開闢』第六四号（一九二五年一二月一日）に「日本の治安維持法実施」と題する一コマ漫画が載っている（「はじめに」の扉）。「乙丑年中十六大事件」の一つとして取りあげられたもので、すでに「集会厳禁」や「言論圧迫」で弾圧されている「民衆」に、さらに治安維持法が打撃を加えるものとして描かれている。

二五年末、警務局は帝国議会向けの「説明資料（高等関係）」（『朝鮮総督府帝国議会説明資料』⑬）のなかで、治安維持法に対する朝鮮社会各層の反応を記している。「有識階級有産階級」が「不穏行動を取締るに最適当なる法律」と肯定的に評価する一方、「主義者、農村運動者、又は労働運動者」は「悪法の実施に依り益刺戟せられ、一層熾烈の度を加うる」「思想は思想を以てする原則を無視し、権力を以て思想を抑圧せんとするものにして、到底其の目的を達せられざるは歴史の能く証明する所なり」という反応だったとする。また、「其の他」として、参政権の付与については「民度低級」を理由に拒否しながら治安維持法のような取締法は「民度の如何」にかかわらず実施するのは「一視同仁の趣旨」に反すると批判する者、普選が実施されていない朝鮮に治安維持法のみを施行するのは「差別的取扱にして矛盾も亦甚し」と批判する者などもあったとする。

朝鮮社会全般において、植民地統治をさらに厳しくする治安維持法の施行については批判的なものが少なくなかったといえよう。

「不幸な一群の魚族」――朝鮮語新聞の論調

『朝鮮日報』と『東亜日報』は、社説で治安維持法の制定・改正、その運用に積極的な論評を加えている。ここでは施行前後の社説を概観する。

『朝鮮日報』では一九二五年二月二四日に「日本治維法案と普選案」を論じたあと、三月七日の「朝鮮と治安法」では制令第七号と治安維持法が「全朝鮮を天と地を覆う網の中に放り込むことになり」、すべての者がこの網にとりこまれると予測する。三月二〇日には「治安と不安」と題する社説を掲げる。支配階級は既得の利益と権力・地位を保全するために治安の維持を名目に被支配階級の不満と反抗を抑圧し、その利益と権利・地位を蹂躙する。被支配階級は必然的に不満と不安と反感を持つようになり、それゆえに支配階級もまた不安と恐怖を感じることになるとする。「結局、不安と治安は、階級的意識によってどちらにもあてはまる同質的な観念だ」と論を展開し、「独立運動も社会運動も治安維持法の威力下に鎮圧され、服従させられてしまうのか？　治安維持法によってもたらされる朝鮮の治安は、朝鮮人にとっての不安を意味する治安であるだろう」と、治安維持法制定のもつ意味を冷静に見通す。

四月二五日の「治安維持法案の実施」では、普通選挙法と治安維持法が加藤高明内閣によって成立した意味を「矛盾撞着の好対照」とみなして、「それほどに日本の政治的現状が十字路に立っていることが、非常に興味深い事実である」と歴史的視野のなかに位置づける。つづく四月三〇日の社説「再び治安維持法の実施に対して」は、次のような寓話から始まる。

ここに不幸な一群の魚族がいる。怯えてあっちに引っ張られ、こっちに引き寄せられ、ついに干上がった沼地の囲いの中に捕らわれの身となり、絶え絶えだった息が一瞬のうちに止められた。たとえ漁夫の巧妙な手際でなくとも十分その一挙手一投足で一族を奪われるところだが、いわんや緻密な漁網と悪辣な手際で不意打ちを仕掛けさえすれば、一網打尽にした一族全員を滅亡させることなどは朝飯前の簡単なことなのだ。

治安維持法施行後の状況が的確に予測されている。それまでの数編の社説は沈着冷静に、大きな視野に立って治安維持法の意味を確認する作業であったが、施行が迫るなかで、強い言葉でその「緻密な漁網と悪辣な手際」がもたらす苛酷な結果を糾弾する。

さらに「ずる賢い策略と権力の圧迫によってすべての要求を根絶しようとすることは、もしもそれが一時の過ちでなかったなら、最も愚かな、人道に対する冒瀆である」「朝鮮人としての当然に叫ばずにはいられないすべての政治的・経済的要求に対して、まったくわずかの容赦もなく全民族の監禁を強制する大きな新たな脅威である」と畳みかける。最後は「今日のような朝鮮の政治状態と経済状態が完全に日本の帝国主義と資本主義の二重の支配下にあること、またこのような二重の支配の基調と朝鮮の全民衆の生存原理とは到底調和しないという事実を認めざるをえない。それゆえに、日本の現政治と現経済組織をどこまでも擁護しようとする今回の治安維持法案も、朝鮮民衆のすべての政治的・社会的運動において、互いに決して両立しない関係があることはこれ以上何も言う必要がないほど明白だ。法律という抽象的範疇と、生活という具体的事実が、最後まで格闘することをやめないだろう」と結ぶ。迫りくる治安維持法の脅威と真っ向から対峙しようとする決意に満ちている。

『東亜日報』では、治安維持法案の立案段階から論評を加えている。二五年一月三一日の社説「日本政治家の固陋を笑う　所謂治安維持法案」では法案成立までの経緯と動機に言及し、「法案の実質からみて前回の過激法案と今回の治安維持法とは、同工異曲になるしかない」と断じて、「我々はどのような定見や高遠な理想も持たず、現在の案件に跼天蹐地し、自己擁護に汲々とする日本政治家に憐憫の情を禁じがたい」とする。ついで、二月二三日社説「治安維持法と朝鮮との関係」では、次のように論じている。

朝鮮と日本の間において朝鮮人が、日本の国体または政体を変革する目的で、朝日関係から結社を組織する必要も理由もないが、私有財産制度の問題にいたっては朝鮮人の結社組織と深い関係があるように思われる。なぜなら、朝鮮においては法律の適用と条文の解釈が日本よりはるかに過酷であるからだ。……その条文を任意に適用し、また解釈することで朝鮮人の善意が大きな迫害にさらされることは、総督政治の本質から明らかである。朝鮮人にとっては、従来の新聞紙法や制令にさらに治安維持法が加わり、三重の拘束に縛られるようになる。

早くも制定後の治安維持法が拡張解釈の一途をたどり、従来の治安法令に加えて「三重の拘束」となることを予測している。また、『東亜日報』の記者が治安維持法案の解釈において、「国体」変革が朝鮮にとって無関係であり、民族独立運動が取締の対象となることも想定していないことが類推される。

この「三重の拘束」に関しては、もっとも懸念される問題であった。治安維持法施行翌日の五月一三日社説は「治安維持法実施に対して　どのような影響を及ぼすか」で、「果たして朝鮮でこの法案を実施すべき根拠は、どこにあるのだろうか。すでにあらゆる峻厳な法網が敷かれている朝鮮になおその法律が実施されるというのは、現在の専制政治、圧迫政治、脅威政治である総督政治が、朝鮮民衆にとってより一層心理的に深刻な悪影響を与えるのみではないだろうか。しかも治安維持法ではなく、制令七号だけでも十分現在の思想運動を形式的には圧殺できるはずである」と再論する。それゆえ、この社説では朝鮮の「病理的社会現象」の根本要因の責任こそ「すべて朝鮮総督府の当局者とその実行政策にある」と言い切り、「姑息的法網にすがりつくことによって社会の表面に浮かぶ混乱を回避するのではなく、社会の奥側に潜んでいる根本問題、すなわち生活安定のような重大問題を解決しなければならない」と論じた。

五月一六日社説「治安維持法の解釈について」には、「私有財産制度」否認や「宣伝」「煽動」などの解釈が曖昧で、「結局、司法官の任意処分に任せる関係で大きな不安を感ぜざるを得ない」とする。しかも「朝鮮の司法官は普通、民事はさておいても刑事はとくに思想問題においてはその都度総督府の政策に支配され、また政策ではない場合も、法律を法律のまま解釈し適用するのではなく、自己の気分や感情を主観的に取り入れ偏見や誤解で臨むので、現代の法治思想すら彼らにとっては過激思想になるばかりである」と述べて、わずかな望みは「悪法の細網を通してひたすら朝鮮における頑固な司法官の古い専断を監視するだけ」とする。

これらの論調は、朝鮮社会における治安維持法の施行に大きな脅威と不安を代弁しているといえよう。

なお、総督府系の日本語新聞『京城日報』に二度掲載された社説のスタンスは、『朝鮮日報』や『東亜日報』とは異なる。衆議院を通過した段階の二五年三月一一日社説「治安維持法を悪法たらしむる勿れ　当局者に望む」は、治安維持法は「過激なる共産主義者」の取締には必要であるとする立場をとり、「若し社会主義者にして真面目に我国の実際政治にその力を揮わんとするならば、本法の禁じない範囲に於て、幾らも行動の自由を有つ筈」とする。それでも世評の「悪法」という懸念を取り除くためには、「本法の運用に当る当局者に対して、議会に於ける政府委員の説明を能く咀嚼し、充分に理解して、毫も思想の圧迫、言論の拘束がましきことなき様、飽迄細心、慎重ならんことを望まねばならぬ」とする。

施行直後の五月一四日社説「治維法愈よ施行」は、政府公表の「適用釈義」を読むと、予想に反して「随分「悪法」的分子が多量に含まれている」ことを認めざるをえないとし、「若し此法を無暗に振廻したならば、それこそ一切の言論、出版、集会、結社の自由は脅威せられざるを得ない」とする。最後では「本法の如きは、本質的に悪法となり易き欠陥を多量に有っている」と認めつつも、なお「国家に対する禍害」の除去は必要とする立場から「我等は最早、当局の健全なる常識と慎重なる用意とに信頼する外は無い」と良識的な運用を懇願するしかない。

しかし、治安維持法運用の実際は、「此法を無暗に振廻し」「一切の言論、出版、集会、結社の自由」を奪い取るという「悪法」そのものとなった。

二 朝鮮における運用の開始

公判中の思想事件への適用

治安維持法案の議会審議でその濫用に釘を刺されたこともあり、施行からしばらく日本国内では抑制的な運用が図られた。一九二八年の三・一五事件で堰を切ったかのように治安維持法の運用は一挙に全開するが、この間には一九二六年一月の京都学連事件、二七年一一月の北海道の集産党事件への適用にとどまった。これに対して植民地朝鮮においては、前述のように治安維持法の直接の法益とは異なる次元での行政警察的抑圧に早くも威力を発揮する一方、施行とともに積極的な運用に踏み切ることに躊躇はなかった。

治安維持法違反とみなした検挙による事件の立件化に先立ち、制令第七号違反・保安法違反として公判ないし予審進行中の事件に治安維持法の適用が考慮されるケースが生じた。

現在、確認しうる初出の事例は、一九二五年六月二四日の京城覆審法院における朴東根（パクドングン）への判決である。五月八日の清津（チョンジン）地方法院で強盗および制令第七号違反に該当するとして下した懲役二年六月の有罪判決に対して、被告が控訴した。朝鮮の独立を目的として組織された大同会に加入、通信員として活動し、多数とともに治安の妨害を企てたことが犯罪事実とされた。覆審法院判決では犯罪後の法律により刑の変更があったとして、「新法に依れば治安維持法第一条第一項に、旧法に依れば大正八年制令第七号第一条第一項に各該当」するとしたうえで、「右二者の刑を比照するに、其犯情後者たる制令第七号の刑軽しと認むるを以て之を適用」するとした。結果的には第一審と同じく制令第七号が適用され、量刑も変わらなかった（「独立運動判決文」、国家記録院所蔵）。

六月二六日の京城覆審法院の蔡徳勝（チェドクスン）（朝鮮独立を目的とする韓民会に加入、強盗などの実行）に対する判決も、同様である。この事件は高等法院に上告されたが、八月二四日の判決で棄却されている（「独立運動判決文」）。

六月二七日の大邱（テグ）覆審法院の判決はやや複雑である。三月二五日の公州（コンジュ）地方法院木浦（モクポ）支庁判決で保安法違反を問われて懲役一〇月の有罪となった私立学校教員任在甲（イムジェカプ）が控訴した。政治の変革を目的に「講演団」を組織し、朝鮮の民族性が寛大、博愛、礼儀、廉潔（れんけつ）、自尊にあることなどの講演を団員にさせたほか、革命歌を高唱したというもので、覆審法院の公判で検察は治安維持法第一条にも該当するとし、制令第七号と比照して処断すべき旨主張した。これに対して、判決では「結社とは多数が共同の目的の為に任意に永続的に結合せる組織的の団体を指称するものに外ならず、然るに本件被告人……等の所為が未だ以て右の如き団体を形成せるものと認むるを得ざる」として、治安維持法の適用を認めなかった。なお、判決では第一審の保安法違反を変更し、制令第七号違反を適用した（「独立運動判決文」）。

九月一二日に京城地方法院で判決（各懲役三年）のあった鄭在達（チョンジェダル）・李載馥（イジェボク）の「朝鮮共産党準備事件」は、予審進行中に治安維持法が施行された。事件は二四年九月、京城鐘路（チョンノ）警察署に検挙された時から制令第七号違反として進行していた。二四年一〇月三〇日の京城地方法院検事局検事平山正祥の「予審請求書」でも制令第七号違反の名義となっており、「犯罪事実」は「被告等は共産主義の宣伝に因り朝鮮に於ける政治の変革を企図し……安寧秩序を妨害したるものなり」とされた。

ところが、二五年七月二四日の京城地方法院予審判事藤村英の予審終結決定での「犯罪事実」は「何れも私有財産制度を否認することを目的とする高麗（コリョ）共産党の組織実現に関与尽瘁（じんすい）し、以て安寧秩序を妨害せんとしたるものなり」とされ、「被告等の所為は大正八年制令第七号第一条、治安維持法第一条、刑法第六条を適用処断すべきものと認める」となった。予審段階で治安維持法適用が追加されたことになる。

各懲役三年となった九月一二日の京城地方法院判決では、「犯罪時の法令に依れば大正八年制令第七号第一条第一項本文に該当し、新法に依れば治安維持法第一条第二項（未遂罪――引用者注）に該当する犯罪なる」とし、「比較するに毫も其軽重なきが故に、右制令第七号第一条第一項本文を適用」とした。ここで注目すべきは、量刑では制令第七号も治安維持法も同じだったにもかかわらず、適用は制令第七号が優先されたことである（以上、『韓国共産主義運動史』資料編Ⅰ）。

なお、七月二七日の朴熙彬（パクヒィヒン）に対する高等法院判決（四月三〇日の平壌覆審法院有罪に対して上告）は、「事実判示の全文に於て冒頭に所謂（ママ）「朝鮮独立運動に共鳴」とは朝鮮を帝国の羈絆より脱せしむることに由り、政治を変革するの目的を以て判示犯行に及びたりとなす趣旨なること、行文上明瞭なるを以て大正八年制令第七号第一条を適用したるは相当にして」（「独立運動判決文」）とされるように、制令第七号違反で処断され、治安維持法違反は問われていない（判決は上告棄却）。「朝鮮を帝国の羈絆より脱せしむること」という、まもなく治安維持法公判で常用されることになる定型の語句が制令第七号違反に関して用いられていることは注目に値する。

無政府主義結社黒旗聯盟（李復遠（リボグウォン）ら九人）に対する一〇月二六日の京城地方法院の公判は、制令第七号違反被告事件としてなされた。「我国現時の政治及経済の変革を目的とする、無政府主義者の結社」黒旗聯盟は、「自我の拡充を阻害し、万人の幸福を蹂躙する有らゆる不合理なる制度を根本的に破壊し云々（うんぬん）、並に権力を以て結合せる組織を徹底的に排斥す」という趣意書をもとに五月三日に発会式を挙行したが、結社組織が完了しない段階で検挙されたというもので、「帝国の安寧秩序を妨害せん」としたことが「犯罪事実」とされた。一一月一七日の判決では、「行為時の法に拠れば大正八年制令第七号第一条第一項本文に、新法に依れば治安維持法

第一条第二項第一項に該当する犯罪なる」としたうえで、「各所定刑を比較するに毫も其軽重なきが故に右制令第一条第一項本文を適用」するとし、各懲役一年を科した（高等法院検事局『朝鮮治安維持法違反事件判決（一）』、一九三〇年）。

この判決の注目点は、第一に九月一二日の京城地方法院判決と同じく、制令第七号違反の適用が優先されたことである。第二に新聞報道でこの公判が「黒旗聯盟事件　治安維持法を適用？」（『毎日申報』一〇月二七日）と注目され、判決についても「京城地方法院最初の治安維持法適用　黒旗聯盟事件言渡」（同、一一月一八日）と報じられたことである。後述するように、平壌地方法院安州支庁ですでに七月三一日に治安維持法違反の判決が下されているため、京城地方法院では最初の適用と報じられた。

おそらく総督府警務局・法務局、高等法院、高等法院検事局から治安維持法の施行とともに、その適用を積極的に実施せよという直接的な指示は出されてはいないだろう。施行当日に中村高等法院検事長が司法官会議で、「此の主義に依る各種の社会運動は勿論、単純なる主義宣伝と雖、看過することなく適当の処置を取り、其の思想の瀰漫せざるに先ち、之が防止に努力せられたい」（『日帝下支配政策資料集』8）と厳重取締を訓示したことを受けて、警察や司法当局の各地方機関がそれぞれ独自の判断で治安維持法適用に踏み切り始めたというところであろう。そのなかで治安維持法適用に積極的な検事・判事は、進行中の制令第七号・保安法違反事件の予審・公判においても「適当の処置」として割り込ませていった。それでも七月の高等法院判決のように、治安維持法適用を主張する検察側に法院側は同意をしない事例もあった。

趙容寛らの制令第七号違反並出版法被告事件の場合、全州地方法院群山支庁の無罪判決に検事が控訴すると、一二月二七日に大邱覆審法院が懲役八月などの有罪判決を下した。「私有財産制度を否認し、土地、鉱物は勿論、資本及生産物等何れも社会の共有たらしむることを主張し、帝国の国家組織と相容れざる所謂共産主義者の主張を盲信し、何れも保安法第七条に該当する」（「独立運動判決文」）というもので、検察は制令第七号の適用を求めたが、判決では保安法違反を選択している。判示された「犯罪事実」は治安維持法を適用しても不思議ではないが、検察側も法院側も治安維持法適用を選択しなかった。

このようにみると、治安維持法施行後の一九二五年後半の段階では、制令第七号・保安法・治安維持法の適用がまだ混在していたのが実情といえよう。それは、並行して実施されつつあった治安維持法による検挙・司法処分でも同様であった。繰りかえせば、量刑が同等とされた場合、制令第七号の適用が優先されたことも、治安維持法運用初期の特徴である。その理由は、まだ治安維持法へのなじみがなく、慣れた制令第七号を選択したということだろうか。

治安維持法による検挙・司法処分の開始

治安維持法による最初の検挙者は、一九二五年六月下旬の平安南道（ピョンアンナムド）の安州（アンジュ）警察署がおこなった正義府員安烋植（アンヒュシク）ら三人とみられる（『東亜日報』六月二九日）。民族独立運動が標的になった。七月二五日の『時代日報』は安烋植らを安州警察署が新義州（シニジュ）地方法院検事局に治安維持法第一条違反で送致したと報じる。七月三〇日、平壌（ピョンヤン）地方法院安州支庁で治安維持法を初適用して、安烋植に懲役三年の判決が言渡された（『東亜日報』七月三〇日）。

この判決に対して安は平壌覆審法院に控訴した。九月六日の公判で検事が治安維持法の適用は誤りで制令第七号を適用すべきと主張し、一二日の判決では制令第七号を適用し、懲役一年六月となった（同、九月一三日）。検察側がなぜ治安維持法の適用を不可としたのか解せないが、まだ治安維持法の運用が安定していなかった証左と見るべきだろう。いずれも判決文は不明である。

九月一一日、朝鮮日報記者辛日鎔が執筆した社説「朝鮮と露国の政治的関係」が「朝鮮をして赤露の革命手段に依り私有財産制度を打破し、帝国主義即ち吾国体を否認、其実行を暗に煽動するの記事」（京城本町警察署警部大和田臨之助「新聞紙法違反事件に関する件報告」、九月九日）が不穏として、京城本町署に検挙された。九月一七日、本町署は治安維持法第三条（煽動）で起訴すべきという「意見書」を付して京城地方法院検事局に送致する。一〇月五日の京城地方法院宛「公判請求書」では、「吾国体及私有財産制度を否認し、其の目的を実行して赤露の革命運動に依り現状を打破すべきことを強調煽動したるもの」とされた。一一月六日に公判が予定されていたが、治安維持法による重罪を恐れた辛が国外に逃亡したため、公判は中断した（以上、国史編纂委員会「京城地方法院検事局資料」）。

公判開始を前に辛の身柄が拘束されていなかったことに加えて、結社取締でなく新聞社説による煽動であったことなどは、司法当局者自身にも治安維持法が内包する威力に十分な認識がなかったことをうかがわせる。同時に、治安維持法が「言論圧迫」の武器として威力を試されたといえる。

警察・司法当局のいくつかの統計数値を検討しよう。警務局「最近五ヶ年間に於ける高等警察に関する犯罪調査」（「朝鮮総督府部内臨時職員設置制中改正」の参考資料、一九二九年九月、「公文類聚」第五三編・一九二九年・第九巻、国立公文書館）によれば、一九二五年の治安維持法による検挙は四件七人となっている（制令第七号は一二〇件二〇六人、保安法は二九件一五四人）。その内訳は京畿道（キョンギド）一件五人、平安南道二件一人、江原道（カンウォンド）一件一人である（平安南道の数値が不自然だが、そのままとする）。ここには辛日鎔、安休植が含まれるはずだが、それら以外にも警察の検挙があったことになる。二五年の高等警察による検挙は、制令第七号によるものが圧倒的に多いことがわ

	保安法			
	受理	起訴	不起訴	移送
	23/79	5/24	17/58	—
	28/80	9/29	19/49	2人
	28/90	17/27	21/63	—
	18/49	6人	14/30	3/3
	43/225	19/42	21/180	2/2
	34/341	18/52	13/132	2/5

かる。二六年になると、治安維持法四一二人（四一件）、制令第七号四〇六人（一三八件）と人数では逆転する（件数は少ない）。

ついで法務局「思想に関する犯罪調査票」（「朝鮮総督府監獄官制中改正」中の参考資料、一九二九年八月、「公文類聚」第五二編・一九二八年・第六巻）として、次のような表がある（**表1**）。

各地方法院検事局が警察から送致された治安維持法被疑者を受理したものが「新受」となる。一九二五年のその数値が多いのは、予審・公判中の事件を加えたためと推測される。

これとは別の法務局『朝鮮重大事件判決集』（一九三〇年一二月）の「思想事件統計」の数値はかなり食い違っている（**表2**）。二五年の治安維持法の受理数を一二件八七人とするのである。ただし、起訴件数・人員の数値はそれほど大きく違わない。ここでも二五年の制令第七号の受理数は一〇三件二五〇人となっており、治安維持法違反受理者を大きくしのぐ。

表1　法務局「思想に関する犯罪調査票」

処分別／年別	起訴			不起訴			移送
	新受	求予審	求公判	起訴猶予	起訴中止	その他	
1925年	16/37	5/31	5/6	5/7	39	1/15	
1926年	39/363	17/149	6/11	3/42	66	11/92	1/15

表中の数値は件数/人員（「公文類聚」第52編・1928年・第6巻）

表2　法務局「思想事件統計」（件数/人員）

処分別／年別	制令第七号				治安維持法			
	受理	起訴	不起訴	移送	受理	起訴	不起訴	移送
1924年	213/526	47/104	155/401	8/18	―	―	―	―
1925年	103/250	12/39	85/198	6/13	12/87	10/33	2/54	―
1926年	97/353	22/51	71/293	4/9	47/360	28/159	17/198	4/9
1927年	42/107	10/34	30/75	1/7	48/279	32/135	10/136	4/6
1928年	68/152	8/14	51/134	5/6	172/1420	99/486	53/704	14/147
1929年	58/175	18/46	33/86	5/27	212/1348	106/443	71/766	32/132

朝鮮総督府法務局『朝鮮重大事件判決集』（1930年12月、『日本植民地下の朝鮮思想状況』）

高等法院検事局『朝鮮治安維持法違反調査（一）』は有罪確定判決の数値であるが、一九二五年は一件二人となっている。それは新義州地方法院の判決で、懲役一〇月と懲役六月となっており、前述の安炑植とは別である。発掘しきれていない事件が存在する。

共産主義運動への適用の初期段階

朝鮮において治安維持法が標的としていた共産主義運動への最初の発動は、単独事件としては一九二六年一月二〇日、李英在・李聖麟らが結成したとされる赤血決死隊に対する忠清南道の瑞山警察署の検挙とみられる。検事局への送致、検事局の公判請求などの経過は不明だが、二月二五日、公州地方法院で李英在は懲役二年、李聖麟は一年六月などの判決が下った。「共に私有財産制度を呪い、共産主義を抱持し居りたるものなるところ……現今の有産者無産者の懸隔余りに甚しく、貧者は益貧に富者は益富に進行しつつある世態を慨し、朝鮮に於ける私有財産制度を打破し、共産主義を確立し以て物資の均分を計る可く約し」て赤血決死隊を結成したと断じ、「私有財産制度否認の目的を以て結社を組織したる所為は、治安維持法第一条第一項に該当」（「独立運動判決文」）すると認定した。李聖麟らが控訴した。この判決では「国体」変革については追及されていない。

五月五日、京城覆審法院の李に対する判決は同じく懲役一年六月だったが、適用条文が変更された。赤血決死隊の組織を治安維持法第一条第一項該当とするとともに、「其筋の取締厳重なる朝鮮内に於て之（共産制度の実行——引用者注）を為すを避け、比較的其取締の緩かなる支那上海に渡り、同所に於て世界各国の共産党及鮮内各種の思想団体と連絡を取りて私有財産制度破壊の宣伝を為し、朝鮮内に共産制度を確立し以て私有財産制度を倒壊せんことを協議し」たことが、第二条の「協議」罪に該当するとし、赤血決死隊の「組織」よりもこの「協議」罪の行為が重いとして第二条を適用した（「独立運動判決文」）。

二六年四月、京城の私立中央高普生洪性煥ら三人が咸鏡南道洪原郡龍川面に帰省中「自覚党」を組織し、共産主義の宣伝をしたとして検挙された（警務局『高等警察年表』）。六月二八日、咸興地方法院で治安維持法違反として懲役一〇月の判決を受けると、洪性煥は控訴した。九月一〇日の京城覆審法院では、被告は社会主義に傾斜し、「現今の社会に於て貧富の懸隔は著しく、富の分配公平を欠くは現在社会制度の欠陥なるを以て、之が変革を図るには私有財産制度を撤廃せしめ、共産制度を現出するにありとし……郷里に共産主義を普及する目的を以て自覚団と称する結社を組織」したとして、治安維持法第一条第一項を適用し、懲役一〇月の判決を下した（『日帝下社会運動史資料叢書』第八巻）。一審・二審の量刑とも、治安維持法運用が本格化する段階と比べると比較的軽い。

二七年になると、覆審法院における無罪判決が注目される。金載学・方正杓らが私有財産制度否認を目的とする結社「正火会」を組織したとして、釜山地方法院統営支庁が出版法・治安維持法違反で有罪判決を下した事件である。この控訴審となった五月一四日の大邱覆審法院の判決では「被疑者金尚昊の検事訊問調書に於ける供述記載に徴すれば、恰も被告人等に於て公訴事実摘示の如き結社を組織したるが如き観なきにあらざるも、該供述は遽に信を措き難く……本件正火会なるものは会員たる青年相互の親睦を目的とするものなる事を推知しう」ると認定し、「正火会」の目的を「私有財産制度の否定」にあるとすることは「穏当にあらず」（「独立運動判決文」）として、無罪を言渡した。検察の訊問調書中の供述が「遽に信を措き難く」という判断がどのように導かれたのか、言及はない。おそらくその供述の背後に拷問による強要があったはずだが、その痕跡に気づいたのかもしれない。

管見に入った限りの二七年の共産主義運動に対する治安維持法による科刑は、まだ比較的軽い。七月一日の京城覆審法院の判決（第一審は清津地方法院）は懲役八月である。「予てより現社会経済組織に対し不満の念を抱懐し居る」被告金在水らは、「現下露西亜の国体に倣い、私有財産制度を否認する共産主義を実現する為め太陽会なる結社を組織せんことを協議し」(「独立運動判決文」)たとして、治安維持法第一条第一項が適用された。「露西亜の国体に倣い」としつつも、「国体」変革の方向には持っていっていない。金は「太陽会」は「秘密結社ではなく文化啓発が目的」と主張した(『東亜日報』六月二六日)。

一〇月二五日の大邱地方法院判決は、被告李万根・李重根に懲役一年、執行猶予四年を科した。結社「青年会」を「私有財産制度の否認、共産主義的思想の鼓吹なる其の共同目的の為に結合し、以て私有財産制度を否認することを目的として」(「独立運動判決文」)組織したとする。

二六年から二七年の共産主義運動関係の治安維持法違反事件をみると、赤血決死隊事件を除き、一年以下の懲役、あるいは執行猶予付の懲役で、その後の科刑状況と比べて比較的軽かったといえる。また、覆審法院での無罪判決も注目される。

治安維持法施行から一九二八年二月末までの確定判決を分析した高等法院検事局『朝鮮治安維持法違反調査(一)』(朴慶植編『朝鮮問題資料叢書』⑪)では、主に「テロリズムを手段とする」民族独立運動に対して、文書その他による宣伝を主要な手段とする共産主義運動の現状を次のように考察している。

文書等に依り主義の宣伝をする結社は、機関紙若しくは機関雑誌を発行するか、又は其の他の方法、例えば宣伝文配布、講演等によって、主義の宣伝をして居るのである。機関紙とか機関雑誌とか云う様な、一定の宣伝機関を有する結社は、鮮外にのみ限られて居り、鮮内は取締厳重なる為、単に宣伝文の配布又は集会等に依る位のものであるが、事実は、表面に現われざる所謂地下運動によって巧妙なる連絡統一を計り、取締官憲の目を掠めんとして居るのである。

「所謂地下運動によって巧妙なる連絡統一を計り、取締官憲の目を掠めんとして居る」組織こそ朝鮮共産党にほかならなかったが、多くは「自覚会」「太陽会」などのように「単に宣伝文の配布又は集会等に依る位のもの」だったため、しかもそれらの行動は初期の段階にとどまったこともあり、検挙しても処罰は比較的軽くなった。高等法院検事局『朝鮮治安維持法違反調査（一）』（一九二五年五月施行から二八年二月末まで）によれば、「民族主義」の平均刑期が三年であるのに対して、「共産主義」は一〇月であった。治安維持法運用の初期段階において、共産主義運動への発動は積極的だった反面、その科刑の程度はそれほど厳重でなかったと指摘できよう。また、無罪判決や適用条文の変更があったように、その運用はまだ試行錯誤の段階で安定していなかった、ともいえる。

しかし、二六年七月に大邱警察署で検挙され、二七年七月五日に大邱地方法院で判決が下った無政府主義者の「真友聯盟事件」では厳罰が科されている。為政者層が共産主義以上に無政府主義に脅威を持っていたことは治安維持法の制定過程に明らかであるが、植民地朝鮮においてもその危機感は共有されていた。

「孰(いず)れも現社会組織を破壊し、一切の権力支配関係並私有財産制度を否認する自由平等の新社会を実現せんとする目的を抱懐する所謂無政府主義者なる」方漢相(パンハンサン)、申宰模(シンジェモ)らは、二五年九月三〇日、「真友聯盟なる秘密結社」を組織したとされる。その目的実現のため「内地及上海に於ける同志高三賢(コサムヒョン)なる者より爆弾を入手したる上、之を使用して大邱府内に在る道庁、裁判所、郵便局、府庁及警察署等各官衙を爆破し、是等各官署の首脳者を暗殺し、且同府内の最も繁華の場所たる元町、本町等の各店舗を破壊せんことを密議した」が、実行着手に至らない段階で検挙されたという「犯罪事実」で、治安維持法第一条第一項を適用し、方漢相・申宰模ら四人に懲役五年を科した。併合罪の多い民族独立運動への適用を除き、初期段階でもっとも重罪である。

この事件では「自我人社」（東京）の栗原一男と「黒化社」（東京）の椋本運雄も懲役三年を科せられた。栗原の場合、「黒色青年聯盟発会式当時官憲の圧迫を受けたるも、同志は之に反抗し、痛快なる銀座通の暴行破壊

「真友聯盟事件公判廷」『東亜日報』1927年7月7日

を敢行したり、鮮内の同志も内地の同志同様の元気を以て決死的奮闘せんことを望む旨申向け、暴行を為すべきを以てし、因て右多数真友聯盟員を煽動し」たとして治安維持法第四条に、椋本の場合、「私有財産制度は絶対に之を否認すべきものなるを以て、安閑たらず、資本家と戦わざるべからず、真友聯盟員諸員の健闘を祈る旨の文書一通」を郵送したことが、治安維持法第三条の煽動にあたるとされた（椋本の場合は累犯加重、以上、高等法院検事局『朝鮮治安維持法違反事件判決（一）』）。

真友聯盟事件の厳罰処断は、治安維持法に内包されている強烈な威力が無政府主義者ゆえに噴出した結果といえる。そして、それが一挙に全面的に発揮されたのが第一次・第二次朝鮮共産党事件であった。

第一次・第二次朝鮮共産党事件

秘密裡に一九二五年四月一七日に京城で結成された朝鮮共産党、翌一八日結成の高麗（コリョ）共産青年会は官憲に把握されないまま党勢を拡大していたが、一一月二三日の新義州における暴行事件を契機に、「朝鮮赤化陰謀事件の発露」（新義州警察署警部補茅根龍夫「新湾青年会員の暴行事件に関する件」、一九二五年一一月二三日、『韓国共産主義運動史』資料編Ⅰ〈以下、本項における史料引用は同書から〉）とみなした新義州警察署による検挙が広がった（新義州警察署で関係者六六人検挙）。

検挙の中心をになった新義州警察署の茅根龍夫警部補は、一二月四日、高麗共産青年会結成を主導した朴憲永から「共産青年会は秘密に組織したものでありまして、共産主義綱領は現在の資本家制度、現私有財産制度を否認し、現在に於ける労農露西亜的の団体を組織する」というもので、「私共の主張は暴力に依り国体の変革を計り、又は革命を起す様なものでなく、自然に即将来依って来る時期を待って、歴史的進歩過程に沿うて自己の主義を貫くにある」という供述を引き出すほか、次のような訊問をおこなっている。

問　其方等の立場より吾が日本帝国の国体を如何に観察するや

答　現在の日本帝国の国体は資本主義的国家であります

問　然らば共産主義的制度と背反する国体なりと思料するや

答　勿論であります

朝鮮共産党の目的を私有財産制度の否認とすることは自明だが、この訊問にあるように「国体」についての認識を引き出すことが次の焦点となった。一二月一〇日の新義州地方法院検事正宛の茅根警部補の「意見書」では、「犯罪事実」の第一に高麗共産青年会の組織をあげ、「私有財産制度を否認し、且つ吾が日本帝国を資本主義的制度の下に建設せられある軍国主義の国家と認め、其国体を転覆せんとする秘密結社」としたうえで、「益々同志の叫合を計り、朝鮮赤化の大陰謀を企て、以て吾が帝国政治を其根底より覆さんとしつつありたるものなり」として、治安維持法第一条に該当する犯罪とした。

一二月二二日の新義州地方法院予審係宛の新義州地方法院検事局本島文市検事の「予審請求書」では、金科全・朴憲永・兪鎮熙・独孤佺らの「犯罪事実」について、「社会凡面の資本生産を社会共有と為し、之が分配を平等ならしめ、貧富の階級を打破し、各個人をして自由平等ならしむるは世界人類最上の幸福なりと妄信し、特に我帝国の国体は資本主義に基くものにして共産主義と相容れず、従て之を破壊変革の要あるものと思惟し、之が実現を期すべく、先づ共産主義を鮮内に於ける労働者、農民及青年者等間に拡り(ママ)、宣伝し、遂には彼等を煽動して革命を勃発せしめんことを企図し」、朝鮮共産党および高麗共産青年会を組織したとした。

その後、新義州地方法院での予審が進行するが、京城で両組織の再建運動が検挙されると（第二次朝鮮共産党事件、二六年七月、京城鐘路警察署で一三五人検挙）、二六年七月一〇日、朝鮮総督の命令で事件は新義州地方法院予審から京城地方法院予審に移送された。

第二次事件における京城地方法院検事局里見寛二検事から京城地方法院宛の「予審請求書」では、「我帝国の国体を変革し、私有財産制度を否認することを目的として高麗共産青年会なる秘密結社を組織し、共産主義の宣伝と同志の糾合に努め、尚将来の運動戦線に立つべき闘士を養成せんがため」（一九二六年七月一二日、権五(クオンオ)

己未運動以後朝鮮初有의秘密結社事件

朝鮮共産黨・高麗共産青年會內容 ══ 昨二日一部解禁

被告九十九名

波紋은國際的─前後四次檢擧

事件發生으로豫審終結까지年數로三年

前受刑十一名

劈頭의組織은 雅叙園서密議

新義州事件後 範圍를더擴張

同志를糾合 全朝鮮連絡

六月事件의眞相 第一次로民族運動劃策

鬪士를養成하야 海外에廿名

以下五面

第一次・第二次朝鮮共産党事件の記事解禁
『東亜日報』1927年4月3日号外

卨（ソル）ら）、「我帝国の国体を変革し、私有財産制度を否認することを目的とする秘密結社朝鮮共産党に加入し……共産主義の宣伝を為したるものなり」（九月一八日、鄭晋武（チョンチンム）・辛命俊（シンミョンジュン）ら）とあるように、その後の治安維持法違反事件の定型となる「我帝国の国体を変革し、私有財産制度を否認すること」が定着しはじめている。

二七年二月一七日になって、京城地方法院の五井節蔵予審判事により第一次朝鮮共産党事件の予審が再開され、第一次と第二次の併合審理となった。三月三一日、予審終結決定となり、朴憲永・権五卨ら一〇一人が公判に付された。そこでも「朝鮮を我帝国の羈絆より離脱せしめ、且朝鮮に於て私有財産制度を否認し、共産制度を実現せしむる目的を以て朝鮮共産党と称する秘密結社を組織し……朝鮮を我帝国の羈絆より離脱せしめ、且朝鮮に於て私有財産制度を否認し、共産制度を実現せしむる目的を以て高麗共産青年会と称する秘密結社を組織し」とされ、治安維持法第一条第一項な

天下의視聽을集中한
朝鮮共産黨判決
四個星霜만에大史實一段落
警官隊鐵桶城裡万頃人波

前夜初更부터殺到
法院前佇立十四時
血淚의傍聽券一枚

入廷傍聽客
身體一一搜索

一刻三秋로苦待中
午前十時半開廷
被告面面에悽壯한氣分

各項注意後
判決文朗讀

言渡의利刑
沈痛한沈默

最高六年、最下八月
無罪는不過十二人
求刑보다重한六被告

未決은既決總算
鐵窓呻吟四百年
五十年이더길어

十四人은出監
昨日午後六時

控訴與否는
被告와面會後

長歎과석긴苦笑

第一次・第二次朝鮮共産党事件第一審判決
『東亜日報』1928年2月14日

どに問われることになった。

公判は九月一三日から京城地方法院で開始され、二八年二月まで、四四回におよんだ。罪名は治安維持法違反・制令第七号違反・出版法違反で、公判廷における警察官の拷問暴露と告発、弁護士の裁判長忌避の申立などもあり、朝鮮社会の大きな注目を集めた（次巻『朝鮮の治安維持法の「現場」』参照）。

二八年二月一三日の判決では、治安維持法第一条第一項に該当するとして、金在鳳と姜達永の懲役六年から楊在植・李用宰の懲役八月まで八二人が有罪となった。共産党・共産青年会の組織者と加入者で量刑に差が付けられた。一方で、李奎宇・李浩ら一三人を無罪とした。金科全ら五人が控訴した。裁判長は矢本正平、立会検事は中野俊助である。

判決を一瞥すると、まず冒頭で次のように断じている。

> 被告等は予てより社会運動に参加し、其大半は本来共産主義に共鳴し、若くは朝鮮民族主義者より共産主義者に転化したる者なる処、孰れも我朝鮮現代社会制度に付精査考究を為さず、徒らに民族的偏見に捉われ、僅かに其片端のみを邪視し、其社会組織に幾多甚大なる欠陥ありて、漸次必至的に朝鮮無産大衆の自滅を誘致せしめつつありと妄断し、従前の所謂朝鮮民族解放運動に拠りては到底其所期の目的を達成すること能わざるを覚知したるより、寧ろ純粋の該民族解放運動と対応し、朝鮮民族解放観念に共産主義思想を混和せる一種の共産主義運動を敢行するに如かずとし

「徒らに民族的偏見に捉われ、僅かに其片端のみを邪視し」や「妄断」とするように、判決には判事や検事の民族的・階級的偏見が露骨にでているが、そうした基本的スタンスは以後の治安維持法事件の判決において一貫している。

ついで朝鮮共産党について「朝鮮に於て私有財産制度を否認し、共産制度を実現せしめ、且朝鮮を我帝国の

羈絆より離脱せしむる目的」で組織したとするが、予審終結決定などと微妙に異なり、「私有財産制度」否認が「国体」変革よりも前にきている。高麗共産青年会についても「私有財産制度を否認し、共産主義の宣伝並闘士の教養を為し、引いて朝鮮に共産制度を実現せしめんが為……一種の教養機関として」組織したとする点は、被告らの主張を幾分取り入れたもので、「国体」変革と結びつけていないことが注目される。

退廷當한
傍聽人
문밖에서방황

退廷させられた傍聴人　『東亜日報』1927年9月16日

その後、各被告の「犯罪事実」が提示され、証拠調べ（訊問調書や公判での供述など）を経て、「法に照すに」として各被告の違反条文と量刑が示される。なお、李奎宇・李浩らについては、「朝鮮共産党の創立後、其目的を認知しながら同党に加入し」たことが「犯罪事実」とされたが、「之を認む可き証明なき」として無罪となった（以上、高等法院検事局『朝鮮治安維持法違反事件判決（一）』）。

新義州警察署や京城鐘路警察署による一斉検挙などは新聞でも断片的に報じられたが、記事が解禁されたのは予審終結決定後である。当局側発表を受けて、新聞はセンセーショナルに報じるが、ここでは『東亜日報』や『朝鮮日報』の社説論調をみる。

予審終結決定直後の二七年四月四日の「共産党事件」と題する『東亜日報』社説は「客観的事実として世界的政潮の急流に漕ぐ朝鮮人自体の覚醒を予期すると共に、東洋平和を口頭禅とする為政者達の驚くべき短見を憫笑せざるを得ない」と手きびしい（『朝鮮思想通信』による）。公判直前の九月一一日社説では「徹底公開を要求する」として、「さらに司法と行政の区別が明らかでない朝鮮において、初歩的な形でも民衆に裁判の公開を求める権利があることを認めなければならない。……これを機に、決して司法権が行政権に隷属しないことを示すべきであるという当局者の任務にも言及しておく」と論じた。

公判当日の九月一三日社説「空前の秘密史」では、裁判官に対して「諸君はある先入観に基づき圧迫する態度をとるのではなく、朝鮮社会の特殊事情をよく推量して善処すべきであろう」と「懇願」し、さらに「全人類的標準の上に問題を置き、冷静に観察すべきであり、ただでさえ悪法と非難されている治安維持法の適用において、単に法文に拘るのではなく、社会の実情に適応するように法律を用いる雅量を持つべきである」と主張する。裁判官の良識に一縷の希望を寄せたわけだが、実際の公判はそれを簡単にくつがえした。

九月一四日『朝鮮日報』社説「個人と結社　共産党事件公判開廷に臨んで」は、京都学連事件公判は公開されていながら朝鮮共産党事件が非公開となったことを批判して、「正当な法律の下で正当に審理することに何らかの秘密があるのか、民衆の好奇心は集中し、その秘密の内幕を探って解明しようと焦りの気持ちに至ることになる」と論じた。また、「我々はこの大事件の公判に臨んで注意と監視を怠ることができないと同時に、法廷に立って直接弁護の責任を持つ諸氏に、公正のためにはどこまでも奮闘してくれることを望むものだ」と弁護人に大きな期待を寄せた。

一〇月一三日の「大秘密結社」と題する『朝鮮日報』社説では、朝鮮統治の問題点を次のように鋭く指摘する（『朝鮮思想通信』による）。

朝鮮に於ては近来秘密結社事件頗る続出の観がある。こは勿論朝鮮人が陰謀を好むが為めに然るにあらず、朝鮮の政治事情が朝鮮を統治する者等に依り決定せる政治事情が動もすれば陰謀を起さしめ、且陰謀するより外途無からしむるに因るものである。機敏を誇る警察政治に依り凡ゆるものを未然に防止することを得るとて万事楽観しておるのか知らないが、斯く非常なる抑圧の下に於て唯警察万能の唯一秘訣を示しておるのは策の下なるものと評定せざるを得ぬ、近来司法権侵害弾劾演説会なるものを開かんとして遂に警察禁止せられたるを見て、事新らしく朝鮮には司法権の独立なしと驚いた人もあるそうである。

一〇月一四日の『東亜日報』社説「警察の罪悪又一つ」は、公判警備の厳重さや公判廷での拷問警察官の傍聴と筆記などをとらえて、「そは司法権に対してさえも優越な地位を有しておることが、如実に証明された」と論じたうえで、「民衆が何等の過誤なくして、警察のサーベルの下に呻吟するに至るとすれば、朝鮮人の生命なるものが、風前の灯火の如くであると云わねばならぬと共に、我々は声を大きくして、その非違を指摘せざるを得ないのである。……無理に対する警察の横暴は、即ち朝鮮人全体の生存権を全的に脅威するものである」と糾弾した（『朝鮮思想通信』による）。

判決を受けて「この事件の審理は朝鮮社会にどれだけ大きな衝動を与えたか」と記した二八年二月一四日『東亜日報』社説「朝鮮共産党事件判決」は、「朝鮮人の思想史において忘れられない日になるだろう」という。「人類解放の思潮」に発する共産主義思想が「朝鮮にたどり着」き、「今日の朝鮮は、完全に世界の思想圏のなかに置かれている」という意味においてである。

「帝国主義」「資本主義」＝「国体」の定義

朝鮮における治安維持法の運用がピークを迎えた一九三三年のある判決（一一月二七日、大邱地方法院）は、「犯罪事実」の処断に定型が用いられている。この時期の典型的な判決の一つで、「被告人等は何れも民族意識熾烈にして、且つ私有財産制度否認の思想を抱懐し居る」とみなし、「朝鮮を日本帝国の羈絆より離脱せしめると共に、朝鮮内に於て私有財産制度否認の共産主義社会を実現せしむることを目的とせる工作委員会なる秘密結社に該目的を知り乍ら加入し」(国家記録院「在所者資料」)たとして、治安維持法第一条第一項後段と第一条第二項後段に該当するとする。第一項後段が「朝鮮を日本帝国の羈絆より離脱せしめる」=朝鮮独立=「国体」変革(ここでは秘密結社への加入)であり、第二項後段が「私有財産制度否認の共産主義社会を実現せしむる」(ここも秘密結社への加入)ことである。この判決の量刑は懲役二年六月から一年であった。

こうした「定型」は治安維持法運用当初から確立していたわけではない。「国体」変革の概念に朝鮮独立をどのように結びつけるか、つまり朝鮮独立の運動・思想に治安維持法をどのような論理で適用すべきかについては、施行時点ではまだ「解決」していなかったことはすでに指摘した。施行の約一カ月後、この問題が「解決」したと各検事局に通牒されるが、それは朝鮮独立運動・思想に治安維持法を適用するゴー・サインが出たということであり、そこではどのような論理で説明するかは提示されず、各検事局・法院では模索がつづいていた。

一九二五年七月二七日の朴熙彬に対する高等法院判決では「朝鮮を帝国の羈絆より脱せしむること」に対して、治安維持法ではなく制令第七号を適用していたが、後述する一九三〇年の高等法院の判例による「国体」変革の定義確立後には、「犯罪事実」のなかに朝鮮独立の要素を認定すれば、問答無用に「国体」変革とみなして、簡単にかつ厳重に処罰されることになった。先の「定型」の確立である。

では、治安維持法違反事件の初期の司法処分過程で、「国体」とはどのようにとらえられていたのだろうか。「私有財産制度」否認が「共産主義」であることは確定していた。

朝鮮日報記者辛日鎔の執筆した社説を問題視し、立件しようとした一九二五年九月九日の京城本町警察署警部大和田臨之助の「新聞紙法違反事件に関する件報告」には、「朝鮮をして赤露の革命手段に依り私有財産制度を打破し、帝国主義即ち吾国体を否認、其実行を暗に煽動するの記事」という一節があった。「帝国主義即ち吾国体」という認識である。九月一七日の治安維持法事件としての検事局送致の際の「意見書」にも、同社説は「「如斯現勢にありては東洋問題解決上、赤露の政治的任務を吾人が特に重視する所以は、赤露の国家は一階級の国家にあらずして全人民の国家にして云々」と暗に民主国体を賞揚希望し」た、とある。日本の「国体」の対極に「民主国体」が位置づけられている。

九月二二日の京城地方法院検事局における辛日鎔の第二回訊問では、里見寛二検事の当該の社説に「暗に民衆国体を慫慂希望するが如き文句ある」という問いに、辛は「私は民衆国体を希望し、其実現を望んで居るのでありませぬが、此論説は時間の都合で非常に急いで作ったものですから、文章も十分に錬る暇なく、私の本心にあらざる事が文章として表われて居るのです」と答えた。そして一〇月五日の里見検事の「公判請求書」では、「暗に民主国体を賞揚希望し」、「吾国体及私有財産制度を否認し、其の目的の実行として赤露の革命運動に依り現状を打破すべきことを強調煽動したるものなり」（以上、国史編纂員会「京城地方法院検事局資料」）とされた。警察・司法当局にとって「帝国主義即ち吾国体」であり、ロシアの国体は「民主国体」「民衆国体」として否定されるべきものという認識があった。

次に第一次朝鮮共産党事件の新義州段階をみよう。二五年一二月一日の朴憲永に対する新義州警察署茅根龍夫の「聴取書」（任意陳述、京城鐘路警察署）には、高麗共産青年会の組織について「私共の目的は帝国政府、軍国主義者等を葬りまして、露国の如き共産主義者の世界と為しまする目的であります」という陳述がある。一二月四日の新義州警察署での被疑者朴憲永に対する「訊問調書」で、茅根警部補の「其方等の立場より吾が日本帝国の国体を如何に観察するや」という問いに、「現在の日本帝国の国体は資本主義的国家であります」と答えていたことは前述した。同日の被疑者崔利煥に対する「訊問調書」にも、茅根の「日本帝国の国体は如何」という質問に「資本主義的国家及軍国主義的国家であります」とあった。

そして、一二月一〇日の新義州地方法院検事正宛の朴・曺らについての「意見書」にも「私有財産制度を否認し、且つ吾が日本帝国を資本主義的制度の下に建設せられある軍国主義の国家と認め、其国体を転覆せんとする秘密結社高麗共産青年会を組織し……朝鮮赤化の大陰謀を企て、以て吾が帝国政治を其根底より覆さんとしつつありたるものなり」（韓国国会図書館所蔵「治安維持法関連資料」）とある。「日本帝国の国体」＝「資本主義的国家」のところが、「日本帝国を資本主義的制度の下に建設せられある軍国主義の国家」とやや詳しくなっている。一二月一九日の兪鎮熙・金尚珠（キムサンジュ）らについての「意見書」でも、被疑者らを「吾が帝国の組織制度を以て資本主義的組織制度の下に建設せられある国家なりとて、常に不満を抱き居りたる全朝鮮左傾思想主義者の元老なる」としていた。

このように新義州警察署段階では「国体」を「現在の日本帝国の国体は資本主義的国家」「資本主義的国家及軍国主義的国家」「資本主義的制度の下に建設せられある軍国主義の国家」とみなしていた。茅根警部補らがそのような警察側の「国体」理解に沿って供述させた可能性が高いが、のちの「国体」変革＝朝鮮独立という定型の発想はなく、さらに日本国内の治安維持法処断で猛威を振るう君主制撤廃を掲げた「不逞思想」とみなす理解とも異なる。「国体」の本来の語義である「国柄」ないし「国家の状態」として用いられている。

新義州地方法院検事局の本島検事の「国体」理解はどうであったろうか。一二月二〇日の曺利煥に対する第二回「訊問調書」では、「問　我国の国体は如何」、「答　勿論我々の主義よりせば我国体は資本主義にて、従って我々は否認するものであります」とある。二一日の第二回訊問で、被疑者独孤佺は「然らば今日我国体に付ては如何」という質問に、「国体に付ては別に考て居りませぬ。只共産主義共鳴者を多く得て、従って共産党の勢力を大ならしめんとのみ思って居ります」と答えている。

そして、二二日の朴憲永・独孤佺らに対する「予審請求書」では、「犯罪事実」を「特に我帝国の国体は資本主義に基くものにして、共産主義と相容れず、従て之を破壊変革の要あるものと思惟し、之が実現を期すべく、先づ共産主義を鮮内に於ける労働者、農民及青年者等間に拡り（ママ）、宣伝し、遂には彼等を煽動して革命を勃発せしめんことを企図し」とした。この「我帝国の国体は資本主義に基くもの」という認識は警察段階のものと同じであり、辛日鎔事件の「帝国主義」「資本主義」＝日本の「国体」というとらえ方とも同一である。

二六年三月二日、新義州地方法院の予審廷での訊問（第二回）で、越尾鎮男判事と金在鳳との間で「問　朝鮮の将来、又は独立に付ては何様な考えを持って居るか」、「答　朝鮮の独立には反対に非ざるも、共産主義の実現を望んで居ります」というやりとりがあった。これは「国体」変革＝朝鮮独立という発想がなされていなかったことを示そう。第一次朝鮮共産党事件は新義州地方法院での予審進行中、京城に移送され、京城地方法院で改めて予審が開始され、そこでこの「国体」理解が転回する。

一方、二六年六月の一斉検挙による第二次朝鮮共産党事件に対する司法処理も並行して進められた。八月三〇日の朝鮮共産党員で高麗共産青年会洪原郡責任幹部の権栄奎（クォンヨンギュ）に対する京城鍾路警察署警部補吉野藤蔵の「意見書」には、「党の目的たる我国の現制度、即帝国主義、資本主義を破滅し、共産主義の新社会の建設に努力すべく」宣伝をなしたとある。ここでも先の新義州の警察・検察のとらえ方と同じく、「我国の現制度、即帝国主義、資本主義」を「国体」と同義と考えていると思われる。

これに先立つ七月一二日の権五卨らに対する京城地方法院検事局里見寛二の「予審請求書」は、「我帝国の国体を変革し、私有財産制度を否認することを目的として高麗共産青年会なる秘密結社を組織し」と紋切り型で、具体的に「国体」変革・「私有財産制度」否認がどのようなものか説明していない。また、九月九日の権栄奎・韓廷植（ハンジェシク）・呉淇燮（オギソプ）らに対する京城地方法院検事局中野俊助の「予審請求書」にも、「我帝国の国体を変革し、私有財産制度を否認することを目的とせる秘密結社朝鮮共産党に該結社の目的を知りながら之に加入し」とあるだけである。

中野検事の被疑者姜達永に対する「訊問調書」（第二回、八月一四日）には、「私共は此不合理なる私有財産制度を廃し、凡ての生産を自由平等に分ち、凡てに差別なき共産主義の社会となす事を目的として」朝鮮共産党を組織したという供述がある。権栄奎に対する訊問（第一回、八月二八日）でも、「現社会制度資本主義制度をなくして、吾等の理想とする共産社会を建設する」と供述させる。もっとも、権栄奎の第二回訊問（九月六日）では「其方は朝鮮共産党の目的は現在資本主義社会を無くして共産主義的社会にするのである旨、詳敷警察官の取調に際し申立てるにあらずや」との問いに、権は「夫れ等は何れも拷問せられ、出鱈目の申立をしたのであります」と答えている（以上、『韓国共産主義運動史』資料編Ⅰ）。

このようにみると、第二次朝鮮共産党事件の「予審請求書」にある「我帝国の国体を変革し、私有財産制度を否認することを目的とせる秘密結社朝鮮共産党」のうち、「国体」変革の部分は実質的な意味をもっていないといえる。検察における訊問で「私有財産制度」否認を追及しながらも独立志向に言及がないことは、のちの「国体」変革＝朝鮮独立という定型の理解がともなっていなかったことを示そう。紋切り型に「我帝国の国体を変革し、私有財産制度を否認することを目的」とするのは、治安維持法第一条第一項の条文に合わせる程度の意味だったのではないだろうか。

第二次朝鮮共産党事件の警察取調では「我国の現制度、即帝国主義、資本主義を破滅」を「国体」変革とみなしていたが、検察取調では「国体」変革について意識的な追及はなされなかった。ところが、京城地方法院で新義州から移送された第一次事件とともに五井節蔵判事が予審を担当すると、「国体」のとらえ方に大きな転換が生じた。

「国体」変革＝朝鮮独立への転換

一九二六年一二月以降の第一次・第二次朝鮮共産党事件の予審において、五井節蔵予審判事は終始「国体」変革を朝鮮独立の意味で訊問している。もっとも早い二六年一二月一三日の辛命俊および鄭晋武に対する発問から、「朝鮮共産党は朝鮮の独立並に私有財産制度の否認を目的として組織されたもの」という見解は一貫していた。五井は朝鮮共産党の目的に朝鮮の独立があったというところに誘導しようとしたが、被告らは独立問題について論議しなかったと否定する。五井は訊問の最後に「被告は朝鮮の独立を希望せぬか」と迫った。

五井は第一次の朴憲永や申哲洙（シンチョルス）に対しても、同様に「高麗共産青年会は我帝国の国体を変革し、私有財産制度を否認する目的で組織したものの由ではないか」（以上、国史編纂委員会「京城地方法院検事局資料」）と訊問している。

朝鮮共産党の目的は朝鮮独立と無関係という被告らの頑強な否定に、五井予審判事は「朝鮮の統治論」という突破口を見出した。二七年二月一七日の金在鳳に対する第一回訊問の最後で、次のような問答をしている（『韓国共産主義運動史』資料編I）。

問　朝鮮共産党は我帝国の国体を変革し、私有財産制度を否認する目的を以て組織したものの由ではないか

答　左様相違ありませぬ

問　被告共の所謂国体とは朝鮮の独立を意味して居るのか

答　左様ではありませぬ……
　　共産制度の下にあっては統治権は天皇に総攬せしめず、国民が之れをして国民の選挙した中央執行委

員長に委ねます

従って天皇は自然に其存在を認められぬ様に至ります、私が先程我国体を変革し云々と云うたのは此の意味で申上げたのであります

我朝鮮共産党は吾々の手で朝鮮共産制度を実現せしめようと期するのであるから、若し之が実現せらるるに至れば叙上の次第である故、結局朝鮮は日本帝国の羈絆を脱することになります

おそらくここを突破口とみた五井は、朝鮮独立=「国体」変革に導くカラクリを編み出した。たとえば辛命俊に対して（三月一七日、第二回訊問）、「朝鮮共産党は被告共鮮人の手で朝鮮を共産制度の国家に建設し、統治せんことを目的として組織したものの由ではないか」と迫り、「私は只朝鮮で私有財産制度を否認し、共産制度を実現せしめんことを目的とするものと思惟して居ましたが、朝鮮の統治権を吾吾鮮人の手に帰せしめ、之を統治せんとするが如きことも目的とするものとは思い至りませんでした」（国史編纂委員会「京城地方法院検事局資料」）という供述を引き出す。さらに入党時に朝鮮独立という目的を聞かなかったという辛に対して、「然し朝鮮が我帝国の植民地である限り、我帝国が朝鮮に共産制度を実現せしむることは絶対に許さぬのは自明の理で、従って其れを達成せしめんとすれば勢い我帝国の支配を脱せしむるの必要なるは当然であって、其れに気が付かぬ筈はなかろうと思うが、如何」と追及した。辛は「左様にも思われますが、私は全く其処までは気付きませんでした」と、「帝国の支配」からの離脱を認めるところに追い詰められた。無意識のうちに朝鮮独立を志向していたとみなされ、それこそが「国体」変革であるとされた。

しかし、朝鮮の独立がどのような意味で「国体」の変革となるか、「国体」の内実がどのようなものか説明のないまま、治安維持法第一条の条文に合わせて問答無用に朝鮮独立が「国体」の変革になると断じられた。

京城地方法院での公判調書をみると、被告側からみた五井予審判事の訊問のカラクリがよくわかる。第一六

回公判（二七年一〇月二〇日）の矢本正平裁判長と権五卨の応答である。

問　併し被告は当院予審第一回訊問の際……現在の社会制度を痛罵し、秘密結社を組織して多数の者が一団と為り、同社会制度を破壊し、共有財産制度を布くのは吾社会運動者の焦眉の急務であると力説して、其の組織を発意し、玆に於て高麗共産青年会なる秘密結社を組織する様になったと申述べて居るが如何。

答　……其の予審判事の訊問中、今日の社会は資本主義の社会とか問われ、左様だと答え、夫れは封建時代から生れて来たもので今後も其の歩みを続けて行くもので、其の結果、如何なる社会が現われて来るかと言うと、夫れは貧富の差別なき社会であると確信すると申したる処、予審判事は左様な社会は朝鮮丈で出現するのかと問われ、私は日本も同様になると申したるに夫れでは国体の変革にはなるねーと申されました。夫れから朝鮮の独立を希望するかとの御訊ねでしたから、希望すると申したることがありましたから、或は夫れを以て国体の変革の意思ありと言う様に見られた知れませぬ。

第一七回公判（一〇月二二日）でもこの点が繰りかえされ、権は五井予審「判事は仮りに朝鮮丈に共産制度が実施されたら何うなるかと訊きますので、日本の政治から離れることになるでしょうと云うたら、夫れが即ち国体の変革になるのだと申し、押問答したることがありました」と供述する。

また、第九回公判（一〇月四日）で洪悳裕は裁判長から「予審判事から朝鮮共産党を組織せる目的に付、最初如何なる訊問を受け、如何なる答えをしたか」と問われて、「朝鮮に共産制度が実施されたら統治権は何うなるか訊問するので、そうなると朝鮮は日本の統治権から離脱することになるでしょうと答えますと、予審判事はそうすると我が帝国の国体を変革することになるではないかと詰問しましたが、私は左様にはならぬと思うと申しました」（以上、国史編纂員会「京城地方法院検事局資料」）と答えている。洪悳裕はそうした統治権離脱は

「国体」変革ではないと反論したが、五井予審判事は朝鮮においても日本においても共産制度の実現は現在の「国体」の変革になるというところに誘い出すことによって、強引に「国体の変革の意思あり」とみなし、それを朝鮮共産党の目的であったと飛躍させた。

こうして、三月三一日の朴憲永・権五卨らに対する五井予審判事の「予審終結決定」では、「朝鮮を我帝国の羈絆より離脱せしめ、且朝鮮に於て私有財産制度を否認し、共産制度を実現せしむる目的を以て朝鮮共産党と称する秘密結社を組織し」、「朝鮮を我帝国の羈絆より離脱せしめ、且朝鮮に於て私有財産制度を否認し、共産制度を実現せしむる目的を以て高麗共産青年会と称する秘密結社を組織」（韓国国会図書館所蔵「治安維持法関連資料」）という「定型」が生み出され、それはつづく公判の場でほぼ追認されていく。

一九二七年九月に開廷し、二八年三月に結審・判決となる第一次・第二次朝鮮共産党事件公判で、矢本正平裁判長の訊問の焦点は「予審終結決定」でなされた「国体」変革＝朝鮮独立への転換について各被告を追及するとともに、朝鮮独立の意思を確認することにおかれた。各被告への訊問ではまず「朝鮮を我帝国の羈絆より離脱せしめ、且朝鮮に於て私有財産制度を否認し、共産制度を実現せしむる目的を以て朝鮮共産党と称する秘密結社を組織し」という点への認否が問われた。

九月一五日の第二回公判で裁判長は金在鳳に対して「朝鮮共産党は私有財産制度を否認し、我帝国の国体を変革することを目的として居るのではないか」と問うと、金から「朝鮮共産党は前述の如く完成して居りませぬでしたが、仮りに夫れが成立したとして、又共産制度が実現されることになりますれば、其結果我帝国の国体の変革を来すことにはなりましょう」と、予審訊問と同様な供述を引き出した。また、第九回公判で洪悳裕から、第一六回公判では権五卨から、予審廷における「国体」変革をめぐる押し問答について供述があったことは前述した。

第一〇回公判（一〇月六日）で姜達永は「朝鮮共産党は帝国の国体の変革、私有財産制度の否認を目的として組織したもの」という予審での供述を問われて、「夫れは私が申述べたのではなく、予審判事が勝手に左様に記載させたもので、私に対し御尋ねの如く訊かれましたが、私は国際共産党に加盟する方便として朝鮮共産党と命名したに過ぎないで、左様な目的を以て組織したものではないと答え、殴打されました」と答えている。さらに、第一四回公判（一〇月一五日）でも全政琯（チョンジョンカン）は「予審第三回訊問の際、朝鮮共産党は共産制度の実現を期するばかりでなく朝鮮を我帝国の羈絆より離脱せしむることをも其の目的として居た様に申述べて居るが如何」と問われて、「左様なことは申述べませぬ。夫れは予審判事が言われましたが、私は夫れを認めませぬでした」と答えている。

ただし、大多数の被告は、朝鮮共産党の組織が「朝鮮を我帝国の羈絆より離脱せしめ、且朝鮮に於て私有財産制度を否認し、共産制度を実現せしむる目的」であるかと問われると、「判りませぬ」「左様か否か一向判りませぬ」「左様な事は知りませぬ」「私は左様のことは一向判りませぬ」と否定する。

もう一つ、矢本裁判長も最後に必ず「被告は朝鮮の独立を希望せるや」という訊問をおこなっている。これに対して、「政治的にも経済的にもあらゆる点に於て圧迫されて居りますから独立を希望致します」（金在鳳）、「希望して居ります。恐らく朝鮮人で独立を希望せぬ者は一人もあるまいと思います」（姜達永）、「私は其日の生計が困難ですから、左様な事を考える暇がありませぬ」（閔昌植（ミンジャンシク））、「理想的になればよいとは思って居ります、併し独立は到底実現不可能の事と思います」（金恒俊（キムファンジュン））、「朝鮮の独立は民族的感情として嬉しいことと思います」（南海龍（ナムヘリョン））などとさまざまな供述がなされた。こうした独立に対する認否は、各被告の量刑に影響がおよんだと思われる（以上、国史編纂員会「京城地方法院検事局資料」）。

一九二八年二月一三日、第一次・第二次朝鮮共産党事件の判決が下った。この判決で注目すべきことは、予審と公判の訊問を通じて「国体」変革＝朝鮮独立への転換がなされたことを受け、朝鮮共産党について「朝鮮に於て私有財産制度を実現せしめ、且朝鮮を我帝国の羈絆より離脱せしむる目的の下に」組織されたとする「定型」が判決として追認されたことである。ただ、高麗共産青年会については「予審終結決定」とは異なり、「私有財産制度を否認し、共産主義の宣伝並闘士の教養を為し、引いて朝鮮に共産制度を実現せしめんが為……一種の教養機関として」組織されたものとしている。朴憲永らの供述が受け入れられたといってよく、「国体」変革とも結びつけられていない。

治安維持法の施行後、「私有財産制度」否認の意義は自明だったが、「国体」変革については「解決」に至らず、施行後しばらくは「帝国主義」「資本主義」＝「国体」という理解が一般的だった。「国体」変革＝朝鮮独立という画期的な転換は第一次・第二次朝鮮共産党事件の京城地方法院の予審を通じて生み出され、公判・判決を通じてその転換が加速した。

二八年一二月二七日の京城地方法院の朝鮮共産党満洲総局事件の判決は、「国体」変革＝朝鮮独立への転換の途中経過を示している。この事件は二七年一〇月に間島（カンド）総領事館警察署で検挙されて京城地方法院に移送されていたもので、「我日本帝国は私有財産制度の謳歌国なるを以て、朝鮮に於て該制度を否認し共産制度を実現せしむることは到底許容し得られざることに依り、之が実現を期せんと欲せば、朝鮮を我日本帝国の羈絆より離脱せしめ、以て朝鮮の独立を図るに如かずと思惟し居り」として、崔元沢（チェウォンテク）の懲役六年を最高に二八人が有罪とされた。ここでは「朝鮮の独立」は「私有財産制度」の否認による共産制度実現のための前提とみなされている。二月の第一次・第二次朝鮮共産党事件の判決では「私有財産制度」の否認と朝鮮の独立＝「国体」変革を「且」でつないでいた。

その一方で満洲総局事件の判決では、朝鮮共産党について「朝鮮を我日本帝国の羈絆より離脱（国体変革）

せしめ、且朝鮮に於て私有財産制度を否認し共産制度を実現せしむる目的」で結成されたとして、「且」でつないでいる。なお、高麗共産青年会についても朝鮮共産党と同じ定義をしている。この混交はまだ「国体」変革と「私有財産制度」否認の関係の把握が安定していないことを示そう。

そして、量刑の適用法令が最終的に制令第七号とされていることも、満洲総局事件の判決が過渡期のものであることを示している。崔元沢の場合、朝鮮共産党の結社行為は「犯罪時法」としては制令第七号に該当し、その後の満洲総局の組織と活動は「中間法」の旧治安維持法と「現行法」に該当するが、量刑においては「中間法と犯罪時法とは其の刑仝一(どういつ)なる」として、制令第七号第一条を適用した（以上、「朝鮮共産党雑件」、外務省文書）。治安維持法運用のごく初期においてはこうした事例があったが、二八年末の時点でも制令第七号が優先された。

民族独立運動への適用の初期段階

高等法院検事局『朝鮮治安維持法違反調査（一）』（一九二五年五月施行から二八年二月末まで）の「抱懐せる思想の主義別人員」（有罪確定）によれば、四五人の「共産主義」に比し、「民族主義」は五一人とやや多い。「結社別確定判決人員」では「民族主義」は「正義府」一七人、「新民府」一〇人、韓復団・参議府が各四人となっている。それらの結社はすべて「満洲」と「支那」に根拠地があった。平均刑期が「共産主義」の一〇カ月に比べ、「民族主義」が三年であるのは、強盗、恐喝、放火などとの併合罪によるものと推測される。

一九二〇年代前半において民族独立運動取締の法的根拠が制令第七号・保安法であった流れは、治安維持法施行後もつづいた。前述のように、二五年七月二七日の朴熙彬に対する高等法院判決は、「朝鮮を帝国の羈絆より脱せしむること」に対して制令第七号を適用した。その後の民族独立運動関係事件でも、一〇月二二日の京城地方法院判決は保安法違反、同日の高等法院判決は殺人・強盗と制令第七号違反、二六年三月二三日の大邱地方法院判決は制令第七号違反であった。

二六年一一月一七日の京城地方法院は、李先鎬（リソンホ）・李柄立（リビョンイプ）らの学生が六月一〇日の純王（スンワン）国葬に向けて、「朝鮮の独立運動を煽動する不穏文書」を群衆に撒布し、「朝鮮独立万歳を高唱し、以て朝鮮独立の希望を達成せんことを企て」たことを、「政治の変革を目的とし、多数共同して安寧秩序を妨害し、若くは妨害せんとしたるもの」として制令第七号第一条を適用し、各懲役一年とした。「年歯少壮なる一学徒にして、其思慮未だ成熟せず……誤れる民族的意識に支配せられ、青少年に有り勝ちなる一時の昂奮に駆られ、以て本件を敢行したるものに外ならず」（『日帝下社会運動史資料叢書』第八巻）という理由から、いずれも執行猶予五年が付された。

執行猶予が付されたことに検察が控訴すると、二七年四月一日の京城覆審法院の判決では執行猶予が取り消された。「被告人等は孰れも夫々肩書学校生徒にして、哀悼の中にも尚勉学の道に励むべきに拘らず、其影響の那辺に及び得るや俄（にわか）に逆賭し難き諸般の状勢を利用し、葬儀当日を期し多数共同し、朝鮮独立運動を煽動するの不穏文書を沿道群衆に向け撒布し、且朝鮮独立の希望を人心に扶植し、之を達成せんと企て」（『朝鮮治安維持法違反事件判決（一）』）たことが、制令第七号に該当するというきびしい内容であった。

その一方で、民族独立運動事件に治安維持法を発動する徴候もみられた。二六年三月三一日の治安維持法ならびに制令第七号違反事件とされた大邱地方法院の判決は徐東日（ソドンイル）を懲役三年とし、尹炳采（ユンビョンチェ）と崔聖熙（チェソンヒ）を無罪とした。徐東日の「犯罪事実」は「国民党と称し、朝鮮民族の独立を期する為の軍隊を養成し、武力に依りて国権恢復を図り、以て政治の変革を遂げん事を目的とせる結社に加入し」たこととされ、治安維持法第一条と制令第七号第一条に該当するとしたうえで、「犯情重き前示制令第七号第一条の刑に従」った。尹炳采と崔聖熙に対しては、朝鮮独立の軍資金募集の事実は徐の脅迫によるものとして無罪を認定した。

この無罪判決に検察が控訴した五月二〇日の大邱覆審法院では、被告両名が「政治変革に賛同し、帝国の治安を妨害したりとの公訴事実は其証明なき」として無罪が維持された（「独立運動判決文」）。

単独で民族独立運動に治安維持法が初めて適用されたのは、二六年一〇月五日の京城地方法院判決とみられる。李輔晩（リポマン）は上海で就学中に朝鮮独立を希望するようになり、「吾人の革命は異族の統治を打破し、其の総ての経済的社会的悪勢力を駆逐し、意味ある新社会を建設するにあり」（「独立運動判決文」）として「独立精神社」を組織したことが治安維持法第一条第一項に、朝鮮独立運動の煽動が第三条に該当するとされ、前者を適用して懲役一年六月が科された。

判決文が不明だが、二七年八月一二日の新義州地方法院の新民府事件に対する判決を『朝鮮新聞』（八月一三日）が報じている。許聖黙（ホソンモク）ら一二人はハルビンの領事館警察署で検挙され、新義州に移送されたとみられる。「一味の中の巨頭と目さるる許聖黙は極端な排日思想を持ち、朝鮮独立のため運動して来たが、大正十一年八月支那間島龍井村（カンドリョンジョンチョン）に渡り、冬期中学校を開いて自ら校長となり、排日思想宣伝に努め、十四年新民府なる不逞団体を組織し、他の九名と行動を共にし、盛んに不穏文書を鮮内外に配布し、独立達成に努めて来たもの」とされ、許聖黙に懲役三年、金炳嬉（キムビョンヒ）に懲役一年六月、八人に懲役一年（執行猶予三年）の判決が下った。

八月三一日の京城地方法院判決では、全佐漢（チョンサハン）が「朝鮮の独立を目的として朝鮮革命軍大本営と称する秘密結社を組織」し、団員四、五〇人を擁して「朝鮮独立の宣伝及軍資金徴収」（「独立運動判決文」）をおこなったことが治安維持法第一条第一項に該当するとして、懲役五年が科された。

治安維持法違反・強盗罪を問われた一一月二日の京城覆審法院では、強盗罪のみを認定し（懲役五年）、治安維持法については「新義州に於て国体を変革する目的を以て韓国革命軍なる結社を組織し……加入したりとの点は証拠十分ならざる」（「独立運動判決文」）として認定しなかった。

再び高等法院検事局『朝鮮治安維持法違反調査（一）』によれば、民族主義の正義府の「共犯関係」は一九二四年九月から二七年四月までの期間で一四組三〇人におよぶ。併合罪は「強盗、銃砲火薬類取締令違反、有価証券偽造、強盗殺人、恐喝等であって最も暴状を極」め、したがって確定判決の延刑期は無期懲役一人と懲役四〇年一〇月ともっとも多い。現在のところ、この正義府に関して治安維持法のみを適用した判決を見出すことはできない。

共産主義運動への発動がそうであったように、治安維持法施行後の初期段階において、民族独立運動への発動も制令第七号の適用を優先したり、無罪判決が出るなど、その運用はまだ試行錯誤の段階で安定していなかったといえる。

三　「満洲・間島」における初期の運用

電拳団事件

中国東北部の「間島」と呼ばれた地域（現在の中国・吉林省延辺朝鮮族自治州）は、一九二〇年代になると朝鮮人による民族独立運動に加えて共産主義運動の根拠地を形成していた。そこでは領事裁判権を拡張した領事警察権の行使を既成事実化していた外務省に属する領事館警察が、在満朝鮮人の民族独立運動や共産主義運動の抑圧取締にあたっていた（拙著『外務省警察史――在留民保護取締と特高警察機能』参照）。

一九二五年二月一九日、間島総領事の外相宛の報告「間島琿春（ホンチュン）地方に於ける共産主義運動に関する件」では、「共産主義運動に因り当地方青年学生間に相当同思想の注入せられたるは事実にして……漸次思想の悪化を来すと共に、過激分子の増加せんとするの傾向を見、既に秘密裏に各所に共産主義に関する機関を設けられあるの形跡あり」とし、「主義宣伝者の朝鮮及間島琿春地方侵入防止に関し、此際相当措置を要するものと認められ候処、本件は治安維持法の成立如何を見定めたる上、卑見詳細上申可致所存」と述べていた。第五〇議会で審議がはじまったばかりの治安維持法案の動向を、「主義宣伝者の朝鮮及間島琿春地方侵入防止」という観点から注視していた。

六月二三日の間島総領事の外相宛報告「治安維持法朝鮮施行に就き不逞鮮人に及ぼしたる影響に関する件」からは、「浦塩（ウラジオストク）義烈団支部に於ける不逞各団の決議事項」や「新民府発行の新民報所載治安維持法声討文」などの情報収集にあたっていたことがわかる。後者の結びは「倭国の各種の悪法が朝鮮社会に実施せらるるに従い、朝鮮民衆は急進的に「テロリスツ」の気分を促進するを予言すると共に、倭敵の悪法実施の苛酷行為を声討す」（以上、「不逞団関係雑件　朝鮮人ノ部　在満洲」4・3・2・1・3　外交史料館所蔵）となっている。

共産主義宣伝への警戒の度を強め、青年学生の動静を視察中、弾圧の機会を待ち構えていたところに発動されたのが二五年八月二七日の「電拳団事件」である。翌二八日、間島総領事は外相宛に「日韓併合記念日に於ける不逞鮮人の行動捜査警戒中の処、二十七日夜間に乗じ龍井村親睦会に於て朝鮮独立及共産主義に関する宣伝文約五百枚を市内に頒布したるに付、直に押収し、仝会宣伝部長以下部員拾参名を検挙せり」と速報した。ついで、九月二日、詳細な「共産主義系統の不逞鮮人検挙に関する報告」をおこなっている。「八月二十九日、日韓併合記念日を期し不穏文書の撒布及過激行動を以て民心の攪乱を企図し居れる情況を探知したるを以て、二十八日午前四時より署員二十余名をして各部署を定め検挙に着手せしめ、同日午后二時迄の間に逮捕押収……検挙人員十六名中永新中学校（耶蘇教系）学生二名、東興中学校学生及小学部教師（天道教系）十一名、無職者三名にして宣伝文の趣旨は……共産主義的団結による独立運動の鼓吹にあり」として、治安維持法違反として訴追の見込みとする。

「宣伝文」には、「強盗日本の軍閥派を世界の総て軍閥派と共に吾等が人類社会より埋葬せよ！　吾が三千里江山より倭賊の軍閥資本家を撲滅し、無産階級の新社会を建設せんとするにあり」という一節があり、綱領として、「一、我等は現社会の不合理なる一切の制度を破壊し、大衆本位なる歴史的必然の新社会建設を目標とす　一、我革命事業に障害を与え、民衆に害毒を与うる者等を根本的に直接撲滅せんことを盟約す」を掲げていた。六月二一日、龍井村外で五人が創立会議を開き、綱領・規律と組織などを決めたという。「我革命事業に障害を与え、民衆に害毒を与うる者等」とは親日朝鮮人団体「光明会」を指すとみられ、「電拳団」という名称が示すように、その「直接撲滅」をめざすことを結成の第一義的な目的としたと推測される（以上、『外務省警察史』復刻版第二三巻）。

この検挙は共産主義化した「不逞鮮人」の活動への威嚇的な弾圧と思われるが、「電拳団」が「現社会の不合理なる一切の制度を破壊」という綱領を掲げ、規律なども備え、調査部・審理部・実行部などを設けて組織の体をなしていたことが、治安維持法の適用となったと考えられる。間島総領事館「大正十四年中に於ける間島、琿春及接壌地方治安概況に関する件」（二六年二月一三日）によれば、電拳団の検挙者は二〇人で、その処分の内訳は訴追四人、「朝鮮警察機関引継」五人、残りは「放還」となっている。金星漢、全盛鎬、金鼎熙、全栄国の四人の訴追者が間島総領事館における治安維持法公判に付された。

なお、九月一五日の朝鮮総督府警務局長「間島に於ける赤化鮮人検挙に関する件」（「不逞団関係雑件　朝鮮人

の部　在満洲」）には、「今回の検挙に依り、之等団体の真相を明にし、且つ之が根滅を見るに至りしは治安上同慶に堪えず」とある。

「電拳団事件」に関して、間島の延吉県龍井村で発行されていた『間島新報』に関連の記事が掲載されている。『間島新報』は、一九二一年七月、龍井日本人居留民会を母体に創刊された日本語版の新聞である。私自身はまだその紙面をみることができないでいるが、延辺大学の金泰国教授が詳細な『「間島新報」標題索引』（二〇一一年）を編集されている。金教授は「日本領事館の下部組織として日本帝国の対外膨張の先鋒を担っていた日本人居留民会は、今度は新聞発行を通じて日本人居留民会は勿論、延辺地域朝鮮族人民に対する統制を強化しようとした」と指摘する。同書によれば、電拳団に関して次のような見出しの記事が存在する。

一九二五年

九月一九日　不逞共産党員電拳団の一味昨日起訴さる

一〇月一日　電拳団一味昨日第一回公判開廷

一一月六日　電拳団の逮捕を怖れて敦化に脱れた市内某校生徒　糊口に窮し帰順を願う手紙を寄越す

一一月一三日　恩真中学生（方昌洛）が電拳団に加って逃走中を逮捕　治維法違反で懲役五月

一九二六年

四月二日　電拳団の首魁金璟漢昨日の公判　禁錮八月

後述するように、「間島」地方で領事館警察に独立運動・共産主義運動関係で検挙された朝鮮人の多くは朝鮮に移送されるが、この「電拳団」事件は間島総領事館における領事裁判での処断が選択された。一年未満の刑期であれば領事裁判が可能という規定による。

なお、二五年一〇月七日『東亜日報』は「CK団員も参加　間島赤化計画」という見出しで、電拳団事件の

間島赤化計劃

CK團員도參加

電拳團事件公判

『東亜日報』1925年10月7日

第一回公判が九月三〇日、間島総領事館裁判所で桐生半造判事事務取扱（外務通訳生）の下で、小島七郎検事事務取扱（領事館警察警部）立会でおこなわれたことを報じた。金星漢ら四人の被告に対して、「裁判長は被告たちが事実を否認しているが、この事件に関係あることはその証拠が十分ある」と述べたという。治安維持法の適用条文や量刑は不明である。

『間島新報』によれば、「首魁」とされた金璟漢の判決は何らかの事情で翌二六年四月となった。遅れて検挙された恩真中学生の場合は「懲役」（六月）、「首魁」は「禁錮」（一〇月）と異なる。治安維持法の適用にあたり、ここでもまだ刑罰の選択が安定していないことをうかがわせる（国内の場合、京都学連事件の場合は「禁錮」、その後はほとんど「懲役」のみとなる）。二六年にも「電拳団」関係者一人が検挙されている。朝鮮国内での初期がそうであったように、量刑は比較的軽い。

間島総領事館警察部では、二六年五月、管下の警察署長及分署長事務打合会議を開催し、「治安維持法適用に就て」、末松吉次警察部長から次のような指示・注意を与えた（『外務省警察史』第二三巻）。

国体を変革し、又は私有財産制度を否認することを目的として結社を組織し、又は此目的を以て騒擾暴行せんとする犯罪を煽動したる者等に対しては、治安維持法の実施に依り根拠ある取締を為し得ることと成れり、本法に依る犯罪は主として共産主義的思想の実行犯にして、土地柄非常に警戒を要するものあり、現に本館警察署に於て検挙したる電拳団一派は本法に依り初めて処分せられたるものなり、近時一般に共産主義的傾向は漸く浸潤し来りつつあるを看取し得らる故に、一層厳密なる査察警戒を望む、之が適用に関しては慎重の考慮を為し、一般に特別予防の目的を達することにも努力せられ度し

「電拳団事件」が治安維持法によって「初めて処分せられたるもの」という認識を示したうえで、「共産主義的思想の実行犯」に対する「根拠ある取締」の武器を獲得したことに注意が喚起されている。また、民族主義的なものから「共産主義的傾向」がしだいに顕著となりつつあることは、「間島」という「土地柄」も加わって「非常に警戒を要する」とされ、治安維持法の活用が求められていた。この直後に開かれた管下各分館主任事務打合会では「馬賊不逞鮮人の外、一般鮮人青年の濃厚なる赤化運動は最も重要なる性質を帯ぶるに至れり」として、とくに「暴力運動」の「首領者と目すべき者」に対する「治安法の適用」を指示している（「領事会議関係雑件　在満領事会議」、「外務省文書」マイクロフィルムＳ647）。この「治安法」とは治安維持法を指すと思われる。

第一次間島共産党事件

一九二六年一〇月、「間島」龍井村に朝鮮共産党支部として「満洲総局東満区域局」が設立された（同時に「高麗共産青年会東満区域局」も設立）。当初、この動きを把握していなかった在間島総領事館警察では、青年・学生層への宣伝活動が活発になると「極力内査」を進め、二七年一〇月、「東満道幹部党員」の検挙を断行した。治安維持法が適用され、「党員として犯罪の証憑確実」とされた二八人が朝鮮側に移送された（その後、追加）。これは「第一次間島共産党事件」と呼ばれた。

二八年四月三〇日、京城地方法院において予審終結決定となり、二九人が公判に付された。一一月二六日に公判が開廷し、一二月五日には京城地方法院検事局の元橋検事が論告をおこない、懲役八年から一年を求刑した。新聞への元橋の談話には「共産運動は一種の独立運動」であり、「被告等の所謂共産党結社行為はマルク

ス主義を土台とするもので、其の主義は君主々義国家たる我が国体と相容れざるものである。又被告等が私有財産制度を否認することは、朝鮮を日本帝国から離脱せずしては到底行うこと能わざるもの故、それは結局朝鮮独立運動と同じく国体変革を図る犯罪行為である」とあった。また、検挙以降も被告らの「犯意を継続せるものと看做して改正治安維持法を適用することが妥当である」とした。これに対して、担当弁護士は「法は既往に溯らざる原則から見ても、改正前の旧法律を適用することが当然で、被告等が其意思を継続していても表面の行為に現われざる以上、其の意思や思想を罰するということは不当千万」と反論していた（『毎日申報』二八年一二月六日、『朝鮮思想通信』による）。

一二月二七日、一人に懲役六年、二人に懲役五年など、全員有罪の判決が下った（懲役一年の四人には執行猶予三年を付す）。理由の冒頭には「斯かる社会の現状は畢竟我帝国に於て私有財産制度を是認するに基因するものなれば、斯かる制度は之を破壊し、之に代うるに共産制度を実現するに如かずと軽信し」たものとみて、その実現のためには「朝鮮を我日本帝国の羈絆より離脱せしめ、朝鮮の独立を図るに如かずと思惟し居りし者」とある。

この判決で注目されるのは、第一次間島共産党＝朝鮮共産党満洲総局東満区域局について、まず私有財産制度を否認する共産主義としたうえで、それを実現する手段として「朝鮮を我日本帝国の羈絆より離脱」＝朝鮮独立＝「国体」の変革を位置づけていることである。もう一つは、検察の求める改正治安維持法を適用せず、制令第七号を適用したことである。最高刑六年を科された崔元沢の場合、朝鮮共産党の組織は「犯罪時法」として制令第七号に、結社組織や役員・指導者としての任務は「中間法」として旧治安維持法に、満洲総局の設置などは「現行法」として改正治安維持法にそれぞれ該当するとしたうえで、「中間法及犯罪時法は共に現行法より其刑軽く、中間法と犯罪時法とは其刑同一なる」ため、制令第七号第一条第一項の処断を選択した（以上、高等法院検事局『朝鮮治安維持法違反調査（一）』）。検察は控訴を検討するが、結局断念した。

「昭和二年中に於ける間島琿春及同接壌地方治安概況」（外相宛間島総領事代理報告、二八年二月三日『外務省警察史』第二三巻）中の「昭和二年中検事取扱事件罪名表別表」をみると、領事館警察による治安維持法違反は四件、五二人となっている。先の第一次間島共産党事件以外にも治安維持法を適用された事件があったことがわかる。

II

全開する治安維持法
——一九二八〜三四年

京城地方法院検事局「予審請求書」
（慎弦重・市川朝彦ら、1931年11月16日）

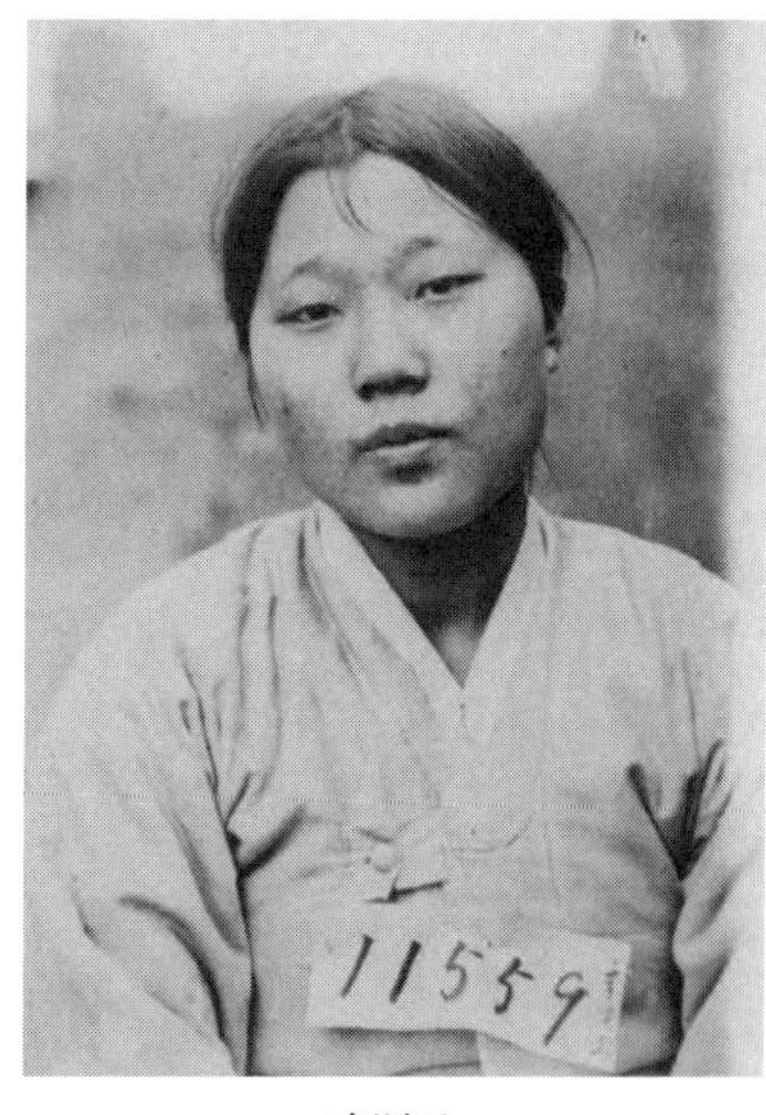

李順玉
（1930年1月29日、西大門署で撮影）

一　全開期の概観

処分者の急増――一九三〇年代前半の運用全開

治安維持法は日本国内においては一九二八年三月一五日の日本共産党への一斉検挙を画期として本格的な運用が開始されるとともに、治安維持法の「改正」や取締機構の大拡充を一挙に実現させて、治安維持法の全面的展開をバックアップすることになった。朝鮮において治安維持法は施行直後から共産主義運動・民族独立運動の弾圧に活用されてきていたが、やはり一九二八年を大きな画期として全面的な運用の段階に入っていく。

まず治安維持法の全開ぶりは、警察（高等警察）における検挙者数にあらわれる。**表3**の「検挙」をみると、一九二八年に一〇〇〇人台に急増し、一九

表3　朝鮮における治安維持法違反者処分状況

処分別／年別	検挙	起訴	受刑	不起訴		
				起訴猶予	其他の不起訴	計
1925	8	4	4	2	2	4
1926	338	163	121	21	154	175
1927	212	87	82	4	121	125
1928	1,304	517	376	26	761	787
1929	1,343	433	306	43	867	910
1930	1,538	654	451	47	837	884
1931	1,921	834	506	139	948	1,087
1932	4,257	1180	803	547	2,530	3,077
1933	2,103	592	312	401	1,110	1,511
1934	2,087	517	―	―	―	―
計	15,111	4,981	2,961	1,230	7,330	1,0130

拓務省管理局「朝鮮に於ける思想犯罪調査資料」（1935年3月）（『治安維持法関係資料集』第2巻）

三二年の四二五七人でピークに達する。これらの検挙者数は公式の数値であり、実際には治安維持法違反容疑で検挙・検束され、取調のうえ、訓戒を加えられ、警察限りで釈放となった者が多数存在する。「濫に検挙するは不可なり」と題する一九三〇年三月五日『朝鮮日報』社説（『朝鮮思想通信』による）は、「警察官署より検事局に起訴意見を添付して廻す被疑者数を出すに至るまでは、必ずその数以上の被疑者の検挙、及び総ゆる厳重な取調を為すことは一般の目撃する所である。故に不起訴処分までに至らずして、先づ警察官署で或る一定の辛苦を嘗めて釈放さるるものが必ず相当の数に達するものと断定さるる」と論じた。この「相当の数」という暗数が、実際の「検挙者」の背後におかれている。

　警察から地方法院検事局への「送致」数が、**表4**にある「受理人員」である。これもやはり一九二八年に

表4　朝鮮治安維持法違反事件累年別人員表

種別／年別	検事局受理人員	左欄の内			
		起訴	起訴猶予	起訴中止	不起訴
1925	88	33	2	35	18
1926	380	161	41	64	131
1927	279	135	1	81	54
1928	1,418	496	60	253	391
1929	1,282	447	52	246	465
1930	2,133	558	71	886	497
1931	1,755	651	151	306	567
1932	4,393	1,022	1,110	642	1145
合計	11,728	3,503	1,488	2,513	3,268
1933	2,039	543	678		
1934	2,067	520	706		
1935	1,696	478	661		
1936	667	246	238		
1937	1,228	413	573		
1938	987	283	348		
1939	790	366	163		
1940	286	141	72		
総計	21,488	6,493	4,927		

1925～1932年は拓務省管理局「改正治安維持法案参考資料」（1934年2月）（『治安維持法関係資料集』第二巻）
1933～40年は朝鮮総督府「思想犯保護観察制度実施の状況」（1941年12月）（『治安維持法関係資料集』第三巻）

急増し、一九三二年でピークに達する。「受理」した被疑者を検事局では取調べて「起訴」、「起訴猶予」などの司法処分をおこなうが、この「起訴」人員も同様な推移を示している。日本国内と同様に、一九三〇年代前半に治安維持法の運用は全開となった。

この治安維持法の運用の大きな推移については、高等法院検事局『思想彙報』第八号（一九三六年九月）の「既往十年間に於ける治安維持法違反件数、人員、年度、庁別調」でも「朝鮮に於ては、昭和四年乃至同七年度にかけて、共産主義運動が最も熾烈であった」と述べられている。

『東亜日報』の批判

こうした治安維持法違反の急増は社会運動の昂揚が一因をなしたことはまちがいないが、一方で一九二八年の「改正」による治安維持法のさらなる運用の拡大によるところも大きい。「改正」によって治安維持法の威力が倍増することをよく理解していた『東亜日報』は、繰りかえし社説で治安維持法「改正」を批判した。

まず、三・一五事件をステップとする一九二八年の治安維持法「改正」について。五月二〇日の「治安に関する緊急勅令案」では、「少なくとも（一）教育などによる思想善導、（二）抜本塞源の社会政策などに関する特別な施設もなく、専ら厳罰と弾圧を優先し、緊急でないことを緊急を要するかのような反動的な施策に対して枢府も賛成するかどうかが注目するところだという」とするにとどまった。六月二六日の「治安維持法改正案通過　田中内閣の狭量」になると、「刑罰を峻厳にすることで民衆の傾向が左右できれば、それよりいいことはないだろう。しかし、思想問題というのは、大砲を発射し、目前に迫ってくる敵兵を撃退するような軍事的行動とは全く別物として扱わなければならない。悪思想が流行し国憲を紊乱すれば、当然悪思想に感染した原因を追究し、その根本的な欠陥を補うことによって思想分子に安堵を与えることが、国家社会の為に万全の策といえるのではないだろうか」と迫った。

一九三〇年代前半、改正された治安維持法の威力が全面的に発揮され、処断される治安維持法犯罪は急増した。三二年二月二〇日の「激増する思想犯　根本対策はいかに」は、それに真正面から向き合った社説である。「社会における重大問題」として、三・一独立運動以降、「朝鮮は新文化・新思想の輸入に没頭し」、「当初、模倣に過ぎなかった運動は、だんだん理論を研究し実行に移し」、「組織になり巧妙さを増していった」という思想面、同時に「徐々に農村の疲弊の声が高まり、一部の知識階級は不安や焦燥に駆られるようになった」という環境面の原因があるとする。それゆえ、共産主義思想は青年や「一部の知識階級に限らず、労働者・農民のように実生活を営む階層に浸透する傾向にある」が、当局は「強圧一辺倒の政策」を押し通している。しかし、「歴史的に思想に対する弾圧で根絶した前例はない」として、「とくに朝鮮の民族のように政治・経済において萎縮と制限が強いられるところでは、なおさら、思想的原因と社会的欠陥を真剣に研究し、現実的な対策を講じなければならない」と論じた。

この論点は、三三年一〇月二五日の「思想犯罪と対策　厳懲より原因の是正を」で再論される。思想犯の再犯が多いことに着目し、行刑によって「「犯行の懲戒」が成り立っていない点、また「思想の転換」が行われていない点、もう一つは、世間で言われるように、犯行が単純に付和雷同した一時の気分などによるものではない点」を指摘する。「重刑や苦役に処する厳罰主義という一辺倒のやり方、すなわち、罪科に処し懲治することによって思想転換を図るのは不可能である」としたうえで、「行動における悪は存在し、社会の公共の安寧のためにその悪を膺懲(ようちょう)すべきであるが、行動の悪より悪の根源に存在する思想の非を防ぐことが妥当であり、なお思想の非より非の根源に存在する社会生活の歪曲や欠陥を是正することがまさに根本的ではなかろうか」と提言する。

こうした社会の根本問題の是正を求める提言は、当局者に届くことはなかった。日本国内・朝鮮ともに共産主義運動に対する攻勢は増し、その低落傾向が見えてきても追撃の手を緩めなかった。その切り札と期待されたのが治安維持法の再度の「改正」で、三四年と三五年の二度試みられた（いずれも成立せず）。この治安維持法再改正の企図にも『東亜日報』は果敢に反応した。

まだ司法省内での改正論議の段階ながら、三三年六月二七日の「治安維持法改正案の輪郭　法律機能の奇形的な発展」では改正案の概要を記したうえで、「これは過去に例を見ない、法域を横軸に拡大し、裁判制度に特殊な改変を要求するもので、十分な注意を払わなければならない」と論じた。なかでも「不定期拘禁、または予防拘禁制」の導入については、「無辜の者の不安が一層高まるであろう」と強い危惧を表明する。つづく八月四日の「治安維持法の改正案　司法省の思想対策要項」は明確になってきた改正案の問題点を指摘し、「厳罰方針の拡大強化」に注意を向ける必要があるとする。

議会への上程を前にした三四年一月二一日の「治安維持法の再改正案　逆鱗的な結果を慎むべき」は、二八年改正法により「思想弾圧法としてはこれ以上きびしいものがない程度の限界に達していたので、その上にさらに改正を加えるというのは、一度深く考慮すべき問題である」としたうえで、次のように論じた。

今回の再改正が特に治安維持法の横軸の拡大を図るものである以上、外廓団体罪または宣伝行為罪はその可決の可否によっては検挙領域がかなり広範囲になる恐れがある。また、予防拘禁や保護監察なども人権を蹂躙する懸念があるので、そのような過敏な思想対策がもしや逆鱗的な結果を作るのではないかという重大な問題になるので、とくに慎重な考慮が必要であると考える。

「予防拘禁」などへの強い反対もあって三四年の治安維持法改正に失敗した政府は、三五年の議会に再提案する。これに対して、三月九日の社説「治安維持法改正案」では被疑者の拘留期間が厳格化し、日本国内と同

表5　治安維持法有罪確定者の主義別人員

（　）内の数字は平均刑期

期間＼運動別	無政府主義	共産主義	民族主義	共産主義及無政府主義
1925.5～28.2	11人（3年）	45人（10月）	51人（3年）	4人（1年5月）
1928.3～30.12	9人（3年9月）	412人（2年2月）	135人（3年6月）	13人（1年6月）

1925.5～28.2 高等法院検事局『朝鮮治安維持法違反調査』（1）
1928.3～30.12「朝鮮治安維持法違反調査」（2）、高等法院検事局『思想月報』第4号

様の二カ月間となり、更新も一回のみになれば、朝鮮にとっては「顕著な改善」になるとする。それは「拘留期間の問題は……治安維持法違反者に対しては一層重大であり、朝鮮においてはなおさらである。拘留期間が三、四年になるのは常に茶飯事であるので、犯罪者自身の苦痛は言い切れない。犯罪者自身はもちろん、その家族の苦痛が甚だしい。したがって、社会全体に及ぼす影響が非常に甚大であると言わざるを得ない」という現状を踏まえている。

「共産主義運動」取締の優位

治安維持法有罪確定者の主義別人員を示す**表5**では、前章の試行錯誤・模索期においてやや「民族主義」が「共産主義」より多かったのに対して、本章の前半に相当する二八年三月から三〇年一二月においては「共産主義」が「民族主義」より圧倒的に多く、治安維持法の全開の対象が「共産主義」に向けられていたことがわかる。この期間の結社別確定判決人員は朝鮮共産党一八九人、高麗共産青年会一四一人で、正義府は三三人、参議府は一五人となっている（「朝鮮治安維持法違反調査」（二）、『思想月報』第四号）。この傾向は一九三四年までつづく。

また、被告人と受刑者を合わせた思想犯罪者（拘置中および刑務所の在監者）の累年比較を示す**表6**も、おおよそ同様の傾向を示している。裁判で最終的に有罪が確定するまでには二、三年かかるため、「共産主義」に分類される思想犯罪在監者の増加が顕著となるのは一九三一年以降となる。

表6　思想犯罪者累年比較表（1934年6月現在）

年別＼運動別	無政府主義	共産主義	社会主義	民族主義	労働運動	農民運動	合計
1927	14	137	10	534	85	34	814
1928	11	436	2	545	6	18	1,019
1929	7	745	8	445	2	34	1,241
1930	18	706	―	647	12	1	1,385
1931	9	1,005	2	515	42	35	1,609
1932	10	1,750	―	462	10	63	2,295
1933	15	1,383	2	656	22	87	2,165
1934.6まで	13	1,242	―	538	13	61	1,867

拓務省管理局「朝鮮に於ける思想犯罪調査資料（其の二）」（1935年3月）（『治安維持法関係資料集』第2巻）

検察当局が把握する「共産主義運動」の推移は、「朝鮮に於ける共産主義運動は京畿道、咸鏡南北道、平安北道、全羅南道に於て最も盛に行われ……昭和四年頃迄の共産主義運動は、京城方面を運動の中心地とし、新義州方面を国外との中継地と為すプチブル、インテリの思想宣伝、農民中心の運動であったが為であり、次で同運動は宣伝期を経て漸次実地煽動期に転換し、プチブル、インテリの手を離れ、農民中心から直接労働者中心に移り、且近時北鮮が日蘇、日満の軍事的、政治的、経済的関係に於て更に重要性を帯び来った関係上、其の中心地帯が北鮮に移動したが為である」（「既往十年間に於ける治安維持法違反件数、人員、年度、庁別調」『思想彙報』第八号、一九三六年九月）というものであった。

二八年三月から三〇年までの有罪確定判決言渡裁判所別をみると、やはり京城地方法院が突出している。件数では全体の三四％、人員では五三％にのぼる（「朝鮮治安維持法違反調査（二）」、『思想月報』第三号、一九九三一年六月）。地方法院別の治安維持法違反検挙者をみると、三一年はまだ京城地方法院が四二％と最多だが、三二年、三三年は咸興地方法院が最多となり（拓務省管理局「朝鮮に於ける思想犯罪調査資料」『治安

表7　治安維持法違反の罪状調（条文別）

年別＼種別	組織	加入	目的遂行	協議	煽動	利益授受	計
1925			5		1		6
1926	88	71	14	3	5	3	184
1927	51	22	16	2			91
1928	89	313	110	12	12	7	543
1929	175	224	40	23	14		476
1930	135	332	122	60	47	5	701
1931	228	482	110	117	34	2	973
1932	526	837	181	39	42	2	1,627
1933	297	277	297	101	21		993
計	1,589	2,558	895	357	176	19	5,594

拓務省管理局「朝鮮に於ける思想犯罪調査資料」（1935年3月）（『治安維持法関係資料集』第2巻）
1925年から27年にかけて「目的遂行」の数値があるのは不可解だが、そのままとする

維持法関係資料集』第二巻）、「共産主義運動」の中心地帯が「北鮮」に移動したことを裏づける。

一九二〇年代終盤から三〇年代前半にかけての治安維持法関係犯罪において、「共産主義」が「民族主義」を大きくしのぐという状況は、松田利彦が「朝鮮総督府警務局編『治安状況』各年版の構成」を検討して導いた概括的な傾向――「一九二〇年代後半から特に社会主義運動および民族協同戦線運動に対する警戒感が高ま」り、それは「三〇年代に入っても全体的には継続している」（『日本の朝鮮植民地支配と警察』）――と照応する。

罪状は何だったのか

次に治安維持法のどの条文が適用されたのかを示す**表7**をみよう。第一条は「国体」変革・「私有財産制度」否認の結社「組織」と「加入」、そして結社のための「目的遂行」の三つが、第二条が「協議」、第三条と第四条が「煽動」、第五条が「利益授受」にあたる。全体としては「加入」が多いが、「組織」も一九三二年

までほぼ累年増加している。これは、朝鮮共産党・高麗共産青年会、正義府（チョンイブ）、参議府（サミブ）などのほかにも「読書会」や労働組合などが「秘密結社」とみなされて多数処断されたからである。また、日本国内の運用では二八年の治安維持法「改正」によって付け加えられた「目的遂行」の割合が多く、第一条に集中して処断されたが、朝鮮において「目的遂行」がそれほど多くないのは「協議」や「煽動」に該当するとされる事例が相当数あるからである。

判決で科された量刑をみると、二八年三月から三〇年末までの確定判決（五七九人）では死刑六人、無期懲役二人、懲役一〇年以上が一一人であり、軽い刑では懲役六月が一一人、七月が一人、八月が三人、一〇月が一六人となっている。禁錮刑はなく、すべて懲役刑である。死刑・無期、長期の懲役刑はいずれも殺人・強盗などとの併合罪で処断された。日本国内では全体を通じて死刑判決はなく、また懲役が一年未満は一例のみである。一人あたり平均刑期（死刑・無期を除く）は二年七月で、二八年二月以前は二年だった。

「治安維持法違反事件に付起訴猶予及執行猶予に為りたる者に関する調査」（『思想彙報』第五号、一九三五年一二月）によると、「思想転向者の増加」を受けて、一九三三年度より起訴猶予者、執行猶予者が激増したという。検察における起訴猶予は一九二五年から三四年の平均で一七・九％であるが、三二年から二五・三％、三三年は三三・三％、三四年は三三・〇％と急増している。判決中で執行猶予が占める割合は全体では五％であったが、三三年に八・一％、三四年に一〇・六％と漸増傾向をみせている。

「治安維持法違反被告人の動機に関する調査」（『思想彙報』第五号、一九三五年一二月）は、「朝鮮共産主義運動者は一体如何なる動機から該運動に走るに至ったか」という関心からなされている。被告人総数二五九二人（三〇年から三四年）について、動機別でもっとも多いのは「左翼文献の耽読」で、「友人の感化」「勧誘」「生活難」「民族的偏見」とつづく。これらの結果から、次のように指摘する。

特に目を惹くのは、日本共産主義運動者とは全然別個な動機として、民族的偏見、日韓併合に対する不満及日鮮人の差別待遇等を挙げることが出来ることである。茲に所謂民族的偏見とは、朝鮮独立思想を抱懐していたことがその動機となったことを意味するのである。……民族的偏見からの動機は漸次減少して来たのに反し、左翼文献の耽読、友人の感化からの動機は増加の傾向を示している。

各年別でみると、一九三〇年は「勧誘」「民族的偏見」の順で、三一年から三三年は「左翼文献の耽読」が最多である。三四年は「左翼文献の耽読」と「友人の感化」が拮抗している。

二 民族独立運動への本格的運用

「帝国の羈絆」離脱＝「国体」変革の認識へ

本章の範囲とする一九三〇年前後の数年間、治安維持法の主な対象は「共産主義運動」に向けられたが、まずここでは「民族独立運動」への本格的適用について素描する。

高等法院検事局による一九二五年から三三年の「民族主義のみを指導理論とする思想犯を治安維持法に問擬したる者」（表8）をみると、検挙者の合計は五五六人、起訴者の合計は三八三人で、それらは総検挙者の四・三％、総起訴者の八・六％にあたり、やはり「民族独立運動」の比率は小さくなっている。

表8　民族主義のみを指導理論とする思想犯を治安維持法に問擬したる者

年別＼種別	検挙	起訴	不起訴
1925	2	2	
1926	19	9	10
1927	30	30	
1928	111	87	24
1929	57	42	15
1930	101	76	25
1931	69	47	22
1932	140	80	60
1933	27	10	17
計	556	383	173

拓務省管理局「朝鮮に於ける思想犯罪調査資料」（1935年3月）（『治安維持法関係資料集』第2巻）

一九二八年以降、民族独立運動に対してどのように治安維持法による司法処分がなされていったのだろうか。

京城地方法院検事局の思想検事佐々木日出男は「植民地独立運動の法律上の性質」（『思想彙報』第一号、一九三四年一二月）において、治安維持法の施行後、「植民地の独立運動は、国体変革の運動として治安維持法の内容」となり、「「後法は前法を廃す」の原則に依り」、朝鮮の独立運動取締の役割は、制令第七号から治安維持法に変わったと論じた。実際にはスムーズにこのバトンタッチができたわけではなく、いぜんとして制令第七号の適用もつづくが、一九二八年頃から結社の組織や活動の処断には治安維持法の適用が一般化した。その際、朝鮮独立を「帝国の羈絆」離脱として「犯罪事実」とすることが多くなる。

佐々木思想検事が民族独立運動への治安維持法適用の一例としてあげるのが、一九二八年四月二〇日の新義州地方法院における李東求（リドング）ら高麗（コリョ）革命党事件への判決である。その判決文は不明だが（新聞報道によれば、李の量刑は懲役六年）、控訴した平壌覆審法院の判決文（一九二八年一〇月一八日）をみることができる。李東求は「衡平（ヒョンピョン）運動」に従事中、「日本帝国の現存制度を破壊し、革命により朝鮮民族を解放すべく、正義府員、天道教徒、衡平社員を連結せる鞏固（きょうこ）なる革命党を組織すべく画策」、二六年三月に高麗革命党を結党して活動してきたが、二七年三月に検挙された。適用条文は旧治安維持法では第一条第一項に、現行治安維持法では第一条第一項前段に該当するとして懲役五年となり、他の被告も懲役四年から二年となった。第一審で懲役三年を科刑された二人の被告が、「右革命党に加入せる旨の公訴事実は証明十分ならざるにより」無罪となったことは注目される（高等法院検事局『朝鮮治安維持法違反事件判決（一）』）。

この高麗革命党への加入が治安維持法第一条に該当するとして、二八年五月一四日、金正桓・宋熙鐘らに対して光州地方法院順天支庁の予審終結決定がなされた。「革命的手段に訴え、日本帝国の羈絆を脱すべき目的を以て組織したる高麗革命党の趣旨に賛同し、之に加盟し」となっている（「独立運動判決文」、国家記録院所蔵）。判決は不明である。

一九二九年四月一九日、郵便輸送車などを襲った拳銃強盗事件の検挙が拡大して、「共鳴団」による独立軍資金募集の事件となった。捜査と取調を経て京畿道警察部から京城地方法院検事局に被疑者一〇人が送致されたが、実行者の金正連について「意見書」には「予て熾烈なる排日思想を抱持し、常に日本帝国統治の覇絆を脱して、朝鮮の独立を企図し」とあった。五月二〇日、京城地方法院検事局は治安維持法違反・強盗などで京城地方法院に「公判請求」した。次のような「犯罪事実」とされた（国史編纂委員会編『韓民族独立運動史資料集』四一、「独立軍資金募集一〇」）。

被告崔養玉、同金正連は予て排日思想を懐き、朝鮮民族の独立を希望せる者なる処、昭和三年陰九月中、支那河北省石家荘に於て安革命なる者の勧誘に依り、朝鮮を日本帝国の羈絆より離脱せしむる目的を以て組織せられ、上海仏国租界三馬路に本拠を有する秘密結社共鳴団に該結社の目的を知りながら之に加入し、同団体の財政部に属したるが、前示目的達成の費用に充つる為め、右被告両名は朝鮮内に於て資金を募集せんことを企て

公判は三度延期され、一二月六日に開かれた。一二月七日の『朝鮮新聞』は「春川街道の拳銃強盗団　公判

春川街道の拳銃強盗團
公判開廷して忽ち傍聴禁止
傍聴者は暗い中から殺到し
ゴッタ返す裁判所構内
午後も開廷

拳銃強盗公判

武徳館の名を
騙る不届者

『朝鮮新聞』1929年12月7日
韓国国立中央図書館「韓国新聞データベース」

開廷して忽ち傍聴禁止　傍聴者は暗い中から殺到し　ゴッタ返す裁判所構内　編笠を取られた瞬間　サット素早い握手　傍聴席に無言の挨拶」と報じた。一二月一三日の公判で求刑通り崔養玉には懲役一〇年、金正連には八年の判決が下った。第一次・第二次朝鮮共産党事件公判で編み出されたといえる「帝国の羈絆」離脱＝「国体」変革＝朝鮮独立の「定型」がここで用いられている。

二九年一〇月、京城本町警察署は朝鮮内に潜入して活動していた義烈団の徐応浩（ソウンホ）・尹忠植（ユンチュンシグ）・金哲鎬（キムチョルホ）・金元鳳（キムウォンボン）らを検挙した。一〇月一三日の訊問で、徐は「義烈団の趣旨、綱領如何」と問われて、「日本帝国主義を打破し、朝鮮独立を完成する為組織した団体であります」と供述する。一一月一日の検事局に送致する際の「意見書」には、「犯罪事実」として「日本人大官、朝鮮人親日派の巨頭を暗殺すると共に、内地及朝鮮内所在重要建物

本町署에檢擧됏든
義烈團事件眞相
逮捕는三名、未逮捕十七名
昨夏潛入活動一年

首犯徐應湖活動顚末
義烈團에加入
中央委에員被選

送局罪名은治維違反

民族과階級
協同注力

團員兩名派遣後
自己는單身潛入
◇元山大爭議에裏面活動◇
仁川署에一時被捉

事件關係者氏名

『東亜日報』1929年11月3日

の破壊を敢行、而して朝鮮統治に一大支障を招来せしめ、一般朝鮮民族の同情と結束を謀りて朝鮮をして日本帝国の羈絆を脱し、独立せしめんとする目的を以て組織せられたる結社義烈団の趣旨に共鳴、同団に加盟活動中」とある。

また、一一月八日の京城地方法院検事局の「公判請求書」にも、徐応浩について「義烈団が朝鮮をして帝国の羈絆より離脱せしむる目的を以て組織せられたる結社なることを知り乍ら、之に加入し」とある（『韓民族独立運動史資料集』三〇、「義烈闘争三」）。

なお、高等法院検事局『朝鮮治安維持法違反事件判決（一）』には、二八年五月一七日の関東庁地方法院の新民府事件判決が収録されている。「新民府」について「韓国の独立を期成せんが為め、中国領土内に僑居する革命的韓族を以て民衆的議会機関を組織し、管内一般韓族を統治し、韓国独立に供する実力を準備することを綱領とし、以て日本の国体を変革することを目的とする結社」であり、「其の統治に服せざる者、又は日本官憲に通ずる者は反逆者として刑罰に処する等の名目の下に、同胞鮮人に対し殺人、強盗、恐喝等を常業とせるもの」として、治安維持法第一条に該当するとした。

ただし、適用されたのは強盗、強盗未遂、殺人、恐喝などの刑法の条文で、無期懲役から一〇年という重罪となった。

このように、一九二八以降、治安維持法違反の「民族独立運動」事件の司法処分において、「帝国の羈絆」離脱＝「国体」変革という認識が一般的となっていった。それを確定したのが一九三〇年の高等法院判決である。

「国体」変革という図式の確定

思想検事の佐々木日出男は一九三四年一二月の『思想彙報』第一号の「植民地独立運動の法律上の性質」において、民族独立運動を処断する際に制令第七号を適用するか、治安維持法を適用するかは、「過去に於ては多少論議せられた問題」であったとする。また、三〇年七月二日の『東京日日新聞』は「京城発」として「朝鮮独立運動は治安法で処断せぬ　平壌覆審法院新判例」という記事を載せ、次のように観測する。

頻々起る朝鮮民族独立運動の裁断に一時期を画し、且植民地の憲法上の意義解釈にまでも突き込んだ新判例が数日中に下されることになった、朝鮮人の独立運動に対し、内地裁判所がとった従来の態度は私有財産制度を否認する点のみを治安維持法に触れるものとして処断し、朝鮮の独立のみを意味する運動は憲法の精神から押して治安維持法にいう国体の変革を目的とする行為としないのであったが、朝鮮にあっては常に治安維持法及び制令違反として処断し、両法域地に異なる見解をとって来たのであった、この点に関しては大審院、高等法院とも未だ判例なく議論は大いにあったが、今回の新判例によって朝鮮が内地より一足先に法の適用が統一されることになった。

日本国内と朝鮮において民族独立運動に対する治安維持法の適用に「異なる見解」がある一方で、朝鮮内においても「常に治安維持法及び制令違反として処断」されるという状況だったことを指摘し、まもなく「法の適用」の統一がなされる見込みという内容である。朝鮮における不統一な状況が、先の佐々木のいう「過去に於ては多少論議せられた問題」であったはずである。

その新判例は高等法院における新幹会鉄山支部事件に対する判決となるが、その前にこの「法の適用」の統一に関わる判決が、高等法院のひと月前に下されていた。一九三〇年三月六日、高麗革命党安州総部長黄金述の上告に対する平壌覆審法院の判決では、制令第七号第一条を適用し、黄に懲役五年を科していたが、五月二二日、高等法院は原判決を破毀し、治安維持法を適用した（量刑は同じく懲役五年）。次のように制令第七号と治安維持法の関係について判断を下した（国家記録院「独立運動判決文」）。

> 制令第七号と治安維持法とは其の内容及態様に於て全然同一に非ざるも、両者共通の構成要件を具備すること法文上明なるが故に……帝国の朝鮮に於ける統治権を排斥し、朝鮮の独立を企図する実行方法として其の決議に参与するが如き場合は右制令第七号に該当すると同時に、治安維持法に該当すること言を俟たず……国体を変革する目的を以て制令第七号違反の行為を為し、因て治安を妨害せんとしたる本件の如き場合に於ては其の行為は其の後施行せられたる治安維持法違反の行為中に包含せらるる……原審は右認定事実に付、右制令第七号のみを適用したるは正に失当にして、原判決は此点に於て擬律錯誤あり、破毀を免れず

判決中でこのように制令第七号と治安維持法の関係について判断を下すのは異例だが、おそらくひと月前の平壌覆審法院における新幹会鉄山支部事件判決にうながされたためと推測される。

二九年一一月二〇日、新義州地方法院はこの事件に「一面に於ては新幹会の綱領たる朝鮮民族の政治的経済的覚醒を促進することを目的とすると共に、他面に於ては進んで鉄山支会員が朝鮮全民族と結束して我帝国の羈絆より離脱せしめんことをも目的とする結社を、鉄山支会と称する名義の下に組織せんことを密議し」とし

て治安維持法第一条を適用し、懲役七年などの判決を下した。被告が控訴し、平壌覆審法院では三〇年四月二二日、「封土を僭竊（領土を奪い取る意――引用者注）し、国家的分立を目的とする所謂国体変革の程度に達せざる政治の変革と認む」として治安維持法を適用せず、制令第七号第一条前段に該当するとして懲役二年を科したのである。前述の『東京日日新聞』が「朝鮮独立運動は治安法で処断せぬ　平壌覆審法院新判例」としたのは、これを指している。

ただし、新幹会鉄山支部の活動が「所謂国体変革の程度に達せざる政治の変革と認む」という判断からの制令第七号の適用であったのに対して、「封土を僭竊し、国家的分立を目的」とし「国体」変革とみなされる活動であれば治安維持法を適用するという含意があると思われる。しかも、ここでその後の民族独立運動の処断のキーワードともいうべき「封土を僭竊」が用いられていたことは、注目に値する。

五月の黄金述事件に対する判決は、この適用問題に高等法院としての立場を明確に示すことになった。そして、七月二一日には新幹会鉄山支部事件の上告に対して念押しの判決で、民族独立運動への治安維持法適用を確定させた。制令第七号違反とした判決を不服とした平壌覆審法院検事長は上告趣意書で次のように覆審法院判決を批判し、治安維持法第一条の適用を主張した。

> （覆審法院判決が――引用者注）本件被告人の行為は我帝国の統治権を排して朝鮮の独立を組織したるものに非らずして、単に朝鮮人の政治的自由の回復を暗示することを目的とする行為なりとの事実を認定する趣旨なるとせば、重大なる事実の誤認あるものと謂わざるべからず……被告人等の目的としたる所は、我帝国の統治権を排して共同団結して朝鮮の政治的独立を達成するに在りたることは洵に明瞭にして疑うべからず

これに対して、弁護人片岡介三郎は「被告等は政治的経済的覚醒を促すを主眼として自治的自由の回復を企

図したる外、毫も帝国の統治権を排し、朝鮮の独立を目的とする国体変革を企図したるものに非らざる」と反論した。新幹会鉄山支部の活動は「自治的自由の回復」を企図したものであり、朝鮮独立＝「国体」変革を企図したものではないという主張であるが、逆に朝鮮の独立を目的とした活動であれば「国体」変革の行為として治安維持法の適用となるという含意があるといえる。

高等法院の判断は「其の主眼とする趣旨は、朝鮮の独立を達成せんとするに在ることを輒（たやす）く理解し得べく、朝鮮の独立を達せんとするは我帝国領土の一部を僭竊して其の統治権の内容を実質的に縮少（ママ）し、之を侵害せんとするに外ならざれば、即ち治安維持法に所謂国体の変革を企図するものと解するを妥当とする」というもので、覆審法院判決を破棄した。ここに「朝鮮の独立を達せんとするは我帝国領土の一部を僭竊して其の統治権の内容を実質的に縮少し、之を侵害せんとする」という、その後の民族独立運動の処断で活用される論理が開発され、確定した。判決では結社は未組織として治安維持法第二条（協議）が適用され、朴鳳樹（パクボンス）に懲役二年などが科せられた（以上、「独立運動判決文」）。

先の『東京日日新聞』の記事に「最後の指導的判決」となったのが、この高等法院判決であった。同記事は「将来朝鮮思想運動に大影響あるもの」としているが、まさにその通りとなっていく。

佐々木論文ではこの高等法院判決によって「朝鮮の独立運動の法律上の性質は確定せられた」とする。そのうえで、治安維持法は「普通の独立運動の如きものを適用の対象としたものではない」という反対論がいぜんとして存在することに対して、「法律の解釈は、必ずしも立法者の意思に拘泥して其意義を狭小ならしめ、其適用を制限する必要はない。其文理又は論理の許容する範囲内に於て、現在の国家又は社会に適応したる新しい意義を有せしむべきものである……仮りに立法者の真意は消極であったとしても、之を積極に解し得ない理由はない」という論を展開する。かつて治安維持法の施行時に高等法院判事の野村調太郎が同様な論を展開したことが想起されるが、実際に治安維持法運用が本格化するなかで、こうした「現在の国家又は社会に適応したる新しい意義」を掲げて拡張解釈が合理化・正当化された。

さらに佐々木は「朝鮮の共産主義結社は、殆ど凡て朝鮮の共産化並に独立を其目的として居る。然しながら朝鮮の独立を企図する点に於ては、普通の独立運動と何等異る処はない」として、「朝鮮を日本帝国の羈絆より離脱せしめると共に、朝鮮内に於て私有財産制度否認の共産主義社会を実現せしむることを目的とせる」という、もっとも治安維持法公判で頻繁に用いられる「典型」にお墨付きをあたえた。

水野直樹は「判例として確立するには、もう一つの判決を待たねばならなかった」として、三一年六月二五日の朝鮮学生前衛同盟事件の高等法院判決に着目する（「植民地独立運動に対する治安維持法の適用」、『植民地帝国日本の法的構造』）が、それについては後述する。

公判請求――司法処分の特徴一

民族独立運動に対する治安維持法の司法処分には三つの特徴がある。

第一に、検察の起訴手続きには予審請求と公判請求の二つがあるが、民族独立運動関係では多くが公判請求となることである。公判請求では予審を経ずに、すぐに公判に入る。日本国内の治安維持法事件ではほとんどが予審請求され、朝鮮においても「共産主義運動」の多くは予審請求される。おそらく民族独立運動の場合、警察・検察段階で被疑者は「犯罪事実」を肯定し、公判で争う姿勢が弱いためと推測される。

ここまでみてきた事例でいえば、徐応浩らの義烈団関係事件は一九二九年一一月八日、京城地方法院検事局から京城地方法院に公判請求された。一一月二九日に公判が開廷、裁判長は被告人徐応浩に次のように訊問し、陳述させた。

問　義烈団は朝鮮をして帝国の羈絆より離脱せしむる事を目的として組織せられたる結社であると云う事を承知して加入したのか。
答　左様。知って居りました。
問　被告は只今でも朝鮮の独立を希望して居るか。
答　私は其後義烈団を脱退し、又留粤（広東――引用者注）韓国革命同志会は其の地を離れては其の資格が消滅して仕舞う事に為って居ります故、只今は其の何れにも関係ありませぬ。

公判は速やかに進み、裁判長の証拠調についても被告らは「意見弁解反証無し」と答え、結審する（『韓民族独立運動史資料集』三〇、「義烈闘争三」）。判決は一週間後の一二月六日に下る。

崔養玉・金正連ら共鳴団の軍資金募集・強盗事件は検挙の約一カ月後、一九三〇年五月二〇日に治安維持法違反・銃砲火薬取締令違反・強盗などで公判請求されたが、一二月六日の公判開廷まで紛糾した。

長年ハワイで独立運動にたずさわっていた趙鏞夏（チョヨンハ）は、日本を経由して上海に渡航中、神戸で検挙され、京城に移送された。三三年一月二四日、「在布哇（ハワイ）の鮮人団体たる大韓僑民団、大韓独立団、国民同志会等を一丸として在上海の大韓民国臨時政府（所謂仮政府）を後援し、以て朝鮮をして帝国の羈絆より離脱せしむることを目的とする韓人協会なる結社を組織し、其の委員長と為り、且屢（しばしば）宣伝文書を印刷頒布して前同様民族意識を昂揚し、以て同結社の目的遂行の為活動したる」などの「犯罪事実」で、京城地方法院検事局（佐々木日出男）から公判請求された。一度公判が延期されたが、三月三一日に開廷された。冒頭で裁判長が「犯罪事実」を読み上げると、趙は「大体お訊ねの通りに相違ありませぬ」と答えた。判決は同日午後の第二回公判で言い渡され、懲役二年半を科せられた（『韓民族独立運動史資料集』四二、「独立軍資金募集」一一）。

このように、民族独立運動に対する司法処分は被疑者・被告が「犯罪事実」をおおむね認めた場合、検察の取調から公判での判決言い渡しまで、早く進行するケースが多かった。それは「共産主義運動」に対する司法処分が、特に警察取調と予審審理において長期間にわたることと比べて明らかに違いがある。組織が発覚・摘発されると、「犯罪事実」については争わず、早く服罪するという考え方が優先されたのかもしれない。

ただし、民族主義の事件でも少数ながら起訴が予審請求のかたちをとり、予審・公判へと進むケースもある。三〇年八月一五日、治安維持法違反・賭博などで京城地方法院検事局から予審請求された李愚民（リウミン）は、大韓独立臨時政府が「朝鮮の独立を図ることを目的とする結社なることを知り乍ら之に加入」し、宣伝部員として中国各地で「独立宣言書」を配布したこと、「タムール団が朝鮮の独立を図ることを目的とするものなることを知り乍ら之に加入し」て活動したことが「犯罪事実」とされた。

三一年二月一二日の予審訊問では、予審判事との間で次のようなやりとりがおこなわれている（『韓民族独立運動史資料集』三〇、「義烈闘争三」）。

問　右韓僑団は裏面に於て朝鮮独立を目的とする団体ならずや。
答　左様な事を目的とする団体なりや否は判りませぬが、排日団体であると被告は推測して居ります。
問　然し、被告は当院検事に対し韓僑団は朝鮮独立を目的とする団体なる旨、入団当時より承知の上入団し居る旨供述（一七六頁裏）し居るにあらずや。
答　仏蘭西（フランス）租界に組織されたるものでありますから、排日団体なる事は推測の上入団したる旨供述したるも、左様な供述はして居りませぬ。
問　然（しか）のみならず、警察に於ても其裏面に於て朝鮮の独立思想を宣伝するを目的とする団体なりと供述（一八頁裏）し居るが、如何。
答　左様な供述をして居りませぬ。警察に於ても同団は排日団体であると供述したのであります。

これらからは李愚民が警察や検事局での取調に抵抗し、「犯罪事実」について争ったことが推測できる。別の個所では警察の取調で拷問が伴ったことを供述している。おそらく取調に抵抗する態度によって、検事局では予審に付したと推測される。四月二四日に公判が開廷、懲役八月を求刑され、二八日に判決が下った（量刑は不明）。予審請求から判決まで、かなり時間がかかっている。

併合罪による重罪——司法処分の特徴二

民族独立運動に対する治安維持法の司法処分の特徴の第二は、殺人・強盗などとの併合罪の割合が多いこと、したがって治安維持法の単独適用に比べて、死刑や無期懲役、一〇年以上の懲役などの重罪となっていることである。

一九二八年九月一九日、新義州地方法院は「大韓独立団」に加入し、「爾来独立運動に奔走し」、その間に現金強奪・密偵殺害・遺棄などの犯罪を犯したとして、張河清・張官清に無期懲役を科した。制令第七号と治安維持法にそれぞれ該当するとしたうえで、量刑としては強盗・殺人罪などを適用した（国家記録院「仮出獄」）。

平壌覆審法院は一一月六日の判決で、李義俊・金昌均に死刑の判決を言渡した（斎藤実総督狙撃事件）。被告らは「朝鮮の独立を目的として組織せられたる大韓独立義勇軍（又は統義府）と称する団体に其の趣旨を賛して加入し」、「参議府」改称後も小隊長などとして活動、「朝鮮独立の目的の下に各部下を引率し朝鮮に入り」、現金などを強取し、警察官臨時出張所を襲撃して警察官を死亡させたほか、斎藤総督暗殺未遂にも関わったとされた。「統義府」や「参議府」加入は治安維持法第一条第一項に該当するとされたが、強盗・殺人・放火などの罪で死刑が科せられた（高等法院検事局『朝鮮治安維持法違反事件判決（一）』）。

二九年二月五日の平壌覆審法院判決では、崔昌鉄の「朝鮮独立を目的として多数人より組織せられたる駐満参議府と称する結社に其情を知りて加入」、強盗・放火・殺人という犯罪事実に対して懲役一〇年を科した。ここでも制令第七号と治安維持法に該当するとされたが、もっとも重い住宅などの放火の罪によって処断された（「仮出獄」）。

前述の「共鳴団事件」（二九年一二月一三日、京城地方法院判決）でも、量刑では強盗罪が適用され、懲役一〇年などが科されていた。

その後、いずれも治安維持法第一条第一項（「国体」変革結社への加入）に該当するとした判決では重罪となっている。二九年七月九日の平壌覆審法院では強盗罪を適用して懲役七年を科刑、三〇年三月五日の新義州地方法院では密偵殺害の殺人罪を適用して懲役一〇年から七年を科刑、三二年四月三〇日の新義州地方法院判決では軍資金調達のための強盗殺人未遂罪などを適用して懲役一〇年から六月を科刑、三二年九月二九日の新義州地方法院判決では殺人罪などを適用して懲役一〇年から五年を科刑、三二年一二月二一日の新義州地方法院では強盗罪などを適用して懲役六年から五年を科刑、などをあげることができる（いずれも「仮出獄」）。

三一年四月四日の『朝鮮日報』は「杜撰（ずさん）な朝鮮思想関係法規」と題する社説で、朝鮮における何重にも張り巡らされた治安法令の苛酷さを「犯罪行為のみを膺懲すべく杜撰な法網のみを張るに余念なかったならば、その不公平、その不合理なのは明かなことではないか」と鋭く糾弾し、次のように論じた（『朝鮮思想通信』による）。

現在朝鮮内で実施されておる思想関係の法令を見るに、朝鮮に限り適用さるる特別法として保安法、制令第七号を始め、集会取締令、警察犯処罰規則、出版法、新聞紙法、銃砲火薬類取締令等あり……日本や朝鮮に共通適用さる特別法たる改正治安維持法ありて朝鮮は日本内地よりも二重法律の重荷を背負うておる……これだけでもなおその峻烈さを責め得るであろう処へ、その上一般思想関係の刑法及び治安維持法を重ねて適用しておる今日、朝鮮の法的負担こそ文字の如く重いものと言わねばならぬ。……集会取締令……保安法等は悉く二十余年前旧韓国時代の法律にして、その当時に比し滄桑の変の在る今日、之をそのまま実施するものなれば、何うして時代遅れの司法行政といえないであろう。……吾人は「一、朝鮮人に法律の負担を減少せよ、二、時代錯誤の法律を改廃せよ」と主張するものである。

この「一般思想関係の刑法及び治安維持法を重ねて適用しておる」状況は、上記のような各法院の判決に貫徹している。

朝鮮外からの移送——司法処分の特徴三

民族独立運動に対する治安維持法の司法処分の特徴の第三は、検挙が朝鮮外でなされ、司法処分のために朝鮮に移送されてくることが過半を占めることである。その多くが中国東北部・中国関内からであるのは、民族独立運動の中心勢力である正義府・統義府・新民府などの活動がこれらの地域でおこなわれ、日本の領事館警察によって検挙されるからである。高等法院検事局「朝鮮治安維持法違反調査」(二)(『思想月報』第四号、一九二八年三月から三〇年末までの確定判決)によれば、「民族主義」の結社四〇の活動地域のうち、朝鮮は一、「満洲」が二一、「支那本部」が一七であった。「共産主義」結社二九のうち、朝鮮が二二であることと対照的である。居住地別でみると、全五七九人のうち、朝鮮は四一四人と最多だが、「満洲」九七人、「支那本部」一八人となっている。

朝鮮外から移送となった治安維持法違反事件として、二八年九月一九日の新義州地方法院判決(無期懲役)、二九年五月二二日の新義州地方法院・七月九日の平壌覆審法院判決(懲役七年)、三〇年三月五日の新義州地方法院判決(懲役一〇年から七年)、三月三一日の新義州地方法院判決(懲役五年)、三二年四月三〇日の新義州地方法院判決(懲役一〇年から六月)、九月二九日の新義州地方法院判決(懲役一〇年から五年)、一二月二一日の新義州地方法院判決（懲役六年から五年）、三三年一二月一五日の新義州地方法院判決（懲役三年）などをあげることができる。後述するように、中国東北部でも「共産主義運動」の勢力が強かった「間島」地方での検挙は主に京城地方法院に移送されるが、「民族独立運動」の場合は新義州地方法院への移送となったようである。

検挙・移送する側をみると、たとえば、二九年五月、奉天総領事館の海龍分館警察署は「不逞鮮人団正義府義勇軍」を検挙し、殺人罪、治安維持法違反適用の「意見書」を付して、六月に新義州地方法院に移送、七月に死刑判決が下されている。また、海龍分館の「警察事務概況」には三〇年分として「殺人及強盗未遂、治安維持法違反」一件（一人）、「制令及治安維持法違反」一〇件（一〇人）という数値がある（すべて朝鮮人、『外務省警察史』第一〇巻）。おそらくこれらも新義州地方法院に移送されただろう。

日本国内から移送された事例もある。前述した趙鏞夏は、三二年一二月、日本経由で上海に向かう途中の神戸で検挙された。兵庫県特高課の軸丸勝敏警部は趙から聴取したのち、一二月一二日、「意見書」を付して神戸地裁検事正宛に送致した。そこでは「在布哇鮮人を糾合して団体を結成し、以て海外に於て在上海大韓臨時政府の支援運動に参画したる」などの「犯罪事実」を列挙し、治安維持法の適用を求め、結びでは、これまで臨時政府の蠢動が止まないのは海外の「不逞鮮人」による支援団体の結成や資金援助があるためとして、「此種海外不逞運動の根絶は其要最も緊切なりと思料せらるる所にして、本件被疑者の所為に対しては相当御処分相成度」としていた。

神戸地裁検事局の安達勝清検事は二回の聴取後、京城地裁検事局に移送する処置をとった。一二月二八日の「移送書」には、「右者に対する大正八年制令第七号違反事件は貴庁に於て処理せらるるを便宜と思料候条、及移送候也。追而（おって）身柄は兵庫県特高課より貴地迄護送の筈」とある。

三三年一月一四日、京城地方法院検事局の佐々木日出男検事による趙鏞夏の訊問が始まり、二四日に公判請求がなされた。三月三一日に公判となり、即日で結審、判決が下された（以上、『韓民族独立運動史資料集』四二、「独立軍資金募集一一」）。

十字架党事件——検挙から検事局送致まで

国史編纂委員会編『韓民族独立運動史資料集』第四七巻・第四八巻は、一九三〇年代前半の民族教育への弾圧である十字架党事件の警察から公判までの司法処分についてほぼ全貌を網羅している（京城地方法院の予審終結決定書と判決文は含まれていない）。京城地方法院検事局に所蔵されていた資料群の一つで、「一九三〇年代の初め、国内宗教界の社会運動による民族運動と民族精神を呼び覚ます民族教育の一端を明らかにする重要な記録」（第四八巻「刊行の辞」）であり、「江原道洪川（カンオンドホンチョン）を中心に劉子勲（リュジャフン）らが十字架党を組織して宗教的新社会運動を展開した事件と、南宮檍（ナムグンオク）らが洪川（ホンチョン）の牟谷（モゴク）学校で韓国史などの民族教育を実施した事件に関連した裁判記録である」（第四七巻「刊行の辞」）。南宮檍は旧大韓民国の高官を務め、『皇城新聞』の前社長という著名人だったため、社会的に大きな注目を浴びた。

本項では、検挙から判決の確定まで司法処分がどのような流れで進行していくのかが一覧できるこの二巻の『資料集』によって、十字架党事件の司法処分の経過を追う。被疑者・被告の各段階の訊問調書のほか、証人の訊問調書、捜索調書、素行調書など二三一点の文書から構成されている。

十字架党事件は、洪川警察署による一九三三年一一月四日の南宮檍らの任意同行、南宅の家宅捜索と「不穏教材」の差押から始まる。翌五日、洪川警察署巡査部長申鉉奎（シンヒョンギュ）は「保安法及治安維持法違反に該当すべき事案発覚」として署長宛に「犯罪報告」を提出した。保安法違反に関する南宮檍の「犯罪」は「日韓合併に不満を抱き、旧韓国の王政復古を夢見、自己の経営に係る牟谷学校を利用し、将来に於ける自己の主義の土台を築くべく、明治四十三年より現在に至る迄、継続的に同校生徒に対し民族意識を高潮せしむべき不穏歴史並不穏唱歌を教授し、或は朝鮮の独立を煽動するが如き言動を弄し、無垢の児童に独立思想を注入し、且又一般民に対しては無窮花（むくげ）の植培を奨励し、又は不穏歴史を調製発売し、専ら民族意識の注入高潮に専念しつつありたり」とされる。

治安維持法違反とされるのは牟谷学校牧師の劉子勲が中心となり、「現下朝鮮民族の悲惨なる生活状態並に自由の抑圧は、一に日本帝国資本主義経済組織の圧迫及日本帝国の不平等なる社会政策に基因するものとなし、此の朝鮮民族の死活分岐点を開拓するには我等宗教人の力に俟（ま）つべしと為し、先づ宗教機関を利用し多数党員を募集、団結の力に依り日本帝国の羈絆を脱し、完全なる朝鮮民族の独立を策し、其の目的達成の暁は基督（キリスト）の博愛に依る耶蘇教的共産主義社会を建設すべく」、四月に十字架党を結党し、党員募集などの活動をおこなったということである。

いずれも、この検挙直後の段階で事件の大枠が確定されている。南宮檍・劉子勲ら一二人は洪川警察署に「任意同行」されており、すぐに検挙となったと推測される。

一一月七日から南宮檍について「朝鮮歴史を教える理由は如何」、「学校では沢山の無窮花を栽培して居るが、其の動機は如何」などから訊問が開始される。訊問は一二月一三日まで四回におよんだ。娘の南宮庚順（ナムグンキョンスン）には「表面に現われる目的は宗教の発展を期する団体と云うけれども、裏面の目的は南宮檍を中心として無窮花の宣伝をやって、一方民族運動を為す結社に非ずや」などと迫っている（一一月八日）。

劉子勲に対しては、十字架党設立の目的を繰りかえし訊問している。二〇日の第二回訊問では「其許（そこもと）の十字架党の目的は現在の社会制度に公認せられたる私有財産制度を否認して、共産主義社会を建設すると云うのではないか」、「其許は露西亜から朝鮮に帰還する時、既に十字架党を組織して朝鮮に共産主義社会を建設すると云う計画であったと謂うが、露西亜から夫れに対する使命を受けて来たのではないか」などと予断にもとづく追及がつづいた。劉は否定しながらも、「事件が此れ程なった以上は死刑の宣告を受けても已得ない事であります」と追い込まれ、組織の根本目的が「現社会制度を根本から破壊して、公平なる理想の新社会を建設すること」にあったと供述する。のちに公判ではこうした供述について否定し、拷問によって強要されたと述べる。

二三日の劉子勲の第三回訊問では国家や天皇について、次のようなやりとりがなされた（以上、『韓民族独立運動史資料集』四七、「十字架党事件一」）。

問　然らば其許は国家を否認するのではないか。

答　私は決して国家を否認するのでありませぬ。国家とか天皇はあっても好いが、其の階級丈けは撤廃しなければ往かないと謂うのであります。

問　天皇と普通人民と平等になるとせば、国家を否認するのではないか。

答　職務丈けは天皇の職務を取って好いが、一個人としては差別をする必要がないと云うのであります。

問　然らば天皇は至尊至高の方で、国法に侵すべからざると云うことを厳格に規定してあるが、天皇でも人間に依っては変りがないと云って平等にするとせば、其許の主義は不敬になることは勿論、国家を否認するのではないか。

答　全然国家を否認するのではなく、唯階級の意識丈け造らなければ別に問題とする所でありませぬ。私の主義は、天皇が居っては往かないと謂うのでなく、単に居っても好いから階級丈け造る必要がないと云のであります。

問　夫れが結局国家を否認する主義でなく何にか。

答　解釈の限界にも依りますが、私は存在を認めないと云うのではなく、階級の意識丈けなくして人類である以上、誰でも平等であると云うのであります。

訊問する側は国家や天皇を否定する言質をとろうとするのに対して、被疑者劉子勲は「共産主義」的な国家観ではなくキリスト教の国家観の立場で供述するため、両者の問答はかみ合わないままである。

一二月一〇日の劉子勲第五回目の訊問では、理想的な将来社会では十字架党が政治機関になるという供述に対して、「然らば日本の国家を否認することは勿論、国体を変革するのでないか」と突っ込んでくる。劉は「申す迄でもなく政権を獲得するとせば、現在の国家とか国体を其の儘置いてからは到底出来ることでありませぬ。国家も国体も破壊しなければ往きませぬ。若し国体を変革しないとせば、此んな事を計画する筈もありませぬ」と供述している（『韓民族独立運動史資料集』四八、「十字架党事件二」）。これが劉の本意であるかは疑わしいが、警察側では治安維持法違反とみなせる供述を得たことになる。訊問は一二月一二日まで六回におよんだ。

警察では被疑者に対する訊問とともに、牟谷学校の生徒を証人として訊問している。一一月五日には金順伊（キムスニ）（一五歳）に「牟谷学校には無窮花を沢山栽培して居るが、其の理由を知って居るや」「校長南宮檍は朝会の際、生徒に対し朝鮮を忘れてはならぬと云うことを謂ったと謂うが、事実なりや」などと問うている（『韓民族独立運動史資料集』四七、「十字架党事件一」）。

検事局に送致する際に被疑者の「素行調書」が添付される。「性質」や「素行並本人に対する世評」「改悛の見込の有無」などの項目について、主に居住地の駐在巡査が「巡察の際察知したるもの及風評を総合」して作成した。南宮檍の場合、次のような内容である（一一月一三日、西面警察官駐在所巡査黒沢福松）。

一、性質　性強情にして、常に民族思想を抱持し居り、総督政治に不満不平を抱き居りたり。

一、素行並本人に対する世評　私立牟谷学校を経営し、私財を投じて自ら該校の校長となり、憲（ママ）の目を避け、常に民族思想の普及宣伝に勉め居りたり。本人に対する世評は本名の経歴並地主等の関係上悪からず。

一、改悛の見込の有無　全く民族思想に固まりて、改悛の見込なし。

劉子勲の「素行調書」（一一月一七日）では「性温厚を装うも頗る陰険にして、常に民族思想を抱持せり」「濃厚なる民族思想抱持者なるを以て、処罰せざれば改悛の見込なし」となっていた。治安維持法での処罰を前提に、内容は警察官の偏見に満ちている。

被疑者に対する取調が済むと、一二月一四日、南宮檍・劉子勲ら一四人が洪川警察署から京城地方法院検事局に送致された。添付された「意見書」では各被疑者の経歴とともに「犯罪事実」が列挙され、最後に警察の立場からする法律の適用が明記される。南宮檍の場合、「犯罪事実」として先の「犯罪報告」の内容が具体的に記されたうえで、「政治に関し不穏の煽動を為すと共に日本帝国の政治より離脱し、朝鮮の独立を画策し」たとされる。劉子勲の場合も同様に「犯罪報告」の内容を詳細に記したのち、十字架党の結成の意図と目的を次のようにみなしている。

殊に日本は満洲国承認問題に端を発し世界的孤立となり、其の情勢至極不利なれば、米、露、支三ケ国に依る日本の戦争は必然的に惹起せらるべきを以て、先づ宗教機関を利用し強力なる団体を組織し、世界大戦の混乱に乗じ一大革命を起し、日本帝国の羈絆より脱し、朝鮮を独立せしめ、以て博愛主義に依る人類愛、階級制度撤廃、天賦の自由権利を享有する三条件を具備する共産主義社会を建設し、労農露西亜の如く唯物的に偏したる共産主義社会より超越したる真の理想的平和社会を造り、之を漸次全世界に波及すべく、一大決意の下に……玆に日本帝国の国体を変革し、朝鮮を独立せしむると共に、無産階級独裁を行い、土地及生産品は個人の家族生活に必要なる程度の所有を認め、生産機関並其の他は悉く私有を禁じ、之を十字架党中央党有に移し、以て私有財産制度を否認する理想的の共産主義社会建設を目的とする結社十字架党を組織し、自ら指導者たる任務に従事し、其の後引続き党員募集並党資金の徴收に奔走したるものなり。

最後は「右事件は按ずるに」として、警察の処断希望が示される。南宮檍については、朝鮮総督府の施策への強い批判から「政治に関する不穏の煽動を為したるものにして、其情最も憎むべきのみならず、本人は例え酷刑を受け、死すると雖も自己の主義は貫徹すると豪語し、思想転向の見込なきは勿論、厳重処分するに非ざれば朝鮮統治に至大の悪影響を及ぼすべきもの」と断じたうえで、保安法第七条に該当する証拠は十分として「起訴」を求める（南宮庚順についても保安法該当として「起訴」を希望）。「厳重処分するに非ざれば朝鮮統治に至大の悪影響を及ぼすべき」という強い表現からは、この事件を重大視していることがよくわかる。

劉子勳ほか四人には「巧に宗教機関を利用すると共に、無産青年を網羅、鞏固なる団体を組織し、朝鮮を日本帝国羈絆より離脱し独立せしむると共に、現社会階級制度を破壊し、私有財産制度を否認する共産主義社会を建設するが如き、我帝国の国体及経済組織に相容れざる主義を敢行せんとするのみならず、党の重要幹部となり、鮮内中心団体たる基督教徒を利用するが如き、其の方法実に巧妙なるもの」あるとして、治安維持法第一条第一項及第二項が該当するとして「起訴」を求めた。

十字架党事件──予審終結まで

京城地方法院検事局では思想検事の佐々木日出男がこの事件を担当した。訊問は劉子勳のみ三回で、他の被疑者は二回ずつだった。一九三三年一二月一四日に始まり、二六日には予審請求がなされた。この間に証人尋問は一一人におよぶが、治安維持法事件が一般的にそうであるように検察の取調は限定的で、本格的な訊問は予審にゆだねられた。

第一回目の検事訊問は警察での供述についての認否を問う簡単なもので、南宮檍も劉福錫（子勲、検事局以降、「福錫」を用いる）も「相違ありませぬ」と答えている。佐々木検事は、被疑者の行動の背後に朝鮮独立や「私有財産制度」否認の意図がなかったかどうかについて執拗に訊問している。南宮檍の第二回目訊問（一二月二二日）では、「其方は民族思想が濃厚で、日本の統治下に在るを喜ばず、山間に隠棲し学校を設け、生徒に対し民族思想を注入し、民族意識を昂揚せしめ、又日本の朝鮮に於ける政治を批難し、朝鮮独立を煽動し居たる由、如何」「此歴史には朝鮮人に対し民族的意識を注入し、朝鮮の独立を煽動する様な事が書いてあるが、如斯煽動の目的でやったのか」などと詰問するが、南宮は「左様な意味は少しもありませぬ」と否定する。

劉福錫の第二回訊問（一二月二三日）では、「朝鮮は日本の植民地の地位にあると考え、現在朝鮮人が困る原因は日本の統治下にあるからである、之を脱して朝鮮民族を救済するより外はないと其方は考え居るではないか」「十字架党は表面は基督教の宣伝に名を藉り、其内実は朝鮮をして帝国の羈絆より離脱せしめ、朝鮮に共産制度を実現せしむる結社ではないか」などと迫るが、劉は「左様な目的はありませぬ」と否定する。

一二月二六日、南宮檍・劉福錫ら六人が京城地方法院に予審請求された。六人は不起訴となり、この段階で釈放された。南に対する「犯罪事実」はこれまでと同じく民族意識の昂揚によって「政治に関し不穏の言動を為し、因て治安を妨害し」、保安法に該当するとした。唱歌で取りあげた「無窮花」について「桜花を日本に譬え、無窮花を朝鮮に譬え、両花の優劣を比較し、暗に日本を排斥する意を寓す」、「忘れた蝶」について「朝鮮人が鮮内にては生活出来ず、間島其他に移住するは我国の朝鮮に対する政治が宜しからざるが為なりとの意を寓す」という解釈を加えている。

劉の「犯罪事実」は、「基督教の伝道に名を藉り、朝鮮人に対し民族的意識を注入し、彼等を煽動して朝鮮の独立を図ることを目的として其実行に関し協議を為し」たこととされた。この予審請求書において「十字架党」が登場しなくなっていること、「私有財産制度」否認についても言及がないこと、したがって該当すると想定されている治安維持法が第一条第一項の「組織」ではなく、第二条の「協議」となっていることは注目される。

この予審請求という起訴段階で記事解禁となり、各新聞は大きく報道した。一二月二七日『東亜日報』には「洪川「十字架党」南宮檍等六名起訴一名保安法、其他治維法違反　不起訴で六名は出監／牧師劉福錫中心　秘密結社を組織　民族主義に共産主義を加味／日記帳で結社が暴露／無窮花苗木を売って民族主義鼓吹」とある。

京城地方法院における予審は増村文雄が担当し、三四年一月一五日の南宮檍の訊問に始まり、各被告への訊問は三回ないし四回おこなうほか、二二人について証人尋問がおこなわれた。八月四日に予審終結決定となり、四人が公判に付され、二人が免訴となった。他の治安維持法違反事件に比べてとくに長期におよんだとはいえないが、それでも半年以上がかかっている。七二歳の高齢となった南宮檍の保釈は、ようやく予審終結決定直前に認められた。南宮檍に対する予審訊問の焦点は、朝鮮の独立をめぐってであった。「朝鮮民族として朝鮮が独立すればよいと思うとは、如何なる根拠に基いて謂うのか」「朝鮮民族として独立国家を持つべきであるとのことは、如何なる事由に依るや」などのほか、共産主義についての考えを問うなど、手を変え品を変えて独立思想の違法性を供述させようとする。しかし、南が「朝鮮が独立国家になればよいと云う程度の観念から申上ましたので、別に其の他に理論的根拠があって申上たのではありませぬ」と答えると、追及も行詰る（第一回、三四年一月一五日）。「無窮花」などの「朝鮮語の唱歌は朝鮮民族意識を鼓吹する為に教えたのではないか」という訊問にも、「其の意味が大部分であります」（第二回、五月二九日）といういわば確信犯の答えであり、こうした教育活動が犯罪性を有しているという認識を供述として認めさせることはできなかった。

劉福錫に対しては「共産主義とは如何なるものか」「朝鮮の独立に付ては如何」（第一回、一月一六日）などの訊問に否定の供述がかえってくるだけで、やはり犯罪性を認識させることができないため、「其の方は此の世の国家の存在を認めぬと云う思想を持って居るのではないか」「其の方は各民族が各自国家を持たねばならぬと云うことを考えて居たのではないか」（第三回、六月五日）などと責め立てていく。十字架党の組織については、第三回の終わりで「問　其の方は朝鮮民族は独立の国家を建設せねばならぬと云う様に考え、其の目的の為にキリスト教の信仰統一を表看板にした十字架党を組織したのではないか」「答　私は朝鮮の独立を絶対に希望して居りません。私は宗教家として全世界総ゆる民族がキリスト教の信者になることを希望して居ったのであります」というやりとりがなされたにとどまる。

(二)　昭和十年一月十九日　(土曜日)

十字架黨公判開廷
審理中傍聽禁止
前皇城新聞社長南宮檍等
秘密裡公判進行

南宮檍

永登浦、始興
煙突林

『東亜日報』1935年1月19日

十字架党事件——公判

残念ながら、十字架党事件についての予審終結決定書の内容を知ることはできない。そして、事情は不明だが、京城地方法院で南宮檍らに対する保安法違反、劉福錫らに対する治安維持法違反の公判が開始されるのは、遅れて五カ月後の一九三五年一月一八日であった。裁判長は山下秀樹、立会検事は村田左文で、弁護人として李仁（リイン）が出頭した。

この十字架党事件公判については次著『朝鮮の治安維持法の「現場」』であらためて論じるので、ここでは要点を述べるにとどめる。裁判長は「犯罪事実」とされる論点について訊問していく。たとえば、南宮檍に「被告人は青年、児童に対し民族意識の注入に努め、青少年に対しては日韓併合の事実を固く肝に銘じて朝鮮の国権回復に努めざるべからざる旨説示し居りし由なるが、如何」と問うと、南は「御訊の通(とおり)に相違ありませぬ」と肯定する。この問題をこれ以上追及することを断念した裁判長は、併合後の総督府の施政がもたらした良結果を強調して、南宮檍の言動を誤ったものと認めさせようとする。「併合後の今日では朝鮮の一般民衆は働きさえすれば旧李朝時代に比し、より幸福なる生活を営む事が出来る状態になって居るのではないか」「今回に於ては為政当局者は朝鮮民衆の大部分を占むる所の一般農民の生活を経済的、精神的両方面より向上せしむべく一段の考慮と努力を払い、相当なる成績を収め居る様なるが、それに付ては如何様に考えて居るか」などという具合である。南宮檍は「左様な問題に付て若い時は考えもし、又同僚と議論した様な事も屢々(しばしば)ありましたが、年を取った今日では何も考えて居りませぬ」と述べて、取り合おうとしない。訊問の最後には次のようなやりとりがおこなわれた。

問　斯様にして為政者は民衆の生活を向上せしめんと努力し居るものなれば、被告人としても時代の進運を知らず、徒らに何時迄も日韓併合に反対するの必要なかるべしと思料せらるるが、如何。

答　元より左様であります。左様な趣旨で総督政治が行われて居るのであれば、私はそれに大賛成であります。

問　それでは今後は再び斯様な事はしないか。

答　良く御話が判りましたし、自らも知って居りますので、今後はやれと云われても致しませぬ。

劉福錫は冒頭で「宗教運動の目的を以て十字架党を組織したる事は相違なきも、同党は決定書記載の如き目的を有する結社には非ざる旨申立た」ため、論点はここに絞られた。裁判長は「朝鮮を日本より独立せしめて天国を作る為、十字架党を組織し、之れを全世界に拡めて世界を統一する団体を組織せんとしたのではないか」「同時に左様な団体を組織して朝鮮に於て日本の帝国主義に反対し、資本主義制度を排斥して運動すべく、其の為には仮令（たとえ）自己の一身を断頭台の上に曝（さら）す共、其の精神は永遠に生きて其の運動の上に働くべしと考え居る由にあらずや」と、十字架党結成の背後にある意図を供述させようとする。

これに対して、劉が「私は宗教運動に対して御訊（たずね）の如き信念を以て居ったのでありますが、御訊ねの如き朝鮮の独立運動等には何等の関心を持って居りませぬでした」と答えると、裁判長は「被告人は検事及予審判事には左様に申立て居るも、警察に於ては只今訊ねたるが如き目的及決心を以って十字架党を組織したる旨申立て居るが、左様ではないか」と迫る。劉はここで「警察では拷問せられました為、如何なる申立をしたか判りませぬが、御訊ねの如き目的を以って十字架党を組織したものではありませぬ」と、拷問による強要があったと述べた。この供述にもかかわらず、その後も裁判長は「党規は表面に出すもの故、十字架党の真の目的は書いてなく、真の目的は只今訊ねたる如き所にありし事は相違ないではないか」と追及をつづけた。

各被告に対する訊問が終わると、裁判長は証拠調に移り、検事や予審判事の訊問調書だけでなく、「道巡査の報告書」や「司法警察官同事務取扱の被疑者訊問調書並関係人訊問調書」を証拠として採用した（被告人・弁護人はそれに異議を唱えず）。ついで検事は公訴事実について証拠十分として南宮檍に保安法に該当するとして懲役一〇月を、劉福錫に治安維持法に該当するとして懲役一年六月を求刑する。これに対して、李仁弁護人は「被告人四名の為、利益の弁論を為し、被告人南宮檍、同金福童（キムボクドン）に対しては寛大なる処分の上、執行猶予の判決、被告人劉福錫、同南龝祐（ナムチョンウ）の本件所為は犯罪の証明なきを以て無罪の判決ありたく、仮に有罪なりとするも執行猶予の判決ありたき旨陳べた」。裁判長が最終陳述を促すと、劉福錫は「毫も政治的意味を含めるものに非ざるに不拘（かかわらず）、自分が朝鮮人なるが故を以て、其純真な宗教運動を目するに共産主義運動を以てせられたる事は遺憾に堪えざるを以て、可然（しかるべく）御処分あり度き旨」を訴えた。南宮檍は「別に無之（これなき）旨」答えた（以上、『韓民族独立運動史資料集』四八、「十字架党事件二」）。

一月三一日、第二回目の公判で判決が言い渡された。その判決文をみることができないが、南宮檍は保安法違反で懲役一〇月、劉福錫は治安維持法違反で懲役一年六月という求刑通りの量刑となった。ただし、南には執行猶予三年が付された。とくに劉福錫の「犯罪事実」の認定においては、警察における訊問調書の内容が証拠として採用されたと推測される。

新聞での大きな取りあげ方に比して、また民族独立運動の処断として一年有余かかったことに比しても、四人という最終的な有罪人員と量刑からみても、十字架党事件の量刑の程度は比較的軽度であった。当局の思惑は竜頭蛇尾に終わった感もあるが、私立学校とキリスト教を要素とする民族独立の動向に対して、治安維持法や保安法を発動するという威嚇を加えたことは、大きな意味があったといえよう。

三 朝鮮共産党崩壊に至る治安維持法の適用

一九二八年二月に第一次・第二次朝鮮共産党事件の判決が下ったあと、日本国内の三・一五事件を契機とする治安体制の拡充に連動して、朝鮮でも二八年中に高等警察・思想検察が増強された（次巻『朝鮮の治安維持法の「現場」』で叙述）。二八年一〇月、拡充された総督府警務局保安課は「朝鮮共産党事件の概況」をまとめている。その冒頭に朝鮮共産党および高麗共産青年会の「数次の検挙弾圧に拘らず、今尚秘密結社朝鮮共産党の組織計画を絶たず、其の行動益陰密となり、其の方法は益巧妙にして、之が査察糾弾は最も苦心を要する状況」とあるように、朝鮮共産党の繰りかえされる再建運動に翻弄されていた。警務局『朝鮮警察の概要（昭和四年）』にも、「其の後も引続き第四次に亘って共産党事件の検挙を見るに至りました様な次第で、之が絶滅は容易に期し難い状況」と記している。

先の「概況」では第一次・第二次事件以降、前述の高麗革命党（二六年一二月検挙）から高麗共産青年会満洲総局（二八年九月検挙）まで、九件を略述していた。それらの合計は検挙四二五人、検事局送致三八八人、未検挙三九六人となっている（以上、「公文類聚」第五十三編・昭和四年・第九巻）。

ところが、一九三一年一一月、朝鮮総督府法務局が刊行した『朝鮮独立思想運動の変遷』には「朝鮮内に於ては、官憲の査察良好にして、朝鮮共産党及高麗共産青年会何れも発展するの余地なきに及んだ」とある。三年余りのうちに、繰りかえされる再建運動をほぼ押さえ込んだと自負している。ただし、新たな状況として「鮮外の運動者」の朝鮮内への潜入に注目するとともに、「労働運動へ小作争議へと喰込む。学校の盟休もその対象に置く。而して、その組織に於て各方面にヤチェーカ（細胞――引用者注）を扶植し、あらゆる表現団体にフラクションを置く」という方向に警戒を向けている。

第三次朝鮮共産党事件では、一九二八年二月、京城鐘路警察署を中心として、東亜日報編集局長金俊淵ら三五人を検挙した。再組織したとはいえ、「未だ宣伝及実行に着手するに至らざりし」段階での一斉検挙となった。

二九年一〇月二八日の京城地方法院の予審終結決定では、免訴二人を除き、三〇人が公判に付された。そこでは朝鮮共産党は「朝鮮を日本帝国の羈絆より離脱せしめ、且（かつ）朝鮮に於て私有財産制度を否認し、共産制度を実施する目的を以て組織」と定義された。この予審を担当した五井節蔵判事にとって、「国体」変革と「私有財産制度」否認を「且」で並列するのはお手のものとなった（『朝鮮共産党関係雑件』第三巻）。

第四次朝鮮共産党事件は二八年七月以来、京畿道（キョンギド）警察部が捜査を開始し、一六三人が検挙され、八二人が検事局に送致された。この再建運動の特徴として「在京城朝鮮学生科学研究会を中心として各中等学校学生に依りて共産党ヤチェーカを組織し、高麗共産青年会の指揮を受け居りたること」をあげ、「近時頻発する中等学生の同盟休校事件も総て共産党の指導に依るものなりと謂（い）う」（「朝鮮共産党事件の概況」）と記している。

この第四次共産党の責任秘書とされた車今奉（チャクムボン）に関する「刑事第一審訴訟記録」（京城地方法院）が『日帝下社会運動史資料叢書』第八巻に収録されている。車の検挙は遅れて二九年一月七日だった。警察犯処罰規則違反で拘留中の人物が、所在不明のため起訴中止となっていた第一次・第二次朝鮮共産党事件被疑者の車と判明し、すぐに取調が始まる。車は結社の内容がわからないまま「責任秘書」となったが、朝鮮共産党であることを知り、脱退を決意するが認められず、検挙がはじまったので解散を決議したと供述する。警察部高等課の警部補金晃圭（キムファンギュ）は「其方が共産党に加入したのは本件以前ではなかった乎」「其方は最初から共産党であることは認識して加入したではない乎」と迫るのに対して、車は「最初から自覚して加入したのではない」と答えた。訊問は三回におよぶ。車の「被疑者素行調書」には、「稍々（やや）改悛が見らる」と記された。

一月二五日、事件送致書とともに、「右事件は治安維持法第一条に該当する犯罪の証憑（しょうひょう）あるに付き、起訴相成可然ものと認む」という「意見書」が京城地方法院検事局に送られた。同日、中野俊助検事が担当し、取調が始まった。車は西大門（ソデムン）刑務所に勾留中、腸チフスに罹患する。二月四日の京城地方法院宛の「予審請求書」

には、「犯罪事実」として「曩に朝鮮をして帝国の羈絆より離脱せしめ、且朝鮮に於て私有財産制度を否認し、共産制度の実現を図ることを目的として組織せられたる朝鮮共産党に其の情を知りて加入し、其の後幾何もなくして全党中央執行委員に選定せられ……朝鮮共産党の発展の為め種々画策し来りたるものなり」とあった。三月一〇日、車は獄死する。拷問死が疑われた。葬儀も弾圧された。

三一年三月九日に判決となる京城地方法院の高麗共産青年会事件の司法処分過程が追える。検挙日時などは不明だが、二九年七月一五日、京城鐘路警察署からの「意見書」には、崔徳俊について「現資本主義私有財産制度を否認し、現政治制度の変革を為し、共産社会の実現を目的とせる秘密結社高麗共産青年会満洲総局の所属会員となり」とある。七月二六日の「予審請求書」では「曩に朝鮮をして帝国の羈絆より離脱せしめ、且朝鮮に於て私有財産制度を否認し、共産制度を実現せしむる目的を以て組織せられたる秘密結社高麗共産青年会に加入し」とされた。その後、予審の進行に時間がかかり、三〇年七月五日の「予審終結決定書」では「被告等は私有財産制度は百弊を醸成する因をなし、現代社会を荼毒するものと妄想し、之を呪咀するの余り、朝鮮を日本帝国より独立せしめたる上、朝鮮に於て私有財産制度を撤廃し、共産制度を実施せんことを企図し」とされた（以上、韓国国会図書館所蔵「治安維持法関連資料」）。さらに公判開始までに時間がかかり、三一年三月九日の京城地方法院の判決（後述）で、印貞植とともに崔徳俊には懲役六年が科せられた。

三〇年四月七日の「朝鮮共産党組織計画検挙の件（第二報）」と題する京畿道警察部長の京城地方法院検事正宛の通報によれば、二七人を引致して取調中として、この検挙について次のような特異性をあげて重要性を強調している（『日帝下社会運動史資料集』第四巻）。

> 従来の共産党事件検挙に比し、其の数に於て必しも大なりと言うを得ざるも、新進の共産大学卒業生数名の闘士を網羅し、何れも国際共産党の信用を博し居る人物にして、而かも今回の党組織の方針は従来の政

党其の他を中心とするときは、勢い派争を繰返すのみにして何等得る処なきを以て、自ら無産大衆群に身を投じ、農民、労働者間に於て精鋭分子を抽出して鞏固なる党組織を為すべく、用意周到の下に着々之が基礎を固めつつありしものにして、之が検挙の遅速は将来に於ける思想運動に重大なる関係を有すべきや勿論なりと認めらる。

また、三二年一月の朝鮮総督府警務局「コミンテルンの密命を帯べる東方労力者共産大学卒業生検挙概要」は、三一年一一月からの京畿道警察部の捜査により、モスクワの共産大学卒業後にコミンテルンから「朝鮮赤化並共産党再建の命令」を受けて入鮮した金光恩（キムグァンウン）・金大鳳（キムテボン）ら一二人を検挙したという。その戦術は「宣伝より煽動に移し、日常闘争の激成を図り」、闘争目標を「労働者、農民の当面せる経済的条件を主眼」に労働・小作争議を指導することなどを決定したが、「活動意の如くならず」という状況だったとする。一二月二五日、「十二名に対し夫々（それぞれ）意見（起訴意見九名、起訴猶予意見二名、起訴中止意見一名）を付し」、京城地方法院検事局に送致、検事局では七人の「予審請求」をおこなった（『日帝下社会運動史資料集』第四巻）。

徐大肅（ソデスク）『朝鮮共産主義運動史』（一九七〇年）によれば、三二年四月に大田（テジョン）で検挙された権大衡（クオンテヒョン）らの朝鮮共産党協議会事件（第六次朝鮮共産党事件）を期に、「朝鮮における民族的な次元での朝鮮共産党復活のための共産主義者がわの最後の組織的な努力」が終わり、「国外のすべての朝鮮共産主義者たちは、日本、中国、ロシア共産党と一緒になって活動したのであって、朝鮮に党を再建するための真剣な試みは全くなされなかった」という。

「日本帝国主義の支配」排除を「国体」変革とみなす

朝鮮共産党・高麗共産青年会の弾圧に目途をつけつつある段階で、朝鮮総督府法務局『朝鮮独立思想運動の変遷』（一九三三年）は朝鮮共産党の意義や目的について「朝鮮問題としては共産党指導の下に労働者農民の結合に依り共同戦線を展開し、日本帝国の統治を変革し、その私有財産制度を否認せんとするにある」と総括する。「日本帝国の統治を変革」の部分が「国体」変革を意味することになるが、ついで「世界プロレタリヤ国家建設の為めに、資本主義国たる日本の帝国主義を打破し、植民地朝鮮の独立を計らねばならぬ。民族問題の解決はプロレタリヤ独裁の一部となる」とも説明する。ここから「国体」変革に相当するのが、「資本主義国たる日本の帝国主義」の打破ととらえていることがわかる。

日本共産党が綱領の一つに「君主制」撤廃を掲げたことを大きく取りあげ、天皇制否定の「不逞」の意味を強く込めて「国体」変革が猛威を振るうことになる日本国内の治安維持法運用を想起するとき、朝鮮においては「資本主義国たる日本の帝国主義」が「日本帝国の統治」の内実と理解されており、その打破こそが「国体」変革とみなされていた。そこには天皇制否定の「不逞」の意味は含まれていない。治安維持法施行の初期段階において、「帝国主義」「資本主義」＝日本の「国体」とされた理解に相通じるものといえる。その後、民族独立運動に治安維持法を適用する論理として「帝国の羈絆」離脱が編み出されていったが、ここでは共産主義運動を「国体」変革にからめとる論理として、「帝国主義」「資本主義」＝日本の「国体」という認識が再浮上したことになる。

『朝鮮独立思想運動の変遷』がそのような認識に至る背景には、第一次・第二次朝鮮共産党事件の判決以降に蓄積されてきた共産党関係事件への判決の考え方がある。同書では二つの京城地方法院判決に着目する。一つは一九三〇年八月三〇日の第三次朝鮮共産党事件判決で、そこには被告らについて「共産主義に共鳴するに至り、私有財産制度を撤廃して共産主義社会を実現せんことを目的として、其の革命に付、先づ其の革命と相容れざる日本帝国主義の支配を排除し、朝鮮の独立を謀り、以て私有財産制度を否認し、プロレタリヤ独裁の社会を実現せんと欲し、其の目的の達成を翹望（ぎょうぼう）し居りたる者」とあった（懲役六年などを科される）。「日本帝国主義の支配を排除」することによって「朝鮮の独立」を図る、という構図である。

次に一一月二八日の金復鎮らの共産党事件判決である。そこでは「被告等は孰れも私有財産制度は現社会を荼毒するものにして、諸般の陋習は一に該制度に胚胎するものなりと信じ、之を撤廃して共産制度の社会を実現せんことを理想とし、朝鮮に於て其革命に付、先づ之と相容れざる日本帝国主義の支配を排除し、朝鮮の独立を謀り、以て私有財産制度を否認し、「プロレタリヤ」独裁の社会を樹立し、以て共産制度の社会を実現せんことを熱望し居りたる者」とされていた。ここでも「日本帝国主義の支配」の排除によって、「朝鮮の独立」が実現するという構図となっている（以上、朝鮮総督府法務局『朝鮮独立思想運動の変遷』）。

しかも、いずれも「日本帝国主義の支配」排除による「朝鮮の独立」、すなわち「国体」の変革が実現したうえで、「私有財産制度」否認による「共産制度の社会」が実現するという順序とされている。それはこの前後の治安維持法違反事件の司法処分において、しばしば「朝鮮を我帝国の羈絆より離脱せしめ、且朝鮮に於て私有財産制度を否認し、共産制度を実現せしむる目的を以て朝鮮共産党と称する秘密結社を組織し」（第一次・第二次朝鮮共産党事件の予審終結決定）と用いられるように、「国体」変革と「私有財産制度」否認を「且」でつなぎ、並列的な関係とすることとは異なり、「共産制度の社会」を理想とし、その実現の手段や前提として朝鮮独立という「国体」変革を位置づけるからである。

「朝鮮独立の目的は、国体の変革と同一」へ

もう一つ、この問題を考えるうえで手がかりとなるのは、日本国内の判決との比較である。京都地方裁判所の高麗共産青年会日本総局関西部事件判決（一九三一年五月一五日）が高等法院検事局思想部『思想月報』第三号（三一年六月）に掲載されるが、その冒頭に次のような注記がある。

> 刑の量定に於ては彼我殆ど同一程度なるも、法の適用に於て京城は第一条第一項及び第二項を適用するに、京都に於ては第一条第二項のみを適用せり。京都の判決に「無産階級の独裁を経て、共産制社会の実現を其の目的とし」とあり、這は所謂国体の変革となるにあらずやと思う。研究問題たるべし

京都地裁判決は高麗共産青年会について「秘密結社にして朝鮮に於ける私有財産制度を否認し、無産階級の独裁を経て共産制社会の実現を其の目的」とみなし、京都朝鮮労働組合執行委員長・新幹会京都支会幹事などをつとめた鄭輝世に治安維持法第一条第二項を適用し、懲役三年とした。「私有財産制度」否認のみの適用で、「国体」変革への言及はない。

なお、三〇年六月三〇日、東京地方裁判所の藤井五一郎予審判事による在日朝鮮人の全漢卿ら二九人の治安維持法違反被告事件の予審終結決定では、朝鮮共産党は「「コミンターン」の指導の下に革命的手段に拠りて朝鮮の独立を謀り、私有財産制度を否認し、朝鮮に「プロレタリア」独裁の社会を樹立し、因りて以て共産主義社会の実現を目的とする秘密結社」（『朝鮮独立思想運動の変遷』）と定義づけており、ここでも「国体」変革を用いていなかった。

京都地裁判決と比較参照すべきものとしてあげられた京城地方法院の印貞植らの共産党事件判決（一九三一年三月九日）では、高麗共産青年会について「朝鮮を日本帝国の羈絆より離脱せしめ、朝鮮に於て私有財産制度を否認し、共産制度を実施せんことを目的とする秘密結社」として改正治安維持法第一条第一項前段と第一条第二項を適用し、量刑としては「国体」変革結社に加入し、役員となったとして印貞植に懲役六年を科した。

朝鮮側司法当局から「研究問題たるべし」として問題提起するのは、京都地裁判決に代表される日本国内の朝鮮人共産主義運動事件の判決に「国体」変革を組み込んでいない点である。京都地裁判決の「無産階級の独裁を経て、共産制社会の実現を其の目的とし」という箇所は、朝鮮側からすれば十分に「国体」変革に相当す

ると考えられた。日本国内と朝鮮側にこうした齟齬（そご）が生じるのは、前述のようなそれぞれの「国体」認識にズレがあるからである。

ただし、朝鮮共産党・高麗共産青年会を「日本帝国主義の支配」排除による「朝鮮の独立」=「国体」の変革を実現させたうえで「私有財産制度」否認による「共産制度の社会」の実現をめざす秘密結社とする構図は、実際の判決では定着しなかった。先の印貞植らへの判決でも、高麗共産青年会について「朝鮮を日本帝国の羈絆より離脱せしめ、朝鮮に於て私有財産制度を否認し、共産制度を実施せんことを目的とする秘密結社」とするように、「日本帝国主義の支配」排除という認識は出てこない。そして、「国体」変革と「私有財産制度」否認を並列的な「且」でつなぐだけの「定型」が定着していく。「朝鮮を日本帝国の羈絆より離脱せしめ」というところに「日本帝国主義の支配」排除=朝鮮独立が含まれるという理解を挟み込むことにより、その後の処断では問答無用に「国体」変革と「私有財産制度」否認が簡単に「且」で並列して事足れりとしたのである。

「研究問題たるべし」としていた共産党事件における「国体」変革=朝鮮独立という論点に、別の角度から念押しがなされた。水野直樹が「判例として確立するには、もう一つの判決を待たねばならなかった」と指摘する、三一年六月二五日の朝鮮学生前衛同盟事件の高等法院判決である（「植民地独立運動に対する治安維持法の適用」、浅野豊美・松田利彦編『植民地帝国日本の法的構造』）。

丁寛鎮（チョンガンジン）は三一年四月二日の京城地方法院の有罪判決に控訴したが、五月四日の京城覆審法院判決も「被告人の提議に基き朝鮮を日本帝国の羈絆より離脱せしめ、且朝鮮に於て私有財産制度を否認し、共産制度を実施する目的を以て学校生徒の運動団体として秘密結社「朝鮮学生革命党」を組織し……右朝鮮学生革命党を「朝鮮学生前衛同盟」と改称し、以て役員たる任務に従事したる」ことを認めて懲役五年としたため、高等法院に上告した。

高等法院への上告趣意書で、弁護人崔白洵（チェペクスン）は朝鮮学生革命党の目的は「私有財産制度」否認にあり、「結社の綱領に政治的解放とありて、朝鮮を日本の政治より離脱せしむことを付随の目的と為したるが如しと雖（いえども）、之れのみを以て国体を変革する目的ありと断ずべきものにあらずと認む」と論じて、治安維持法第一条第一項の適用は誤りとした。

これに対して、六月二五日の高等法院判決は、「苟（いやしく）も朝鮮の独立を達成せんとするは、我帝国領土の一部を僭竊して其の統治権の内容を実質的に縮少せしめ、之を侵害せんとするに外ならざるを以て、治安維持法に所謂国体の変革を企図するものと解するを妥当とす」という新幹会鉄山支部事件の高等法院判決を踏襲し、「所謂国体は啻（ただ）に統治権の所在に関するもののみならず、統治権其のものの内容をも包括する概念なりと解するを妥当とすればなり」として、上告を棄却した（「独立運動判決文」）。

ここでは「国体」変革を「日本帝国主義の支配」排除とする説明とは異なり、「我帝国領土の一部を僭竊（せんえつ）して其の統治権の内容を実質的に縮少せしめ、之を侵害せんとする」という、民族独立運動の処断のために編み出された論理を踏襲している。

八月四日の『朝鮮日報』は「「朝鮮○○の目的は、国体変革と同一」治維法範囲拡大　高等法院新判例」と報じた。また、『朝日新聞』朝鮮版には「朝鮮××を目的とする行動が治安維持法第一条第一項に抵触さるるか否やに就き、同法の解釈上疑問多く、殊に朝鮮法曹界の一未決問題であったが、今回高等法院では学生革命党事件の上告を例とし……新判例を作ったが、同法の朝鮮に於ける運用の範囲は一層拡大さるるであろう」（『朝鮮思想通信』による）という記事が載った。○○や××はいずれも「独立」の伏字である。

高等法院における判例の確立を期に、民族独立運動にしろ共産主義運動にしろ、警務・司法当局がそれを「国体」変革とみなせば、もはや説明を省略して治安維持法第一条第一項を有無を言わせずに発動できることになった。

上海からの移送

一九三二年一一月の『朝鮮独立思想運動の変遷』では、共産党再建運動の新たな状況として「鮮外の運動者」の潜入に着目していた。また、三二年一月の朝鮮総督府警務局「コミンテルンの密命を帯べる東方労力者共産大学卒業生検挙概要」のように、朝鮮潜入の動きを警戒していた。まず、上海における共産主義者の検挙と朝鮮への移送をみよう。治安維持法の施行初期には新義州地方法院に移送される場合もあったが、本格的運用段階では京城地方法院への移送というルートが定着したようである。

二八年六月一八日の京城地方法院の趙東祐（チョドンウ）に対する判決からみよう。第一次朝鮮共産党の関係者として趙は二八年一月、上海総領事館警察によって検挙され、京城地方法院検事局に送致された。「朝鮮に於て私有財産制度を否認し、共産制度を実現せしめ、併せて朝鮮を我帝国の覊絆より離脱せしむる目的を以て朝鮮共産党と称する秘密結社を組織し」、宣伝部の責任者となったことが、治安維持法第一条第一項に該当するとして、懲役四年を

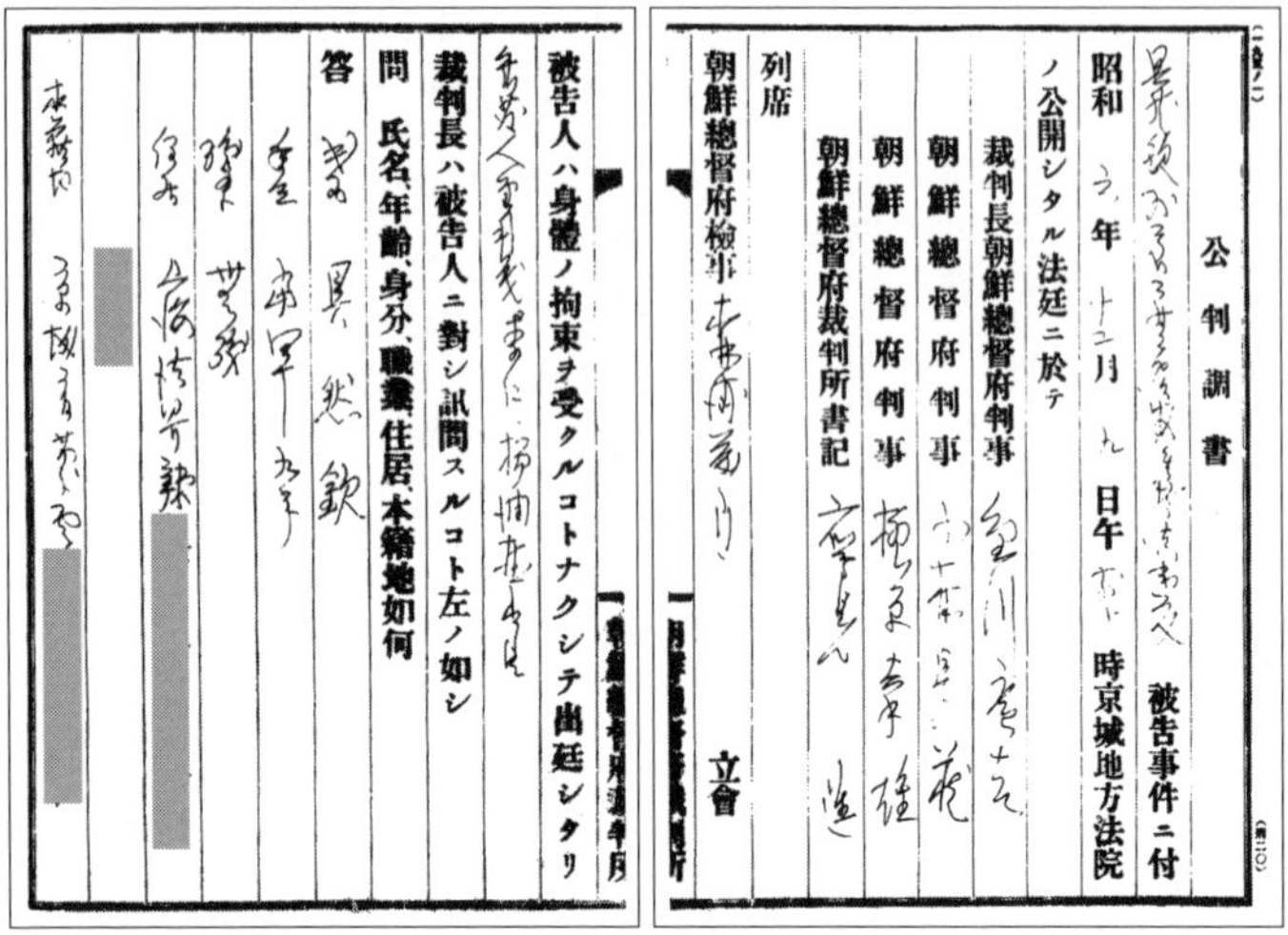

京城地方法院「公判調書」（具然欽、1931年12月9日）
「訊問調書（具然欽外二名）」、韓国・国会図書館所蔵

科せられた（『日帝下社会運動史資料叢書』第八巻）。

上海の朝鮮人共産主義運動の中心人物具然欽（グヨンヘム）はフランス租界に身を潜めていたため、「逮捕に関しては苦心一再ならざりしが……井口領事の熱心なる仏官憲との交渉は隠秘機敏に行われ」た結果、三〇年九月一一日、

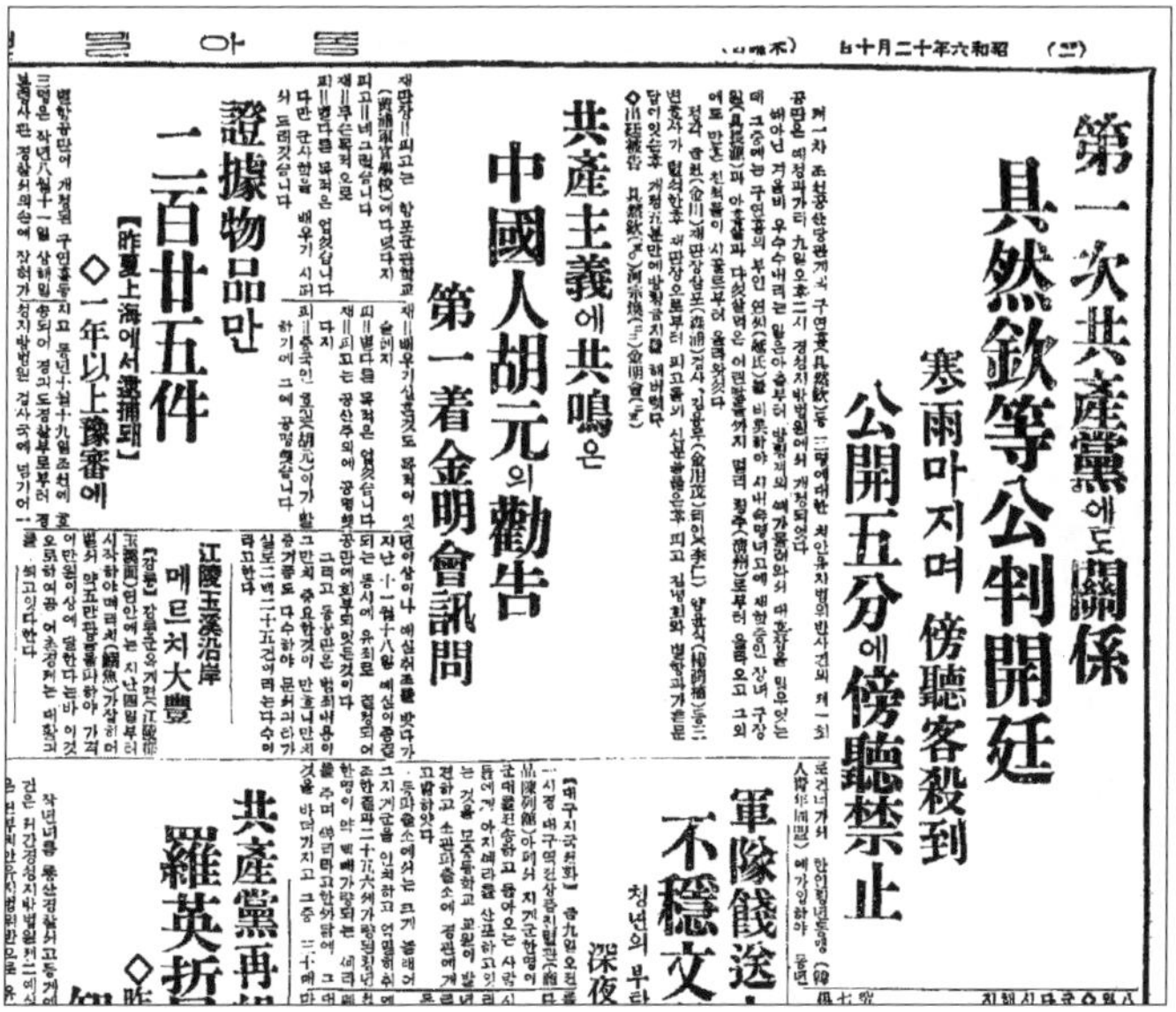
第一次共産黨에도關係
具然欽等公判開廷
寒雨마지며 傍聽客殺到
公開五分에傍聽禁止
共産主義에共鳴은
中國人胡元의勸告
第一着金明會訊問
證據物品만
二百廿五件

『東亜日報』1931年12月10日

領事館警察によって検挙された（「具然欽逮捕報告書」）。一〇月一日には上海総領事館警察署巡査後藤源太郎による「意見書」が作成された。「素行来歴」は「朝鮮又は世界革命運動に没頭し居たるものにして、其の性質最も不良、危険なる人物なりと認む」とされ、「犯罪事実」として朝鮮共産党への加入と再組織のほか、「韓国独立上必要なる民族的一切革命力量の総集中に努力し、韓国唯一独立党」を組織したことなどを列挙、「本人は厳罰に処するの必要ありと思料す、起訴相成度意見なり」として、治安維持法第一条の適用を求めた。

具の検挙は朝鮮警務当局に通報され、一〇月二日、京畿道高等課の三輪和一郎警部は京畿道警察部長に「令状執行勾引相成様致度」と求めた。三日、京城地方法院検事正から上海総領事館検事事

務取扱役に正式に具ら三人の「勾引状発布執行方」が嘱託された。一四日、上海総領事館警察署は、京城地方法院検事正に「本日当地出帆長崎丸にて身柄及証拠物件、当署に於て取調たる聴取書其他関係書類と共に事件及移送候」と通報した。一九日の『京城日報』は「物々しい警戒裡に　道警察部へ収容さる　五年間姿を晦（くら）ましていたが　遂に捕えられた具然欽一味　今次の検挙は大なる収穫」と報じた。

京城地方法院検事局の森浦藤郎検事による取調がなされ、一〇月二九日には「予審請求」がなされた。その後、予審の進行は長引き、三一年一一月一八日になって京城地方法院予審判事脇鉄一による「予審終結決定」がなされた。「犯罪事実」は「朝鮮をして日本の羈絆より離脱せしめ、且之に共産主義制度を実施すべき目的を以て組織したる秘密結社朝鮮共産党に右の情を知りて加入」したことのほか、韓国唯一独立党上海促成会の組織、韓国独立運動者同盟の組織などにより「朝鮮独立の思想を鼓吹煽動する等、大に朝鮮独立の目的に向って策動するところあり」とされた（以上、韓国国会図書館所蔵「治安維持法関連資料」）。

一一月一八日の『京城日報』は、「私有制度を否認　〇〇（独立）運動を企む　具然欽ら一味三名の予審今十八日漸く終結す　呂運亨（ヨウニョン）と相識り　上海テーゼを決定し　有力な団体を形成」と報じた。公判は一二月一〇日に開廷、一七日に具に懲役六年の判決が下った。

「在外独立及共産主義運動の重鎮」とされた呂運亨の司法処分の経緯をみよう。二九年七月一〇日、上海で領事館警察の手で検挙されると、「京城地方法院検事の令状に依り京城に移送」、京畿道警察部で取調のうえ、七月二九日、次のような「意見書」を付して検事局に送致となった（朝鮮総督府警務局長発外務省亜細亜局長通報、一九三〇年六月二八日、高麗大学亜細亜問題研究所編『韓国共産主義運動史』資料編Ⅰ）。

被疑者は上述の如く大正八年以後、帝国の羈絆を脱し、朝鮮の独立をなすべく大に活躍して其の行為を継続し居りし処、大正十四年春、労農大使カラハンの知遇を受け、朝鮮独立の前提として中国革命を達成すること、中国革命を成就するに於ては朝鮮の独立は必然的に解決するとの堅き信念の下に中国革命運動に参加し、東奔西走し其の成功を企図したる……右事件は大正八年制令第七号政治に関する犯罪処罰の件第一条及第三条、治安維持法第一条、同第二条、同第三条、同第七条に該当する犯罪の証拠充分なるを以て
起訴相成るべきもの

検事取調は手早く進み、八月八日には中野俊助検事から「予審請求」がなされた。予審開始は手間取り、ようやく三〇年二月二二日に第一回目の訊問がなされた。三月三日の第四回訊問で五井節蔵予審判事は「日本帝国は私有財産制度の国家である為、其の一植民地である朝鮮で之れを排斥して共産制度を実現することは許容せぬ故、強いて之れを実現させせんとすれば、先づ其の階梯として朝鮮を日本帝国より独立せしむるより外に途がないので、之れを目的の一端にして居るのではないか」と追及するが、呂は「左様ではありませぬ」と否定する（『韓国共産主義運動史』資料編I）。予審は三月六日まで七回におよんだ。

三月一一日の「予審終結決定」では、「朝鮮を帝国より独立せしむる企図の犯意を継続し」、高麗共産党入党や韓国労兵会組織などをあげて、「安寧秩序を妨害したり」として制令第七号違反により公判に付すとした。コミンテルンの承認を得る行為は改正治安維持法でいえば目的遂行罪にあたるが、二六年一月の犯罪時ゆえ旧治安維持法によっては「同行為を幇助したりと雖も、罪を構成すべきにあらざるが論ずるに足らざる」として、治安維持法違反は免訴とした（呂の「予審終結決定書」は『朝鮮通信』三〇年三月一四日〜三月一七日）。

四月九日に開廷した京城地方法院の公判（裁判長金川広吉、立会検事伊藤憲郎）では、「朝鮮共産党は国体の変革、私有財産制度の否認を目的とする結社なる情を知り乍ら、被告は大正十五年一月右曺奉岩（チョボンアム）が上海滞在中同人を在上海の露国副領事ウィルデーに紹介し、旅券の交付、其の他渡航の便宜を計ったと云う事であるが、左様であったか」との問いに、呂は「私は単に紹介したるのみに止まり、御訊ねの様な事はありませぬ」と答えてい

東亞日報

豫審取調九個月만에
呂運亨公判開廷
傍聽客殺到로法院大混雜
事實審理후傍聽禁止

憔悴한巨軀
蒼白한豊頰

最初에病狀訊問後
交椅에안저審理應對
家族外엔傍聽禁止

傍聽禁止前
審理와供述

豫審廷에서免訴된
治維法도審理要求
立會한伊藤檢事로부터

傍聽客殺到
法廷大混雜

十二日부터開始될
昌慶苑夜間公開

被告와家族

『東亜日報』1930年4月10日

る。検事は治安維持法違反が免訴となったことを抗告するとしたうえで、懲役五年を求刑した。呂は最終陳述で「調書は如何様になって居りましても、私が本日当公廷に於ける陳述と従来の陳述とは毫も相違して居ない事を私は確信して居ります。尚、私が独立運動との関係を絶って居り、数年後の今日、検事の求刑されました五年の懲役は余りに重刑に思われます。何卒御寛大なる判決を御願致します」と述べた（「公判調書」『韓国共産主義運動史』資料編Ⅰ）。

　判決は四月二六日に言い渡され、呂には懲役三年が科せられた。判決文が不明のため推測の域にとどまるが、制令第七号の適用だったと思われる。この適用法令を不服として、検察側が控訴した。

　京城覆審法院の公判は六月二日に開廷し（裁判長末広清吉、立会検事柳原義）、九日に判決が下った。「日韓併合は東洋の平和を攪乱し、朝鮮民族の福利を阻害するものなりとし、爾来多数同志の者と共同して朝鮮を日本帝国の羈絆より離脱せしめて其の独立を図り、其の目的達成の意図の下に犯意を継続し」、「高麗共産党が朝鮮を日本帝国より独立せしめ、朝鮮に於て私有財産制度を否認して共産制度を実現せしむることを目的として組織したる結社なることの情を知りながら之に加入し」たことをあげて、「重き国体変革（朝鮮独立）の目的を以てする結社加入の罪」として改正治安維持法第一条第一項後段に該当するとするが、量刑の判断においては犯罪時法たる制令第七号第一条第一項により懲役三年とした。「原審検事の控訴理由あり」というのは、適用法令を制令第七号違反から治安維持法違反に変更したということである（『韓国共産主義運動史』資料編Ⅰ）。

一九三一年に上海総領事館で七人、三二年に天津総領事館で一人、三三年に上海総領事館で一人の治安維持法違反事件があったが（外務省条約局第二課『領事裁判関係統計表』による）、それらがどのような「司法処分」となったのかは不明である。それ以降、中国において、治安維持法違反関係の領事裁判は皆無となる。

間島（カンド）からの移送

京城覆審法院判事の伊藤憲郎は「間島に於ける司法裁判事件の第二、第三審の全部及び第一審事件の一部は、隣接地たる本国の裁判所、即ち朝鮮総督府の法院に於て取扱われている」（『警務彙報』第六巻第一一号、一九二七年一一月）と述べている。これは、一九一一年三月三〇日施行の「間島に於ける領事官の裁判に関する件」（法律第五一号）にもとづく。第一条では「間島に駐在する帝国領事官の予審を為したる死刑、無期又は短期一年以上の懲役、若は禁錮に該る罪の公判は、朝鮮総督府地方裁判所之を管轄す」と規定していた。この規定に沿って、前述した第一次間島共産党事件は間島総領事館における予審の終結後、京城地方法院に移送された。

領事館警察による間島の朝鮮人共産主義運動弾圧はその後もつづいた。間島総領事館「昭和三年間島、琿春及同接壌地方治安概況」（『外務省警察史』第二三巻）では「彼等の心胆を寒からしめ、因て党、会、両翼の運動に抜本的打撃を加え、満洲総局をして遂に跳梁の余地なからしむるを得たり」とするが、第二次間島共産党事件

（二八年九月、八五人検挙）に加えて、第三次間島共産党事件（三〇年四月、六八人検挙）、第四次間島共産党事件（三〇年六月、六七人検挙）とつづいた。『外務省警察史』所載の「在間島警察史付表」から集計すると、「治安維持法違反」者数は一九二八年が一九三人、二九年が一六四人、三〇年が二六五人、三一年が三三二人となっている。それらの間島での領事館警察による治安維持法事件は、司法処分にあたり朝鮮側に移送されることが慣例となった。

一九二七年から三一年三月末までに、間島から朝鮮側地方法院に七二六人（朝鮮共産党員三二七人、中国共産党員三九九人）が移送されている。後述する五・三〇事件（第五次間島共産党事件）が過半を占めた。このうち予審免訴が一九人、不起訴が一九三人にのぼり、移送人員の約三割を占めた。この多さに間島総領事館側は不満を募らせ、問題化する（後述）。三〇年一一月二八日の間島総領事宛の外相電報では「被告人朝鮮護送に当りては、其の方法等目立たざる様細心の注意を払われ、万一途中支那側に奪還せらるるが如きことなき様」と注意をしている（以上、外相宛間島総領事電報「司法事務共助並に人員増加方稟申の件」、一九三二年五月一一日、「鮮人犯罪被疑者の収容審理其他を在間島総領事館より朝鮮総督府に移管関係雑件」、外交史料館所蔵、D-1-2-0-1）。

間島総領事館「昭和三年五月検挙したる共産党事件大要」（一九二八年五月一〇日、「外務省文書」『朝鮮共産党関係雑件』第二巻）には共産主義者のグループ北風会関係者の検挙後の措置として、「其の事業未だ緒に就かず、且証憑充分ならず、単に不穏の計画を企て居たりと認むるに過ぎざるを以て、大正八年制令第七号違反に該当するものと認められたるに付、会寧（フェヨン）警察署に引渡したり」とある。引渡後の状況は不明である。また、八月一七日、ハルビン総領事は外相宛に、「共産主義者高麗無産青年会員韓国仁（ハンクウィン）外四名検挙に関しては……捜査の都合上、朝鮮新義州警察署に送致したる処、同署に於て取調の結果、六月二十五日有罪意見を付し、新義州検事局へ事件を送付したる旨、通知ありたる」（『朝鮮共産党関係雑件』第二巻）と通報している。

検挙は間島の領事館警察が精力的に進めるものの、その頻発する事件・人員の多さに司法処分まで手が回りかねる状況だった。九月一九日、間島総領事館は外相宛の電報で、「当館に於て検挙したる治安維持法違反被疑者約五十名の予審審理は地方の安寧を乱すの惧あるのみならず、当館監房狭隘なるが為、到底収容し難きに依り、先年の例に基き、明治四十四年法律第五一号に依り朝鮮総督府法院の管轄に移す様御取計相成たし……当館と最近接せる清津法院を指定相成るを得ば、好都合なり」と要望している。これに対して、九月二四日、朝鮮総督は外相宛に「本事件管轄を清津地方法院に指定方希望せらるるも、同地監獄は監房少く、且職員不足に付、京城西大門刑務所へ移送方、同領事館へ通報し置きたる」（「鮮人犯罪被疑者の収容審理其他を在間島総領事館より朝鮮総督府に移管関係雑件」）と伝えている。二八年後半からは、間島地方の治安維持法違反事件は京城地方法院に移送されるルートが確立した。

二八年一〇月三日の外務省「在支邦人の共産主義運動及検挙第二回概況に関する件」によれば、「間島地方」では九月二五日、間島総領事館警察署で東満朝鮮青年総同盟を中心とする共産主義運動首謀者一一人を、東頭溝分館警察署で五人（その後三四人）、琿春分館警察署で一〇人を検挙し、「孰れも治安維持法違反事件として身柄を京城地方法院に送致したり」という。一二月六日、京畿道知事は「間島共産党員出獄に関する件」として、「本年十月間島総領事館より移送せられ、爾来京城地方法院検事局に於て取調中なりし第二次間島共産党事件被疑者左記十五名は不起訴処分に付せられ、十二月一日……西大門刑務所を釈放せられ……数名にて「西大門刑務所サヨーナラ」等の捨台詞を残し、毫も謹慎の情なき状況にして……其動静注意中なり」（以上、『朝鮮共産党関係雑件』第二巻）と通報している。

この頻繁かつ大量の移送にあたっては、間島総領事館側と朝鮮総督府側からそれぞれ注文がついた。まず、三〇年八月二二日、児玉秀雄政務総監は吉田茂外務次官に「本府裁判所並検事局は事務多端なるのみならず、

表9　間島総領事館「検事取扱事件罪名別表（治安維持法）」

年別＼処分別	受理件数	受理人員	求予審	求公判	起訴猶予	起訴中止	其の他	他庁移送	未済
1928年	8	102	－	－	6	－	－	2	8
1929年	4	5	1	－	－	－	2	1	－
1930年	55	385		8	－	2	4	20	21
1931年	140	444		1	11	－	10	107	11
1932年	53	157	－	－	3	－	19	31	－
1933年	7	8	－	－	4	－	－	1	1
1934年	3	8	－	－	8	－	－	－	－

『外務省警察史』第23～26巻

刑務所に於ても此の種事件激増の結果、殆ど其の収容の余力なき状態」として、「将来此の種事件に付ては、成るべく其の罪状明確にして、且其の犯情重きものに限り移送相成様御配慮煩わし度し」と要望した。さらに、一二月三日、朝鮮総督府法務局長は間島総領事に「多数の犯罪人に付ては警察処分に付し、当方への移送は厳選の上なるべく少数に限られ度し」と同趣旨の実行を求めた。

これに対して、一二月五日、間島総領事は外相宛に「目下当方の収容看守上甚しく不便を感じ……今後続々検挙の計画実行上にも支障を来す次第に付、至急身柄と共に移送を引受くる様、同府に対し御交渉相成様致したし」と要望している（以上、「鮮人犯罪被疑者の収容審理其他を在間島総領事館より朝鮮総督府に移管関係雑件」）。

表9で「他庁移送」が朝鮮側への移送にあたる。間島総領事館の検察事務を担当する司法領事が警察からの送致を受けて受理し、朝鮮側の地方法院検事局に移送した人員数とみられるが、その合計は先の七二六人とかなりの差異がある。理由は不明である。これとは別に警察の段階で被疑者が朝鮮側の地方法院事務局に送致されることがあったようである。また、一九三三年以降、この「移送」がほとんどみられなくなるのは、後述するような朝鮮側との齟齬が生じた結果である。

表10　間島総領事館「移送共産党被告結果表」

年別	種類	移送	不起訴	免訴	無罪	有罪	死亡	未済	計
1927年	朝鮮共産党	29			1	28			29
1928年	朝鮮共産党	85	35	2	1	47			85
1929年	朝鮮共産党	1				1			1
1930年	朝鮮共産党	76	24	1	2	49			76
	五・三〇事件	67	27	4	1	34	1		67
	中国共産党	40							
1931年	中国共産党	388	112	118	16	250	9	3	508
1932年	中国共産党	80							
1933年	中国共産党	1				1			1
計		767	198	125	21	410	10	3	767

「在支帝国領事裁判関係雑件」（D-1-2-0-2）

なお、この表で注意すべきことは一九二九年に「求予審」として一人、三〇年と三一年に「求公判」として九人がカウントされていることである。これらは間島総領事館内で予審および公判が実施されたことを意味する（結果は不明）。前述の電拳団事件の場合も間島総領事館の公判で有罪判決が出ていたことを想起すれば、朝鮮側への移送が本格化する前には、いわば自前で司法処分を完結させることもあったことになる。後述するように、三二年以降は再び自前で予審・公判をおこなっていく。

間島から朝鮮側に治安維持法違反事件の被疑者を移送する慣行は一九三二年で中断した。間島総領事館側では三一年度の移送、つまり五・三〇事件関係者の大量移送が「不結果」に終わったとみなし、朝鮮側に最終的な司法処分を任せることを停止する。**表10**のように、一九二七年以来三三年までの移送総人員は七六七人にのぼるが、そのうち有罪となったものは四一〇人にとどまり、三四四人が不起訴、免訴、そして無罪になった。このことを「此等は結局無益に検挙し、無益に移送したるに帰着し、其影響する処、甚大なるもの存する」とみなし、「不結果」と総括したのである（その経緯は後述。

表11　外務省「満洲国及支那国に於ける刑事事件表」（治安維持法）

年別	ハルビン	新京（長春）	吉林	間島	奉天	その他	合計
1931年	2	9	—	—	3	3	17
1932年	2	3	2	2	—	1	10
1933年	—	—	18	1	1	—	20
1934年	1	1	12	—	5	—	19
1935年	—	1	4	7	5	1	18
1936年	—	2	5	7	2	2	18
1937年	—	1	—	3	—	—	4
合計	5	17	41	20	16	7	106

外務省条約局第二課　各年『領事裁判関係統計表』

以上、「在支帝国領事裁判関係雑件」第一巻　外交史料館所蔵、D-1-2-0-2)。

合わせて、「満洲国」における領事裁判の治安維持法違反事件の数値をみておこう。外務省条約局第二課『昭和七年乃至昭和九年度領事裁判関係統計表』の「満洲国及支那国に於ける刑事事件表」によれば、**表11**のように、在「満洲国」の各領事館において一九三二年から三四年の三年間に合計四九人が領事裁判を受けている。予審とともに公判も各領事館の司法領事によってなされたと推測される。間島総領事館がわずかなのは、後述するように強盗・放火・殺人などの罪名となっているためとみられる。また、中国の天津と上海総領事館で一人ずつが領事裁判を受けている。

間島五・三〇事件――検挙から移送まで

一九三〇年五月三〇日、「間島」の龍井村（リョンジョンチョン）・頭道溝（ツドング）を中心に朝鮮人共産主義者の一群は「共産主義宣伝文の撒布、民会、補助書堂（朝鮮総督府補助）に放火、発電所の破壊、電線の切断、天図軽便鉄道の橋梁を焼毀する等」（外相宛間島総領事電報、一九三〇年五月三一日～六月一〇日、『外務省警察史』第二四巻）の行動を起こした。参加者は約五〇〇人といわれる。この「一斉暴動」に対して在間島領事館警察は有効に対処できなかったが、その後の日本・中国官憲による「共匪」検挙は六月と一一月をピークに、年末までに合計一六七〇人に達した。一二月の間島総領事の報告「間島地方共匪事件の経過の件」には「匪勢頓挫し、民心も亦次第に平静に向い、殆ど颱風（たいふう）一過の状態」と記される。

領事館警察によって検挙され、「取調の結果、犯罪の証拠充分」と認定された「共匪」は、それまでの例にならって朝鮮側に移送された。三一年五月二一日の間島総領事報告「間島地方共匪事件の経過の件」では、三〇年九月八日の五五人を皮切りに、一一回にわたり総計三二九人を移送している。このうち前三回の六六人が「五卅暴動関係者」、一二月以降の八回分二六三人が「中国共産党」と区分された（以上、『外務省警察史』第二四巻、なお拙著『外務省警察史』参照）。その後も移送はつづいた。これらは一括して「第五次間島共産党事件」と呼ばれた。

この事件の第一陣の予審が終結した際に高等法院検事局の『思想月報』第四号（三一年七月）は「予審終結決定書」の一部を掲載するが、その前文で思想検事の伊藤憲郎は「支那領にして警備薄く、且つ日本警察官も少きところより、従来兎角朝鮮人共産主義者の巣窟となるの有様であるが、朝鮮共産党崩壊の後、満洲総局再設置具体化し……中国共産党の満洲発展につれ、これに迎合し、昭和五年五月三十日、間島龍井村付近に於て暴動をなした」と記している。

国史編纂委員会の「朝鮮共産党　満洲総局爆動事件」から、検挙から移送の経過を中心にみよう。主謀者とみなされて死刑となる周現甲（チュヒョンカプ）は、朝鮮人の部落を外れた穴蔵に潜伏して「宣伝事業に奔走中」、三〇年一一月二九日、頭道溝分館警察署によって検挙された（「共産党員潜伏箇所探知に関する件」）。同日、頭道溝警察署で取調がなされた。次のようなやりとりがある（「被疑者訊問調書」）。

問　共産主義とは如何なるものか。

答　私有財産制度を否認し、以て生産消費を一律にせんとする主義であります。
問　朝鮮共産党とは如何。
答　朝鮮を日本帝国の羈絆より離脱せしめ、朝鮮に於ける私有財産制度を否認し、共産制を実施せんとすることを目的とする秘密結社であります。
問　汝等、中国共産党に加入したる理由、如何。
答　私等は中国に居住する丈に中国に於て圧迫と搾取を受けるは勿論であります、それで直接中国革命に参加し、而して中国を赤化せしむるのが目的で、中国の革命成功すれば世界革命の役割を為すもので、延（ひい）ては朝鮮革命を援助する事にもなります。
而（しか）し、中国共産党に加入したからとて中国人のみ赤化せしむると云う事ではありませぬ、中国在住の朝鮮人も赤化せしむると云うのが目的であります。
問　汝等が中国共産党に加入したのは朝鮮革命を為す処の手段方法ではないか。
答　左様ではありませぬ。

「共産主義」や「朝鮮共産党」についての訊問に、いわば模範解答をしているところからみて、警察の求めるところを供述させられた可能性が高い。中国共産党への加入について重点的に追及されている。

一一月三〇日には頭道溝警察署から各警察署に多数の共産党員の一覧表が「治安維持法違反被疑者手配方の件」として通報されていることからみて、その自白には拷問による強要があったと推測される。翌三〇日、周ら五人は頭道溝警察署長長谷川清から在間島総領事館検事事務取扱の坂下天僊宛に、治安維持法違反容疑で「意見書」とともに送致される。坂下の本属は領事館警察の警部で、検事事務取扱の指名を受けていた。

周に関する「意見書」（一一月三〇日）は「犯罪事実」として朝鮮共産党加入と中国共産党加入を認定する。

後者は「平江区責任秘書に推され、爾来……主義宣伝党勢拡張に付協議を重ね……「戦路」と題する機関紙其他を発行し、元朝鮮共産党の目的と同様、満洲に於ける朝鮮人を赤化せしめ、延ては朝鮮を赤化せしむべく、専ら其目的達成に努め来りたるもの」とされる。「所見」には「彼等残党は最近益々暴動を逞うし、野積穀物放火其他脅迫等甚だしく、彼等は宣伝功名にして淳朴なる農民に好餌を以てし、威力を示して漸次共産化せしむる傾向濃厚にして危険極まるに付、一般に対し之等犯罪を予防する為め厳重処分せられ可然ものと思料す」とあり、治安維持法第一条に該当する犯罪とした。

間島の領事館警察は新たに中国共産党を「国体」変革と「私有財産制度」否認の秘密結社と認定する方針だった。これを取締の手段として重視していたことは、一二月四日の外相宛の電報で間島総領事が、朝鮮司法当局の一部に「当地の共産党は中国共産党傘下に加盟したる以上、之を帝国の治安維持法に依り処断するの能否に関し、同府の解釈一致し居らざる様」と伝聞しているとして、それらが不起訴処分になった場合に、「将来当地方に於ける共匪の取締上、極めて重大なる関係を生ずべき」（「鮮人犯罪被疑者収容審理其他を在間島総領事館より朝鮮総督府に移管関係雑件」D-1-2-0-1）と懸念を表明し、善処を要望したことでもわかる。ただし、その後の朝鮮側の司法処分においてこの懸念は払拭されており、予審終結決定および判決を通じて中国共産党を治安維持法は新たに処断の対象とした（後述）。

頭道溝分館警察署の文種珠巡査による「素行調書」（一一月三〇日）は、周について「性狡猾にして内心極めて陰険なり……前科なきも幼児より極端なる危険思想を抱持し居れる関係上、地方良民間の批評宜しからず」と酷評し、「本名の過去四ヶ年間の主義宣伝状況に鑑み、改悛の見込なきものと認めらる」としていた。

他の五・三〇事件の被疑者に関する「意見書」や「素行調書」も同様である。一一月八日の朴文益・李福道らに対する間島総領事館警察署の「意見書」では、「被疑者は現社会制度に不満を抱き、満洲に於ける朝鮮共産党が数派争闘の弊害と国際共産党の一国一党の原則に反することを知覚し、昭和五年三月頃よりエムエル派、火曜派等相前後して解体し、中国共産党に合流して同党を利用し、其の勢力と中国の共産化を口実とし、延いて朝鮮に於て私有財産制度を否認する共産制度を実現し、以て目的の実現、党勢拡張の為め間島地方に於て陰に主義の宣伝、或は不穏文書の貼付撒布に依り、群衆共産革命意識の煥起に努めたるもの」とする。朴文益の加入した高麗共産党と中国共産党は、ともに「朝鮮を帝国の羈絆より離脱せしめ、朝鮮に於て私有財産制度を否認し、共産制度を実現することを目的とする秘密結社」と断定し、治安維持法第一条の適用を求める。朴の「素行調書」には「性格陰険にして、残忍性を帯ぶ……改悛の見込なし」とあった。

間島総領事館百草溝分館警察署の一一月九日の金哲宇・姜元らに対する「意見書」には、「崔枝賢は其犯行を容易に自白せざるのみか、現れたる事実さえも否認せんとし、尚前言を否定し、事毎に自己の行動を覆わんとするものにして、其心情実に憎むべきものありて、其抱持する違法性は到底消滅し得るものにあらざるよう窺知せらるるを以て、特に刑の加重を要すべく」という一節もあった。思うような自白をさせられなかったことに対して、担当警察官は「意見書」で報復しているといえる。

一部の被疑者は間島総領事館の検事事務取扱によって取調がなされているが、多くは取調なしにそのまま京城地方法院検事局に移送されたようである。たとえば、一二月一三日、「外務大臣よりの移送命令により」として、拘束中の裵東健ら三七人が間島総領事館総領事岡田兼一名で朝鮮総督斎藤実宛に移送されている。

間島五・三〇事件——予審終結決定

京城地方法院検事局に移送された被疑者は一九三一年二月頃から取調がおこなわれ、周現甲は三月一九日に京城地方法院に予審請求がなされている。八月一五日の『東亜日報』に「前後五百余名護送　起訴した三百二

十名　今日の第十五回起訴」とあるように、さみだれ式に移送・予審請求（起訴）があった。

三一年六月二七日、京城地方法院の村田左文判事による金權・蘇聖圭らに対する予審終結決定では、三五人を公判に付し、八人を免訴とした。各新聞は大きく取りあげた。同日の『京城日報』は「間島一体に亘る未曾有の暴動事件　一挙極端なテロ化へ　微温的な運動に業を煮やし　忽ち下準備に成功す」という記事でセンセーショナルに報じた。「そもそもその暴動の起りはどうして起ったか？　それには憎むべき国際共産党コンミンテルンの恐ろしい施令と度しがたき小児病者的主義者の附和雷同とが狂想二重奏をかなでたのである」として、村田判事の「大体今回の党員の素質は幹部でも中等学校を修めた程度のもので、比較的人物としてはしっかりしたものが多いけれど、教養が足らず、愚かしい夢想にふけって、この治世に直接行動の甚だしい騒ぎを起したことは全く言語道断である。彼等小児病者をなおす薬について、一般でも大いに考えて頂きたいと思っている」という談話を載せた。二八日の『東京朝日新聞』の見出しは「暴虐を尽した間島共産党」である。

一方、二八日の『朝鮮日報』は「治安維持法の適用が問題　中国共産党への適用が問題」として、次のように論点を指摘した。

前後五百餘名護送
起訴만三百二十名
今日에第十五回起訴
間島共産黨事件

第十五回의起訴는
吳中和等十一名
동사건도 결말에 가까워갓다
四名은不起訴處分

鍾城의雹災로
損害萬餘圓
三百六十町步被害

光州檄文
眞犯을

『東亜日報』1931年8月15日

東亞日報 號外

俗稱間島共產黨事件
二七二名公判廻附
東滿一帶에暴動工作든
百十八名은免訴處分
今日豫審終結

決定한罪名만◇大小二十四個罪
治維 騷擾 殺人 放火等
◇暴動事實을說明

被告等이關係한 重要暴動事實

直接打動은 群衆團體가

全被告의七割五分 二十以上三十以下가

鏡城明川이最多

「非本意의行動者가不少」

主要人物은 裵東健等

五千餘點의 各種證據品

豫審中에病死者

『東亜日報』号外1932年12月28日

被告一同と在野の法曹界では、中国共産党員として中国××のために活動した者に同法（治安維持法——引用者注）を適用できないと主唱するようになった。すなわち、現行の治安維持法中の国体とは、日本の万世一系の天皇統治制度を指すものであり、私有財産制度は現下の日本の経済組織を指すものであって、適用できないということであった。しかし、司法当局は本法を適用したので、同法が初適用されるものであるだけに公判までに法理論戦が重ねられるであろうし、処刑にも注目されているという。

司法当局が中国共産党に治安維持法を適用したというのは、六月二七日の「予審終結決定」の理由の第二を指す（第一は朝鮮共産党加入）。在満朝鮮人共産主義運動は「派閥、闘争のみを事となし、その本来の目的とする所は概ね遂行せざりし」という状況である。これに対して「延辺党部を置き、満洲は勿論、全満の赤化工作が着々整頓されつつある状態」である中国共産党は、「五卅記念暴動に参加すれば入党の容易なるべきを黙示」

して、「東満地方にて日本帝国主義並に支那国民党軍閥の勢力を駆逐し、赤化を完成せんがために同地方に一大暴動を勃発せしめ」たとする（『朝鮮通信』三一年七月二日〜八月六日）。

その後、最終的に三二年一二月二八日に予審が終結し、二七二人が公判に付されることになった。免訴も一一八人と多かった。一二月二九日の『大阪朝日新聞』は、「被告の罪名は治安維持法違反、騒擾、殺人、強盗、死体遺棄以下二十五種に達し、凡（およ）そ赤色テロのもつあらゆる罪悪を網羅し、件数では放火七十件、強盗百数十件、殺人三十数名というテロの最頂角を行っており、死刑該当を推定されているものでも三十近い、被告のうち各地の暴動を指揮したのは約七十名に上り、そのうちでも各県責任者として最も活躍したのは周現甲、李東（リドン）鮮（ママ）、裵東健の三名で、婦人党員には金敬愛（キムキョンエ）ほか二名が異彩を放っている」と報じた。

公判開始を前に、多数の被告人の収容に合わせて、京城地方法院に大法廷を増築している。九月一九日の『毎日申報』によれば、「総工費一万五千円　被告席六十六坪」という。一三人が官選弁護人となったが、そのなかには李仁も含まれていた。

間島五・三〇事件——判決

公判は一九三三年九月二五日に始まり、一一月二二日まで三〇回におよんだ。一一月二〇日、京城地方法院検事局の思想検事佐々木日出男はその論告で「我国の施政に反対し、朝鮮の赤化及独立を図るが如きは、自ら天与の福祉を抛棄するのみならず、多数の朝鮮人同胞の為に不利を図るものと云わねばなりません。従て被告人等の本件行為に付ては何等同情すべき余地がないのであります」としたうえで、「本件犯行の影響及処罰の方針」について、次のように述べた（『思想月報』第三巻第一〇号、一九三二年一月）。

人心を不安ならしめ、間接に同地方に於ける国民の発展を阻害したる無形の損害は却て大なりと云わねばなりません、満洲国の建設に依り、間島の治安状態は漸次良好に赴いて居りますけれども、尚鮮内の状態に比すれば雲泥の差があるのであります……我国としては多数の国民の居住する同地方の治安を維持し、在留民をして其堵に安んぜしむるは勿論、同地方が従来朝鮮赤化の策源地であった事実を一変し、国民の国外発展に於ける有力なる根拠地と為す必要があるのであります。故に同地方に於ける此種の犯罪は厳重に之を処罰し、将来再び如斯（かくのごとき）犯罪の発生せざることを期せねばなりません……苟も国体を変革し、又は経済組織の根本を破壊せんことを企図するが如き運動に対しては、背景たる思想の如何を問わず、厳罰を以て之に臨み、禍根を未然に芟徐（さんじょ）せねばならないのであります。

量刑については「相当重い刑罰」が必要とし、実際に死刑一八人、無期懲役二五人などを求刑する。そして、中国共産党を治安維持法の処断対象とすることについては、「朝鮮の赤化及独立運動を援助する目的を有すること」は被告人の供述などから明白としながらも、その説明は「一国の共産党が他国の共産運動に関与することはコミンテルンの組織原則に反するが如くにも思われますが、中国共産党の場合は偶々（たまたま）其例外を為すものと見ざるを得ない」と苦しい。

一二月二〇日、判決が下る。量刑は死刑が二二人と求刑よりも多い厳罰で、二六一人が有罪、無罪は一六人だった。この間島五・三〇事件公判は、朝鮮における治安維持法違反事件の処断で最大の弾圧であった。三三人が控訴する。なかでも他の刑法犯との併合ではなく中国共産党加入のみで死刑を科せられた周現甲は上告、さらに再審請求と裁判闘争をつづけた。その決着をみるのは一九三六年のことなので、このことは次章であらためて述べることとする。

間島総領事館と朝鮮司法当局の対立

間島五・三〇事件の司法処分が進められることと並行して、間島総領事館側と朝鮮総督府側の間で対立が生じていた。その伏線には前述した両当事者の移送人員と司法処分をめぐる齟齬があった。

一九三一年五月一日の『大阪朝日新聞付録　朝鮮朝日』（西北版）は、「管轄違の朝鮮で　間島事件の尻拭い　法院も刑務所も大弱り」という見出しの記事を載せる。間島からの大量移送により京城地方法院の思想検事や予審判事は「毎日間島デーの連続で、赤い調べに受難時代を現出している」として、刑務所は「文字通りのすし詰めとなり、行政上管轄違いの犯人だけに経費の点は勿論、直接取調の司法官も非常に迷惑し、一部では外務省直轄の間島における事件を朝鮮裁判所の所轄とするのは、あまり虫がよすぎると非難の声さえあげている」と報じた。

六月二八日の同紙（南鮮版）は五・三〇事件の最初の予審終結を報じるなかで、京城地方法院の村田左文予審判事の「取調の苦心」談を載せた。管轄違いのために証人調べや実地検証ができないなどの支障をあげ、「これは（間島に――引用者注）領事裁判を設けるなり、或は法規を改正し自由に取調べが出来るようにしなければ徒に司法官を悩ますばかりで、取調べの厳正、ひいては裁判の公正を期することが出来ないだろう」と述べた。

こうした不満や批判の声が高まり、間島側にも届いたのだろう、三二年一月一二日、間島総領事館警察部警部で司法領事事務取扱の任にあった大河原重範は京城に出張し、京城地方法院検事局と打合をおこなった。帰任後、間島総領事に提出した報告によれば、治安維持法違反事件被疑者の処分に関して京城地方法院検事局は、「秘密結社」加入時に一八歳未満で「主義目的達成の為め活動したるも工作なき者」については不起訴処分とするという方針を示し、具体的に「中国共産党の目的達成の為め組織されたる情を知らずに農民協会及反帝同盟、互助会等に加入したる者」や「被疑者が犯罪事実を全然否認し、殊に物的其の他の証拠なき者」も同様に不起訴の方針とした。また、「改悛の情顕著にして、且保護監督する者」がいる場合には起訴猶予の方針をとるという。これらは間島側にとって不本意な方針だったが、さらに検事局側は間島側の「記録」作成について耳の痛い注文を付けた。

たとえば、「訊問は可成（なるべく）一回にして簡単明瞭にし、且必要条件を欠かざる様留意すること」というもので、「数回訊問を為したる調書は日時、場所及方法が合致せざる者多く、従って何れが真なるやを疑わしめ、取調上手数を要する」ためとする。とりわけ司法警察官の作成する訊問調書について、「取調に際しては可成完全且詳細に作成」すること、および証拠蒐集が重視された。「素行調書」についても「同調書は処罰の判定及刑の量定等の資料となる」ため、できるだけ正確に作成することが求められた。これらは検事局の立場からする高等警察に対する司法処分上の注意点で、朝鮮内においても実施されているはずだが、ここでは間島における領事館警察の捜査や取調についてずさんで不徹底という評価が言外に込められているといえる（以上、「在支帝国領事裁判関係雑件」第一巻　外交史料館所蔵、D-1-2-0-2）。

三二年一二月一九日の間島総領事の外相宛「司法共助に関する件」は、一〇月二一日の京城における司法官会議参加の庄子勇司法領事から提出された、総督府法務局長や京城地方法院関係者との「協議」の報告を送付したものである。

法務局長との打合せで、庄子領事は前述のような現状を踏まえて、移送を見合わせることとし、「今後起訴せらるべき被告人の全部、又は其大部分を事実上当館司法領事をして取扱わしめ度」という方針転換を提起した。正確にいえば、庄子は「当司法領事に対し公判（治安維持法第一条第二項）又は予審（同条第一項）の請求を為し、窮極に道を求めんとするものなり」と述べている。それは、治安維持法第一条第二項＝「私有財産制度」否認に関わる治安維持法違反事件については間島総領事館において予審と公判を実施し、治安維持法第一条第一項＝「国体」変革＝朝鮮独立に関わる違反事件についての予審は間島側でおこない、公判のみ朝鮮側の地方法院で実施するという内容である。

つづく京城地方法院関係者との打合せには、法院側から山下秀樹思想係裁判長、脇鉄一思想係予審判事が、検事局側から検事正・次席検事のほか、佐々木日出男思想検事が出席する。そこでは、間島総領事館側にきびしい注文が突き付けられた。まず、山下判事が証拠の完備を求め、脇判事が次のように発言する。

> 現に京城地方法院予審に繋属する間島事件の被告人員数は約四百名なるが、其半数は公判に付する証拠十分ならず、即約二百名は農民協会に加入したるにより治安維持法に該当するものなりとして起訴せられたるも、農民協会の本体明かならず、即同法に該当すとの証拠十分ならざるを以て此部分は或は免訴の決定を与えらるるやも知らず、次に中国共産党に加入したるにより治安維持法に違反として起訴せられたる者は、内地に於ては免訴の決定を与えたるものあれども、当予審に於て右は治安維持法に該当すとの証拠を発見したり、即中国共産党新綱領第七号に植民地開放（ママ）運動援助の規定あるを発見したるに付、此部分は多分公判に付せらる可く（べ）……従来予審に付せられたる被告人は末輩多く、主要なるもの少し（すくな）……証拠は信憑力を有するものならざる可からず

朝鮮側ではまず間島側の取調が自白偏重で、証拠の蒐集が不十分であると指摘した。そのうえで「検事々務取扱より再度に亘り、最初被告を自白せしめたる司法警察官に被告人を逆送して自白を強要する形跡あるものの如き、或は司法警察官が千枚以上の調書を一日、又は二日にて作成せる形式あるものの如きは措信し得可き調書と云い難く、又拷問の形跡身体に存するもの、例令（たとえば）焼火箸を身体に当てたりとの供述あり、医師の鑑定之に対応する如き、之を公判に付するも公判々事の心証を克（か）ち難く、且公判廷に於ける傍聴鮮人に及ぼす影響を

考慮すれば、事件を公判に付せざるを適当とす、以上は免訴の理由なると共に、将来此点の注意を望む」とする。拷問を含む取調方法や調書の作成などの問題点を挙げて免訴とすることもやむを得ないこととし、間島側にそれらの改善を求めたのである。

水野重功検事正も「警察署に於ける自白のみにては公訴を維持するに足らず、仮令傍証ありとするも拷問の形跡あるものには、有罪の判決を期待し得ざるを以て提訴せず……」と云うに在りて、即不起訴の理由としては証拠十分ならざることを挙げ、将来に対し証拠の完備と共に事件の選択を求めた」。

京城地方法院関係者が拷問に対する疑義を呈することは、朝鮮内の警察での取調においても同様なことが日常的におこなわれていることを実際には熟知しているはずだから、ダブルスタンダードというほかない。それだけ間島の領事館警察での拷問の度合いが並外れているという判断があったためと思われる。その間島の拷問の残虐性についてはのちに公判廷で暴露される（次巻参照）。

間島総領事館の方針転換

一九三二年五月一一日、間島総領事は外相に、治安維持法違反事件を朝鮮側に移送して司法処分を任せきりにしている現状から、間島総領事館の司法領事が検事として起訴の可否の判断をする方針に変更することの了解を求め、そのための「司法事務共助並に人員増加方」を稟申した。表向きの理由とするのは、大量に被疑者を移送した結果、朝鮮側で「起訴不起訴の処分、予審終結決定、裁判の結果」が出るまでに時間がかかっていることである。それに加えて、朝鮮側の予審判事が「専ら記録に存する調書及被告人の供述のみによりて事件を処理するものと推知せらるるに付、被告人員の多きと証拠方法の少きと、且共産党員が内地の如く所謂確信犯人に非ざるを以て、自白せざるもの多かる可き」ことによって、予審判事や公判判事の労力負担と苦心が多大となっている、という理由である。

それらを解消するために、「本然の状態に引戻すこと」、つまり朝鮮側に移送せず、自前で司法処分をおこないたいと了解を求めた。名目的には「本来の職責を有する当館司法領事に余力」があることをその理由にあげるが、むしろ本音は「当館司法警察官が苦心の末検挙移送したる被告人が、京城に於て証拠調困難の為め、証拠不十分として不起訴処分に付せられ、意気阻喪するが如き奇現象を呈する次第」という点にあった。そのうえで「該協定の効力は暫く其儘とし、今後起訴せらるべき被告人の全部、又は其大部分を事実上、当館司法領事をして取扱わしめ度所存」という提案をおこなった。

これに対して、七月一三日、外相は間島総領事に「今後共産党事件に付ても一般重罪事件と同様、貴館に於て予審を為すこと差支無し」という了解をあたえている。前掲**表9**にあるように、三二年以降の移送人員が急減するのは、こうした間島総領事館側の転換があったためである。

おそらくこの自前で起訴処分をおこなうという方針転換は、間島総領事館側の一方的な通告というかたちとなり、朝鮮側司法当局は了解せざるをえなかったと思われ、前述の一〇月の「協議」で両者の協定が成立した。外相による認可は三三年八月一八日となるが、すでに三二年以降は実行されていた。

庄子勇領事は前述の間島総領事への報告のなかで、「打合に伴う必要なる施設」に言及している。そのなかで、中国共産党を治安維持法の対象とすることについての見解が注目される。「鮮人中国共産党員は主として朝鮮の経済的社会的並に政治的解放を目的とし、我国体の変革は間接に企図するものと認むるを相当とす可し」としたうえで、「朝鮮の経済的解放なる点に着眼し、此等被告人に付ては治安維持法第一条第二項によりて公判を請求するを妥当なりと思料せらるる」と述べて、奉天総領事館にその実例があるという。それは、治安維持法第一条第二項＝「私有財産制度」否認に関わる治安維持法違反事件について、間島総領事館において公判を実施するという新たな方針と符号する。その背景には「国体」の変革について、中国共産党と「直接」に結びつけるのは妥当ではないという理解があると思われる。ここでも「植民地開放運動援助の規定あるを発見」することにより、治安維持法を中国共産党に「直接」適用することが可能とする朝鮮側の認識と齟齬を生じているといってよい（以上、「鮮人犯罪被疑者の収容審理其他を在間島総領事館より朝鮮総督府に移管関係雑件」）。

一九三二年における間島総領事館側の方針転換をうながしたのは、「総督府法官の有する「間島事件は他人の事件なり」との観念」への不信だった。一方で、朝鮮側司法当局には間島側の朝鮮人共産主義者に対する弾圧のやり方に不信が募っていた。

この方針転換にそって、間島総領事館による自前の「共産党被告事件」の処分が実行された。三四年二月七日の在「満洲国」特命全権大使菱刈隆宛の間島総領事の通報「間島地方に於ける朝鮮人の訴訟事件処理方に関する件」によれば、朝鮮側への「共産党被告事件」の移送中止後、三二年と三三年で合計八件四八人が「他の罪名によりて当館に対し予審請求をなし、仍て当館の予審事件となりたる」とある。「他の罪名」を用いてとは、おそらく治安維持法違反とすると法律の規定上は朝鮮側に移送することになってしまうので、それを回避することを優先したという意味で、実際に強盗・放火や殺人などの罪名となっている。ただし、三二年一二月二一日受付の一件のみ「治安維持法違反等」となっており、三人が予審を経て有罪となっている。

これらの「共産党被告事件」の予審を担当したのは、東京地方裁判所判事から転官した庄子勇司法領事だった。庄子の担当した予審は全体で三五件、八八人であるが、被告人員数においては「共産党被告事件」が五割以上を占めていた。

なお、この通報では「将来の予想」として、今後治安維持法違反事件が激増する可能性は低いとして、「共産党事件の当事者は軍事行動」に出るようになったために軍事行動による討伐として対応すること、「帰順者」

が着実に増加し、「刑事被告人となるもの多からざる見込」などの理由をあげている（以上、「在支帝国領事裁判関係雑件」第一巻）。

中国共産党加入の治安維持法処断

すでに五・三〇事件の領事館警察段階の取調において、中国共産党への加入を治安維持法違反として処断することは既定方針となっていた。たとえば、百草溝分館警察署の金哲宇についての「意見書」（三〇年一一月九日）には、「中国共産党汪清県区委員会の一員として本件被疑者中の主要者に対し共産主義運動の加入紹介及同主義の宣伝、及同主義達成の直接行動の煽動を為し」とあり、治安維持法第一条第一項などの適用を求めていた。また、頭道溝分館警察署の周現甲についての「意見書」（一一月三〇日）では、朝鮮共産党加入とともに、中国共産党に加入し、「満洲に於ける朝鮮人を赤化せしめ、延ては朝鮮を赤化せしむべく専ら其目的達成に努め来りたる」行為を治安維持法第一条に該当する犯罪とした（国史編纂委員会「京城地方法院検事局資料」）。

しかし、間島側では「朝鮮検事局の一部には当地の共産党は中国共産党の傘下に加盟したる以上、之を帝国の治安維持法に依り処断するの能否に関し、同府の解釈一致し居らざる様」（外相宛間島総領事「左傾鮮人被告人の在朝鮮監獄に移送方に関する件」、一九三〇年一二月五日、「鮮人犯罪被疑者の収容審理其他を在間島総領事館より朝鮮総督府に移管関係雑件」）と観測しており、移送後の処分を憂慮していた。その点でいえば、三二年一〇月に間島側と京城地方法院関係者との「協議」の場で、京城地方法院の脇鉄一予審判事が「中国共産党新綱領第七号に植民地開放運動援助の規定あるを発見した」として、中国共産党を「国体」変革の結社とみなすことができるようになると言明したことは、間島側をひとまず安堵させるものであった。

脇予審判事の「発見」の言明に先立ち、三二年七月の警察部長会議で境長三郎高等法院検事長は「朝鮮人にして中国人により組織せらるる中国共産党に加入し、或は其の指令を受け、以て朝鮮の独立運動を敢行するの徒、増加しつつあり」と注意を喚起していた（『高等法院検事長訓示通牒類纂』『日帝下支配政策資料集』第八巻）。そうした事態に朝鮮側においても対応を迫られていた。

次に、判決の段階で中国共産党加入がどのように処断されていったのかを追ってみよう。三一年四月二〇日の新義州地方法院は李義鳳（リウイボン）と金福介（キムボッケ）に各懲役二年の判決を下した。中国遼寧省において「朝鮮の政治上の独立及私有財産制度を否認し、共産主義の社会を建設することを目的」として組織された「農民同盟」に加入し、さらに中国共産党の「細胞分子」である「農民協会」に加入、それらの目的遂行のために活動したことが治安維持法第一条の第一項・第二項に該当するとされ、重い第一項で処断された（「全鮮治安維持法違反事件確定判決集」第七輯、『思想月報』第三号、一九三一年六月所収）。

一〇月六日の平壌覆審法院の判決は「在満多数朝鮮人により組織せられたる中国共産党青年会と称する朝鮮の私有財産制度を否認することを目的とする秘密結社に其情を知りて加入」、および農民協会加入により、治安維持法第一条第二項を適用した。「其の奉ずる共産主義の武力闘争化に要する武器強奪の為め」の強盗・殺人に問われ、懲役八年から二年の刑が科された。ここでは「私有財産制度」否認のみが問われている（「仮出獄」）。同様に三三年三月二〇日の新義州地方法院判決、一〇月二〇日の同法院判決も中国共産党加入を「犯罪事実」とするが、いずれも「私有財産制度」否認を問う治安維持法第一条第二項の適用だった（「仮出獄」）。

三三年一二月二〇日の京城地方法院の徐東煥（ソドンファン）に対する判決は、中国共産党加入について治安維持法第一条第一項を適用した。判決をみると、「昭和五年五月に至り中国共産党は其の行動綱領なる一項目を挿入し、以て中国のみならず朝鮮をして帝国の羈絆より離脱せしめ、且之に共産制度を実現することをも目的となすに至り」（「仮出獄」）とある。中国共産党の新綱領第七号に「植民地開放運動援助の規定」が追加されたことに着目し、

「国体」変革の結社とみなすことが可能であるとした。脇予審判事の「発見」が活用されたのだろう。

三三年一二月二七日の新義州地方法院における中国共産党上海韓人支部役員事件では、金命時（キムミョンシ）の懲役六年を最高に、七人に有罪判決を下した。金の場合、中国共産党上海韓人支部が「朝鮮を日本の羈絆より離脱独立せしめ、且朝鮮内に於ける私有財産制度を否認し、共産制度社会を実現せしむべき目的をも含有するものなることを知りて之に加入」したと認定された。さらに台湾、ベトナム、フィリピン、インドなどの「各植民地民族及支那人等約三百名と協議し、朝鮮人、台湾人及其他東方に於ける被圧迫民族が其各本国より離脱すべきことを図る目的、要言すれば朝鮮独立をも目的とし、東方被圧迫民族反帝大同盟なる結社を組織せんとし、先づ其準備会なる結社を組織し、自ら委員となりて同会のために活動」したことなども「犯罪事実」とされた。すでに中国共産党が「国体」変革の結社と認定されたことを前提に、また朝鮮独立を掲げる時点よりさかのぼった行為に対しても治安維持法第一条第一項前段に該当するとした（『思想月報』第三巻第一一号、一九三四年二月）。

無政府主義運動への適用

治安維持法の施行の初期においては黒旗聯盟や真友聯盟などの無政府主義運動に対する発動があったが、その後は散発的な適用となる。

一九二九年三月一八日、京城地方法院は李丁奎（リチョンギュ）に懲役三年の判決を下した。中国朝鮮無政府主義者聯盟機関誌『奪還』に「革命原理と奪還」と題する文章を寄稿し、「経済社会方面に於ける各自由を取戻すことが革命の理想にして精神なれば、之を実現せしむるには自由聯合組織を以て奪われたる権利を、権力階級より奪われたる経済条件を資産階級より各取戻し、以て奪還を実行する外、何物もなし」と論じ、二八年六月には「日本帝国の国体を変革（無政府主義の実現、即ち権力否認）することを目的として東方無政府主義者聯盟なる結社を組織」したとして、治安維持法第一条第一項前段を適用されている（『朝鮮共産党事件関係雑件』第三巻）。

三〇年五月二六日の京城覆審法院の権五惇（クォンオドン）に対する判決は、治安維持法第一条第一項前段を適用して懲役五年を科した。被告らは「無政府主義を信奉し、人類は総て絶対自由且つ平等にして、現在に於ける国家組織は其抱持する主義に背馳（はいち）するものなれば、之を打破せざる可らずとの思想を抱懐し居る者」で、二九年二月、「表には雑誌文芸運動を刊行する名称の下に、前示思想を実現する目的を以て文芸運動社なる結社を組織」したとされた（『日帝下社会運動史資料叢書』第一二巻）。

三三年五月一一日の京城覆審法院は、被告八人に懲役六年から二年の有罪判決を下した（三月二四日の咸興地方法院の判決に控訴）。中心人物とされた李弘根（リホングン）は「（イ）現在の国家制度を廃絶して「コムミュン」を基礎とし、其の自由聯合に依る社会組織に変革すること（ロ）現在の私有財産制度を撤廃し、地方分散的産業組織に改革すること（ハ）現在の階級的民族的差別を撤廃し、全人類の自由平等友愛の社会建設を期す」という趣旨の綱領をもち、「国体の変革、私有財産制度否認の目的の下に朝鮮共産無政府主義同盟なる結社」を組織したとして、治安維持法第一条第一項前段・同条第二項前段に該当するとされた（「仮出獄」）。

これらの無政府主義運動に対する治安維持法の適用は、その「犯罪事実」とされた萌芽的な結社組織をとらえて懲役五年前後を科すように、共産主義運動処断の程度に匹敵、ないしそれ以上の厳罰で臨んだといえる。そして、これらでは「国体」変革は、治安維持法の議会審議時に若槻礼次郎内相が説明した「無政府主義」の処断として用いられている。

四　共産主義運動への集中的運用――一九三〇年代前半

学生たちによる「共産主義運動」への取締

第一節でみたように、一九三〇年代初頭までに朝鮮共産党の数次におよぶ再建運動をほぼ萌芽の段階で弾圧をおこなった結果、治安当局はその押さえ込みに自信を深めた。「朝鮮内に於ては、官憲の査察良好にして、朝鮮共産党及高麗共産青年会何れも発展するの余地なきに及んだ」とする朝鮮総督府法務局の『朝鮮独立思想運動の変遷』の刊行（一九三一年一一月）がそれを物語る。と同時に、同書では共産主義運動の新たな状況として、「労働運動へ小作争議へと喰込む。学校の盟休もその対象に置く。而して、その組織に於て各方面にヤチエーカを扶植し、あらゆる表現団体にフラクションを置く」ことに警戒を向けていた。

『朝鮮独立思想運動の変遷』刊行に関わったと思われる法務局法務課の事務官伊藤憲郎は「朝鮮特殊の刑事政策的問題」（『朝鮮司法協会雑誌』第一一巻第五号、一九三二年五月）のなかで、「今日に於ける思想運動のヘゲモニーたるものは、かの曾て朝鮮を風靡したるＷｉｌｓｏｎ主唱の（民族自決主義）の理論よりも（コミンテルン）の夫れであることに相違ない。企業場内の組織活動と、宣伝煽動のための出版活動とは、厳戒さるべきものと思う。これに比して、漫然たる意識表現に依る（国民運動・民族運動）の如きは、それが更に、孤立的であり、一時的であるに於て、治安を紊乱するの程度益々軽しというべきである」と論じていた。

前掲表6の「思想犯罪者累年比較表」においても、被告人と受刑者の合計である「思想犯罪者」の人数は一九二九年を境に「共産主義」が「民族主義」を凌駕し、三四年六月までの累計では二倍強の数値となっていた。「共産主義」の「思想犯罪者」は三〇年代前半に各年千人台がつづき、三二年をピークとする。朝鮮共産党・高麗共産青年会関係以外の「共産主義」とされたもの——労働運動・農民運動、学生運動、伊藤によれば「企業場内の組織活動と、宣伝煽動のための出版活動」——が、党・青年会の逼塞後も活発に運動を展開し、それらに対して治安当局が抑圧に奔走した結果が数値となってあらわれたといえる。

本節では、党・青年会再建運動とは直接的に結びつかずに、それぞれ別個に朝鮮社会で広範に展開された「共産主義運動」が、もっとも主要な治安維持法違反事件の取締対象としてどのように司法処分されていったのかを追う。まず、一九二九年一一月の光州学生事件を機に、各地で「植民地奴隷教育反対」を掲げて同盟休校へと大きく高揚した学生運動からみよう。

一九三〇年一月の道警察部長会議で警務局長による訓示草案で削除された部分には、「今回勃発致しました光州学生事件の如きも、同地の主義者の指導の下に組織された学生等の共産主義秘密結社の伏在し、偶々発生せる内鮮学生の闘争事件を利用し、益之れを悪化し、全鮮的に波及せしめんとし、又京城に於ても学生の秘密結社の根幹とも見るべき機関の存在を発見するに至った」とあった。その上で「共産主義者及民族主義者等が如何に将来の中堅たるべき学生の指導に重きを措き、又学生間に於ても如何に此の主義に眩惑せられ居るかを窺い知ることが出来得る」と注意を喚起しようとしていた。

これらは警務局保安課の現状認識をよく示している。同会議でなされた保安課の指示事項の一つには、次のような「学生運動の査察取締に関する件」（「道警察部長会議書類」国家記録院所蔵）があった。

近時各地に於て発生せる学生同盟休校事件は殆ど共通的に民族主義乃至共産主義的傾向を帯び来り、単なる年少学徒の行為として看過し難きものあり……各位は常に主義者、不良学生等の行動に深甚の留意を払い、学生秘密結社の有無に関しては不断の査察を励行すると共に、同盟及呼応其の他学生事件の発生に際しては、其の背後に策動する主義者、思想団体の発見に努め、苟も年少学生に対し主義思想を宣伝し、又は之を主義運動に誘引せんとするが如き者にしては断乎たる取締に出で、以て事件の禍根を一掃するに一段の努力を払わるべし。

一方、司法当局の対応として、三〇年二月一二日に高等法院検事長から各検事長・検事正に発せられた「学生蠢動事件処理に関する件」という通牒がある。光州学生事件が各地に波及し、学校ストライキや示威運動が頻発し、多数の学生が検挙・送致される事態に対応を迫られて、従来とは異なる起訴基準が示された。共産主義の秘密結社を組織するなどの主導者は「起訴の上、厳罰」とする一方、「他の勧誘により単に加入したるに過ぎずして、何等具体的活動を為さざるものに付ては、可成不起訴の上、将来を厳戒するに止められ度」という対応が示された。また、秘密結社の組織に至らず「不穏行動」にとどまった場合には「首魁、煽動、率先指揮、不穏檄文の作成、撒布、其の他暴行脅迫毀棄等の行為ありたる者」は起訴とするが、「単に他の煽動に因り雷同したるに過ぎざるものは、可成不起訴の上将来を厳戒するに止むる様処理」することを求めた（『日帝下支配政策資料集』第九巻）。

この起訴を絞るという方針は、量的に司法処分能力を超える治安維持法違反事件の現状に対する現実的な要請にもとづくとともに、日本国内の司法当局がやはり一九三〇年段階で採用した学生処分の緩和と歩調をそろえるものであった。燎原の火のように燃え盛る学生運動に対処するためには、厳罰方針と思想善導の方針の併用が迫られたといえる。それは、学生運動関係の判決にも反映する。ここでは、司法処分の各段階の調書類が比較的よく残っている朝鮮学生前衛同盟事件と京城高等女学生同盟休校事件を事例とする。

朝鮮学生前衛同盟事件

朝鮮学生前衛同盟事件とされる弾圧の発端は、一九二九年一二月三日、京城鍾路警察署巡査部長劉承雲（リュスンウン）の署長宛の報告「学生示威運動等不穏計画に関する件」にみてとることができる。「十一月三日光州学生事件突発し、当地に於て十一月十二日、学生示威運動起るや、ソウル系の共産党及共産会員等に於ては背後に於て各学校の学生を煽動して不穏ビラを撒布し、以て全鮮的に学生の示威運動を惹起し、亜（つ）いで全民族的に大衆運動を起して共産主義宣伝運動を起し、この際多数の同志を糾合し、分散的になり居る共産党及共産青年会の組織を完成ならしめ、目的運動を達すべく」として、朝鮮青年総同盟幹部の車載貞（チャジュジョン）や苦学堂生徒韓慶錫（ハンキョンソク）らが各学校と連絡し、「不穏ビラ」撒布の計画を進めていることを聞き込んだという内容である。

三日には数校で「不穏ビラ」が撒布された。四日の劉巡査部長報告「不穏檄文頒布に関する件」には、「本檄文は単なる学生生徒の創意なりと解し難く、背後に思想団体等使嗾（しそう）者あるものと信ぜらるる」と観測され、四日には検挙が始まっている。当初の取調では保安法と出版法違反被疑事件とされていたが、まもなく治安維持法違反が追加された。

儆新学校四年生の鄭種根（チョンジョングン）が被疑事件への関与を否定した一二月七日の最初の訊問は、「後で訊問するからよく考えて置けよ」で終わった。一〇日の第二回訊問では、次のようなやりとりがなされている。

問　其方はデモ運動に付て何も知らないと云うも、相被疑者が陳述して居るから自分のやった通り正直に述べては何うか、よく考えて見よ。

この時、被疑者は何かぶつぶつ考え居れり。

答　よく判りました。

問　デモ運動を始めた最初から云えよ。

答　光州事件が起きてから、権遺根（グォンユグン）が調査に行って来てから十一月上旬頃です。儆新学校（キョンシンハッキョ）で権遺根から詳細報告を受けました……二人で会合し、又同じく協議した結果、吾々は京城では各学校の情況もよく知らないし、又総同盟休学より示威運動の方がよいが、京城では警戒も厳重だし、各学校も光州の様に出きるか疑問であるから、吾々は宣伝文を撒布して各学校及一般社会の民心を煽動する必要があるから宣伝檄文を作成撒布することにしました。そしてこれをするには只二人では出来ないから、幾人か一緒にして実行しようと決議しました。そして先づ権遺根を入れてすることにしました。

鄭種根は第三回訊問（一二月一九日）で檄文撒布とストライキの目的について問われて、「光州学生事件を一般に煽動して知らせて、民心を動揺して騒がせて、興奮させて、終局は日本圧迫政治から脱する目的であった」と供述する。二八日の第六回では「今回の運動事業は何の結社の事業としてやったのか」と問われて、「秘密結社朝鮮学生前衛同盟の指令に依りやりました」と供述する（以上、『韓民族独立運動史資料集』四九、「休校事件裁判記録一」）。

ビラ撒布やデモ煽動企図を朝鮮学生前衛同盟、朝鮮共産青年会、高麗学生革命党などの組織と結びつけようとして、京城鐘路警察署による多数の学生の取調は三〇年一月中旬におよんだ。被疑者らは京城地方法院検事局に送致されたが、京城鐘路署の「意見書」や検事局の「訊問調書」は欠落しており、史料としては二月八日の京城地方法院宛の森浦藤郎検事の「予審請求書」に飛ぶ。

二一人におよぶ予審請求では五つの「犯罪事実」をあげ、治安維持法違反のほか、保安法違反・出版法違反とされた。韓慶錫による朝鮮学生前衛同盟の組織、車載貞ら七人による朝鮮共産青年会の組織は、いずれも「朝鮮をして帝国の主権より離脱せしめ、且（かつ）朝鮮に於て私有財産制度を否認し、共産制度を実現せしむる目的を以て」となっている。ビラ撒布などについては、光州事件により「動揺の兆ある京城府内各中等学校生徒を煽動し、示威運動を行わしめ、漸次全鮮に波及せしめ、以て民族的差別観念を基調とせる総督政治を打破せんことを協議し」たとされた。

予審は脇鉄一が担当し、九月末までつづき、一四人が公判に付されることになった（「予審終結決定書」は欠落）。被告らは光州事件に刺激を受けて檄文ビラを作成したことを認め、その意図を「只一般の人々、殊に学生一般に対して光州事件の真相を知らしめ、之が与論になって学務及警務の当局が反省して呉れれば、光州の学生等も放されるだろうと考えた」（鄭種根「訊問調書」第二回、六月一九日）と供述する。一方、被告らはいずれも各種の秘密結社の組織については強く否定し、警察の拷問による自白の強要と主張する。鄭種根は六月二七日の第三回「訊問調書」で、次のように供述する。

問　被告は高麗学生革命党に加入した事があるのではないか。

答　左様なものに加入した事はありませぬ。名前も聞いたことがありませぬ。

問　昭和三年四月、金泰来（キムテラエ）又は丁寛鎮の勧誘に依って加入したのではないか。

答　左様な事はありませぬ。

問　右革命党が後、朝鮮学生前衛同盟なるものに改称せられたのではないか。

答　左様な事は存じませぬ。

問　被告は警察に於ては以上当方より訊ねた通り勧誘を受け加入し後、改称された旨申立て居るではないか。

答　警察では人間と堪（ママ）えられない拷問を受けました。何と云ったか記憶されませぬ。全く非道（ひど）い事であります。左様な事は全然ありませぬ。

……

問　被告は朝鮮の独立、又は共産制度実現を目的とする結社を組織、又は加入した事があるのではないか。

答　左様な事はありませぬ。実際此度警察での取調は言語に尽されないのでありまして、何と云ったのか、今も記憶にありませぬが、あの場合あの様に答えない訳に行かなかったのであります。

また、七月五日、車載貞は第三回訊問で「私は警察に於て最高級の拷問を受けたので、死ぬかと思った位でありますから、何と申したか判りませぬ」と供述する。脇鉄一予審判事はこの拷問告発に耳を傾けることなく、予審請求書にあった「犯罪事実」をほぼ認めて予審終結決定をおこなったと思われる。

京城地方法院での公判は裁判長金川広吉の下、非公開で三一年三月二三日に開廷され、四回の審理を経て、四月七日に判決が言い渡された。公判の焦点はやはり秘密結社の組織の有無であった。三月二六日の第二回公判で、裁判長は李学鐘（リハクチョン）に「朝鮮学生革命党と云うのは朝鮮の独立と朝鮮に於て私有財産制度を否認し、共産制度を実施するのを其の目的として組織されたものだと云う事だが、如何」と迫る。答は「左様な事は存じませぬ」だった。

三月三一日の第三回公判では、鄭種根に対して「被告は朝鮮学生革命党に加入した以前の事実は認めて居るが、同党にも加入し、党員になったのではなかったか」と問い、「左様な事実は全然ありませぬ」との返答があると、「其の節に付、被告は検事局に於ては加入して運動が出来るなら賛成すると云った様申立て、警察に於ては其の際加入し、其の後、相被告柳丑運（ユチェクン）を勧誘して入党せしめ、同李錫（リソク）を候補党員に推選（ママ）したと述べて居るが、如何」とただした。鄭は「左様な供述をしたか何うか、覚えがありませぬ。若し云ったとしてもそれは事実ではありませぬ」と答えた。

さらに韓慶錫に対しても「被告は其予審廷に於て最初は其の事実を否認して居たけれども、予審訊問の際、今迄嘘の供述をして居たが、実際は朝鮮学生革命党を改称した朝鮮学生前衛同盟に加入したと述べて居るが、如何」と追及している。韓は「私は唯朝鮮学生前衛同盟に加入した事のある事を述べた丈けであります」と供述する。

裁判長が証拠調の終了をつげると、検事は「犯罪の証明十分」として、韓慶錫・金淳熙(キムスンヒ)の各懲役六年などの求刑をおこない、結審した。判決では韓慶錫と金淳熙に治安維持法違反として各懲役五年などを科したが、韓ら三人が控訴した。

京城覆審法院の公判は五月四日に開廷し、二回目の一一日に判決が言い渡された。裁判長は末広清吉である。韓慶錫は朝鮮学生前衛同盟への加入を認め、それは「労働者、農民等の所謂無産階級の者の文化発展を起す目的の為め組織せられたもの」と供述し、朝鮮学生革命党への加入は否定する。裁判長は「左様では無くして、前叙の如く朝鮮を日本帝国の羈絆より離脱せしめて独立し、且朝鮮に於て私有財産制度を否認して共産制度を実現せしむる目的であったのではないか」「併し、丁寛鎮は該革命党も又改称したる該前衛同盟も共に右の如き目的

昭和六年刑控第二〇四號
第二〇五號

判決

本籍 忠清南道牙山郡鹽仁面 番地
住居 京畿道京城府 番地金 方
私立晋學堂四年生
韓慶錫
二十三年

本籍 全羅南道濟州島西中面 番地
住居 不定
私立中央高等普通學校四年生
金淳熙
二十四年

朝鮮總督府裁判所

本籍 京畿道廣州郡中台面 番地
住居 同道京城府
光星學校教員
李學鎬
二十九年

右三名ニ對スル治安維持法違反被告事件ニ付昭和六年四月七日京城地方法院ニ於テ言渡シタル有罪判決ニ對シ被告人ヨリ各控訴ノ申立ヲ爲シタルニ因リ當院ハ朝鮮總督府檢事酒見緻次關與審理ヲ遂ケ判決スルコト左ノ如シ

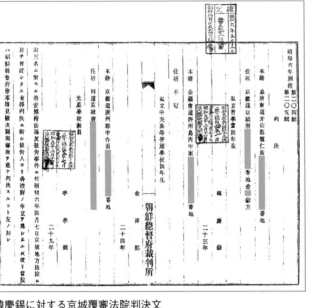

韓慶錫に対する京城覆審法院判決文
1931年5月11日「独立運動判決文」国家記録院所蔵

の為に組織せられたものであると申立て居るが、如何」と執拗に責め立てる。

検事は韓慶錫と金淳煕に各懲役五年を求刑する。弁護人は「御寛大なる御判決ありたしとの意見」を述べた（以上、『韓民族独立運動史資料集』五〇、「休校事件裁判記録二」）。一一日の判決では求刑通りの量刑となった。

控訴審の判決文をみると、韓慶錫については「朝鮮学生革命党は朝鮮を日本帝国の羈絆より離脱せしめ、且朝鮮に於て私有財産制度を否認し、共産制度を実現せしむる目的を以て組織せられたる秘密結社なることの情を知悉して同党に加入したるが……右革命党の名称を朝鮮学生前衛同盟と改称して之を持続せしむることと為し、苦学堂の外広く他校内までも進出することに定め……読書会組織の責任者と為ること等の決議を為し、以て役員たる任務に従事し」と認定し、治安維持法第一条第一項後段・第二項後段に該当するとした（「独立運動判決文」）。被告らが極力否定したにもかかわらず、警察・検察・予審の各訊問調書によって「犯罪事実」を認定したことがわかる。

なお、この朝鮮学生前衛同盟事件で韓慶錫らとは別の公判となった丁寛鎮については（第一審判決は四月二日。第二審は五月四日）、高等法院（裁判長増永正一）まで争い、六月二五日の判決で、植民地の独立を図ることが「国体」変革にあたるという「判例」の定着となったことはすでに述べた。

京城高等女学生同盟休校事件――検挙から送致まで

光州学生事件は京城の学生に大きな衝撃をもたらした。朝鮮学生前衛同盟事件もその一つであったが、一九三〇年一月一五日、「京城に於ける鮮人女学校生徒約二千名は男学生と連絡し、先づ各校に於て万歳を唱え、騒擾を極め、校外に出て一斉に示威運動を為さんとした」（高等法院検事局思想部『京城市内女学生万歳騒擾事件』、『日帝下社会運動資料集』第一〇巻所収）という。この京城高等女学生同盟休校事件のうち、梨花女子高等普通学校の事例をみよう。

一九三〇年一月一五日、「府内各学校、殊に女子学校を中心に光州学生事件に関し同情的一大動揺あるべしとの情報」により、西大門警察署では私立梨花女子高等普通学校の生徒を監視していた。「第一時間の授業終りの打鐘あるや、三年甲組生徒全部は互に腕を組合せ、突然室外に出でよと連呼しつつ、廊下を経て南方校舎の出口より校庭へ順次脱出したる為め、他の生徒も之に和し……全生徒約五百余名が校庭に雪崩出て喧騒し」、太極旗や旧韓国国旗を振りかざし、「大韓独立万歳、光州学生万歳、被圧迫民族万歳等を連続高唱」する事態となった。一時間の「喧騒」後、主謀者と目された崔福順（チェボクスン）、林敬愛（リムキョンエ）のほか、五〇人が検束された。

この第一報はすぐに「保安法違反被疑事件に関する犯罪状況の件」として、西大門警察署巡査李龍景（リヨンギョン）から署長に報告された。ついで、「私立梨花女子高等普通学校騒擾に関し裏面煽動者の件」も報告された。崔福順ら三人の同校生が光州学生事件の同情同盟休校に梨花学校のみが加わらなかったことを挽回し、「今迄社会より排日学校として崇拝され来る体面を維持する上に於ても、此際是非何等かの運動をなさずには忍べぬと称し、同校生徒に対し示威行列をなすべきことを煽動し居るとの聞込あり」という内容である。

一月一八日から検束者多数の取調がおこなわれた（多くは一月二四日に留置）。一八日、西大門警察署の滝口実二警部補は崔福順に、次のように訊問している。

問　先に決議した六項目の決議中、日本の野蛮政策に反対しようとあるが、如何なる意味か。

答　その意味は光州学生事件に対し鮮人のみを圧迫したと云うことを聞いて居りましたので、それを意味したものであります。

問　日本の野蛮政策を反対すると云うのは、朝鮮を独立させると云う意味ではないか。

答　左様な意味ではありませぬ。只自分等は前に決議した六項目を貫徹させる為めの目的でありました。

問　万歳を唱えて示威運動をすれば、決議した六項目の事項が貫徹出来ると思って居ったか。

答　六項目の決議は貫徹が完全に出来るとは思いませんでしたが、最近朝鮮人の民心が睡って居る状態にあるので、目醒ます目的もありました。

崔福順を含めて騒擾による検挙者は、保安法違反とされた。一方、赤旗と檄文ビラの作成者と目された李順玉は治安維持法違反を問われた（一月二五日留置）。一月二四日の第一回訊問で李順玉は、檄文の作成を依頼されると、「私は即時之に応じて自己が平生宿望中であった機会が来た、此の絶好な機会を失せず、此の機会を利用し、自己の理想とし居った共産主義の宣伝をなさしむる目的を以て、無産階級の革命万歳及び弱小民族の解放万歳、又帝国主義の打倒万歳等の文字を羅列し、紙面の中央には労農露西亜のマークを入れて赤化を意味したる宣伝ビラ三種と、尚赤布地を購入し、二枚の赤旗を作製」したと供述する。

つづく訊問では「従って汝は我国体の変革運動を宣伝した訳であるね」と問われ、「全世界に於ける帝国主義統治国の打倒運動をなすのであるから、勿論日本も其の中の一に入ります」と答えた（以上、『韓民族独立運動史資料集』五二、「同盟休校事件裁判記録四」）。

同時に一月一五日と一六日に淑明、培花、同徳女高普、槿花など一一校で示威運動に立ち上がった。一月三一日『朝鮮日報』に検挙者は約一三〇人におよび、「かく多数の女学生が一斉に騒擾を惹起した事件は未曾有のものである」と報じられた。一月三〇日、それらの被疑者八六人が西大門警察署長から京城地方法院検事局に送致された（三一日『朝鮮日報』では二七人）。

「意見書」では「各被疑者は何れも排日的民族意識濃厚にして、総督政治を呪咀するの念切なるものあり」とされた。「犯罪事実」とされた一月一五日の示威運動は梨花女子高等普通学校生徒の計画と働きかけという構図で描かれ、「治安を攪乱したるものなり」と断定される。各校別の行動では、槿花女学校の場合、「午前九

東亞日報
市內女生萬歲事件
第一回公判開廷
被告八名全部出廷
一般傍聽은制限코
特別傍聽席滿員
拘置監前에父兄佇立
女看守出動도一異彩
暗淚에젖는法廷의空氣
目禮조차交換못한悲哀
開廷劈頭에
崔福順審問
條理있고溫和한答辯
◇今日에出廷한女學生被告

『東亜日報』1930年3月19日

時三十分となりたる為め、李忠信が自席に立ち、「昨夜府内各学校生徒が集合して本朝午前九時三十分に一斉に示威運動を起すことに協定したるに依り、我校も之に黙して居る場合でない時間となったから、示威運動を起そう」と宣言したるに、二学年生総立ちとなり、喊声を上げ廊下に出でたるに、此の声を聴きたる四年生も亦之に応じ喊声を上げつつ廊下に出て二年生に合し、盛に万歳を高唱し、表門より練り出さんとしたる」という状況だったとする。

「李順玉に対する治安維持法違反事実」では、その言動について「常に被疑者の聞見する所は主義思想方面なる為、自己は何れ社会主義者として栄誉ある犠牲を覚悟し、常に朝鮮を日本帝国の羈絆より離脱せしめ、且つ現在に於ける社会制度を排して一切私有財産制度を否認する共産主義を実現せる新社会の建設を目的とし、常に機会を待って何れ自己の理想の実現の為に一般の民心を動揺せしめて、之が主義宣伝をなし、以て無産階級の革命を起し、依て大衆の利益を獲得せんと決意中の所」、依頼に応じて檄文や赤旗を作成したとされた。

被疑者許貞子(ホジョンジャ)・崔福順ら三三人には保安法第七条に該当

するとして、李順玉には治安維持法違反第三条に該当するとして、尹玉粉(ユンオクプン)には保安法第七条と治安維持法第三条に該当するとして、それぞれ起訴すべきという意見が付された。他の被疑者には起訴猶予と不起訴の意見が付された。一月三一日『朝鮮新聞』は「色々非難もあったが、当局としては処分者を最少限度に縮少(ママ)して、頗る寛大な処置に出でたものである」という西大門警察署の黒沼力弥高等主任談を掲載した。

二月七日で京城鐘路警察署から提出された許貞子の「素行調書」は性質を「陰険にして狡猾なり」とし、「素行並に本人に対する世評」は「素行極めて悪く、数人の情夫を作り、且つ一定の職業を得ることを厭(いと)い、常に主義運動に尽力し、殊更に過激なる言動を弄し、世評極めて悪し」と酷評する。

京城高等女学生同盟休校事件——起訴から判決まで

京城地方法院検事局では伊藤憲郎高等法院検事が京城地方法院検事職務代理として京城高等女学生同盟休校事件の訊問を担当した。すべて保安法違反被疑事件としてあつかわれた。首謀者を梨花四年生の崔福順として、槿友会庶務部長の許貞子の「巧妙なる煽動的暗示を受け」(『京城市内女学生万歳騒擾事件』)たという構図が描かれた。

一九三〇年二月三日の李順玉に対する第二回訊問では「朝鮮に対しては如何なる理想を抱いて居るか」「其方は共産主義的社会の実現を理想として居ると申立たではないか」などと追及する。李順玉は「朝鮮に対しては別段の理想は持って居りませぬが、唯国家的地位を奪われて居る事は甚だ心外であると考えて居る丈けにて、此れを怎(ど)う仕様と迄は考えて居りませぬ」「今日の社会は有産階級が無産階級に対して横暴圧迫を極めて居るから、此の弊害ある私有財産制度の欠点は今日の社会制度が悪いからで、此の欠点を改善し、又婦人の地位を向上せしむることが、即ち私の理想とする処であります」などと答える。李の言動は明確な理論を裏づけとするわけでなく、現状への強い不満と変革の意思の強さにもとづいていた。

李順玉の従妹にあたる尹玉粉の第二回訊問（二月三日）で、伊藤検事は「其方等の作った「ビラ」に書いてある被圧迫民族解放万歳、無産階級革命万歳等の文句の意味は判るか」「然らば帝国主義打倒万歳、弱少民族万歳の意味は判るか」などと迫るが、尹は「私には左様な言葉は些(いささ)かも判りませぬ」などと答えるばかりだった。さらに「其方が本件の如き示威運動を為して万歳を唱えるに至りし動機」を問われて、尹は「夢中で騒ぎました次第にて、何も意味が判らず、皆に附いて遣(や)った次第」と答え、「今後斯様なことは致しませぬ。後悔して居ります。何分共、御寛大の御処分を御願致します」と恭順の意を示す。

この京城高等女学生同盟休校事件について、伊藤検事は予審請求ではなく、公判請求を選択した。二月一〇日の公判請求書では八六人の送致者のうち、許貞子、崔福順、李順玉ら八人に絞られ、罪名はすべて保安法違反被疑事件となっている。八人以外は不起訴・起訴猶予となったはずである。予審請求ではなく公判請求をしたことは、被告となる八人がそれぞれ恭順の意を示し、早期の処分となることに同意したからと思われる。

各人の「犯罪事実」が列挙された。新幹会中央執行委員長許憲(ホホン)の娘として中心人物と目された許貞子の場合、「民族運動意図の下に、京城に於ける女学校生徒中有力者を物色し、這般の政治的意味を持つ学校騒擾を為さしむべく、企画中」のところ、梨花生崔福順が「援助を求め来るや提携を約し」、行動したとされる。李順玉の場合は「現在の社会制度を呪咀する者なるところ、同宿の梨花生尹玉粉より右騒擾の計画を聞くや之に参加し、赤旗二及帝国主義打倒万歳、弱少民族解放万歳、或は無産階級革命万歳、被圧迫民族解放万歳等の文句、其の他不穏なる円形を書きたるビラ百余枚を作成し与え」とされたが、治安維持法第三条の「煽動」には触れられなかった。そして、八人の行動は「治安を妨害したるもの」とされた。

伊藤検事は各学校の教員や道学務課職員を証人として訊問している。梨花女子高等普通学校教員の安衡中(アンヒョンジュン)は

「光州学生事件に関し、流言飛語の行われて居た為、府内各学校生徒に動揺の兆ありし際故、学校長等より生徒に対し訓戒等を与えたる事があったか」という質問に、「それは度々ありました。光州事件にて生徒が誤解して居た故、努めて其の誤解を解く様に生徒に懇諭して居り、又その様なことを口にする生徒があれば一々呼んで、その誤解であることを諭して居りましたが、本件の如き事態に立ち至りましたのは生徒の感性の勃発ではないかと思われ、何にも根拠あってした事ではなかろうと思います」と答えている。伊藤検事は各証人に、被疑者となった所属生徒の人物についても問うている（以上、『韓民族独立運動史資料集』五一、「同盟休校事件裁判記録三」）。

『京城市内女学生万歳騒擾事件』所収の「法廷審理状況書」により、公判の経過をみよう。京城地方法院の公判（裁判長金川広吉、立会検事伊藤憲郎）は三月一八日午前に開廷し、午後も続行した。公判廷内には制服・私服警察官が配置された。廷外には「多数の朝鮮人蝟集し、中には男女学生も各十数名混り、廷内より出で来るべき被告人等を見んとして犇き合いしも、取締警察官の制止にて構外に退散せり」という。

裁判長による訊問に対して、李順玉らは「全部是認」したが、許貞子は「裏面に在りて女学生を指揮したる事なし」と述べた。裁判長から「年端の行かぬ女学生等に対して教うるからには結局指揮したる事となるに非ずや」と反問されると、「之れをしも指揮なりと云わるるならば、又止むを得ぬと肯定したる」と述べ、「不満の色見えたり」という。

一九日の第二回公判では、伊藤検事が次のように論告している（以上、『京城市内女学生万歳騒擾事件』）。

> 元来温良貞淑なるべき婦人が斯くの如き不法なる政治的団体運動を為すは許すべからず、特に李順玉の作成したる檄文、旗には帝国主義打倒万歳、無産階級万歳等と書きあり、恰も階級運動なるが如き観を呈し、梨花校の如きは喧擾一時間に亘り、学舎の窓硝子等を破壊し、又革命歌の如きを高唱したり、正に厳罰に

値すべし、此の点学生に特権なく、学問に絶対の自由なし……本件被告等は光州学生事件の同情の結果事茲に至れりというも、丌は近因にして重大原因は近年における学生の思想悪化せるに基く、被告等は幾千の女学生の勉学を妨げ、朝鮮の教育を破壊し、又朝鮮の家庭を紊乱するものなり、二千万の朝鮮民衆を救う為めには一般予防の見地に於て、執行猶予の如きは軽々に与うべからず。

判決は二二日に言い渡され、いずれも保安法第七条を適用し、許貞子は懲役一年、崔福順は懲役八月、李順玉は懲役七月（執行猶予四年）など全員が有罪となった。事件は社会的に大きな反響を呼び、起訴や公判の開廷、判決と執行猶予による出獄などのたびに新聞でも大きく報じられたが、量刑自体は比較的軽かったといえる。高等法院検事局の総括では「今回の女学生運動は其の組織の発展に於て、外形的にも内容的にも何れも他動的なり」となっており、判決もその理解にもとづいている（『京城市内女学生万歳騒擾事件』）。

教員の運動――新興教育研究所事件

学生運動に対する注視と警戒は、初等教育や夜学校などにも向けられていった。上甲米太郎・山下徳治らの新興教育研究所事件と呼ばれる教育運動の弾圧は、初等教育に関わる最初の治安維持法事件となった。

一九三〇年一二月五日の慶尚南道の普通学校の校長であった上甲の検挙に端を発するこの事件の意味について、三一年一月一七日の京畿道警察部「教育者を中心とする治安維持法違反事件検挙の件」は余すところなく語っている。前述のような「近時学生の思想的傾向が逐次悪化しつつあること」に警戒を強めていたところ、「新興教育研究所を中心として鮮内初等学校訓導及将来訓導たるべき師範学校生徒を以て或種の秘密結社を組織すべく」準備している端緒をつかみ、「純真なる子弟に対し、教育の蔭に隠れて階級的意識を注入せんとする」重大事案として、一斉検挙を断行したとする。それにつづく箇所である（以上、国史編纂委員会「教育者を中

昭和六年八月八日
號外

朝鮮新聞

京城師範生に
共産教育の毒手
一切を暴露され
けふ記事解禁さる

一味の氏名

新興教育社長　山下徳治（三九）
西村節三（三四）
上甲米太郎（二九）
京城師範寄宿舎内
京城師範演習生徒　趙判玉（一九）
同
京城師範本科生徒　菊池輝郎（一八）

「新興教育」の看板で
遂に京師生に及ぶ
一味の検挙次第

陰謀は全く
未前に検挙し得た
佐伯高等課長談

本號外本紙
不再錄

『朝鮮新聞』1931年8月8日号外

心とする治安維持法違反事件検挙に関する件」）。

本件は運動着手後日浅く、首謀者数名に於て予て是が協議を為したる程度にして、未だ完全なる結成を見るに至らず、其萌芽の裡に芟除するを得たるを以て及ぶ処一少区域に止まりたりと雖も、苟も子弟教養の重任を帯び、堅実なる国民思想の涵養に重大なる交渉を有する教育者、並に将来是等教職に従事すべき師範生等に於て、如斯思想的犯罪を敢行するが如きは甚だ寒心すべき事象にして、将来思想取締上は勿論、教育上慎重考慮を要すと思料せらる。

「子弟教養の重任を帯び、堅実なる国民思想の涵養に重大なる」影響をおよぼす教育の領域に「階級的意識を注入」することは、まだ小範囲の「萌芽の裡」とはいえ絶対に許容されることではないとする。すでに三〇年一二月二三日に上甲・山下ら五人は治安維持法第二条を適用すべきという意見を付されて、京城地方法院検事局に送致されていた。

警察と検事局、予審の訊問調書や予審請求書は不明であり、次は三一年八月八日の京城地方法院の予審終結決定となる（『思想月報』第六号、三一年九月）。

山下については「教育の分野に於て広く右の理論（唯物的弁証法――引用者注）を教示し、社会主義的、階級的、労働的、反宗教的教育を研究、建設、宣伝し、又一面革新的教育労働組合の結成を促進し、以てプロレタリヤ革命を実現せしむべしと為し居」り、新興教育研究所の創設や『新興教育』の刊行により「共産主義意識の涵養に努め」ていたとする。上甲の場合は「現在の教育は資本主義的教育なるが故に、之を排して共産主義理論に立つプロレタリヤ教育を施すべしと為し……共産主義理論に立ちて教員の組合を作り、一般プロレタリヤと提携して共産主義運動を為すべしと思惟するに至りたる」とされた。送致された五人の「犯罪事実」は治安維持法第二条〔協議〕に該当するとして、公判に付された。

この事件は社会的な反響を呼び、八月八日の予審終結決定で記事掲載が解禁されると、各紙で大きく報道された。八月八日『朝鮮新聞』は号外を発行し、「京城師範生に　共産教育の毒手　『新興教育』の看板で　遂に京師生に及ぶ」と報じた。

公判の開始は遅れた。一一月二六日の京城地方法院の判決は山下・上甲ともに懲役二年を科した。山下と上甲は控訴し、三二年六月二三日の京城覆審法院の判決で山下は無罪、上甲は懲役二年、執行猶予五年となった。適用条文は治安維持法第二条と推測される。

九月三〇日の高等法院「事実審理決定」文から、覆審法院での山下の主張を再現すると、「新興教育研究所は純真なる文化団体であり、其の運動は文化運動以外の何ものでもなく、共産主義的自覚を促して教育労働者組合の結成を助成すると謂うが如きことは毛頭意識したることなく、曳(ひ)いて之を言外したることもなく、唯理論を討究して一般教育者を啓蒙せんとする一理想家に過ぎざる旨」を主張している。上甲は「犯罪事実」とされたものを「否認するのみならず、私有財産制度の否認、若くは共産主義とは如何なるものか、其の真偽すら把握理解せざりし処なり」と弁論した。

山下が無罪となり、上甲に執行猶予が付されたことを不服として、検事は上告した。九月三〇日、高等法院〔裁判長増永正一〕はこの上告を認め、「事実審理決定」をおこなうとした。山下については、その「主宰する雑誌新興教育を観るに、各巻其の号を重ねて満載する処のもの、一として共産主義的左翼論陣にあらざるはなく」とした。「山下が共産主義抱懐者たると同時に、其の主義の実現を目的とせる事項の実行に就き協議を為したる事実は認定し得らる」と断定し、覆審法院の判決を事実誤認とした。その際、「少くとも治安維持法の規定する煽動の罪責は到底免れざるものと謂うべく」とされていることに、山下を治安維持法で処断するという高等法院の強い意志が読みとれる。

上甲の場合は「犯罪事実」を全面否定したこと自体が「何等一点の改悛の情なき」とみなされ、「主義の深刻忠実」ぶりも押収の日記や書信などからわかるとする。そして、「科刑の目的は応報にあらずして、犯人を悔悟遷善せしむるにあり、然れども犯人の悔悟遷善は科刑の目的の全部にあらず、科刑は特別的のものと一般他戒的の必要よりするものあり」としたうえで、上甲の処断がもつ意義を次のように強調した（以上、『思想月報』第二巻第七号、三二年一〇月）。

　被告人上甲の如きは自己自らが左傾し赤化するに止まらず、感受性に最も敏感なる小学児を教養するの職責に在りながら、挙て此等無垢の児童を赤化せしめんとするに至っては其の責や重く、其の影響する処怖るべし……内地に於ては……小学校教員の赤化事件……十指を以て算する同様の事件頻発せしが、玄海を越えて我朝鮮に此種本件に発生するに至っては更に同種事件の続出するの怖れなきにあらざるを思えば、一般警戒上の必要よりしても被告人に科刑すに相当重刑の実刑を以てすべく、況んや被告人に改悛、其他何等の情状を憫諒すべき理由なきに於ては、被告人に対する執行猶予は刑の量定上、甚だしき不当のものと思惟する。

山下については「原判決に重大なる事実の誤認ある」として、上甲については執行猶予という「刑の量定甚だしく不当」とみて、高等法院は「事実の審理を為す」と決定した。

一一月二八日、高等法院は事実審理決定時と同じ五人の裁判官（裁判長増永正一）で臨み、山下・上甲にともに懲役二年、執行猶予五年の判決を下した。山下には『新興教育』を「朝鮮に毎月三十部宛逓送せしめ、依て私有財産制度を否認し、共産主義制度社会の建設を期する目的を以て其の目的たる事項の実行を煽動したるもの」として治安維持法第三条が、上甲には同様の目的の実行について「協議」したとして第二条に該当するとされた。

教育関係の治安維持法違反事件頻発

新興教育研究所事件の高等法院の「事実審理決定」で「更に同種事件の続出するの怖れなきにあらざる」と予測していたように、その後、教育関係の治安維持法違反事件が頻発した。

一九三〇年代後半におよぶ農村の夜学会への治安維持法違反事件のうち、管見の限りもっとも早いのが、三三年四月一一日の姜烔宰（カンヒョンジェ）ら四人に対する大邱（テグ）覆審法院の判決である。「農村教育会に於て設立せる農村夜学校を振興し、同生徒等を共産主義に誘導して大衆農民に及ぼし、以て共産制度の社会を実現するに如かずと思惟し」、赤色教員会を組織したとする。その夜学校では「児童等に対しプロレタリヤ童話、童謡を教授し、雑誌少年戦旗を教材に使用すること等を決議し、被告人等は其の頃山湖里（サンホリ）及鳳亭里（ボンジョンリ）夜学校に於て階級意識を誘発し、団結して資本主義と闘争すべき内容の童話（羊の話、仏国小男士の話）等、童謡等を教授し」たとされた。治安維持法第一条第二項が適用され、いずれも懲役一年六月が科され、三人には執行猶予三年が付された（『日帝下社会運動史資料集』第一〇巻）。

三三年一二月一三日『報知新聞』には「朝鮮の赤化教員　二十二名を起訴　教材を逆用して児童を煽動」という見出しで、一〇月四日の「慶南道全警察署員を動員して一斉検挙を行った」事件を報じた。「彼等一味の赤化教師は児童の教育に当って修身、国語（日本語──引用者注）の教材を逆用して、ひそかに自己の掌中に帰せしめんとして憎むべき手段を弄していたもので、半島文化史上一大不祥事」といわれた。

この慶南教員赤化事件の被告金斗栄らには、三四年七月五日、釜山地方法院で懲役四年から一年の判決が下された。金斗栄の「犯罪事実」は、「教職に就きて社会の実相を見聞するに及び、貧困なる学校児童及其の父兄に対する同情、貧困児童に対する苛酷なる授業料徴収に対する反感、及鮮人教員に対する待遇上の不満等より、愈其の信念を深くし」、朝鮮共産党の再建を図る目的で、慶尚南道内に「赤色教育労働者の結社を組織し、先づ現在の資本主義教育制度を撤廃して無産者本位の共産主義教育制度の樹立を図り、牽いて朝鮮に於ける私有財産制度を否認して共産制度の実現を期し、之が為、同志教員の獲得による結社の拡大強化と児童に対する共産主義の注入を為さんことを企て」、赤色教育労働者協議会を結成したとされた。治安維持法第一条第二項を適用した（以上、「仮出獄」）。

七月六日『朝鮮新聞』は、この判決を「思想転向も認めず　殆ど検事求刑通り判決」という見出しで報じた。藤本香藤裁判長の「共産主義の思想的誤謬を指摘して、身教職にありながら、その思想的深慮を究めるでなく簡単に雷同し、純応なる児童にその注入をなしたるが如きは許すべからざるところであり、現在一部には転向を誓ったものもあるが、これらに対しては身が教職者たるをもって執行猶予を付せなかった」という談話が載る。

「私有財産制度」否認のみの適用

一九二〇年代末から三〇年代前半、とりわけ「満洲事変」以降の治安維持法判決を概観するとき、いくつかの特徴が浮かびあがる。

朝鮮共産党・高麗共産青年会、およびそれらの再建運動の場合、治安維持法第一条第一項・第二項、つまり「国体」変革と「私有財産制度」否認の条項が適用された。一方、直接的に党・青年会とつながらない、独自の共産主義運動の諸事件の判決において、第一項の「国体」変革を適用せず、第二項の「私有財産制度」否認のみの適用とするものがかなりの頻度で出現すること、これが第一の特徴である。

それは当事者自身にも認識されていた。拓務省管理局「朝鮮に於ける思想犯罪調査資料」(一九三五年三月、『治安維持法関係資料集』第二巻)中に、朝鮮総督府法務局作成と推定される「治安維持法違反私有財産制度否認のみを以て処罰したるものの人員」という表が含まれている。一九二五年から三三年までの全受刑者二九六一人のうち、三四%にあたる一〇〇二人に「私有財産制度」否認が適用されていた。三一年は一九%、三二年は六二%におよび、三三年も四五%を占める。同時代において、このことはやはり際立った傾向とみられていた。

帝国議会では「私有財産制度」否認は共産主義運動を対象とすると説明されていたが、朝鮮における治安維持法の初期段階の運用はこの説明に沿うかたちで、「私有財産制度」否認の適用から始まっていた。朝鮮共産党・高麗共産青年会に対して朝鮮独立＝「国体」変革を適用するために強引な論理を編み出して適用を図っていったことを想起すれば、主に一九三〇年代の「共産主義運動」の処断において本来の解釈にそって適用されていったといえる。無理に「国体」変革と結びつける必要もないと裁判官らは考えたのではないか。それは実質的に治安維持法適用のハードルを低くした、ということもできる。しかも「私有財産制度」否認のみだからといって量刑が軽くなったわけではない。

一九三〇年八月三〇日の金東渙(キムドンファン)ら四人のプロレタリア文化運動に対して、大邱地方法院は「朝鮮内に於て私有財産制度を否認し、共産主義制度を実現する目的を以て拳隊と命名せる秘密結社を創立し」として、治安維持法第一条第二項を適用し、懲役二年などを科した。なお、この判決では「被告等が国体の変革を目的として判示拳隊なる秘密結社を組織したりとの公訴事実は其証明なき」と判断し、第一条第一項の適用を明確に否定した。このことは予審終結決定書や検事の論告求刑において、「国体」変革の条項の適用を求めていたことを推測させる（「独立運動判決文」）。

一〇月六日の光州地方法院の張梅性（チャンメソン）ら一一人に対する判決では、「予てより共産主義に共鳴し、現時朝鮮の社会組織に於ては女性は家庭人として男性の為めに、無産大衆として資本階級の為めに、朝鮮民族として日本帝国主義の為めに三重の圧迫を被れるを以て、現社会組織を破壊し、私有財産制度を否認する共産制の新社会を創設し、因て朝鮮女性として之等圧迫より免れしめんことを熱望し居り」としたうえで、「少女会なる秘密結社」を組織したとして、治安維持法第一条第二項を適用し、懲役二年などを科した。ここでは「国体」変革についての言及はない（「独立運動判決文」）。

三三年に在朝日本人に対してなされた判決も、「私有財産制度」否認が適用されている。二月六日、京城地方法院は日比野勇・宇都宮太郎らに懲役三年から一年六月の判決を言い渡した。「被告人等は孰（いず）れも私有財産制度に対しては慊焉（けんえん）の情捨て難く、趨（はし）りて左翼文献を耽読するに及び、其の環境と相俟って、竟（つい）に共産主義思想に感得共鳴するに至りたるもの」としたうえで、「土曜研究会」という秘密結社を組織し、「「マルクスレーニン」主義の研究並無産青年同盟員の養成を当面のモットー」としたとする（『思想月報』第二巻第一二号、一九三三年三月）。

「朝鮮共産主義者晋州（チンジュ）協議会事件」で二五人を受理した検事局は一九人を起訴し、三三年五月二七日の予審終結により一八人を公判に付した。七月三一日の釜山（プサン）地方法院晋州支庁の判決では「私有財産制度を否認し、晋州地方に於ける共産主義運動の統一指導、拡大強化を目的とする所謂（いわゆる）中央部なる秘密結社の組織を決議し、活動部署として労働委員会、農民委員会、学生協議会の各建設部を設け、以て労働者、農民、学生間に細胞団体を組織せしむることとし」、数回会合協議したとする。

そのなかで晋州農業学校生徒の中尾勝ら四人は秘密結社「読書会」を組織し、「社会科学に関する書籍を購入回覧し、意識の向上を図ること、同志獲得に努むること」を申し合わせて、数回会合したとされる。治安維持法第一条第二項が適用され、懲役三年から一年が科された。中尾は懲役一年だったが、「前途有為の青少年にして、本件犯行を為したるは何れも他より誘惑に基きたるのみならず、何れも前科無く、且つ思想転向の情顕著なる」として、執行猶予三年が付された（『思想月報』第三巻第七号、一九三三年一〇月）。

高等法院検事局思想部『思想月報』第一〇号（一九三二年一月）は、関東庁高等法院覆審部の「旅順工科大学赤化事件（ケルン協議会事件）」の判決文を掲載する。三〇年六月二七日の関東庁地方法院の無罪判決――「思想研究の組織を拡大し、マルクス主義の研究に関する利便とその普及に関する企図と、併せて労働運動のため、或は失職、検挙された人々及び家族の救援資金を募集出願すべきを協定したに止まり、この会議を以て直ちに治安維持法の国体変革又は私有財産否認の目的を以て結社を組織したもの、或はこれが実行、煽動を為したものと認定すること能わざる」（六月二七日『満洲日報』掲載の判決要旨〔兒嶋俊郎「日本人共産主義者の闘い」『満洲国」における抵抗と弾圧』より重引〕）――に、検察が控訴したもので、三一年四月二〇日の関東庁高等法院覆審部の判決は、次のようにまず「全満洲学生聯盟会設立の準備会」組織を認定する。

> 現時の資本主義社会組織は階級闘争の結果変革せられ、凡ゆる生産機関は資本家の私有より無産階級の掌中に帰すべきものと思惟し……此研究会が吾国共産運動の一翼として参加することに依りて同主義の理論と実践との統一を図り、且其闘争に付ての戦略戦術の問題を探求し、研究会をして一の行動団体、即ちマルクス主義の体現団体たらしめんことを期すべく、直に其具体的行動に移る可きことを協議し……私有財産制度を否認することを目的とする結社を組織したり。

さらにケルン協議会の結成にも関わったとされて、広瀬進は治安維持法第一条第二項を適用され、懲役二年を科せられた。「全満洲学生聯盟会設立の準備会」組織に関与したとされた佐藤一雄、田中貞美、秀島嘉雄らも第一条第二項の適用だが、いずれも禁錮刑が選択され、一年六月から一年二月の科刑となった。

なお、桜井圭二・出口重治らについてはケルン協議会などに参加しているものの、「何れも国体を変革する意思は元より、私有財産制度を否認する意思を認め難く、単に被告人広瀬進等、又は松田豊等に導かれ、マルクス主義の智識を得んとしたるに止まる程度に過ぎざるものと認むるを相当」とみて、無罪を言い渡している。おそらく朝鮮において同様な事件であれば無罪判決となることはなく、また禁錮刑の選択もなされなかったと推測される。関東庁の裁判所においては、治安維持法の適用が条文にそって厳密になされたのではないか。

協議（第二条）の適用

日本国内の治安維持法の適用は「国体」変革＝第一条第一項に収斂（しゅうれん）し、第二条以下の適用はごく僅かであった。これと対照的に、朝鮮においては一九三三年までの累計で第二条＝「協議」は六・三％、第三条＝「煽動」は三・一％という数値を示す（前掲**表7**参照）。三三年の「協議」は一〇・二％に達し、決して少ない数値ではない。この「協議」罪・「煽動」罪が活用されたことが、三〇年代前半の治安維持法判決の特徴の第二である。

一九三二年三月二日の京城地方法院の判決では、被告羅英哲（ラヨンチョル）が知人に対して「目下の社会には有産、無産の二階級を生じ、其の懸隔甚しく不公平極りなし、斯（かか）る不公平は共産制度の実施によりてのみ初めて除去し得べきものなる旨説示して、同主義の宣伝に努め」るなど、「共産主義的に指導教養し来り」たる行為を、「朝鮮に共産制度を実現せしむる目的の下に其の目的たる事項の実行」の「協議」とみなし、懲役二年を科した。

同事件の被告洪鐘彦（ホンジョンオン）の場合は、「李宗林（リジョンリム）より吾々は朝鮮に於ける私有財産制度を打倒し、速に共産制度の社会を建設すべく之が運動を為さざるべからず、之が為には一ケの組織体を構成し、団体の力により之を為すを良策とする」という説示に共鳴し、「羅英哲と共に先づ「ヤチェーカ」を組織し、今後同人の指導に基き共産主義運動を為すべく承諾し」たことが「協議」罪とされて、懲役一年六月の科刑となった（『日帝下社会運動史資料集』第六巻）。

三月二五日の鄭遇尚（チョンウサン）に対する京城地方法院の判決は、「朝鮮に於ける目下の社会制度を共産制度の社会に変革する為、之が結社組織の準備段階として爾今……共産主義の宣伝に努め、大衆獲得の為の運動に邁進すべき旨協議し」たことなどに第二条を適用して、懲役二年を科した（『日帝下社会運動史資料集』第六巻）。

三四年一一月一九日の清津（チョンジン）地方法院の黄道欽（ファンドフム）・黄甲龍（ファンカプユン）に対する判決の理由の「第一」は、次のようになっている。

> 結社の組織は結局警察に発覚検挙せらるる虞（おそれ）あるのみならず、主義運動の絶対的要件に在らざるを以て結社の組織は最後の事とし、当面の活動としては先づ……労働者農民層に於ける意識分子を物色獲得して、之に口頭に由る方法に依り共産主義的意識を注入訓練して教養を施しつつ、其の運動線を全鮮に拡大し、適当の時期到来せば秘密結社を組織し、漸次所期の目的を達成せんことを協議したる。

また、二人の勤務する油脂会社工事の賃銀が「余りに低廉なるが……賃銀値上を要求し、応ぜざるに於ては一斉に同盟罷工を敢行して極力其の主張を貫徹すべきも、万一会社側に於て之を容れざる場合には会社構内に据付けある瓦斯「タンク」を爆破せしめ、工場建物を損壊せしめて復讐を図るべき旨申向け」たことを「理由」の第二とした。「第一」が「協議」罪に、「第二」が「財産に害を加うべき犯罪を煽動したるもの」として第四条（騒擾、暴行などの煽動、懲役一〇年以下）に該当するとしたうえで、量刑は第四条によるとして、いずれも懲役一年六月、執行猶予五年を科した（『日帝下社会運動史資料集』第七巻）。

以上のような判決とは別に、「協議」罪適用を求めた警察の「意見書」や検事の「予審請求書」を確認することができる。三四年一二月四日、被疑者許均（ホギュン）に対する京畿道警察部の高村正彦から京城地方法院検事正宛の「意見書」は、「左翼女性運動に狂奔し居たるが……秘密結社赤色労働組合を結成すべく意図し、其の頃就労し居たる京畿道高陽（コヤン）郡崇仁（スンイン）面新設里（シンソルリ）ソウルゴム工場内に同志を獲得して工場グループを結成し、之を漸次上部組織に移行し、且労働大衆に実践闘争を通じて革命意識の注入教養を為すべく……罷業職工の団結を鞏固にし、飽迄資本階級と闘争を続け、目的貫徹を期すべく協議」したことが治安維持法第二条に該当するとして、起訴の意見を付した。

ついで、この許均の「予審請求書」は一二月一三日、京城地方法院検事から京城地方法院予審係に出された。そこでは「将来朝鮮の共産化を目的とする結社赤色労働組合を組織せざるべからざる旨、並之が準備工作として当時被告人が勤務し居たる前記ソウルゴム工場の職工を共産主義的に指導教養して優秀分子を獲得し、工場グループを結成したる上、同盟罷業等実践闘争を経て之を拡大強化せざるべからざる旨協定し……以て朝鮮の共産化を目的として其の目的たる事項の実行に関し協議」したとしている（韓国国会図書館所蔵「治安維持法関連資料」）。

煽動（第三条）の適用

「協議」が特定された人物との特定された事項についての話合いであるのに対して、「煽動」は不特定かつ多数に対して特定の事項を煽り、行動を仕向けるようにすることである。一九三一年一月二八日の全州（チョンジュ）地方法院は梁判權（ヤンパンクォン）ら二人に治安維持法第三条を適用し、懲役一年六月などを言い渡した。判決文には「現代社会の欠陥は有産階級より利益を搾取せられ、無産階級は悲惨なる境遇に在り、之を匡救するには須く（すべから）私有財産制度を転覆し、共産制度を実現するに在りと教示し……其目的遂行の為に実行行為を煽動したるものなり」とあった（「独立運動判決文」）。

一〇月三日の大邱覆審法院は一八歳の学生朴炳斗に対して懲役六月、執行猶予三年を科した。在学する学校で学校盟休やデモ行進を計画し、友人らに対して「大に共産主義の研究を為さざるべからず、今や資本主義第三期の現段階は已に没落の過程を辿りつつあり、今後益々主義の研究を為し、現社会制度を否認し、共産主義の実現達成を期すべしと勧説」し、「其の実行を指嗾煽動した」というものである（「独立運動判決文」）。

三三年三月二七日、京城覆審法院は被告李鶴奎に治安維持法第三条を適用し、懲役一年六月の判決を言い渡した。大浦労働組合や大浦漁業組合を設立した李は、「組合員は団結が最も重要なり、君等は団結の観念乏しきは甚だ遺憾とす、露西亜は共産主義を実行し、貧富の区別なき平等の生活を為し居るにあらずや、我等も強く団結すれば、将来は必ず貧富の区別なき平等生活を為し得べし」と呼びかけたことが、「経済的闘争及政治的闘争の意識を漁民大衆に注入し、以て私有財産制度を否認し、共産制度の実現を図る目的」の実行の「煽動」にあたるとみなされた（『日帝下社会運動史資料叢書』第一〇巻）。

以上の事例では「煽動」の対象は不特定多数だったが、実弟への信書が「煽動」罪に問われた判決もある。三一年一〇月二五日の大邱覆審法院の被告元正常に対する判決で、懲役一年六月が科せられた。手紙の内容は次のようなものである（『思想月報』第九号、三一年一二月）。

我朝鮮同胞は飢餓に堪え兼ね、南北に流離する此時、五千余年の歴史を有し、代々孫々守護し来りたる山河王土は奴等の手に奪われたるのみならず、小作権迄も保障することなく餓死の岐路に立つ様になった為に、活動する正義者を奴等は治安維持法、制令違反等の悪法にて鉄窓に繋ぎ置き、其の貴き生命を奪い取った、然し社会の進化は奴等の抑圧にて阻止することは出来ないのだ、真理は何処迄も真理である、真理を無視する者は必然的に没落するのだ、新社会は建設されるべきだ。

これに加え、実弟に『戦旗』やマルクス主義に関する書籍数冊を送ったことが、「私有財産制度否認に関する思想を鼓吹し、以て其目的たる事項の実行を煽動し」たとされた。労働運動に従事し、「予(かね)てより朝鮮総督政治に不満を抱き、資本家及労働者階級を撤廃したる私有財産制度を否認する共産主義社会の実現を熱望」しているとして日常の言動が監視されていくなかで、実弟宛の信書が標的にされたのだろう。

反帝運動への弾圧

治安維持法違反の検挙者数、検事局の受理者数は一九三二年に急増し、ピークとなることは日本国内でも同様だが、「満洲事変」後の社会状況の変容が大きく作用している。これに関連して、治安維持法違反事件の判決において、反帝運動への弾圧が顕著となったことが、第三の特徴である。

一九三二年三月一日の『朝鮮新聞』は「反帝同盟は全鮮的に結成か　全地検検挙頻々」という見出しで、「反帝同盟組織は今や全朝鮮的に学生層を獲得し、力強い地下組織が結成されている模様である」と報じた。その先駆かつ代表的な事件が京城帝国大学反帝同盟事件であった。

三一年九月の「満洲事件勃発と同時に、朝鮮における最高学府である京城帝国大学を初め、同予科、その他の学生間の内鮮学生共産分子によって反帝同盟が組織せられ、反戦檄文撒布等、正に実行運動に取りかからんとする時、遂に発覚し」、二六日に京城本町警察署による一斉検挙が断行された（『朝鮮新聞』一九三二年八月一六日）。一一月五日、慎弦重(シンヒョンジュン)・市川朝彦ら被疑者五〇人が京城地方法院検事局に送致、一六日には二一人が京城地方法院に予審請求された。二九人は不起訴となった（『朝鮮新聞』一九三一年一一月一七日）。三二年八月一五日、予審終結となり、一九人が公判に付されることになった。日本人三人が含まれる。

予審終結決定書は全文が『朝鮮通信』に掲載された（一九三二年八月一七日〜九月五日、一部伏字）。「理由」の冒頭で被告の経歴を記すところで、市川朝彦について日本国内でマルクス主義研究熱が高まっていることに「猟奇に駆られたるが、本来其の稟性が哲学的思索に興趣を持てる等に因り、マルクス主義文献を渉猟研究するに至り」などとしている。「犯罪事実」の第二では、慎弦重・市川朝彦・曺圭瓚（チョギュチャン）は「京城帝国大学内に於ける従来読書会を改替し、朝鮮〇〇（独立）及朝鮮に於ける私有財産制度を否認し、共産主義制社会の実現を目的とする城大反帝部を結成することを凝議し」、その後、第一・第二学年の読書会会員と組織提案について協議したとされた。八月一六日『朝鮮新聞』は「研究から妄信へ進み、恐るべき第一歩」と報じた。

京城地方法院の公判（裁判長山下秀樹、立会検事佐々木日出男）は一一月五日に開廷し、四回の審理を経て二四日に判決が下された。まず、「共産主義者の大量的検挙、及公判情況、並打続く経済界の不況に基因する悲惨なる社会事象の新聞雑誌上に於ける特筆的報道が、純真なる青少年の好奇心を駆りて共産主義文献渉猟の端緒となり、一般青少年の間に所謂左傾文献を手にして一知半解の共産主義理論を口にすることを、寧ろ新人なりとして一種の誇をすら感ずるが如き気運漲るに至れり」と、学生・青年層のマルクス主義熱に言及する。慎弦重について、「現社会に於ける諸弊の根源は、一に私有財産制度に胚胎するものと為し、斯る制度を否認して圧迫搾取なき一切平等なる社会制度の実現を主張する共産主義に依るに非れば人生の共存共栄は得て望むべからずと思惟し、該主義に共鳴し、又昭和五年末頃共産主義的民族解放論を知るに及び、朝鮮の独立を希望するに至りしもの」とする。市川の「犯罪事実」は、反帝運動を共産主義運動の主柱と考えて、「反帝会を京城府内の各学校に組織し、更に之を統制する組織体たる反帝同盟京城都市学生協議会を結成するに至るべき気運を醸成すべく」、その準備会の組織を提案したとされる。

治安維持法第一条第一項前段・第二項、第三項（結社組織未遂罪）に該当するとして、全員が有罪となった。

慎弦重は懲役三年、市川と曹圭瓚は懲役二年で執行猶予三年が付された。全体としては量刑は軽めであった。

この判決文は、思想的犯罪を処断する意味について、次のように詳しく説明をしている。

苟も本件の如き国家の基本を破壊し、其の経済組織を根本的に変革せんことを企図するが如き思想的犯罪に対しては、国家は其の生存の必要上、之に臨むに厳罰を以てし、犯人個人の自戒を求むると共に、将来に於ける此の種危険の発生を未然に防止するを要し、特に欧米諸国に於ける興亡常なき国家間に見るが如き国家の併合分離と全然其の趣を異にし、朝鮮民族の福祉と東洋永遠の平和確保の為、明治聖帝が断行せられたる日韓併合の事実に対し、只一片の感情論より「コミンテルン」の植民地の赤化政策に利用せられて無批判に之が分離を図るが如き行動に出づる者多き、特殊的変体的なる朝鮮の共産運動に対して其の必要を痛感す。

この処断の合理性と社会的威嚇の必要性を前提とし、「犯人にして真に其の非を悟り、将来再び同種の犯行に出づるの危険なきこと明かなるに至らば、之に臨むに寛容の態度を以てするは、啻に犯人個人の為のみならず、国家百年の利益なりと信ず」として、量刑を軽くすることや執行猶予を付すことに言及する。懲役一年の科刑とした二人の被告については「其の思想最も幼稚にして、単に下級の左翼文献数冊を読みて、漠然共産主義に共鳴したるに過ぎざ」るとする。執行猶予を付した理由として、「深く反省して過去の行為に対する非を悟り、当公廷に臨むや、孰れも将来断じて斯る軽挙に出でざる旨、措信すべき誓言を為し」たことをあげる。

市川の量刑については、留置中「肉親愛、師弟愛等湧き出で来り……理論の是非は別として、一個人としては「マルキシズム」克服の可能なるの断定に到達したりと信ずるに至」ったことを考慮したとする（以上、『思想月報』第二巻第九号、一九三二年一二月）。

なお、この判決について裁判長山下秀樹は『東亜法政新聞』第二五七号（一九三二年一二月五日）で、「本件は内鮮人を含む、三つのグループが一体となった点に、従前の半島に於ける思想事件と著しく異なるものがある。被告人らは終始転向を表明し、誓いをたてたが、果して真意なりや、心の中までえぐることは判官も出来ぬ……再犯のうれいなしと確信し、若き学徒の前途を想い、特別に寛大な処置を為したもの」とする。一方、「(1)主義自身の分らぬ盲信者には不妥当を悟し、(2)理論構成のみによりユートピア夢想を企図したものには、理論をもって矛盾観念を対立させた」と語っている。

三三年一二月二二日の大邱地方法院判決では、被告人らが三一年九月、「農民運動及反帝同盟を起さんが為、秘密結社を組織せんことを謀議し」、栄州共産主義者協議会という秘密結社を組織、同志の獲得に奔走したとして、懲役三年から二年六月を科した(「仮出獄」)。三四年一一月一三日の平壌地方法院判決は「中国共産党上海韓人支部の指導下に、所謂帝国主義に反対する朝鮮人の集団」である上海韓人反帝同盟を組織し、活動したことにより、懲役五年が科刑された(「仮出獄」)。

三四年一二月二〇日、京城地方法院は朝鮮反帝同盟京城支部組織事件に対して、和田献仁ら日本人三人を含む八人に懲役四年から一年六月の判決を下した。『思想彙報』第二号(一九三五年三月)の「事実概要」によれば、「昭和七年四月以降、京城に於て朝鮮の独立又は共産化を目的として朝鮮反帝同盟、又は赤色労働組合を組織せんことを協議し、或はオルグ研究会を組織した」という。検事局の受理は四四人で、三四年三月三一日に予審が終結し、九人が公判に付された(一人は分離)。

「犯罪事実」の第一は、「朝鮮に於ける思想運動は須く反帝国主義的色彩を帯びたるものならざる可からざるが、朝鮮従来の運動は上部組織を重んじたる為、動(やや)もすれば派閥闘争に陥り、失敗に帰したるを以て、将来は学生、労働者等の大衆に基礎を置く下部組織より進展して、朝鮮の独立及共産制度の実現を目的とする朝鮮反帝同盟の結成に及ぶべく、之が準備として先づ各自同志の獲得に努力すべき旨、討議決定し」、「国体」変革と

「私有財産制度」否認の目的の実行を協議したとされた。第二は、朝鮮反帝同盟の組織の準備として、工場方面の読書会に対して指導権をもつ組織を結成しようとしたことで（未遂）、治安維持法第一条第一項前段の未遂罪に問われ、これが量刑として適用された。

農民組合への適用

朝鮮共産党および高麗共産青年会の再建運動を封じ込めた段階で、治安当局は新たな共産主義運動が学生運動に進出するとともに、「労働運動へ小作争議へと喰込む」（『朝鮮独立思想運動の変遷』）ことに警戒を強めていた。その対応として農民組合や労働組合という「合法団体」の運動を治安維持法で処断していく論法が編み出され、「満洲事変」以降、とくに活用されていく。これが、治安維持法違反事件の判決における第四の特徴である。

一九三三年頃から、当局の取締方針が合法的な団体・運動に拡大していった。二月二一日『中央日報』が「左翼演劇の核心体　無産芸術同盟組織　表面では合法運動」、一二月九日の『朝鮮中央日報』が「秘密結社　組織　合法運動から非合法への転換」と報じるところに、その一端をうかがえる。

三一年二月二八日の水原警察署長の京畿道警察部長・京城地方法院検事正宛の「秘密結社赤色農民組合組織計画事件検挙に関する件」は、「輓近朝鮮内に於ける共産主義運動上の著しき特異性として、従来の如き都市中心主義の共産運動より、漸次其の主力は地方農村の農民層に対する共産主義化に転化、移行しつつ趨向」と指摘したうえで、管内の小作争議激化の「背後に主義者の組織が介在し、之れを指導するもの」が存在すると推測し、関係者に「相当の取調」（拷問が推測される）をおこない、「別働団体として赤色（左翼）農民組合なる秘密結社を結成」していることを突き止めたという報告である。関係者七人のうち四人を、起訴意見を付して検事局に送致するという（『日帝下社会運動史資料集』第四巻）。

八月の警察部長会議では、指示注意事項の第四に「左翼運動の取締に関する件」があった（「道警察部長会議書類」、国家記録院所蔵）。

> 今後は専ら労働組合、農民組合等に倚(よ)りて無産大衆の獲得に努めんとしつつあり、既に地方に依りては農民組合の赤化を企て、或は赤色労働組合を秘密組織し、益々運動の拡大強化を図りつつありて、此の情勢を以て推移せんか、将来必ずや憂慮すべき事態を惹起するものと思料せらるるを以て、左翼運動の動向に付ては細心の注意を払い、非合法的運動に対しては原則として其の初期の間に強力なる弾圧を加うること

農民組合の赤化や秘密結社「赤色労働組合」の組織化の傾向に注意を促し、「初期の間」の弾圧を指示している。三二年一月七日の水原警察署長の京畿道警察部長・京城地方法院検事正宛の「秘密結社赤色農民組合組織計画事件に関する件」は、この実践ともいうべき報告である。被疑者南相煥(ナムサンファン)らは「共産主義革命に導く為に、貧農層の子弟に対して無産教育を施し、或は思想団体に関係して、表現運動を通して革命意識を教養訓練する等に努めつつあ」ったが、それが困難と察知すると「専ら農民運動に主力を注ぎ、非合法的赤色農民闘争を展開」することに運動方針を転換したとする。赤色農民組合の組織や小作争議の実践をおこなったことが、治安維持法第一条に該当するとした（『日帝下社会運動史資料集』第四巻）。「表現運動」から「非合法的赤色農民闘争」への転換を「犯罪」とみなすことは、以後頻用される。

各地の農民同盟の農民組合への転換が、共産主義運動の農民運動への進出とみなされ、規模の大きい弾圧が繰りかえされた。

その代表的なものが定平(ジョンピョン)農民組合事件である。咸興(ハムフン)地方法院検事局の受理一六九人（一九三一年六月二五日）、起訴七三人、公判に付されたもの五九人で、三二年一二月九日に咸興地方法院の判決が下されている（判決文不明）。三三年一二月一四日、五四人が控訴した京城覆審法院の判決では「朝鮮に於て私有財産制度を否認し、

共産主義社会制度を実現せしむる目的を以て定平農民同盟を改組織し、其の仮面の下に結社を組織せんことを企て……従前の農民同盟を解消し、新に定平農民組合を組織すると同時に、其の裏面に於て前示目的結社を組織し」たとされた。治安維持法第一条第二項前段を適用し、懲役六年から二年を科した（『思想月報』第三巻第一〇号、一九三四年一月）。「仮面の下」および「其の裏面」を用いて、農民組合を秘密結社とみなしている。

これに先立つ三三年四月の二つの京城覆審法院判決も、ほぼ同様な論理である。一日の安鐘哲（アンチョンチョル）の判決では「洪原農民組合が表面公称団体なるも、裏面に於ては私有財産制度を否認し、共産主義社会の実現を目的とする組合員の結合せるものなるの情を知りて右組合に加入」し、夜学を開催し「プロ、カル」運動（プロレタリア・カルチャー運動）をおこなったこと、森林・畜産両組合費の不納を煽動することを決定したことが治安維持法第一条第二項に該当するとして、懲役二年を科した（『日帝下社会運動史資料叢書』第八巻）。

四月二六日の金文煥（キムムンファン）に対する判決では、定平農民組合が「裏面」において私有財産制度「否認」を目的とする団体であることを知りながら加入し、「夜学の名の下に青少年を集め、共産主義意識を教養して同志を獲得し、（定平農民組合――引用者注）長原支部の運動を再興せんことを謀議」、檄文を配布したことが治安維持法第一条第二項に該当するとして、懲役三年を科した（「仮出獄」）。

三三年七月一〇日の京城覆審法院判決は金政琯（キムジョンカン）に懲役五年を科している。「北青地方に共産主義社会建設を目的とする結社を組織すること、及之が為めには表面合法運動を仮装する為め北青農民組合を利用すること」（「独立運動判決文」）を図ったとされる。

端川（タンチョン）農民組合協議会事件は検事局の受理が二二〇人、起訴が七五人、公判に付された者が七一人という大規模のものだった。三三年五月三一日に咸興地方法院の予審が終結し、判決が下されたのは一〇月六日となった。判決では「端川農民同盟は無産農民の外、有産階級たる地主、其の他の者も混入せる為め、活発なる運動を為し得ざりしを以て、地主等を排除し、純無産農民を組織の本体とする組合に改組することに協議し……合法的改良主義を排し、農民大衆の革命的進出に依り朝鮮に私有財産制度を否認し、共産主義制社会を建設する目的を以て端川農民組合の裏面に結社を組織し、合法団体なる仮面の下に之を積極的に赤化せんことを企図し」たとされた。治安維持法第一条第二項の該当とされ、懲役七年から一年が科された（『思想月報』第三巻第八号、一九三三年一一月）。

三四年になると、六月二二日の襄陽郡農民組合事件の咸興地方法院判決には「被告等は合法団体たる右組合の裏面に在りてマルクス主義に依り教化指導し、共産主義意識を組合員間に浸透するを俟ち、之を結成して赤色農民組合に改組すべく企画し」とある。治安維持法第二条（協議）と第三条（煽動）に該当し、三六人が有罪となり、懲役四年から二年が科せられた（『思想月報』第四巻第六号、一九三四年九月）。また、七月一二日の赤色永興農民組合員暴動事件に対する京城覆審法院の判決にも「永興農民同盟は永興農民組合に改称し、之を合法的仮面団体として其の裏面に於て」とあった（治安維持法第一条第一項前段、第二項に該当、騒擾、放火、建造物毀棄などとの併合罪で有罪二〇人、懲役一二年から二年（治安維持法のみ）、『思想月報』第四巻第五号、一九三四年八月）。

「合法的仮面団体」の処断

この「合法的仮面団体として其の裏面に於て」という論法は、農民運動・農民組合を処断するにとどまらない。さまざまな社会運動の活動も処断の対象となった。一九三三年五月一五日の玄初得ら五人に対する京城覆審法院の判決は、「新幹会及青年同盟等解消後は思想運動を為すの機関なきに至りたるを以て、表面を合法団体の如く装い、裏面に於て共産運動を為すべく仲坪青年会を組織し、居□青年男女に対し共産主義的教養を施し、共産運動の闘士を養成する為め……該青年会の創立大会を開催して其の組織を完成すべきこと」を協議したとして、懲役三年を科した（「独立運動判決文」）。

三四年八月一三日の京城覆審法院判決は、「新幹会洪原（ホンウォン）支会なる名義の下に、之を表現団体として其の裏面に朝鮮を日本帝国の羈絆より離脱せしめ、以て我国体を変革することを目的とする秘密結社を組織」したとして、被告三五人に懲役七年から二年六月を科した（「独立運動判決文」）。また、八月二八日の清津地方法院は、慶源共産青年会を秘密結社とみて、「郡内に於ける無産青年中より意識分子を物色指導して「ヤーク」又は外廓団体を結成すると共に、既設表現団体内に「フラクション」を結成」・指導したこと、「少年訓練の為、早起会、夜学会等を実施すること及小作争議、労働争議等を煽動し、以て無産主義意識の昂揚に努むること等を決議した」ことを治安維持法第一条第二項に該当するとした。量刑は軍機保護法違反が加わって、懲役七年となった（「仮出獄」）。

さらに、一〇月二六日の呉麒洙（オギス）ら三人に対する大邱地方法院判決では、「義城体育会の赤化に努むると共に、右読書会（赤色読書会――引用者注）員たる金斗七（キムドチル）、文小俊（ムンソジュン）等をして義城（ウイソン）労働親睦会の組織に当らしめ、表面朝鮮古来の楔の如く装い、密かに各官公署の小使及地方の勤労者の青少年を集め、主義の普及並同志の獲得を其の目的と為すこととし、以て之等団体をして右赤色読書会の指導下に置かんことを定め」たとして、治安維持法第一条第一項前段を適用し、懲役五年を科した（「独立運動判決文」）。

一九三〇年代前半、非合法下に共産主義運動を展開することが困難になったため、合法運動としての活動に狭められたが、それすらも「仮面」や「仮装」の下に、あるいは「裏面に於て」の名の下に、非合法の秘密結社の活動とみなされ、治安維持法が容赦なく襲いかかっていった。

朝鮮共産党再建運動への適用

検閲統制下にある新聞は当局の発表にもとづいて治安維持法違反事件を報道するが、一九三〇年代前半、しばしば「朝鮮共産党再建」が見出しに登場する。たとえば、日本語新聞だけみても、次のようである。

「朝鮮共産党　再建運動の暴露　大邱署の大検挙　各方面に亘り妄動せる一味」　一九三二年七月一〇日『朝鮮新聞』

「朝鮮共産党再建　当局の徹底的弾圧　思想的遊戯の撲滅」（社説）　一九三二年一二月二五日『朝鮮時報』

「朝鮮共産党再建闘争協議会の検挙　日本共産党の支援を受け　暗躍を図る　労働階級者一派　相次いで潜入す」　一九三三年四月二一日『朝鮮新聞』

「巧智を極めて組織化　朝鮮共産党再建事件　金泉(キムチョン)郡を根拠とする慶北農村の細胞組織　中央と相呼応して　巧妙を極めたその組織」　一九三五年一二月二四日『朝鮮新聞』

ほぼ一九三二年半ばまでに朝鮮共産党・高麗共産青年会に直接つながる再建運動は逼塞させられたが、その後も党・青年会につながろうとする共産主義組織の再建の試みはつづいていた。また、治安当局が強引に党・青年会の再建運動とみなして処断したことも考えられる。これが、治安維持法違反事件の判決における第五の特徴である。

高等法院検事局思想部『思想月報』『思想彙報』巻頭の「朝鮮重大思想事件経過月表」中には、再建運動関係の事件が多数掲載される（**表12**）。三四年五月の『思想月報』第四巻第二号を例にとると、四五件中八件にのぼる。

目につくのは、各種の農民組合事件と同様に、人員規模が大きいことである。検事局の受理者数では二〇〇

表 12　朝鮮共産党再建運動事件一覧

事件名	検事局名	受理人員	起訴人員	付公判
朝鮮共産党再建準備委員会事件	京城	246 人	80 人	60 人
朝鮮共産党再建設協議会事件	京城	32 人	8 人	3 人
朝鮮共産党工作会事件	京城	17 人	5 人	—
朝鮮共産党再建設闘争協議会日本出版部事件	京城	48 人	10 人	—
朝鮮共産党再建設準備会京義線組織委員会事件	平壌	34 人	8 人	—
国際共産党関東局の指導する党再建運動事件	新義州	16 人	2 人	—
朝鮮共産党再建全南同盟光陽支部等組織事件	順天	28 人	11 人	—
朝鮮共産党再建運動事件	全州	216 人	45 人	42 人
朝鮮共産主義運動統一同盟事件	全州	89 人	41 人	—

高等法院検事局思想部『思想月報』『思想彙報』による。

人以上にのぼる事件もあり、警察による検挙・検束数はさらに多かったはずで、党再建運動の名をかりて地域の社会運動関係者が根こそぎに一網打尽とされただろう。ここに含まれていない事件もあるが、関係の判決を概観しよう。

三一年六月一日、朝鮮日報記者方漢旻（パンマクミン）に対して、京城地方法院は懲役七年を科した。『思想月報』第七号掲載の「全鮮治安維持法違反事件確定判決集」第一〇報の「犯罪事実の概要」には「京城に於て「ソール派共産党」の後継組織を企て、同党の責任秘書候補となり、更に共産主義者中の熱誠者大会を開催して、国際共産党の承認を受け得べき朝鮮共産党を組織すべく協議す」とある。分離裁判となった三日の李駿烈（リジュンリョル）ら七人の判決にも「既に瓦解せる「ソール派共産党」の後継組織を為すことに決し」とあり、治安維持法第一条第一項前段・第二項前段に該当するとされた。量刑は懲役七年から二年で、二人は無罪となった。なお、懲役四年の安相勲（アンサンフン）については検事が控訴し、九月七日の京城覆審法院の判決では懲役五年となった（以上、『思想月報』第七号、一九三一年一〇月）。

金鉄煥（キムチョルファン）を検事局に送致する際の京城鐘路警察署の「意見書」（一九三一年月日不明）には、「其の思想は益々実践的に尖鋭化し、日本帝国の朝鮮統治を極度に嫌忌し、朝鮮を日本の権力範囲より離脱して朝鮮民族を解放し、現在の社会制度、即ち国体を変革し、私有財産制度を根本より破壊して、被疑者の所謂新社会たる共産主義社会の建設を目的」に「共産主義者召集準備会」を秘密に開催し、朝鮮共産党の再建設を決議したとする。一二月四日の京城地方法院検事局の「予審請求書」では、「帝国の朝鮮統治を極度に嫌忌し」と同じ表現を用いたうえで、秘密結社「朝鮮共産党再建設同盟」を組織したとする（韓国国会図書館所蔵「治安維持法関連資料」）。その後の司法処分状況は不明である。

三三年四月二〇日、大邱地方法院は権大衡ら一一人に懲役六年から一年を科した。「私有財産制度否認、共産主義社会実現の目的の下に労働者、農民を獲得して各地に左翼労働組合、農民組合を組織し、其の連絡統一を図り、以て朝鮮共産党を建設せんが為、朝鮮共産主義者協議会なる秘密結社の組織を提案」したとされた（未遂、『思想月報』第三巻第四号、一九三三年七月）。

「朝鮮共産党及高麗共産青年会咸北道（ハンブクド）部穏城（オンソン）ヤチェーカ組織事件」は検事局の受理一三七人、予審請求四五人、付公判三一人という大規模なもので、三二年一一月二七日に清津地方法院の判決があり、控訴した二六人に京城覆審法院の判決は三三年七月二一日に言い渡された。崔領（チェヨン）・金宇一（キムウイル）らは三〇年一月頃、「咸鏡北道穏城（オンソン）郡に入鮮し、国体を変革し、且私有財産制度を否認し、共産制度を実現せしむる目的を以て右党並会の組織に参加すべき同志の糾合に着手」した。穏城郡などで「市党部（都市ヤチェーカ）」や鉱山「ヤチェーカ」などの組織化を働きかけたほか、三一年「八月一日反戦デーを期し、道内広範囲に亘り反戦の趣旨と共に共産主義の宣伝をも為すべく、其の実行方法に付協議」したことなどが、治安維持法第一条第一項後段・第二項後段に該当するとして、懲役九年から二年を科刑された（『思想月報』第三巻第六号、一九三三年九月）。

三四年三月二六日の「咸南に於ける朝鮮国内工作委員会事件」に対する咸興地方法院の判決は二九人全員が

有罪で、懲役五年から一年六月という量刑だった。「所謂朝鮮問題十二月テーゼの精神に準拠し、労農諸階層を基礎として朝鮮共産党の再建設を図り、以て朝鮮をして日本帝国の羈絆より離脱せしめ、朝鮮に私有財産制度を否認し、共産制度を実現することを目的」として「朝鮮共産党再建準備会」に加入したとされた。中心人物とみなした四人には、治安維持法第一条第一項後段の「国体」変革を適用した。二人には第一条第二項の「私有財産制度」否認の適用だった。新興赤色化学労働組合第三発電所グループ結成を承諾したとされた二六人には、「私有財産制度」否認の「協議」罪とした（『思想月報』第四巻第二号、一九三四年五月）。

『思想彙報』第一号（一九三四年一二月）は「朝鮮共産党再建事件」に対する京城地方法院の二つの判決を収録している。三四年九月一七日の判決は、金大鳳ら四人を懲役四年から二年に科した。「事実概要」には次のようにある。

> 何れも露国莫斯科（モスクワ）東方労力者共産大学を卒業したるものなるが、昭和五年頃以降莫斯科及浦塩（ウラジオストク）等に於て国際共産党東洋部員より、朝鮮共産党を破壊したるものは派閥闘争にして、派閥闘争は同共産党がインテリゲンチヤを中心として組織せられたるに基因するを以て、爾今労働者を中心に党を組織せざるべからず、乃ち（すなわ）朝鮮に潜入し、赤色労働組合を組織し、工場内に其の細胞を組織して朝鮮共産党再建の為め努力すべき旨指令を受け、右指令に基き鮮内に潜入し、京城、仁川、平壌其他に於て朝鮮独立並共産化の目的を以て協議、画策、活動す。

もう一つの一〇月六日の判決では、中国共産党の支援で朝鮮共産党再建運動が進められ、朝鮮国内工作委員会を創設したことなどが治安維持法違反とされ、一二人が懲役四年から一年六月を科された。

咸南地方の「革命的労働組合組織運動事件」も検事局の受理一三五人、起訴三五人、付公判三五人と大規模なものだった。一〇月二日の咸興地方法院判決には、「喜文館印刷職工を中心とする朝鮮共産党再建運動の準備組織たる秘密結社を組織し……革命的労働組織の為め、種種策動し居りたるも検挙に遭いたる為め、咸興、興南、元山方面に於ける革命的労働組合の下部組織は未だ遂げざるものとす」とある。張会建（チャンフェゴン）と朴世栄（パクセヨン）には治安維持法第一条第一項前段・第二項が適用され、懲役一〇年の重刑が科された（『思想彙報』第一号）。

朝鮮共産党再建運動と認定された判決の量刑は、総じて重い。

さまざまな「秘密結社」の認定

日本国内でいえば「秘密結社」とは日本共産党と日本共産青年同盟を指し、それらに「国体」変革結社として集中砲火を浴びせたのに対して、朝鮮においては治安維持法第一条の第一項と第二項に該当するものとして、朝鮮共産党・高麗共産青年会だけでなくさまざまな「秘密結社」が認定された。すでにこれまでみてきた判決でもその一端はあらわれているが、ここであらためて整理をしてみよう。このさまざまな「秘密結社」の認定が、治安維持法違反事件の判決における第六の特徴である。「秘密結社」とされる多くは共産主義系だが、民族主義系も存在する。

実は、朝鮮においては義兵闘争以来の民族主義・社会主義の運動組織はしばしば「秘密結社」として弾圧されてきていた。それらの伝統が、治安維持法による処断にも踏襲されているといってよい。治安維持法関係の膨大な新聞報道を一瞥すると、「秘密結社」事件とされているものは枚挙にいとまがない。データベースによれば『東亜日報』では約三〇〇件、『朝鮮日報』では約九〇〇件にのぼる。また、韓国国立中央図書館「韓国新聞データベース」でも約一〇〇〇件がヒットする。たとえば、次のような見出しで報じられている。

秘密結社大流行　『東亜日報』一九二七年一〇月一四日

学生秘密結社　徹底的検挙　鐘路署の大活動　『朝鮮新聞』一九三〇年二月四日

大邱四大秘社事件　廿五名判決言渡　八名に体刑、十七名に執猶　最高懲役二年半
『毎日申報』一九三二年一二月四日

恐るべきテロ的秘密結社　安渓農民組合の活動　端(はし)なくも暴露さる
『朝鮮新聞』一九三三年一二月二九日

天道教内に秘密結社発覚　道員七十余名も検挙
『釜山日報』一九三四年一二月二一日

さまざまな「秘密結社」のなかでも、典型的といえるのが「読書会」である。一九二九年の光州学生運動の中心とされた光州学生秘密結社事件の概要は、『思想月報』第五号によれば、「在光州公立高等普通学校、公立農学校、及公立師範学校生徒等の同志を糾合して秘密結社「読書会中央部」を組織し、更に右学校内に秘密結社「読書会」を組織し、光州学生衝突事件に際(あた)り鮮人学生等を煽動して市中を示威行進せしむ」となっている。一九三〇年一〇月八日の光州地方法院は、金相奐(キムサンファン)ら七〇人に治安維持法第一条第一項前段・第二項を適用し、懲役四年から一年六月を言い渡した。光州高等普通学校生徒の金相奐らは毎月二回会合して共産主義を研究することを申し合わせ、二九年六月以降、「読書会中央部と称する秘密結社」組織を企図し、「三校の学校別に右読書会中央部と同様の目的の下に同一組織の秘密結社を組織し、右中央部に於て之が連絡統一を計ること、及学校別秘密結社には右中央部の存在を絶対秘密にすることを協定し、以て結社を組織し」たとされた（『思想月報』第五号、一九三一年八月）。

こうした「読書会」の組織を秘密結社とみなして断罪する判決は三三年頃に頻出するが、多くは治安維持法第一条第二項の適用である。「私有財産制度を否認し、共産制度社会の建設を目的として読書房なる秘密結社を組織し、各自を責任者とする四班に分ち、各班に於て夜学を開設し、社会科学の研究の名の下に共産意識の教養訓練を施すこととし」（一九三三年二月六日、咸興地方法院判決、懲役四年から八月、「仮出獄」）、「共産主義研究の徹底を期し、併せて既存団体たる前記読書会を基礎として私有財産制度を否認し、共産制社会を実現せしむ

ることを目的とする無名結社を組織することを申合せ……前記結社は責任者各自に未だ熱意足らざりし為め、組織後二、三ヶ月を出でずして自然解消に帰したる」（一九三三年三月一三日、大邱覆審法院判決、懲役一年から八月、『日帝下社会運動史資料集』第一〇巻）、「労農露国に倣（なら）い、私有財産制度を否認し共産制度の実現を目的とし、其の目的の為に努力すべき闘士を養成すべき秘密結社（読書会、或は社会科学研究会と称する会）を組織」（一九三四年九月一八日、釜山地方法院判決、懲役二年、「仮出獄」）などである。

三三年五月二二日の高等法院判決は、大邱覆審法院の懲役一年の判決を「刑の量定甚しく不当」とした鄭漢（チョンハン）永（オク）の上告を棄却した。弁護人は、読書会に入会した被告は「他の不良分子の悪思想の鼓吹に漸次雷同せられて、何等の定見なくして治安維持法違反と目すべき秘密結社の組織に参与するに至りたるもの」であり、「被告自から主体的策謀を為したるものにあらざること」は明らかとする。「要は思想研究の域を脱したるに過ぎざる事案にて、具体的危険性の発現と目すべき証跡未だなく」、その活動は「幼稚の状」にあったとして減刑を主張した。しかし、判決では被告は読書会で「主要なる役割」を果たしたとして一蹴した（『日帝下社会運動史資料集』第一〇巻）。

この弁論にもみられるように、社会科学文献やプロレタリア文学を輪読する読書会は現実的には「具体的危険性の発現と目すべき証跡」のない萌芽的なものであったが、ここをステップに次の実践的な段階に移行することを警戒して、「秘密結社」の名の下に双葉のうちに刈り取った結果が、これらの判決となった。こうした予防的な取締の励行の意図は、次の二つの警察報告に明らかである。

三一年一〇月一六日、京城本町警察署長は京畿道警察部長・京城地方法院検事正らに「秘密結社水曜会並に日常闘争同盟事件検挙に関する件」を報告する。鉄道局京城工場内の「秘密結社水曜会（赤色労働組合）」の関係者一四人を検挙し、九月二七日に起訴意見を付して五人を検事局に送致したもので、「更に之を拡大強化し、全鮮分工場及機関区に及ぼし、機を捉えて全鮮一斉に交通機関の停止より革命を敢行すべく鋭意画策し居たる」とする。事件自体は特筆に値するものではないとはいえ、「其内容を見る時は、我朝鮮に於ては極めて稀なる内地人を主とする赤化運動」であると同時に、「最も重要なる交通機関たる朝鮮国有鉄道従業員の赤化に其日常を置きたる点、並に赤化運動の手段にエスペラントを用いたる点」などをあげて、「将来取締の参考となり得るもの」があるという。

三二年二月二八日の京城鐘路警察署長の「京城学生アールエス協議会事件検挙に関する件」という報告では、この「秘密結社」検挙の意義を次のように記している（以上、『日帝下社会運動史資料集』第四巻）。

> 輓近中等学生等の流行的社会科学の研究は正邪善悪の批判力に乏しく熱情的なると、且此等不逞主義者等の巧妙なる誘導と相俟って、彼等は現社会制度を呪咀し、共産主義社会の実現が現下の深刻なる不況と失業者貧民等の窮状救助の方法なりと信奉し、進で此等不逞の運動に参加する等、殊に将来此等学生の卒業後に於ける活動、並に其の宣伝は相当社会に甚大なる影響を及ぼし、害毒を流すものと憂慮せられ、一面他の善良なる学生を誘致せんとする不良学士等に対し、後車の戒ともなるべき

二月一五日、一七人の被疑者は「厳重処分」の意見を付されて検事局に送致された。「秘密結社」に参加する学生の卒業後の動向を警戒する立場から、「後車の戒」として弾圧が位置づけられている。

三二年一一月二五日の開城警察署長の京畿道警察部長・京城地方法院検事正宛「秘密結社「開城共産党木曜会」組織事件検挙に関する件」は、「昨年来結党の準備行為として読書会を随所に開催して意識分子のテストをなしつつありたるが、遂に機運熟し」、四月中旬、開城共産党木曜会の結党式をあげたとする。「差当り開城に於ける左翼戦線を統一し、先づ卑近なる日常闘争、各記念日闘争を有意義ならしめつつ、党の拡大強化に努め、更に国際共産党に合流すべく宣言」し、「プロレタリヤ大衆移動劇団」の結成や「労働夜学院」の開催な

どをおこなっていたが、非合法出版「反戦闘争紀年号」の発見を機に一斉検挙を実行したという。二一人が起訴意見を付されて検事局に送致の見込みとする（『日帝下社会運動史資料集』第四巻）。

三二年一〇月三一日の咸興地方法院では「秘密結社六坮グループ」の組織により懲役三年から二年六月を科し（「在所者資料」）、三三年一一月二七日の大邱地方法院判決では「工作委員会なる秘密結社」への加入により懲役二年六月から一年を科し（「在所者資料」）、三四年七月二日の大邱地方法院判決では安東郡内の「左翼運動の総指導機関として安東「コムグループ」と称する秘密結社を組織」したこと、および「潰滅に瀕したる栄州共産運動の復活を図る為、赤農再建闘争委員会なる秘密結社を組織」したことにより懲役三年六月を科した（『日帝下社会運動史資料叢書』第一二巻）。

その後も、治安維持法違反事件の処断においては「秘密結社」の組織や加入が「犯罪事実」として、頻繁に活用されていく。

「共産主義的教養」という理屈づけ

朝鮮での治安維持法の適用は一九三〇年前後から共産主義運動の処断が過半を占めるようになるが、上述のようにほとんどが萌芽的な段階であるため、具体的に進展した活動もみられないことが多かった。「国体」変革や「私有財産制度」否認による共産制度の実現を目的とする結社の内実をもっともらしく明示することは困難だったため、農民組合などにおける啓蒙的な学習活動に注目した「共産主義的教養」、そして「闘士」の養成という新たな理屈づけが編み出された。これらの理屈づけが、治安維持法違反事件の判決における第七の特徴となる。

管見の限り、そのもっとも早い事例が、一九二九年七月二六日の洪承裕（ホンスンユ）・崔徳俊らに対する京城地方法院検事局森浦藤郎の「予審請求書」にみられる。高麗共産青年会に加入後、「鮮内に於ける再組織運動を指導する目的を以て京城に来り……京城府内の各中等学校学生をして読書会を組織せしめ……共産主義的教養を施し、以て共産青年会員の養成に努めたるもの」とする（韓国国会図書館所蔵「治安維持法関連資料」）。

三二年以降、この論法は一挙に増える。三二年一月六日の水原警察署長の京城地方法院検事局宛の「意見書」には「秘密結社赤色農民組合組織計画」の前提として、「共産主義革命に導く為に貧農層の子弟に対して無産教育を施し、或は思想団体に関係して表現運動を通して革命意識を教養訓練する等に努めつつあ」ったことが記されている（『日帝下社会運動史資料集』第四巻）。

三二年三月二日の京城地方法院は中央基督教青年学館二年生の羅英哲（ラヨンチョル）に治安維持法第二条の「協議」罪を適用して、懲役二年を科した。その「犯罪事実」の一つに、京城第一普通学校の二人の生徒に「目下の社会には有産、無産の二階級を生じ、其の懸隔甚しく不公平極りなし、斯る不公平は共産制度の実施によりてのみ初めて除去し得べきものなる旨説示して同主義の宣伝に努め、之に関する種々の問題を提出し、之が回答を為さしめ、訂正する等為し、以て之を共産主義的に指導教養し来り」たることがあった（『日帝下社会運動史資料集』第六巻）。

三月二五日の京城地方法院は、鄭遇尚に治安維持法第二条を適用し、懲役二年を科した。その「犯罪事実」の一つに、二九年六月、朝鮮青年総同盟全国府郡代表者準備委員会に出席した代表者五人と「朝鮮に於ける今後の共産主義運動は我々自ら労働者、農民に伍し、各地方の農民組合、労働組合に夫々青年部を設けて無産階級青年を糾合し、共産主義的に指導教養し、之等を中心として共産主義革命の為の運動に邁進し、以て該革命の実現を図らざる可らざる旨協議し」たことがあった（『日帝下社会運動史資料集』第六巻）。

三三年四月二六日の京城覆審法院の定平農民組合事件判決では、金文煥の「犯罪事実」の一つとして「夜学の名の下に青少年を集め、共産主義意識を教養して同志を獲得し」たことをあげて、治安維持法第一条第二項を適用して懲役三年を科した（『仮出獄』）。五月二九日の咸興地方法院の永真農民組合事件判決では、蔡洙轍の「犯罪事実」の一つに無産農民大衆に「共産主義的意識教養を施し、以て右秘密結社に加入せしめて獲得し、斯くて所謂共産主義社会の実現に努力すること」があげられていた（『仮出獄』）。

三四年でも、農民組合や労働組合に対する治安維持法の処断でこの「共産主義的教養」の養成が頻繁に使われた。六月二二日の咸興地方法院の襄陽郡農民組合事件判決では、「共産主義意識」の注入教養が主な「犯罪事実」となっている。『思想月報』第四巻第六号（一九三四年九月）の「事実概要」を引用する。

被告等は合法団体たる右組合（襄陽農民組合――引用者注）の裏面に在りてマルクス主義に依り教化指導し、共産主義意識を組合員間に浸透するを俟ち、之を結成して赤色農民組合に改組すべく企画し「マルクス主義を指導精神とする唯物弁証法に立脚し、科学的知識を普及せしむること」外三個の綱領より成る教養方策を決定し、其教養方策に基き秘かに支部十二ヶ所の委員長に対し「教養方針確立の件」と題し、組合の教養はマルクス主義を離れざる様注意すべき旨指令し、右指令に基き私有財産制度否認の目的を以て社会科学講座、新聞講座等を催してマルクス主義の解説批判を為し、又本部並支部の会館等に於て屢々会合協議を為し、或は講演其他の方法に依り指導する等、共産主義意識の注入教養に努め、農民の赤化工作に活躍狂奔す。

被告三六人は、治安維持法第二条（協議）、第三条（煽動）に該当するとして、懲役四年から二年を科せられた。七月一二日の京城覆審法院の赤色永興農民組合員暴動事件判決でも、「無産農民大衆を右農民組合に加入せしむると同時に、漸次之に共産主義的意識教養を施し、以て右秘密結社に加入せしめて獲得し、斯くて所謂共産主義社会の実現に努力すること」（『思想月報』第四巻第五号、一九三四年八月）とあった。

一二月一三日の京城地方法院検事局の被疑者権栄台（クォンヨンデ）らの「予審請求書」では、労働運動の処断にこの論法が用いられている。「将来朝鮮の共産化を目的とする結社赤色労働組合」組織の準備工作として、「ソウルゴム工場の職工を共産主義的に指導教養して優秀分子を獲得し、工場グループを結成したる上、同盟罷業等実践闘争を経て之を拡大強化せざるべからざる旨協定」したというものである（韓国国会図書館所蔵「治安維持法関連資料」）。

「共産主義的教養」の養成ほど多くはないが、運動の「闘士」養成を「犯罪事実」の一つとする判決も散見する。三三年三月一三日の大邱覆審法院判決は鄭漢永に治安維持法第一条第二項を適用し、懲役一年を科した。過去の運動不振はインテリ層を主要分子にしたことにあるとの反省から、「今後はインテリを排撃し、真に共産制社会の実現を欲求する労働層、農民層に喰入りて活動を為し、尚お意思鞏固にして献身的に主義運動に従事すべき闘士を引入るる方針の下に、私有財産制度を否認する共産制社会を実現せしむることを目的とする秘密結社を組織することを申合せ」、その組織を完成させたことが「犯罪事実」の一つとされた（『日帝下社会運動史資料集』第一〇巻）。

五月一五日の京城覆審法院判決は玄初得ら五人に懲役三年を科した。「表面を合法団体の如く装い、裏面に於て共産運動を為すべく仲坪（チュンピョン）青年会を組織し、居□青年男女に対し共産主義的教養を施し、共産運動の闘士を養成する為め」、青年会の創立大会開催を協議したとされた。ここでは「共産主義的教養」と「共産運動の闘士」の養成がともに用いられている（「独立運動判決文」）。

六月一九日の京城覆審法院は李義洙（リギス）に治安維持法第一条第二項を適用して、懲役四年を科した。「将来に於ける共産制社会の実現を期し、革命運動の闘士養成の目的を以て咸興府内各中等学校の卒業期に在る学生等に、共産主義の意識教養を為す為、マルクス主義研究の結社を結成せんことを議し、同志獲得に奔走」したこと、マルクス主義研究会を組織し、「我等のグループは現段階に於てマルクス主義の真理性を把握せんが為、マルクス主義の理論を研究し、認識力の養成を目的とするものなる旨の綱領」などを作成し、活動したことが「犯罪事実」とされた（『日帝下社会運動史資料叢書』第一〇巻）。

拡張する治安維持法
――一九三五～四〇年

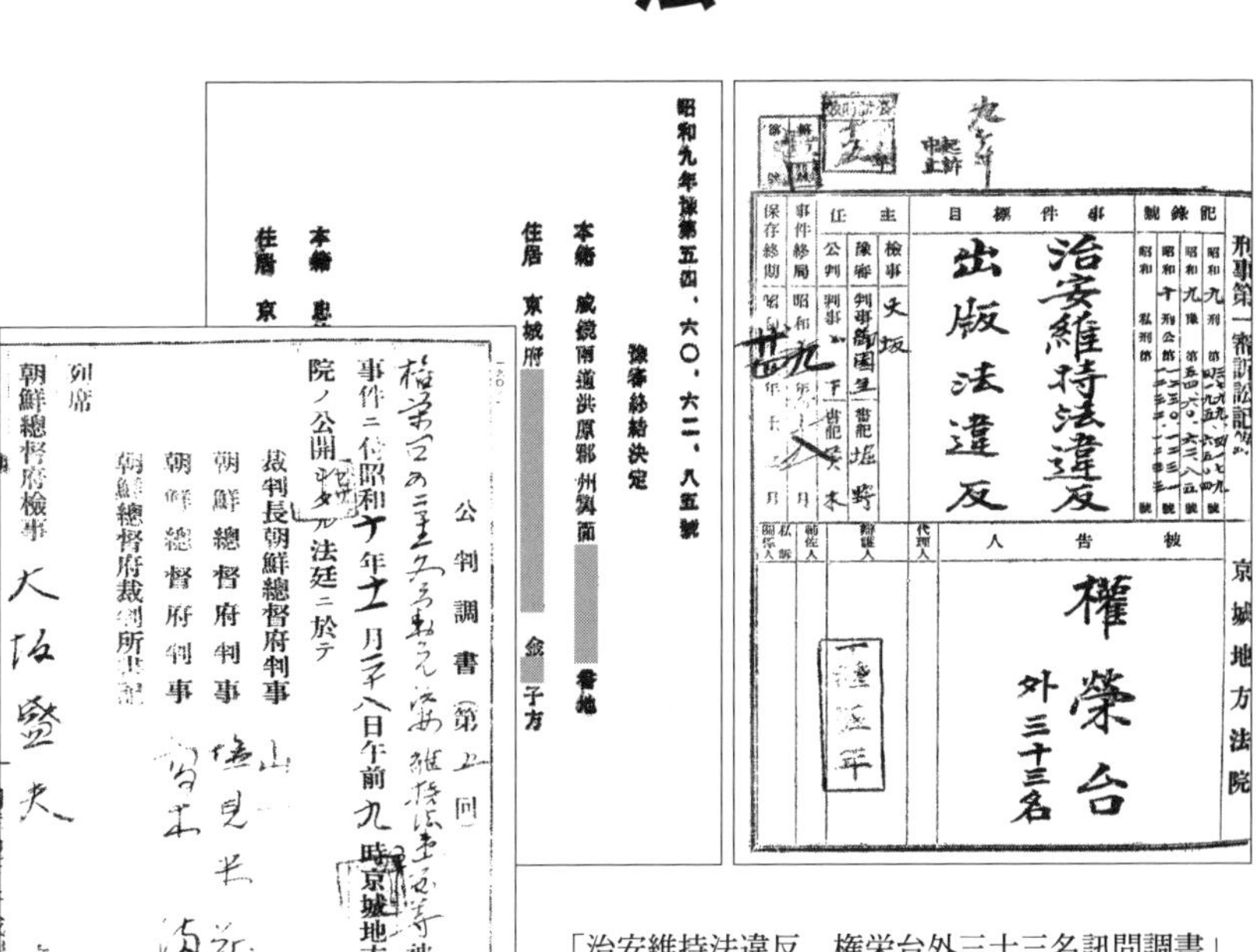

刑事第一審訴訟記録　京城地方法院

治安維持法違反
出版法違反

被告人　權榮台　外三十三名

昭和九年豫第五四、六〇、六二、八五號

豫審終結決定

本籍　咸鏡南道洪原郡

住居　京城府

公判調書（第五回）

裁判長朝鮮總督府判事

朝鮮總督府判事

朝鮮總督府判事

朝鮮總督府裁判所書記

列席

朝鮮總督府檢事

「治安維持法違反　権栄台外三十三名訊問調書」

一 拡張期の概観

思想浄化対策

朝鮮総督府高等法院検事局『思想彙報（い）』第六号（一九三六年三月）の「昭和十年度に於ける鮮内思想運動の状況」には、「民族主義運動が殆（ほと）んど其の影を潜めたことが首肯される。之れ即ち共産主義運動が民族主義運動より朝鮮に於ても亦（また）益々より大衆的になって来たことを意味する」とある。社会運動全般としても、一九三〇年代前半を通じての高揚はとまった。警察の治安維持法検挙者数・検事局の受理者数は一九三二年をピークに三四年まで高い数値がつづくが、三五年には減少傾向が顕著となった。それは「取締が極めて厳重であったのと、所謂（いわゆる）早期検挙が行われた結果」と自賛される。

この「昭和十年度に於ける鮮内思想運動の状況」では、共産主義運動の新たな形態として「直接朝鮮共産党というが如き政治的闘争を其の唯一の目的とする結社の組織に走らずして、先づ之が貯水池の役割を演ずる赤色労働組合組織への運動形態を採ったものが断然多い」と分析するとともに、「日常卑近なる問題を捉えたる宣伝の方法を以て大衆を獲得せんとするの傾向を採って来たこと」にも注目している。

朝鮮総督府警務局『最近に於ける朝鮮治安状況』（一九三六年五月）は「最近漸く狂暴過激なる突発事件は其影を潜め、民心次第に安定に向い、更に社会情勢の変化は鮮内思想界にも好影響を齎（もたら）し、極左分子の転向を表明する者簇出しつつありて、漸く思想浄化の曙光を認めらるるに至れり」とする。その一方でこうした取締当局の編纂物では通例だが、「依然として陰険巧妙なる運動の持続」を強調する。それに加えて、「朝鮮に於ける共産主義運動は民族的不平、不満と結合して革命意識を一層助勢し、其運動は多分に危険性を内蔵し、朝鮮統治に対し、又は社会組織に対する反動的行為は到底内地に於ける思想運動と対比すべくもあらず」と、取締の困難さをあげる。

高等法院検事局「昭和十一年度に於ける鮮内思想運動の状況」(『思想彙報』第一〇号、一九三七年三月)では、特徴の第一に「学生乃至労働層に対する赤化運動が減少し、農村の赤化工作が相当多かったこと」をあげたうえで、都市部における官憲の取締が厳重だったため「比較的運動の容易なる農村方面に移行したことにも依る」と分析する。また、共産主義運動の戦略として合法団体の偽装のほか、「日常卑近なる問題を捉えた宣伝方法に依り、大衆の獲得を図ったもの等があった」ことにも注目している。これらについては次節以降で具体的な様相をみていく。

三六年には治安維持法の適用はさらに減少した。にもかかわらず、朝鮮の高等警察は二八年以来の拡充を実現する。警部補三人の増員理由は、「近時鮮内の治安状況は表面小康を得つつありと雖も、共産主義運動の執拗なる潜行運動は未だ跡を絶たざるのみならず、民族主義運動も亦二・二六事件を契機として兎角勃興せんとするの徴」あるからとされる。なお、二・二六事件を契機としてという意味は、「内地に於ける右翼急進分子の目的達成の為に手段を選ばずと為す風潮は、左なきだに従来兇暴手段に依りて民族的反感を表示し来れる朝鮮人に異常なる衝動を与えた」(朝鮮総督府警務局『最近に於ける朝鮮治安状況』、一九三六年五月)ということである。

また、朝鮮思想犯保護観察令の施行にともなう検察当局などとの「緊密なる連繫」上からも、増員は「喫緊の事項」とする(「朝鮮総督府部内臨時職員設置制中改正」、「公文類聚」第六〇編・一九三六年・第一九巻、国立公文書館所蔵）。国費支弁の警部補増員と連動して、地方費による巡査などの増員もあったと推測される。

「農民組合運動後継明川（ミョンチョン）左翼事件」をとりあげる『思想彙報』第八号（一九三六年九月）は、共産主義運動が「漸次落潮の傾向」をたどりつつも、民族意識と交錯することにより、「依然として執拗なる運動を続けている」と述べ、日ソ関係や日満関係の影響下、「漸次北鮮へと移動し、近時に於ては咸鏡北道（ハムギョンプクド）が其の策動地たるの観を呈するに至った」とする。それゆえに「根本的な最も重要なる対策」は、あらゆる手段を用いての「同地方の思想浄化」であるとする。この「思想浄化」こそが三〇年代後半の思想対策の根幹であり、その実行のために治安維持法のさらなる拡張が実行された。

三九年八月に開催された各道高等外事警察課長事務打合会で、「全鮮各道一斉に思想浄化対策を強化徹底する」方針が決定された。「思想浄化対策要綱」の冒頭では「共産主義、民族主義の不逞思想を根本的に排除清掃し、全民衆をして新東亜建設の偉業に邁進しつつある帝国の決意と実力とを再認識せしめ、真に皇国臣民たるの自覚に基く日本精神の振起昂揚を図る」とあり、「思想要警戒人物」に対する検挙の処置として次のようなものが列挙された（『高等外事月報』第二号、一九三九年八月分）。

1　思想事件関係者は徹底的に之が検挙に努むること。

2　事件未逮捕者の追究、逮捕に努むること。

3　事件関係者中拘束送致の程度に至らざる者に対しては、取調中に於て適宜訓戒指導すること。

……

6　入監者に対しては家族其の他外部より転向勧説に努むること。

7　検挙直後民心の安定を期するが為、講演会、座談会等に依り或る程度事件の内容を説明し、自重自戒を促すと共に、思想浄化の共同責任なることを自覚認識せしめ、警務活動を理解し、進んで協力せしむる様民心の指導に努むること。

思想浄化対策強化の指示を受けて、「鮮内有数の思想悪化地帯」の咸鏡南道地帯では「同道特殊の事情を参酌」した「対策要綱」を定め、実施に着手している。「非転向者」に対する特殊工作をみると、「警戒其の他機会ある毎に予備検束をなす（不断に視察を反覆し、本人及家族の迷惑を顧慮せず、調査訊問、家宅捜査をなす）」、「部落民申合せとして部民との交を制限すること」、「微罪と雖も検挙し、寛大なる処置を執らざること」、「居住、交友、通信の制限」という徹底ぶりである（『高等外事月報』第三号、一九三九年九月分）。

日中戦争以降の変容

表13　朝鮮治安維持法違反事件累年別人員表

種別 年度	検事局		
	受理人員	起訴	起訴猶予
1935	1,696	478	661
1936	667	246	238
1937	1,228	413	573
1938	987	283	348
1939	790	366	163
1940	286	141	72

朝鮮総督府「思想犯保護観察制度実施の状況」（1941年12月）（『治安維持法関係資料集』第3巻）

日中戦争の全面化にともない、治安維持法の運用状況に三つの面で変化がみられるようになった。一つは全体として治安維持法の適用件数・人員が減少することである。**表13**によって受理・起訴人員をみれば一九三七年に増加するが、三八年以降の減少傾向が著しい。

高等法院検事局「昭和十四年度に於ける鮮内思想運動の概況」（『思想彙報』第二三号、一九四〇年六月）は、「概して平穏無事であった……昭和十四年度受理事件は五十六件、七百九十一人となって居るが、その犯罪内容を仔細に検討すれば、昭和十年乃至十三年度内に敢行せられた犯罪（殊に事変前の所犯に係るもの）が多く、実質に於て昭和十四年度は著しく事件が減少して居る」とみている。

三六年九月から四二年六月まで警務局長を務めた三橋孝一郎は戦

表14　治安維持法違反罪態別起訴・起訴猶予合計

罪態別 期間	「国体」変革 第1条第1項	「私有財産制度」否認 第1条第2項	協議 第2条	煽動 第3条	利益供与 第5条	騒擾その他煽動 第4条	国体否定（集団） 第8条（1941～）	出典
1935	1,238	571	583	144	10	―	―	『思想彙報』11
1936	617	457	829	43	3	―	―	『思想彙報』11
1938.6-40.6	1,226	440	502	62	7	2	―	『思想彙報』24
1940.7-43.6	1,646	755	1,276	239	66	31	133	『思想彙報』続巻

後、「治安維持法は私が行ってからはあまりないですね」と述べるが、これに関連して同時期に警務局図書課長・保安課長を務めた古川兼秀は、次のように証言する（「未公開資料　朝鮮総督府関係者　録音記録（4）」『東洋文化研究』第五号、二〇〇四年）。

あることはあったんですけれども、だいぶ減ってきましたね。時局座談会その他の認識徹底後減ってきました。今の類似宗教団体も共産主義運動もキリスト教もそういう不穏分子がだいぶ協力的になりました。ごくもちろん一部の者は地下に潜って、流言をやったりいろいろなことを機を見ておったけれども、手も足も出なかったですよ。大勢が非常に協力的になりましたね。

「共産主義運動」が手も足も出なくなる状況下、つまり「思想浄化」が徹底するなか、ごく一部の不穏分子を追撃的にえぐり出したものの、件数・人員はともに減少した。

二つ目は「共産主義運動」の衰退に拍車がかかるなか、再び民族独立運動への適用が相対的に増加したことである。**表14**の罪態別をみると、三八年六月から四〇年六月において、「国体」変革＝治安維持法第一条第一項の突出した多さの理由の一つに、民族独立運動関係の事件に適用されたことが推測される。

日中戦争全面化以降のもう一つの変化は、日本国内と同様に、宗教関係に弾圧が加わり始めたことである。四〇年一〇月の司法官会議で増永正一高等法院検事長は訓示の二番目で「宗教団体の取締」に言及し、次のように注意を喚起した（『思想彙報』第二五号、一九四〇年一二月）。

> 事変以来、半島に於ける基督教其の他の宗教団体関係者にして、不敬、治安維持法、保安法、或は軍刑法違反等の罪に因り検挙処罰せらるる者相次ぎ、著しく銃後の治安を紊しつつあることは洵に遺憾に堪えざる所であります、由来半島に於ける各種宗教運動は、概して民族意識の色彩濃厚にして、純宗教運動と謂わんよりは寧ろ一種の政治運動乃至社会運動と目すべきもの多く、半島統治上幾多不祥事件に関連せるもの多きことは各位の了知せらるるところでありまして、銃後治安確保の要求せらるることの最切実なる現時局に於て、之等宗教団体に対する取締は一日も忽諸に付することを得ないのであります。

そのうえで「斯る不敬、不逞の目的を有する宗教団体の運動は其の実、一般左翼運動と何等逕庭がない」と断じ、さらに厳密なる査察内偵を加えて、「殊に其の裏面の動向に注意し、苟も法に触るる不穏言動を発見したる場合には速に検挙弾圧を加うる」ことを求めた。

松田利彦『日本の朝鮮植民地支配と警察』は、朝鮮総督府警務局編『治安状況』各年版の構成（一九三〇～三九年）」から概括的傾向を導き出しているが、日中戦争突入後の『治安状況』三八年版について、「長期戦に伴う民心への影響や特異事件、取締方針などが、全体の頁数の実に三分の一近くを占めるにいたっている。これは、組織的な抗日運動が根絶した日中戦争期においては、警察の活動の力点が銃後の安定や戦時動員に移りつつあったことを物語っている」と指摘している。「銃後の安定」のなかには、宗教関係方面への弾圧取締が含まれている。

なぜ朝鮮では量刑が重いのか

東京刑事地方裁判所の判事吉田肇は一九三八年度の「思想特別研究員」に選ばれ、本務を数カ月離れて「朝鮮に於ける思想犯の科刑並累犯状況」というテーマの調査・考察に従事した。三八年一二月には朝鮮に出張し、総督府法務局や清津(チョンジン)地方法院などで資料を収集している。その同題の報告書は『思想研究資料特輯』第六一号(一九三九年五月)の「思想情勢視察報告集(其の六)」として刊行された(同号には東京刑事地方裁判所判事徳岡一男の「朝鮮に於ける最近の共産主義運動について」も収録されている)。

吉田の主眼は、日本国内・朝鮮の司法関係者に感得されている「従来朝鮮に於ける思想犯の科刑は内地の夫(それ)よりも相当重いと云われて居る」ことを、「各種の統計等」を用いておおよその推定を加えることにあった。吉田は「朝鮮の某地方法院の部長の話では、思想犯にして内地で懲役三年に処せらるるものは、恐らくは朝鮮に於ては懲役五年位には処せらるるであろう」とか、執行猶予の割合が「内地の半分」にも達しないということを耳にしており、それらの検証が課題となった。

まず法務局行刑課から提供された「思想犯受刑者の罪名刑期別調」にもとづいて一般状況を分析している。有罪となり、刑務所に在監している人数の調査で、「無期又は長期の懲役刑の言渡を受くる者の数が極めて多いこと」に着目する。朝鮮における治安維持法違反受刑者三四六人中(一九三八年九月末現在)、懲役五年以上は六九人で、日本国内の四一六四人中(治安維持法違反事件で有罪判決を受けた全員、一九三八年一〇月五日現在)、一五七人と比べて「極めて多い」。三七年のみでは治安維持法違反受刑者二五〇人中、無期懲役から懲役五年以上の合計は二〇人におよび、日本国内では一五三人中、懲役五年を超える者は一人もいないという。

もちろん、朝鮮における上記の数値のなかには死刑に処せられた者は含まれていない。吉田は後述する間島五・三〇事件にも言及し、朝鮮における死刑は「相当の数に上る」とみて、日本国内の死刑判決が皆無であることと対照させる。執行猶予については日本国内と比較して「数及び比率は遥に少な」く、三〇年代後半になって「漸増の傾向にありとは云え、現在尚其の比率は内地よりも幾分低いものと見らるる」とする。禁錮刑については、いずれもきわめて少なく、「此点は内鮮共に同一取扱の方向を採って居る様である」。

ついで、朝鮮においてなぜ科刑が重いのかを考察している。第一に「朝鮮思想犯の特殊性」をあげる。「朝鮮に於ける共産主義運動は朝鮮の独立、朝鮮民族解放の目的貫徹の一手段として取入れられたもので、単に私有財産制度を否認することのみを目的とする共産主義者は殆んどなく、常に民族意識と併行して朝鮮を帝国の羈絆より離脱せしめ、其の独立を夢想する所謂民族的共産主義とも云うべきもの」として、日本国内の運動と「著しき特異性を有する」とみなす。法務局行刑課の前述の調査により、三七年の受刑者総数六五五人中、「其の大部分たる四百七十四名は民族主義を標榜する」とともに、「所謂純正共産主義者も意識すると否とに拘らず、其の根本に於て民族的反感を蔵するものなることは疑うの余地はない」と断言する。

それゆえに、「朝鮮に於ける思想運動の社会に与える影響、実害は極めて大きく、其の危険性、拡大性亦甚だ大なり」と論を進め、この特殊性が科刑に影響し、「一般予防他戒の為、厳罰を以て臨まるるに至る事は当然」とする。

重い科刑の第二の理由としてあげるのが「犯罪の複雑性」である。「朝鮮の思想犯には同時に刑法犯や他の特別法犯の罪名が付加せらるる場合が極めて多い様である」とみる。行刑課調査によれば、思想犯の受刑者は治安維持法違反受刑者三四六人以外に、「放火、殺人、傷害、騒擾、強盗、詐欺、恐喝、略取、誘拐等」の刑法犯のほか、爆発物取締罰則、保安法、暴力行為等処罰に関する法律の違反が二一三人にのぼる。清津地方法院に係属中のある思想事件の被告二八二人のうち、治安維持法単独の起訴者は一人もいないという。ここから、次のような見解が導かれる。

内地の思想犯人が主として正義感より出発し、理論研究を経て実践運動に身を投ずるに反し、朝鮮に於ける思想犯人が民族独立乃至個人経済生活の不平より出発して直ちに実践運動に入るため直接行動に出で、他の犯罪を為す場合が多く、殊に共匪（共産主義の匪族――引用者注）に至っては放火、殺人、強盗等は付物と云われて居る。之が朝鮮の思想犯罪を複雑化し、延いて其の科刑をして一般的に重からしめる所以である。

三つ目の理由は「罪情の重大性」とする。日本国内の場合、大部分は共産党の「目的遂行」罪とされ、現状は結社の組織や加入で起訴されること自体が「極めて少ない」のに対して、「朝鮮に於ては結社組織、又は加入行為で処罰せらるる者が甚だ多」いとする。三七年末の治安維持法違反の受刑者五二三人中、「組織」が一五三人、「加入」が二四九人を占めていることを指摘し、朝鮮共産党の「再建運動中、組織の程度の進みたるものは総て処断せらるる関係上、科刑が一般的に重くなる」とみている。「犯情軽微にして被告人も完全に転向して」いても、「組織」罪の処断刑は最低二年六月という実情であるという。

しかし、「再建運動中、組織の程度の進みたるもの」に治安維持法第一条第一項の「国体」変革を適用した結果とする吉田の考察は、正確な理解ではない。後述するように、実際には党再建運動とは直結しない農民組合や労働組合、「読書会」程度のものを一律に「秘密結社」とみなして処断した結果であり、「罪情の重大性」を強調するのは誤りである。軽微な罪情にもかかわらず、治安維持法の拡張解釈が科刑を重くした。

第四の理由としてあげるのは「転向問題」である。日本国内の「転向」の雪崩現象に連動して朝鮮においても「昭和八年頃より思想転向時代に入り、転向者漸増の傾向にあり」、日中全面戦争後にはさらにその傾向を強めているにもかかわらず、「朝鮮に於ける思想犯被告人中、判決当時転向せざる者が相当の数に上ること」が、科刑を「一般的に重からしむると共に、執行猶予者の数を少なからしめる原因を為して居る」とする。また、朝鮮においては科刑上、「転向」の評価が日本国内に比して低いという。その理由としてあげるのは、「信念なき事大主義に基く転向」であること、「内地の転向者は本来の日本精神に立戻るのに反し、朝鮮の転向者は帰るに帰る家なき有様で、革命思想を拋棄しても之に代るべき思想は更にな」いこと、つまり一朝一夕に民族意識を解消することは困難だという。

次に吉田は「求刑と科刑」の問題に進む。京城地方法院の治安維持法違反事件判決を一覧して、「検事の求刑と判決の結果との間に余り差異がなく、其の大部分が一致して居る」ことに注目する。総数一九七人中、一一四人の刑期が求刑と判決の結果が一致しているとして、両者の間に「多大の開き」がある日本国内とは「好対照」をなし、朝鮮の方が「理想的」という。

もう一つ、「検事の求刑が内地よりも軽」くなる場合があることに注目している。これは朝鮮における治安維持法の適用が「法定刑の低き同法第二条以下」となる場合がかなり存在するためと推測し、「一概に其の求刑や科刑が軽いとは断定出来ない」とする。

京城地方法院判決中に無罪二人があったことにも言及している。「科刑の現在と将来」について、次のような見方をしている。

朝鮮に於ける思想犯の科刑は昭和八年、思想転向時代に入りてより之に順応して次第に短くなり、満洲事変を経て支那事変の発生を見たる後の現在に於ては、其の傾向は益々（ますます）濃厚となって居る様である。……朝鮮に於ては支那事変以来朝鮮人の思想状況が急変し、日本国民としての自覚を持つに至りたる者次第に多くなり、民族主義の巨頭も愛国運動に身を投じ、思想犯の転向も続出し、昭和十三年七月には全鮮の転向者は自発的に時局対応全鮮思想報国連盟を結成し、皇国臣民として日本精神の昂揚に努め、内鮮強化徹底と国策奉仕愛国活動の強化徹底を期し居り、事変後には殆んど新なる共産主義、朝鮮民族主義運動の発生を見ざる実情にて、思想犯の活動は極めて微弱と為り、其の社会に与うる影響乃至危険性も云うに足らない程度に為って居る為、之等の社会状勢の変化又は思想の推移が自然科刑上に影響した結果、右の如き科刑の変化を来(きた)したに外ならない。

全体としての治安維持法の運用状況についての概観はほぼこの通りだが、単純に科刑の短くなる傾向が加速しているわけではないことは、次節で述べる。吉田はさらに思想犯保護観察法の施行と定着により、「裁判所をして安んじて思想犯の科刑を軽くし、執行猶予者の数を多からしむるに至った」とも述べて、この趨勢がつづけば、「将来朝鮮に於ける思想犯の科刑は、内地の夫(それ)と殆んど同程度の水準迄下降するのではないか」と予測する。

「結語」でこの傾向を「国家の為、誠に喜ぶべき現象」と繰りかえしながらも、「若(も)し万一此の思想好転の状勢を余りに過大に評価し、楽観に過ぎ、安易な気持となって思想犯の検察、裁判を緩めるに於ては、必しも悔を百年の後に遺(のこ)すの惧(おそれ)なしとしない」と注意を喚起する。「朝鮮人にして其の民族意識を棄て、日本国民として完全な自覚を持ち、日本精神を会得するに至る迄には矢張り数百年を要するのは当然で、勿論朝鮮に於ける思想運動が一時に無くなるものとは到底考えられない」という。そして、最後は「将来社会状勢の変化如何に依ては更に逆転の危険ある事は想像に難くない」として、「検察、裁判の任に当るものは将来社会状勢乃至思想の推移に深く留意し、表面のみでなく、其の裏面をも洞察し、其の真相を握(つか)んで寛厳宜(よろ)しきを得たる措置を採る様に心掛くる事が肝要」と結ぶ。

この吉田の報告書は朝鮮の司法当局者にも読まれたはずであるが、「結語」における警鐘は彼らにとっては言わずもがなのことであったろう。と同時に、民族意識を棄て去ることはできないという朝鮮人観は、日本国内における在日朝鮮人に対する治安維持法の発動にあたって、国内の警察・司法当局者に共有されていた。

二　共産主義運動への追撃的適用

一九三〇年代前半違反事件の判決

一九三五年から三七年前半の治安維持法違反事件判決の多くは、三〇年代前半に検挙から起訴・予審という過程をたどった事例である。「犯罪事実」とされるのが三〇年前後のものもある。したがって、それらの判決傾向は前章で概観したものの踏襲といってよい。

三五年三月一二日の海州(ヘジェ)地方法院判決では「表面農村振興、自力更生、経済復興、啓蒙及保健の各運動を綱領に掲げ、其の裏面に於て私有財産制度を否認し、共産主義社会の実現並に朝鮮をして帝国の羈絆より離脱せしめ、国体の変革を図る目的を以て「楸洞(チュドン)青年修養楔(ケ)」なる結社を組織し」たとして、治安維持法第一条第一項前段・第二項が適用され、懲役四年から二年六月が科された(「仮出獄」)。「表面」と「裏面」という判断や「楸洞青年修養楔」という小団体を秘密結社とする認定は、この種の判決では頻繁に用いられた。

四月八日に京城地方法院で判決が言い渡された「労働階級社、朝鮮共産党再建闘争協議会日本出版部事件」の「事実概要」は、金斗楨(キムドゥジョン)らが三二年四月以降、東京で労働階級社や朝鮮共産党再建闘争協議会日本出版部という結社を組織し、朝鮮の独立と共産化を煽動する内容のパンフレットを発行、「内地在留の朝鮮人及鮮内の一般大衆に頒布し、以て朝鮮の独立及共産化を煽動したるが、其の後帰鮮して朝鮮の独立及共産化の為に活動せんことを協議し、其の分担区域を定め、同年夏頃より夫々(それぞれ)帰鮮し、各地に於て活動を開始したもの」とされた。検事局の受理四八人のうち予審に付されたのは一〇人、起訴猶予九人、嫌疑なし二九人という処分内容は、警察による検挙が過大だったことを推測させる。予審終結でも二人が免訴となった。判決は治安維持法第一条第一項前段・第二項の適用で、懲役六年から二年となった（『思想彙報』第三号、一九三五年六月）。日本国内での検挙・司法処分であれば、結社組織ではなく目的遂行罪の適用で、量刑ももう少し軽くなったと思われる。

七月二〇日、京城地方法院は「農村青年に対し、共産主義的意識を注入し、彼等を同志に獲得すると同時に、各自自己訓練を為し、以て朝鮮の独立及其の共産主義化を目的とする結社共産青年同盟準備委員会（通称ワイ＝Ｙ）」に加入し、朝鮮共産党を再建の目的で「通称ピー＝Ｐなる秘密結社」を組織したとして治安維持法第一条第一項前段・第二項を適用し、懲役六年という判決を下した（「仮出獄」）。

また、一〇月三一日、咸興(ハムフン)地方法院は治安維持法第一条第一項前段・第二項を適用し、金徳煥(キムトクファン)に懲役五年を科した。三一年六月末、江原道(カンウォン)高城(コソン)郡高城免立石里(ミョリプソクリ)で読書会を結成、四、五回開催し、「共産主義意識の注入を為すと共に、将来同主義運動の闘士と為るべく激励し」たこと、高城社会運動協議会を組織し、「農友会・勤労労働組合を左翼化せしむる」活動をおこなったことなどが「犯罪事実」とされた（『日帝下社会運動史資料叢書』第一〇巻）。

三六年三月二日の大邱覆審法院判決は、三三年一月に自覚会を結成し、「我々は私有財産制度を否認し、我等の希望するソヴィエートロシヤの如き新社会を建設すべく、勇気ある青年は自覚会に参集し、敢然立って闘争すべき旨の宣言を為したる」ことや、三四年四月に珍島(チンド)赤色農民組合を結成し、「我々は私有財産制度を否認し、地主階級を打破し、自由、平等且安全なる農民生活実現の為、本組合を組織することを宣言し」たことなどに治安維持法第一条第一項前段・第二項を適用した。量刑は「犯罪の情状憫諒すべき」として軽減され、懲役二年六月となった（「仮出獄」）。

四月七日、京城覆審法院は「中国共産党の領導下にある革命互助会」のほか、農民協会や中国共産党への加入が治安維持法第一条第一項後段・第二項に該当するという判決を言い渡した。量刑は強盗致死罪を適用し、死刑となった（「独立運動判決文」）。

四月九日の京城地方法院判決は、「結社反帝青年協議会」の組織と女子学生班の責任者となったことで治安維持法第一条第一項前段・第二項が適用され、懲役三年となった（「仮出獄」）。また、四月一二日の海州地方法院判決では、「韓人無政府主義者上海聯盟及其細胞体たる南華韓人青年聯盟」への加入によって、治安維持法第一条第一項後段が該当するとされた。量刑は殺人罪により死刑となっている（「仮出獄」）。

三七年六月の東京における思想実務家会同にオブザーバーとして参列した清津地方法院検事の相良春雄は日本国内の「最近に於ける思想運動情勢に鑑み、裁判並検察上考慮すべき点、其の他」として、参考とすべきことを報告している（『思想彙報』第一二号、一九三七年九月）。そこでは「治安維持法第一条の結社の認定に付、従来の如く党、共青、全協以外に之を認むるを躊躇するが如きは不可、組織の大小に捉わるることなきを要す」に注目しているが、それはすでに朝鮮における運用では一般的になっていた。ただし、「所謂新方針に基く運動に於ては表面誠に軽微なるかの感を抱かしむるを以て、起訴不起訴の裁量を緩和するの要あること」とは、コミンテルンの人民戦線戦術をめぐってであり、朝鮮においても関心を寄せる問題となった。「起訴不起訴の裁量を緩和するの要ある」とは、起訴の基準を引き下げて「表面誠に軽微なる」運動にも対象をさらに広げるという意味であり、すでに朝鮮においても実践されていた。

治安維持法違反のみで死刑となった周現甲――間島五・三〇事件裁判の決着

前章でみたように、間島(カンド)五・三〇事件は京城地方法院検事局に移送されたのち、一九三三年一二月二〇日に京城地方法院の判決が下された。三三人が控訴した京城覆審法院の判決は三六年二月二四日となった。二審判決では、三〇年五月に「中国共産党は其の行動綱領の一に東方各植民地の共産革命運動援助なる一項目を挿入し、以て中国のみならず朝鮮をして帝国の統治より離脱せしめ、且之に共産制度を実現することを目的となすに至り」と認定し、中国共産党への加入は治安維持法第一条第一項に該当するとした（「独立運動判決文」）。一八人が死刑、四人が無期懲役などとなり、二二人が上告した。

上告のすべてを棄却した六月一八日の高等法院判決をみてみよう。死刑判決は暴動にともなう殺人や放火などと治安維持法の併合罪であったが、ただ一人周現甲(チュヒョンガプ)のみが中国共産党加入などを理由に治安維持法違反のみで死刑を科された。

周現甲は高等法院に提出した上告趣意で、二つの理由をあげる（高等法院判決のなかでは、被告人・弁護人の上告趣意書を引用しているので、ここではそれによって被告人らの主張を類推する）。一つは「治安維持法第一条第一項の適用が不穏当なりとする、即ち本被告事件は日本帝国の国体を変革する目的にて為されたるものに非ざる理由」である。中国共産党綱領にある「東方植民地解放運動の援助」はアジアの各植民地の「一般的の解放援助」を意味するにすぎず、「東方植民中の一たる朝鮮解放運動援助の本質は、日本帝国の国体の変革とは全然関係なきもの」とする。

もう一つは、中国共産党の役員となったことについて、仮に第一条第一項を適用するとしても、二審の死刑という量定は「甚しく不当」と主張する。比較対照されているのは、日本共産党の「転向」表明後の確定判決となった佐野学の懲役一五年である。「社会の一般民衆に、又は共産主義運動者等に及ぼせる影響を考うるも、之亦大なる差あるや贅言の余地なき」にもかかわらず、周に死刑を科することはあまりにも不均衡で不当とする。

第一の主張に対して、高等法院は「記録を精査し、一切の証拠資料を考覈するも、原判決には重大な事実の誤認あることを疑うに足るべき顕著なる事由存せず」と切り捨てる。第二の主張に対しても「刑の量定は当該犯罪事実及之れに関する諸般の情状に依り決せらるべきものにして、所論の如き観点標準のみに極限せらるべきものに非ず」と一蹴する。

被告李東祥の上告理由は「厳しき拷問に基き、取調官の随意に作成したる司法警察官及検事事務取扱の調書のみに依拠し、京城地方法院検事局以来の答弁は毫も参酌せずして被告人に極刑を科したる原判決は不当なり」ということであった。被告金光黙も「被告人の関係せざる事件に付、長時間拷問を為し、頭道溝領事館分館並総領事館にて終夜無数の拷問を受け、其の後も引続き拷問を為したる為、同館警察署に拘禁六十日間の大半は殆んど無意識状態に在りたれば、同署に於ける供述は一も信憑するに足らざるなり」とする。これらに対して高等法院は「原判決の証拠に採用せる所論各証拠は所論の如き事情に因る虚偽のものなることは、記録上首肯するに足るものなし」と、拷問の事実については一顧だにしない。

周現甲と李東祥の弁護人蘇完奎は、「法律の適用に錯誤あり」と弁論する。被告らの主張は「元より朝鮮内に於て日本帝国主義を駆逐し、私有財産制度を否認せんとするに過ぎざるもの」ゆえに、「統治権の総攬者たる万世一系の天皇、即国体変更云々と言うことは之元より朝鮮共産党又は中国共産党の綱領目的に一だも見えざるもの」として、「国体変更」には当たらないとする。これは、「日本帝国主義の支配」の排除による「朝鮮の独立」の実現をめざすことが「国体」変革にあたるとする、一九三〇年から三一年にかけて確立した判例に

間共事件最終言渡

開廷겨우三分만에

十八名에게死刑確定判決

今十八日午前十一時十八分

高等法院에서上告棄却

判決刹那満廷肅然

死囚家族等六十名傍聴

間島五・三〇事件の高等法院判決『東亜日報』1936年6月19日

真正面からぶつかっていくものであった。しかし、高等法院は「朝鮮をして帝国の統治より離脱せしめんとするが如きは、我帝国領土の一部を潜竊(せんせつ)して其の統治を実質的に縮少(ママ)せしめ、之を侵害せんとするに外ならざるを以て、治安維持法に所謂国体の変革を企図するものに該当するものとす」とはねつけた。もはや朝鮮独立と「国体」変革を切り離すことはきわめて困難であった。

弁護人辛泰嶽(シンテオク)も同様に「治安維持法を中国の共産革命を目的とする中国共産党員たる被告人等に適用するは不当なり」と主張するとともに、量定の面からも一人を除き被告「全部一律に極刑を以てす、是れは実に穏当を欠くもの」と非難する。とりわけ周現甲が治安維持法違反のみで処断されることを問題視する。従来の判決では治安維持法違反のみで懲役一〇年以上の刑に処せられたことがなかったとして、「被告人周現甲のみに対して極刑を以てするは妥当を欠く」とした。これに対して高等法院判決は、前例無視などの批判は「独断のみ」の一語で受け付けなかった。

なお、李東祥らの弁護人丸山敬次郎の弁論は異なった。被告らの行動は「共産主義者の宣伝に懸(かか)り、人の生活の安否は全く貧富の差にあるものとの妄想に陥り、青年未熟の思慮に因り本件犯行を為したるものにして、寧ろ其の愚を憐れむと共に温かき法涙に浴せしむるの要あり」という。被告らが未熟ゆえに無思慮だったとして寛大な科刑を求める立場からしても「刑の量定甚しく不当なり」とした。高等法院判決では量刑不当の主張を否定する（以上、「独立運動判決文」）。

新証拠があれば高等法院判決への再審請求が認められる新制度が発足していたため、死刑判決を受けた一八人は京城覆審法院に再審請求をおこなった。七月八日に京城覆審法院が請求棄却の「決定」を下した結果、間島五・三〇事件の長い司法処分は決着した。「決定」によれば、周現甲の再審請求の要旨は「本被告事件の総責任者であり、本被告の直接指導者たりし裵東健（ペドンゴン）」が懲役一二年だったのに対して、中国共産党の平岡（ピョンガン）区責任者にとどまる周現甲を死刑とするのは「事実誤認」であり、「処刑の量定に於て甚しく不当」というものであった。

そして、周現甲は「最後に特に御配慮を下さるべく御願い申上ぐる事項」として、「他の地方にて起りたる事件等が凡（す）べて一の事件として取扱わるる関係上、此等事件の責任をも本被告に負わせらるる如き感あること」を訴えるとともに、自身の思想・心境に「多大の変化」が生じていることも付け加えた。しかし、京城覆審法院の「決定」は、再審請求にあたって証拠書類・証拠物が提出されなかったとして、再審請求の手続き面で「法律上の方式に違反したるもの」という門前払いであった（以上、「独立運動判決文」）。

七月二二日、間島五・三〇事件の死刑囚一八人に対する刑が西大門（ソデムン）刑務所で執行された。

厳罰化する「国体」変革結社

一九三〇年代前半は朝鮮共産党などの中心人物でも併合罪がなければ懲役六年から五年という量刑だったが、三〇年代後半になると規模の小さな事件でも中心人物とみなされると懲役六年から五年が科されることが一般的となった。量刑の標準が引き上げられ、厳罰化の傾向が顕著になったのである。とくに、「国体」変革の結社とみなすことにより治安維持法第一条第一項を適用し、重罪化に向かった。と同時に、三〇年代前半であれば立件が見送られていた事案も地表下からえぐり出されていった。

三六年五月三〇日の大邱覆審法院判決は「沈滞せる運動を打開せんが為、共産主義の団体なる農民組合を組織せんことを企て……朝鮮を日本帝国の羈絆より離脱せしむると共に、朝鮮内に私有財産制度を否認する共産主義社会を実現せしむる目的の下に赤色農民組合なる秘密結社を組織し、同志の獲得に奔走」したとして、治安維持法第一条を適用し、「重き国体変革」によって懲役五年から二年六月を科した（「在所者資料」）。

六月二九日の光州（クアンジュ）地方法院は「麗水（ヨス）社会科学研究会、麗水赤色労働組合準備会、麗水青年前衛同盟、読書会等組織事件」に治安維持法第一条第一項前段・第二項などを適用し、一三人に対して懲役五年から八月の判決を言い渡した（『思想彙報』第八号、一九三六年九月）。七月一七日の京城地方法院は「朝鮮共産党再建設同盟」への加入に治安維持法第一条第一項後段・第二項を適用し、懲役六年から一年を科した（「仮出獄」）。一〇月二五日の清津地方法院判決は「昭和七年八月下旬以来、咸鏡北道穏城（ウンソン）郡下に於て朝鮮の独立並其の共産化を目的とし、秘密結社労農同盟を結成し、之が目的遂行のため種々狂奔した」として、治安維持法第一条第一項前段・第二項前段を適用し、懲役七年から二年を科した（『思想彙報』第九号、一九三六年一二月）。

一〇月三一日の京城覆審法院の朴昇龍（パクスンヨン）に対する判決は、三三年二月に「労農協議会」を組織し、「鏡城（キョンソン）郡内に於て農民中意識分子を獲得し、之を以て前衛班を組織せしめ、将来農民組合組織の為、農民大衆の教養に当らしむるべき旨協議し」たこと、「今後組織すべき農民組合の組織形態として各面に面委員会を設け、其の下に班を置くべきこと等を協議決定し」たとして治安維持法第一条第一項前段を適用し、懲役六年を科した（『日帝下社会運動史資料叢書』第一〇巻）。

三七年五月二六日の左行玉（チャヘンオク）に対する光州地方法院の判決では、三〇年二月、「中国革命運動に参加し、上海反帝大同盟の指導連絡の下に反帝国主義運動を為し、共産主義運動の部分的役割を為すこと」などを掲げて「上海韓人青年同盟」を結成したこと、三四年九月以降、釜山で赤色労働組合の結成を協議したことなどに治安維持法第一条第一項前段・第二項前段を適用し、懲役五年を科した（『日帝下社会運動史資料叢書』第一一巻）。

三八年一月二五日の清津地方法院の金元述（キムウォンスル）・金熙鳳（キムヒボン）らに対する判決では、三五年七月、「朝鮮共産党を再建せんが為には、先づ意識確乎たる前衛分子のみを以て前衛組織を結成せざるべからずと協議決定し」、秘密結社「朝鮮共産党再建闘争準備委員会」を組織したとする。それは「（イ）私生活を清算すること（ロ）日常生活を大衆中に置くこと（ハ）運動は停滞せざること」という「前衛三大則」を掲げたという。治安維持法第一条第一項前段・第二項が適用され、懲役五年から一年を科した（『日帝下社会運動史資料集』第七巻）。

二月二八日の大邱地方法院の丁吉成（チョンキルソン）に対する判決は、次のように「犯罪事実」を認定する（『日帝下社会運動史資料叢書』第一二巻）。

> （一九三五年一月——引用者注）秘密結社朝鮮赤色労働組合準備委員会を組織し、朝鮮内各地の指導的同志を糾合し、既成組織を結成する反面、未組織層に於ける基礎組織を促進し、其の連絡統一を図り、以て全朝鮮赤色労働組合を組織する運動方針を樹て、朝鮮内に於ける指導的精鋭分子を獲得し本委員会に参画せしめ、会自体の拡大強化を図ると共に全鮮赤労運動の統一過程に於ける指導収拾に努むると共に、各自工場職場内に喰い入り、労働者層に働き掛け、産業別組織より戦線の統一浄化を期し、其の運動に邁進し、以て朝鮮共産党の再建の暁（あかつき）は其の指導下に置き、有力なる支持団体たらしむるの行動綱を定め……

これらにより治安維持法第一条第一項前段・第二項に該当するとされ、累犯のため懲役六年を科された。

三八年三月二四日の清津地方法院の全治殷（チョンチウン）に対する判決は、「雄基（ウンキ）熱誠者協議同盟」への加入、「咸鏡南道各地に於て多数の同志検挙せられたるを以て全道的に同主義運動の挽回策を講ずると共に、運動の展開を図らんが為」、「朝鮮共産主義者同盟」などを組織したとして、治安維持法第一条第一項前段・第二項と出版法違反を適用し、懲役八年を科した（『日帝下社会運動史資料集』第七巻）。

三九年二月七日の清津地方法院判決は、「無産階級たる貧農大衆を団結せしめて鞏固なる団体を作り、共産制社会の実現を目的とする吉州郡左翼農民組合」を組織したとして、治安維持法第一条第一項前段・第二項を適用し、懲役一二年から二年を科した（「在所者資料」）。五月三〇日の咸興地方法院判決は、「メーデー記念の檄文を作成撒布し、大衆に共産革命意識を注入して同志に獲得せんこと」を目的とする「文川左翼農民組合再建準備委員会」を組織したとして、治安維持法第一条第一項前段・第二項を適用し、懲役五年から八月（執行猶予なし）を科した（「在所者資料」）。

「私有財産制度」否認の結社のえぐり出し

前章でみたように、治安維持法の第一条第二項＝「私有財産制度」否認のみの適用は、一九二五年から三三年の合計で全体（起訴・起訴猶予者）の約三分の一を占めた。三二年に限ると六二％と高い数値を示す。三四年の数値は不明だが、三五年の割合は二二％、三六年は二三％となる。三七年と三八年前半の数値は不明ながら、三八年六月から四〇年六月の合計は約二〇％となる（前掲**表14**参照）。「私有財産制度」否認のみの適用は三〇年代前半と比較して三〇年代後半はやや減少するが（この間は「国体」変革の適用が増大したと推測）、それでも日本国内の皆無状況とは対照的である。

三〇年代前半がそうであったように、朝鮮独立の端緒が見いだせれば「国体」変革を適用するが、かなり強引なこじつけによってでも困難な場合は、この「私有財産制度」否認のみの適用を選択したと思われる。量刑の点からは「国体」変革の結社よりも軽くなるが、検挙・起訴・予審終結・判決のそれぞれの段階でそれまでの基準を引き下げて、三〇年代前半であれば見送ったものも、処断の対象とした。ここでも「私有財産制度」否認の適用に向けて、事件のえぐり出しがおこなわれた。

そのえぐり出しの典型的事例は、三五年一一月二〇日の公州（コンジュ）地方法院の李戸喆（リホチョル）ら九人の「共産主義研究協議会、共産主義者協議会、農民倶楽部及七眸会事件」に対する判決に見出すことができる。三一年一〇月、「扶（ブ）余（ヨ）地方は当局の監視甚だ厳重なる為、表面組織は至難なり、故に玆に秘密結社組織を思い立ちたるが、現在の社会情勢よりして無産者階級を資本家階級の搾取より解放するには共産主義に超（こ）したるものなし、然れば共産主義運動の展開上、同志間に研究機関を組織して主義意識を昂揚し、以て朝鮮に於ける私有財産制度を否認し、共産主義社会の実現運動に突進すべきなりとの趣旨を提議し」、「共産主義研究協議会」を組織したが、「何等の活動を為すことな」かったとする。また、この結社は他の団体と何らの関係もなく、「此種の主義者としては甚しく熱意を欠」いていること、さらに「現在に於ては何れも共産主義よりの転向の意思を表明し居れる」として、治安維持法第一条第二項を適用し、懲役三年から一年を科し、一人を除き五年の執行猶予を付した（『思想彙報』第六号、一九三六年三月）。

ほとんど活動実績がなく、共産主義遂行の「熱意」も乏しく、「転向」も認められると判断しながらも、なお治安維持法を適用する方針は徹底しており、わずかに量刑を軽くするにとどまった。この程度の活動でさえも容赦しないという断固とした姿勢が、司法処分全過程を通して貫かれている。

三五年一二月二〇日の李起銖（リギス）に対する大邱覆審法院の判決は、三二年四月、「朝鮮共産党再建の過渡期的準備工作として全北革命前衛同盟なる結社を組織」したとして治安維持法第一条第二項を適用して、懲役二年を科した（「独立運動判決文」）。朝鮮共産党再建を目的とするとしながらも、「国体」変革は適用しなかった。

三六年二月一九日、大邱覆審法院は「表面上、朝鮮プロレタリア芸術同盟の再組織に仮託し、プロレタリア芸術を武器とし、ブルジョア芸術を排撃し、マルクス主義を宣伝し、一般大衆に対し階級意識を注入鼓吹」したとして、治安維持法第一条第二項を適用して、懲役二年から一年の判決を言い渡した。懲役一年とされた朴(パク)完植(ワンシク)は高等法院に上告し、朝鮮プロレタリア芸術同盟は「純然たる合法団体」であること、「唯文筆行動に終始したる次第なれば、之を合法を仮装する表裡ある団体と認めたる原判決は失当なり」と主張した。四月三〇日、高等法院は「原判決挙示の証拠を総合するに因りて被告人の犯行極めて明瞭にして、原判決に重大なる事実の誤認あることを疑うに足るべき顕著なる事由存せざる」として、上告を棄却した（「独立運動判決文」）。

互助的組織を秘密結社とみなす判決も散見する。三六年五月一九日の平壌(ピョンヤン)地方法院鎮南(チンナム)支庁の判決は、「表面職工間の冠婚葬祭時に於ける相互扶助を目的とする相互契の創立を宣言すると共に、裏面私有財産制度を否認し、共産主義社会の建設を目的とする結社を組織し」たとして、治安維持法第一条第二項前段を適用し、懲役二年から一年を科した（「仮出獄」）。また、三七年一二月二一日の清津地方法院判決は、「世仙洞(セソンドン)相助会」という秘密結社を組織し、十数回にわたって社会進化論や経済恐慌、共産主義社会などの諸問題を口演し、「共産主義の指導教養を為し」たとして、治安維持法第一条第二項を適用し、懲役二年六月から一年六月を科した（『日帝下社会運動史資料集』第七巻）。

読書会の組織も恰好の弾圧対象となった。三六年九月一〇日の大邱覆審法院判決は「実践運動を為すに当りては、先づ現在の社会経済機構なる私有財産制度並共産主義に関する認識を明確に把握するの必要ありとなし、之が目的達成の為、私(ひそか)に読書会を組織し、以て私有財産制度否認を目的とする無名の結社を組織した」として、治安維持法第一条第二項前段を適用し、懲役二年六月を科した（「独立運動判決文」）。

三六年九月一九日、李広徳(リカンドク)らに対する全州地方法院判決は、次のように「犯罪事実」を認定する。

元来金堤郡内には内地人大地主多数散在し、朝鮮人小作人が疲弊其の極に在るは、一に右地主等の搾取に基因するものと思惟し、右朝鮮人農家開放の為めには朝鮮内に於て私有財産制度を否認し、共産主義社会を実現し、無産者独裁の社会を開拓し、以て富の公平なる分配を為すに如かずと為し、只管同志の獲得と実践運動の機会を窺い居る中……前顕目的を有する指導機関たる秘密結社読書会を組織し……

治安維持法第一条第二項に該当するが、「犯行後既に過去の思想を清算し、転向を表明し居り、改悛の情顕著にして強いて実刑を以て臨まんより寧ろ刑の執行を猶予し、改過遷善を俟つを相当と認めらる」として、懲役二年から一年六月を科刑し、四年から三年の執行猶予を付した（「独立運動判決文」）。

三九年一一月一四日の光州地方法院判決では社会科学研究会や読書会の組織のほか、「仏国会」を組織したことを「犯罪事実」とする。「仏国会」が「会員多数度々会合して仏教の研究を為し居るを奇貨とし」、被告人四人はその「会合を利用して仏教の欺瞞性を暴露し、同会員を唯物論に誘導し、以て同志に獲得せんことを企画し」、「仏教布教所に出入し、会合の都度、共産主義の立場より仏教を非難攻撃して、其間同志の獲得に努め」たとする。治安維持法第一条第二項が適用され、懲役二年から一年六月が科された（『思想彙報』第二一号、一九三九年一二月）。

「協議」「煽動」適用の増大

日本国内の治安維持法の適用が「国体」変革＝第一条第一項に収斂したのと対照的に、朝鮮においては第二条＝「協議」と第三条＝「煽動」の適用処罰がかなりあった。一九二五年から三三年までの罪態別人員は、「協議」「煽動」を合わせて約一〇％であったことを前章で指摘した。その傾向は三〇年代後半に強まる。前掲**表14**にあるように、三五年の罪態別数値（起訴・起訴猶予者合計）は「協議」が二三％、「煽動」が六％となり、三六年では四三％と二％となった。三七年と三八年前半は不明ながら、三八年六月から四〇年六月の合計は二二％と三％となり、三〇年代前半よりも増加している。このように第一条の秘密結社組織に至らない「協議」および「煽動」を処断の対象とすることは、治安維持法の適用が拡張されたことを意味する。量刑としては、一般的に第一条適用よりも軽くなる。

まず、「協議」罪からみよう。一九三五年八月一三日、全州（チョンジュ）地方法院は権容勲（クオンヨンフム）に対して懲役二年の判決を言い渡した。「指導部を組織し、其の指導の下に労働者、農民を獲得する所謂「上より下へ」の方針」と「指導部を組織せずして先づ労働者、農民を指導し、然る後、漸次「下より上へ」の方針に従い指導者が集りて組織体を造ること」の論争をしたことが、治安維持法第二条に該当するとされた（「独立運動判決文」）。

三六年四月二〇日、咸興地方法院は「元山（ウオンサン）赤色労働組合組織運動事件」に対して七人に懲役四年から一年六月の判決を下した。「元山労働聯合会及咸南労働会（何れも沖仲士等の運輸労働者を中心とする既存の合法団体）に喰入り、其の中に革命的反対派を結成し、之を赤労組織として接収すること、各工場内に赤労の最下部組織たる班、分会を組織すること及出版部を確立して機関紙を発行すること」などを「協議」したとして、治安維持法第二条を適用した（『思想彙報』第七号、一九三六年六月）。

三七年六月四日の光州地方法院木浦（モッポ）支庁判決は、宋純赫（ソンスンヒョク）ら四人に治安維持法第二条を適用して、懲役一年を科した。三二年一一月の結婚式での次のような言動も「犯罪事実」の一つとされた。

李道伯（リドンペク）の結婚披露宴に招かれたるを奇貨とし……出席者李全春（リチョンチュン）外数十名に対し、李道伯は表面社会主義を唱うるも其の実（じつ）資本主義者にして、平素海女（あま）、無産漁民の膏血を搾（しぼ）りつつあるものにして、其の搾取金を以て盛大なる結婚式を挙行せり、吾々は此の汚れたる金子を以て調達したる料理は食すること能わず、李道伯は須らく搾取金を無産者に返還すべしと述べしめ、以て目的たる事項の実行に関し運動しなお、この判決では未決勾留三六五日を算入したため、実際に入獄することはなかったと推測されるが、その勾留期間の長さが注目される（「独立運動判決文」）。

一二月二四日の光州地方法院木浦支庁の尹淳植らに対する判決も治安維持法第二条を適用し、懲役一年から六月（執行猶予四年）を科した。そこでは「日刊新聞朝鮮日報に依り共産主義思想の研究を為し、意識の向上を図るべく申合せ……教材として主義思想の研究を為し、以て目的たる事項の実行に関し協議し」たことが、処断の対象となった（『日帝下社会運動史資料集』第七巻）。

三八年七月二二日の京城地方法院判決は被告人ら三人が会合し、「朝鮮青年大衆は先天的に民族意識潜在し、且闘争性に富むを以て、之に共産主義思想を注入し、多数同志を獲得して将来共産主義運動に進出すべき」旨、協議したとして治安維持法第二条を適用し、懲役二年から一年を科した（「仮出獄」）。一二月九日の金林澄に対する京城地方法院判決は、「正面より共産主義を標榜することをせず、文学研究に藉口し、文学を愛好する自由主義思想を抱懐する青年に接近し、之にプロ文学を読ましめ、以て共産主義を注入すべき旨協定し」たことが治安維持法第二条に該当するとして、懲役二年六月を科した（「独立運動判決文」）。

三九年四月一四日の金熙星ら九人に対する京城地方法院の判決は、「（イ）相提携して共産主義運動を為すべきこと（ロ）各工場内に一人のオルグを獲得し、之を中心にサークルを作りたる上、漸次左翼的に指導して赤色労働組合を結成すべきこと」などを協議したことに治安維持法第二条を適用し、懲役三年から一年を科した。なお、三八年五月二一日に同法院でなされた予審終結決定と判決文はほぼ同一であった。公判終了までに一年近くかかっている（「独立運動判決文」）。

六月二七日、京城地方法院は朴仁煥に治安維持法第二条を適用して、懲役一年六月を言い渡した。「共産主義運動を為すには一つの組織を持つ必要あるも、斯くせば警察当局より容易に発見、検挙される虞れあるを以て組織を作らず、各自只管共産主義理論を研究し、意識昂揚に努むると共に、各自の職場に応じて共産主義を宣伝し、同志を獲得し相提携して共産主義運動を為すべき旨」、協議したという理由である（「独立運動判決文」）。

次に「煽動」罪をみよう。三五年三月三〇日、林明苗に対して大邱覆審法院は懲役二年を言い渡した。三一年二月、農民約二〇人の前で「当地方に於ける小作農民は地主より圧迫搾取せられ、悲惨な境遇に在り、這は全く農民の団結を欠く為にして、此の儘に推移せば餓死するか、或は満洲に駆逐せらるるの外なきに付、須く団結して小作料其の他の小作条件を改善し、地主の横暴を防ぎ、地位の向上を図る為、農民組合を組織し、地主に対抗するの要あり」と「力説勧説」したことが、治安維持法第三条に該当するとされた（「独立運動判決文」）。

三六年三月二〇日の金斗五に対する大邱地方法院判決は、治安維持法第三条を適用して懲役一年六月を科した。三四年、メーデー当日、学生やその父兄二〇余人にメーデーの説明をおこない、メーデー歌を合唱したこと、「里民約七十名集合の席上、「十年目に帰った息子」と題する無産者の悲哀を摘示し、資本主義制度を排撃する筋書の素人劇を上演する等」、共産主義的意識の注入に努めるなどの「煽動」をしたとして処断された（『日帝下社会運動史資料集』第七巻）。

四〇年四月八日、京城地方法院は「在京の朝鮮人学生中、演劇研究希望者を糾合し、演劇の研究と共に共産主義の研究を為し」たとして、「左翼演劇団事件」に懲役一年から八月を言い渡した。三八年六月下旬、東京の築地小劇場で「地平線」と題する「「亜米利加の農村青年が現実を呪い、海の彼方の理想郷を求むる場面」たる現代資本主義社会より共産主義社会を翹望せる暗示的演劇を公演し」、観客約七〇〇人を「煽動」したとして、治安維持法第三条などを適用した（『思想彙報』第二三号、一九四〇年六月）。

「窮極」「究極」という飛躍した論理

「私有財産制度」否認結社のえぐり出しや「協議」「煽動」の適用増大に寄与したのは、「窮極」や「究極」という飛躍の論理である。萌芽的な社会変革の芽を、「窮極」や「究極」などを用いて、安直かつ一挙に共産主義社会の実現や朝鮮独立の達成に結びつけた。治安維持法拡張を象徴するこの跳躍の論理は、日本国内の治安維持法の運用においても人民戦線事件や皇道大本教事件などの一九三〇年代後半以降の司法処断でしばしば用いられるが、朝鮮においてはそれよりも早く三五年前後から登場する。量刑は治安維持法第一条に結びつけることにより、「協議」や「煽動」罪よりも重くなった。

おそらくそのもっとも早い事例が、三四年一一月二五日の京城地方法院判決である。日本国内よりも早い段階で朝鮮共産党が逼塞させられたため、「朝鮮に於ける共産運動の当面の標的は共産党の組織には非ずして、其の基礎的組織たる赤色労働組合の組織」にあるとして、「朝鮮に於て私有財産制度を否認し、之が共産化を究極の目的とする赤色労働組合の組織に着手した」が、「未だ完成を遂げず」におわったとする。治安維持法第一条第二項・第三項（未遂）を適用して、懲役三年六月などを科した（「在所者資料」）。赤色労働組合を組織することが、「究極」において「私有財産制度」否認による共産制社会の実現に資するという強引な論理である。

この労働組合や農民組合の組織を、「究極」や「窮極」論法により共産主義社会の実現や朝鮮独立の達成に直結させる判決は少なくない。三五年に限っても、「赤色労働組合を組織し、究極に於て私有財産制度を否認する共産主義社会の実現を目的として「読書会」なる秘密結社を組織」（五月七日、咸興地方法院判決、「仮出獄」）、「共産青年同盟準備会及江陵（カンスン）赤色農民組合結成準備委員会を指導し、統制ある全面的活動を展開し、究極は朝鮮共産党を結成し、朝鮮の独立及共産化を図ることを目的とする通称ピー＝Pなる秘密結社を組織」（七月一七日、京城地方法院判決、『法政新聞』第三二一号、九月五日）、「窮極に於て朝鮮を独立せしめて国体を変革し、且つ朝鮮に私有財産制度を否認し、共産主義社会建設の目的にてK会なる結社を組織」（一〇月三一日、咸興地方法院判決、『日帝下社会運動史資料叢書』第一〇巻）などを見出すことができる。

三六年二月一七日の咸興地方法院判決は「定平（ジョンピョン）農民組合再建委員会」が「究極に於て朝鮮を独立せしめ、国体を変革し、且つ朝鮮に於て私有財産制度を否認し、共産主義制社会を建設すべき目的」を有していたとみなし、その加入に治安維持法第一条第一項後段・第二項を適用し、懲役七年から一年六月を科した（「仮出獄」）。三七年一一月一二日の清津地方法院判決は「窮極に於て朝鮮を独立せしめて国体を変革し、且朝鮮に於て私有財産制度を否認し、共産主義社会の実現の目的を以て「農民組合運動明川左翼」なる結社を組織」したとして、治安維持法第一条第一項前段・第二項を適用し、懲役八年と六年を科した（「仮出獄」）。

農民組合・労働組合以外にも応用されていく。三五年一〇月二一日、李秉模（リビョンモ）に対して京城覆審法院は資本主義制度を撤廃し、「共産主義社会を実現せしめんことを窮極の目的とする振興会なる結社」を組織したとして、治安維持法第一条第二項を適用し、懲役二年六月を言い渡した（傷害罪などを併合、「独立運動判決文」）。一〇月二六日の咸興地方法院判決は「将来学校を卒業して実社会に出でたる暁に於て、共産主義社会実現の為、実践運動を為すべき基礎を築き、窮極に於て私有財産制度を否認し、共産主義社会を実現せしむることを目的として共産主義グループなる結社」を組織したとして、治安維持法第一条第二項を適用し、懲役二年から一年六月を科した。三六年三月六日の京城覆審法院判決は「究極に於て私有財産制度を否認し、共産主義社会の実現を目的として共産主義研究グループなる結社を組織」したとするが、第一審判決とほぼ同文で、量刑も変わらなかった（以上、「仮出獄」）。

「窮極」「究極」と同類のものとして、次のようなものも編み出された。三五年一月二八日、咸興地方法院は「赤色北青（プクチョン）農民組合徳城（トクソン）支部再建協議会事件」に対して、治安維持法第一条第二項を適用し、二一人に懲役三年から一年六月を言い渡した。「犯罪事実」は三二年一二月、「私有財産制度を否認し、共産主義社会実現を終局の目的とし、従来の農民組合とは全然別個独立なる「赤色北青農民組合徳城支部再建協議会」なる秘密結社を組織」したとされた（『思想彙報』第二号、一九三五年三月）。「終局の目的」が用いられた。

九月二五日、権忠一（クォンチュンイル）に対して咸興地方法院は懲役八月を科した。これに検事が控訴すると、一二月六日の京城覆審法院は懲役二年を言い渡した。「朝鮮内を赤化し、階級闘争に因りて無産者の生活向上を策し、最後には帝国の支配を脱し、労働者独裁の共産社会を実現すべきもの」として、「其の過程とし先づ以て左翼労働組合、農民組合の組織を必要」とし、「差当り長箭（チャンジョン）に於て左翼労働組合運動の組織の為の準備委員会」結成を「煽動」したと認定した（「独立運動判決文」）。この判決では「最後には」「其の過程とし先づ以て」「差当り」を駆使して、「左翼労働組合運動の組織の為の準備委員会」結成の「煽動」という、ごく初歩の段階に対する処断を強行した。

三六年二月一九日、大邱覆審法院は朴英熙（パクヨンヒ）ら八人に懲役二年から一年を言い渡した（一人を除き三年の執行猶予を付す）。理由は二七年九月、「表面上朝鮮プロレタリア芸術同盟の再組織に仮託し、プロレタリア芸術を武器とし、ブルジョア芸術を排撃し、マルクス主義を宣伝し、一般大衆に対し階級意識を注入鼓吹するものにして、畢竟（ひっきょう）朝鮮に於て私有財産制度を否認し、共産制度の実現を目的とする結社を組織し、朝鮮プロレタリア芸術同盟の名称を踏襲」したというもので、治安維持法第一条第二項に該当するとした（「独立運動判決文」）。九年前のプロレタリア文化運動を処断するにあたり、「畢竟」という「窮極」に匹敵する飛躍の論理が用いられた。

日常の改善運動への適用

前述のように、朝鮮総督府高等法院検事局『思想彙報』第六号（一九三六年三月）の「昭和十年度に於ける鮮内思想運動の状況」では、共産主義運動の新たな形態として「日常卑近なる問題を捉えたる宣伝の方法を以て大衆を獲得せんとするの傾向」に注目していた。「日常卑近」の問題への着手を共産主義運動の意識的な運動の第一歩とみなして治安維持法が襲いかかる様相は、次のような判決にうかがえる。

一九三六年一月二八日の光州地方法院木浦支庁判決は、「私有財産制度を否認し、地主階級を打破し、自由、平等且安全なる農民生活実現の為」に「珍島赤色農民組合」を組織するとともに、「日常農民生活に直接影響する諸問題を掲げて本組合の行動綱領として活動することを誓う旨の宣言」をおこなったことを理由の一つとして、治安維持法第一条第一項前段・第二項を適用し、懲役二年六月を科した（『日帝下社会運動史資料集』第七巻）。

三七年四月二八日の光州地方法院判決は次のような「犯罪事実」を認定し、治安維持法第一条第二項前段に該当するとして、懲役一年六月から一年を科した（執行猶予三年、「独立運動判決文」）。

> 現下共産主義運動の最も適切なる展開策として居里の浄閣外三ヶ部落に夫々存在する農村振興会を利用し、表面賭博の防止、共同耕作其の他を綱領とし、各部落毎に任員を選任して毎月陰十五日に其の任員会を開催し、以て農村振興の為、合法的活動を為すものの如く装い、次第に部落民の信任を得、傍竊かに右任員会等に共産主義意識の教養を施し、漸次意識分子を獲得して農村赤化を図る為、前記の振興会を網羅し、結局私有財産制度の否認を真の目的とする舟山農村振興会を組織せんことを協議決定した。

ここには、表向きは「賭博の防止、共同耕作其の他」という日常の改善を「合法的活動を為すものの如く装い」、「共産主義意識の教養」を供しつつ、「結局」は「私有財産制度」否認の実現をめざしているのだという、治安維持法拡張の手法が総動員されているといってよい。

六月四日の光州地方法院木浦支庁判決では、社会科学書籍の輪読と批判討議による「共産主義意識の向上」「大衆を共産化」するために、各自は「夜間遅く街頭を徘徊せざること、喧嘩口論を慎むこと、家業に精励すること等」という通俗道徳の実践について協議したことを理由にあげて、四人に治安維持法第二条を適用して懲役一年を科した（「独立運動判決文」）。

三九年六月一六日、崔南奎（チェナムギュ）に対して京城地方法院は「郷穀徴集等貧農大衆の不平不満なる各種の事項を調査研究して、之等を掲げてあらゆる闘争を為し、結社の拡大強化を図るべきことを協議して雄坪面（ウンピョンミョン）闘争委員会を組織」したとして、治安維持法第一条第二項を適用して懲役四年を言い渡した（「仮出獄」）。

教育実践への処罰

教育方面への治安維持法の適用は一九三〇年前後の中等教育における同盟休校事件弾圧に端を発し、三〇年代前半に初等教育や農村の夜学会にも波及していったことは前述した。新興教育研究会事件の高等法院「事実審理決定」（一九三二年）で、「更に同種事件の続出するの怖（おそ）れなきにあらざる」と予測していたが、三〇年代後半、それは的中していった。

三六年二月二一日の京城覆審法院判決では、京城地方法院春川（チュンチョン）支庁で趙暻九（チョギョング）に言い渡された懲役八月の量刑を不服とした検事控訴を「控訴理由なし」とし、一審どおりの量刑とした。「犯罪事実」とされたのは、趙が夜学会の教師として「十数名の青少年に対し、普通学の科目を教授する傍（かたわ）ら、数十回に亘り横暴なる現代の資本主義社会は早晩崩壊し、我々無産者に幸福を与うる共産主義社会を実現すべきこと必定なるも、我々無産者は夜学会に於て熱心に勉学を為し、固く団結して一日も早く共産主義社会の実現するよう其の目的達成に進まざるべからざる旨説述」したことで、治安維持法第二条・第三条に該当するとされた（「独立運動判決文」）。

六月二五日の康文一（カンムンイル）と朴栄淳（パクヨンスン）に対する大邱覆審法院判決は「夜学会を開始し、無産児童に対し国語、算術、作文、習字等を教え、同時に階級意識の注入に付指導教養を為さんことを密議」し、三四年一〇月から三五年にかけて「毎週日曜日の夜、又は授業時間終了後時々」、生徒三〇人に対して、次のような講話をするほか、「革命歌、団結歌、其の他過激なる唱歌」を歌わせたとする（「独立運動判決文」）。

現在我朝鮮が日本に奪われ、朝鮮民族が植民地扱を受け、全く継子扱にされ居るは、皆日本帝国主義の侵略の為にして、我等無産階級が漸次貧困に陥り、飢餓線上に彷徨し、資本家が美衣美食を為すは、日本帝国主義の擁護の下に資本主義が横暴にも吾等無産者の血と汗を搾取するが故なり、左れば我々は一日も早く一字をも多く習得し、現在の矛盾甚しき社会制度を改革せざるべからず、少年少女は団結して優秀なる闘士となり、彼奴等と闘い、奪われた朝鮮を取戻し資本主義制度を破壊せざるべからざる。

これらが治安維持法第二条・第三条に該当するとされ、各懲役一年（執行猶予三年）を科された。

三八年六月二日の咸興地方法院は任学淳に対して、治安維持法第三条の「煽動」を適用して懲役二年六月を科した。清津第一公立普通学校訓導として、「純真なる児童」に「左翼文献より教材を取り、現在の資本主義制度の不合理、貧富の懸隔の差より生じる弊害、帝国主義者権力者の無産者に対する搾取圧迫」を暗示し、「無産者の団結力に依り、自由平等なる共産主義社会の実現を図らざるべからざる旨を織込みたる童話」を講述し、「共産主義意識を教養注入し、漸次実践の運動を展開せしめんこと」を企てたとする。その「左翼文献」教材の一つが小林多喜二『蟹工船』で、次のような授業内容とされた（「仮出獄」）。

（一九三七年――引用者注）二月上旬数日に亘り実習教授の時間を利用し、約一時間宛全教室に於て全児童に対し「蟹工船」と題し、蟹工船博光丸が函館を出帆し、沿海州カムチャッカ方面に蟹の漁撈に出掛けたるが、監督が約四百名の労働者を虐待し、汽缶室のボイラーに隠れたる或雑役夫は便所に押込まれて絶命し、肋膜炎に罹りたる漁夫も棍棒皮鞭にて殴打され、暴風雨の予報にありたるを放置したる為、（蟹漁のための「川崎船」――引用者注）六隻は難破するに至り、約四百名の漁夫船員等は監督の命令に服せずして怠業を為し、一漁夫が首謀者と為り、八名の仝志を得て他の労働者を煽動してストライキを決行し、待遇改善を要求したるも監督は無線電信にて駆逐艦の救援を求め、首謀者を連れ去り、ストライキは失敗したるが、後、監督は成績不良にて馘首せられ、労働者の待遇改善の要求は結局貫徹されたる。

イカやカニ漁の盛んな清津地方の児童にとって、この「蟹工船」の苛酷な労働は連想が容易だったろう。「無産者に対する搾取圧迫」への悲憤や怒りを呼び起こしたと思われるが、そこから「自由平等なる共産主義社会の実現を図らざるべからざる旨を織込」んでいたとする認定は、治安維持法を適用するレトリックであった。

「学童に民族意識を注入し、且不穏文書を無許可出版」したとする事件に対して、釜山地方法院は三八年一二月二〇日に判決を言い渡した。慶南三東公立普通学校の六年生に三四年九月から三五年三月にかけて、歴史の時間中に「日露戦役後の朝鮮は日本依存の已むなきに至り、果は其の属領植民地となりたるが、爾来同胞は自由を圧迫され、奴隷の如き悲惨なる民族と化するに至れり、左れば各自は今後共朝鮮人たるの観念を忘却せず、互に将来の幸福を獲得すべき覚悟を要す」と話し聞かせたとする。治安維持法第三条の「煽動」を適用し、懲役一年を科した（『思想彙報』第一八号、一九三九年四月）。

四〇年一月二三日の咸興地方法院判決が『思想彙報』第二二号（一九四〇年三月）に収録されている。「労農大衆赤化計画事件」と呼ぶ「事実概要」は、「朝鮮の独立及共産化の目的を以て農村に於ける無学の青少年を集めて、表面は純然たる勉学団の如く装い、普通学校の教科書等を教材として教養に努め、其の中、優良分子を密に選抜して同志に獲得し」というものであった。治安維持法第二条を適用し、懲役一年から一〇月を科した。

四〇年六月二八日の京城地方法院は「小学校訓導等の左翼運動事件」の判決で治安維持法第二条・第三条を適用し、懲役二年から一年六月を科した。『思想彙報』第二四号（一九四〇年九月）によれば、「事実概要」は「昭和七年九月以降、江原道高城郡下に於て朝鮮の独立及共産化の目的を以てプロレタリア文芸、諺文文学（朝鮮語による文学——引用者注）の研究発表に依り、大衆の民族意識の昂揚赤化を画策協議し、或は学校児童に対し意識の涵養に努むる等、其の目的遂行の為活躍す」というものである。

九月二四日、京城覆審法院は千成煥に治安維持法第二条・第三条を適用して懲役二年を言い渡した。千成煥は三八年六月から三九年三月にかけて、公立尋常小学校二年生児童七七人に「朝鮮語は朝鮮人の生命なる旨強調し、朝鮮語授業時間は一週間一時間と定めありたるを、擅に一週間四時間又は五時間と定めて教授し、国語綴方時間には諺文にて綴らしめ、且其の課題は皇国臣民化すべきものは殊更に避け、自然物たる雲、川、雪等を選択出題する方針を採り、右児童に対し民族意識の涵養に努め」たとされた。また、三七年八月から三八年一二月にかけて私設松興学術講習所の二・三年生に「農村に於て無産者たる農民が辛い労働を為し居れるが、資産家たる都会人は農民の汗血を吸収して生活し居るものなりとの趣旨を説明し、或は左翼文献たるオリンベート（童話集）を朗読説明し与うる等、右児童等に対する共産主義意識の注入を図」ったとする。

千成煥については「内鮮人官吏の差別待遇に対し不満を抱き居りたる折柄、朝鮮教育令の改正、志願兵制度の実施を見るに至りたるところ、斯る政策は朝鮮民族の滅亡を図るものなりと曲解し」、これらの行動に出たとしている（「独立運動判決文」）。

高等教育でもその教育内容に治安維持法が襲いかかった。四〇年一二月一九日の京城地方法院判決は、李順鐸ら元延禧専門学校教授三人に対して治安維持法第三条を適用し、懲役二年（執行猶予四年）の刑を科した。李順鐸の「犯罪事実」は、次のようなものとされた。

> 昭和四年四月より昭和八年三月まで、昭和九年四月より昭和十三年三月迄数十回に亘り、右延禧専門学校内に於て毎年同校商科第一学年生約五十名に対し、自己の担科目経済原論を講義するに際り、朝鮮に於ける私有財産制度を否認して共産主義社会建設の目的を以てマルクス主義経済理論に立脚して理論を展開し、資本主義経済機構に対する分析批判を為し、其の矛盾欠陥を暴露し、近き将来、歴史的必然的に現在の資

本主義経済組織は崩壊し、共産主義社会に転化すべき旨を説き、且将来卒業後各種産業部門等に就職したるときはマルクス主義理論に立脚して経済機構を分析批判し、指導的立場に立ちてマルクス主義社会の実現を助成する為、活動すべき旨暗に慫慂（しょうよう）し、以て前記目的たる事項の実行に関し煽動し

一〇年以上も前から「マルクス主義経済理論に立脚して理論を展開」し、その間は不問に付されながら、なぜこの時点でこうした治安維持法の処断を受けるのか理解に苦しむが、そうした真っ当な弁論も通用しない司法の状況になっていたというほかない。

しかも、白南雲（ペクナムウン）の場合は「商業通論」「経済原論」「東洋経済史」などを通じて、盧東奎（ロドンギュ）は「農業経済」「銀行論」「貨幣論」などを通じて、「近き将来、歴史的必然的に共産主義社会に転化すべき旨」を説き、卒業後においても学生らに「指導的立場に立ちてマルクス主義社会の実現を助成する為、活動すべき旨暗に慫慂し」という部分も含めて、ほぼ三人が同文の「犯罪事実」で処断されているという安易さである（以上、「独立運動判決文」）。

「後方撹乱」を名とする処断

朝鮮総督府警務局保安課『高等外事月報』第一号（一九三九年七月分）は、思想犯罪の漸次減少の傾向を「寔（まこと）に喜ぶべき現象」としつつ、「最近に於ける共産主義事件の大部分が日蘇開戦を不可避的事実なりとして、一朝有事の際に於ける後方撹乱を企て敗戦的役割を務め、以て朝鮮の独立共産化を企図し」ていることに「深甚の査察警戒」を向けていた。そこでは、重要な思想事件一一件中の四件（三四四人検挙）が咸鏡南道の「朝鮮民族解放統一戦線結成並支那事変後方撹乱運動事件」とされている。

『思想彙報』第二一号（一九三九年一二月）掲載の高等法院検事局「咸鏡南道元山（ウォンサン）府を中心とせる朝鮮民族解放統一戦線結成並支那事変後方撹乱事件の概要」では、「殊に今次支那事変の勃発に際会するや、著しく国民精

神の昂揚を見、全鮮的に熱烈な銃後愛国運動が展開せられ、思想転向者続出し、半島思想界の好転は全く隔世の感を呈するに至った」ため、「一般左翼、殊に非転向思想的前科者の一群は時局の重圧に押され、沈滞乃至静観を余儀なくせられ、積極的蠢動を避くるものと観察せられ勝ちだった」。ところが、「此の事件の検挙は見事にその観察を裏切った」とする。

この事件とは、三八年一〇月一八日、咸鏡南道元山警察署が中心となって一一〇人の一斉検挙を断行し、七〇人を検事局に送致、四四人を起訴（予審請求）した元山事件である。三九年八月三一日に予審終結決定がなされ、四四人が公判に付された。咸興地方法院の判決は遅れて四二年一二月四日となり、治安維持法第一条第一項前段を適用し、懲役五年から一年を科した。

元山事件で「後方攪乱」とされるのは、『信号旗』第四号に「吾等の自主的消費組合を作ろう」と題し、「日支戦争により労働者の生活苦は極度化し、加之国家は国防献金、軍人慰問等の名目にて容赦なく掠奪するを以て、此の戦争の為死亡するものは兵隊のみならず労働者も亦然り」という趣旨の「治安を妨害すべき記事」を記載して頒布したことなどであった（『思想彙報』続刊、一九四三年一〇月）。

四〇年三月一九日の咸興地方法院による「赤色農民組合再建並支那事変後方攪乱画策事件」の判決は、一二人に対して治安維持法第一条第一項前段・第二項を適用して、懲役五年から二年を科した。赤色農民組合再建運動弾圧の事件だが、日中戦争後の「後方攪乱」を付け加えている。その部分は「現在の如く長期戦の段階に在る支那事変下に於ける吾々革命運動者は中国民族解放の為の抗日人民戦線を擁護し、侵略戦争の途上に在る日本軍を敗戦に導き、惹いて朝鮮の共産革命を容易ならしむる為、後方攪乱の戦術を採用実行すべきである」として、組織の拡大強化を図るために名称を「革命的農民運動者委員会」に変更したという程度のことで、具体的な活動がなされたわけではなかった（『思想彙報』第二三号、一九四〇年六月）。

これらの他に『思想彙報』続刊の「朝鮮重大思想事件経過表」には、次のような「攪乱運動事件」が並んでいる。

中国共産党の鮮内抗日人民戦線結成並支那事変後方攪乱運動事件　咸興地方法院
反日人民戦線朝鮮指導機関結成並武装蜂起後方攪乱運動事件　同
洪原左翼農民組合再建並支那事変後方攪乱事件　同
朝鮮共産党再建を目的とする京城コムグループ組織活動並後方攪乱策動事件　京城地方法院

検事局の受理人員は順に二八六人、七五人、四八人、四一人と多く、「後方攪乱」を名目に一斉検挙が断行されたことがわかる。これらの検挙人員はさらに大きな数字となっているはずである。

それは、三六年五月から三九年一二月まで咸鏡北道警察部長を務めた筒井竹雄の「これは朝鮮でも赤化の激しい地帯でありまして、南三郡（明川、吉州、城津——引用者注）の赤化地帯というふうにして、私としてもまあ心血を注いでそこの思想浄化といいますか、赤化の取り締まりにあたったわけです。そういう場合に日本と違いますことは、何百人というのを一遍に検挙する」という証言と関連があるだろう。筒井は「朝鮮における共産主義運動の特徴というのは、もう一地帯を全部赤化するわけです。……一部落、一郡を対象にして取り締まっていく」とも語っている（「未公開資料　朝鮮総督府関係者　録音記録（4）」『東洋文化研究』第五号、二〇〇三年）。「後方攪乱」防止を名目の一つとして、部落・村・郡単位の一斉検挙が断行され、一帯の「思想浄化」がめざされた。

警務局『最近に於ける朝鮮治安状況』（一九三六年五月）によれば、咸鏡北道明川及城津における左翼農民組合の弾圧では、三六年四月末現在で明川の拘束人員は六八六人に、城津は二〇四人（さらに被疑者三〇〇人）に達していた。ここでも「地方浄化の実を挙ぐべく」、「不良分子の徹底的検挙」の続行が期されていた。

先の「中国共産党の鮮内抗日人民戦線結成並支那事変後方攪乱運動事件」は恵山（ヘサン）事件と呼ばれた。一九三七年一〇月の一斉検挙から一二月までの検挙により、咸興地方法院検事局の受理数は二八六人に達し、三八年五月と三九年三月の起訴者は一八八人におよんだ。予審終結決定は四〇年一月で、一七八人が公判に付された。

ところで、『思想彙報』では第一六号（一九三八年九月）から、日中戦争の全面化に伴う「時局関係の犯罪に関する調査」が掲載された。上記とは別に被疑者は単独か数人で、他の法令との併合罪が多い。第一六号では「時局に直接関係せる事件」として「日本は経済的破綻と革命の勃発は免れざるを以て、此の機を逸せず我等は一斉に立上り、朝鮮独立運動に邁進せざるべからず云々と煽動」したとして、孔元檜（コンオンフェ）が陸軍刑法・海軍刑法違反と治安維持法違反に問われている（京城地方法院、一九三八年六月二三日予審終結、量刑不明）。

また、「時局を利用せる事件」として京城地方法院で二人が懲役一年（執行猶予三年、一九三八年七月一七日）を科されているが、その「犯罪事実」とは「日本が支那事変に際会し、国際的危機に瀕する現在こそ左翼実践運動の好機なれば、軍需工場にストライキを惹起せしめ、其の能率を減退せしめなば、日本の戦闘力に影響を及ぼすは勿論、遂に之を敗戦に導くものなれば、此の際各工場内に其の準備として細胞を組織する様指令すべき旨決議す」というものであった。一方で、「ソヴェートロシア及英国は支那に加担し、日本と戦争を開始すべく、その際日本国内には必然的に内乱勃発す、吾等は其の機を逸せず、朝鮮独立運動に進出すべく、同志獲得に努力せざるべからず云々と述べ、之が実践運動を煽動す」とされた大邱商業学校生徒は起訴猶予となっている（大邱地方法院検事局、一九三八年五月一二日）。

四〇年五月二一日の韓鎮圭（ハンジンギュ）に対する咸興地方法院判決は治安維持法第一条第一項前段・第二項を適用して、懲役五年を科した。「犯罪事実」の一つとされたのは、三八年八月一日の反戦デーにその記念闘争として、その由来を説明した後、「現在の事変に於て日本は遠からず敗戦すべき運命に在るを以て、吾人は隙の機会に乗じ、速に日本を敗戦に導くべく軍費となるべき各種税金の不納及軍需品（豚皮、犬皮、馬糧等）の強制徴収反対等の挙に出づべし」という発言である（「仮出獄」）。

「後方攪乱」運動と大仰な表現をしているが、ほとんどは反戦反軍的な言動にとどまり、具体的な行動に出るものではなかった。

三　再燃する民族主義への適用

在外独立運動団体への追撃

朝鮮総督府高等法院検事局「昭和十年度に於ける鮮内思想運動の状況」（『思想彙報』第六号、一九三六年三月）には、「民族主義運動が殆んど其の影を潜めたことが首肯される」とあったが、「昭和十一年度に於ける鮮内思想運動の状況」（『思想彙報』第一〇号、一九三七年三月）では、民族主義運動において「在外民族主義団体からの鮮内への働きかけ」が相当あったことに注目している。『思想彙報』第一二号（一九三七年九月）の「同友会の真相」冒頭では、「近時内鮮を問わず、共産主義運動の沈滞したるに伴い、更に又日支事変の悪化深まるに連れ、之等民族主義運動は今後益々増加し露骨化するの虞（おそれ）なしとせず」と予測している。

高等法院検事局の村田左文検事は、一九三七年に『上海及び南京方面に於ける朝鮮人の思想状況』という大部な報告書を提出している（『朝鮮統治史料』第一〇巻「在外韓人」所収）。治安当局の上海や南京の朝鮮人民族主義者の動静に対する強い関心と警戒の産物といえる。「民族主義運動」の叙述量が九割近くを占め、「満洲事変」後、「中国側の庇護下に之等の運動は俄然活気を呈し、満鮮乃至内地に主義者を派し幾多の兇暴行為を敢行し」たが、「昭和十年八、九月頃より中国側の援助消極化したる結果、運動資金に極度の欠乏を来たし、昨今に至っては其の活動頓に衰え、何れも之が現状の打開に汲々たる有様である」とする。

国史編纂委員会『韓民族独立運動史資料集』には、一九三〇年代の民族独立運動関係の警察・検察・公判関係の文書が多数収録されている。本節では主にそれらの文書を利用して、再燃した民族主義運動にどのように治安維持法の追撃的運用がなされたのかをみていく。「中国地域独立運動」と一括されるように、中国各地の朝鮮人民族独立組織の一員としての行動が処断される。

一九三六年四月一五日の京城地方法院検事局から京城地方法院宛の全奉南の「公判請求書」では、愛国団が「首領金九こと金亀指導の下に日本帝国主義を打倒し、朝鮮独立の目的を以て総有直接行動に依り其の目的貫徹を図る結社なることを説明せられ、之に加入方の勧誘を受くるや、直に賛同、該結社に加入」するほか、蒋介石経営の南京中央陸軍軍官学校洛陽分校の軍事訓練班が「朝鮮人青年に対し専ら朝鮮革命工作に直接必要なる学術科を修習訓練せしめ、革命闘士を養成するもの」であることを知って入校したことなどを「犯罪事実」としてあげた。

四月二二日の京城地方法院公判で、裁判長山下秀樹は被告全奉南に「朝鮮が吾が日本帝国の羈絆内にあることに対して不平不満を抱き、其独立を希望する様になったのではないか」と問うほか、「今後は絶対に斯様な運動に従事せぬか」などを確認した。検事は治安維持法第一条第一項後段を適用し、懲役二年を求刑した（四月二八日の判決文は不明。以上、『韓民族独立運動史資料集』四四、「中国地域独立運動　裁判記録二」）。

次に朝鮮革命党関係をみよう。三六年六月一八日、治安維持法違反被疑事件として京城西大門警察署で柳光(ユグァン)浩(ホ)の取調がはじまった。「朝鮮革命党に加入したる動機」や「革命軍の活動」などについで「朝鮮革命党は朝鮮独立を目的とする民族運動と云うが、中国共産党とも連絡し居ると云う、革命軍政府の主張する主義は何か」を問われると、柳は「世界の情勢は左翼社会主義運動者の優勢なるに従って、民族運動は自滅の状態に陥るのであります。朝鮮革命党は其の世界情勢を悟って、植民地に於ける革命運動は民族主義運動者も社会主義運動者も協力して支配国に抗争しなければ革命の目的は達成し得られないのであります。……然るに朝鮮革命党は連絡はあるも、民族意識のある以上、完全に中国共産党と握手する事が出来ないので、満洲国内に中国共産党の伸長と共に朝鮮革命党の勢力は漸次縮少(ママ)され、最後には自滅の状態となるを憂慮して居るのであります」と答えたという。

柳光浩ら六人に対する八月一九日の京城西大門警察署警部吉野藤蔵の「意見書」には、次のような「犯罪事実」が記された。

昭和九年頃より反満軍及紅軍（共産軍）と緊密なる連絡を執り、俄(にわか)に勢挽回し、朝鮮革命軍政府を組織し、軍事、行政に二分し、世界の情勢より推して日本帝国の危機は遠からずとし、其の危機を利用し武力を以て革命の目的を達すべく、軍事部は専ら革命軍隊の養成に努め、行政部は義務金徴収条例を制定して在満鮮人より軍資金を徴収し、尚不足額は随時遊動隊を組織し（即ち鮮匪）て人質を拉致し、資産相当の身代を要求、政府を維持し、日本帝国に敵対行動を敢てするものにて、日本帝国の対満国策及朝鮮総督政治を覆滅し、延て我が国体の破壊を敢行するもの

そして「何等の仮借の余地なく、之等関係被疑者は厳罰の要ある」としたうえで、各被疑者の「所為を夫々法律条章に照らすに」として具体的な適用条文をあげている。たとえば、柳光浩は治安維持法第一条・第二条・

第五条という具合である。

京城地方法院検事局の京城地方法院宛の「予審請求」は八月二九日になされた。柳光浩の場合、朝鮮革命党に入党して「宣伝部に属し、党の宣伝文、警告文等を印刷頒布して同党の目的達成に努め」たこと、新たに民族革命党結成後も「数回に亘り、朝鮮内に於ける思想運動状況等」を通報し、文順龍（ムンスンユン）を党に加入させるなどして「同党の目的達成に努め」たことを「犯罪事実」とした（以上、『韓民族独立運動史資料集』四四、「中国地域独立運動　裁判記録二」）。

予審は一年以上が経過して三七年一〇月二九日に終結し、三八年三月五日、京城地方法院の判決があり、柳光浩は懲役五年を科せられた（予審終結決定書・判決文は不明）。

日中全面戦争下の民族革命党弾圧

金九主宰の愛国団員となった鄭喜童（チョンヒドン）は、三七年九月七日の京城鍾路（チョンノ）警察署における訊問で「朝鮮独立運動は何故するのか」と問われて、「日韓併合と言う美名の下に日本帝国は朝鮮を奪取して、朝鮮人は日本帝国の為に圧迫と差別待遇を受けて居ります故に、朝鮮人も人間です、互に団結し、心を一つにして実力を養い、そうして一致団結の力に依って暴力革命を断行して、日本帝国の羈絆より朝鮮を離脱せしめて独立国家として国権回復を図ることが必要であり、そうすることが吾々朝鮮人を幸福にすることが出来ると考えまして、朝鮮独立運動をやらなければならぬと決心致しました」と答えたという。

一〇月二六日の「意見書」では、治安維持法第一条・第二条などを適用し、起訴処分を求めた。一〇月二八日の「公判請求書」の「犯罪事実」では中国陸軍軍官学校洛陽分校への入学・卒業、愛国団への加入、「愛国団及民族革命党が応援する敵国支那の為、朝鮮内に於ける日本軍の軍情、殊に朝鮮に於ける出征兵の兵種並兵数を探知収集し、之を支那軍に諜報せんことを協議」し、朝鮮に戻って「間諜なさんことを陰謀」したなどとされた。

一一月二六日の京城地方法院の公判では、このスパイ行為について「警察や検事局に於てはスパイの為に帰って来た」と供述していることを追及されると、「警察では聞かれる儘に左様に申しました。検事さんは警察に来て取調をせられましたが、検事さんが取調べをせられる時、取調べをした警察官が同席して居たので、前と違った供述をする事は出来ませんでした」と答えている。検事は治安維持法第一条・第二条などを適用し、懲役五年を求刑した。

一二月三日の判決で懲役四年を科せられると（判決文不明）、鄭喜童は控訴した。弁護士李仁は、鄭が上海総領事館に自首の「結果、警察署に於て宥恕（寛大な心でゆるすこと——引用者注）を為し、将来忠良なる臣民の義務を誓いたる事実」があるとして、上海総領事館警察署に照会することを申請した。京城覆審法院はこの申請を却下し、三八年三月八日、治安維持法第一条第一項後段（目的遂行）を適用し、懲役四年の判決を言い渡した（以上、『韓民族独立運動史資料集』四五、「中国地域独立運動　裁判記録三」）。

三九年一〇月三〇日、京畿道警察部高等課の警部高村正彦は警察部長に「朝鮮民族革命党員李初生検挙に関する件」を報告した。同日の訊問で、李初生は「香港、漢口、南京、重慶方面を転々し、南京から重慶に避難する途中、朝鮮独立を目的として日支事変勃発後、敵国支那側と連絡し、我軍に抗敵し、中・韓合作に依って、我日本帝国を打倒すべく活動中の朝鮮民族革命党に加入」したことなどを答えているという。

一一月二二日の「意見書」では「犯罪事実」として「朝鮮民族革命党が朝鮮の独立と現下の支那事変に際し、敵国支那に与し、蒋介石の領導の下に朝鮮青年多数を募集して、之に軍事訓練を施し卒業後は参加せしめ、皇軍に抗敵することを目的とする不逞の結社なることを知りて」加入したこと、三八年三月の同党主催の朝鮮独立騒擾第二〇週年三・一紀念日闘争に参加して、党員らと「大韓国愛国歌の合唱、朝鮮独立万歳の斉唱等」をおこない、「民族意識の昂揚に努め」たことなどをあげて、治安維持法第一条第一項による起訴を求めた。

一一月二八日の検事局の第二回訊問で朝鮮民族革命党加入の目的を問われると、李初生は「支那官憲の朝鮮人に対する取締は厳重になり、何時検束される様な事があるかも判らないと考えたので、将来の保身上、民革に加入した」と答えている。一二月二日、京城地方法院検事局から「公判請求」がなされた。「犯罪事実」は警察の「意見書」とほぼ同じである。

京城地方法院の公判は一二月一三日に開廷された。冒頭、裁判長の「此の事件に付て陳述すべきことはないか」との問いに、李初生は「大体其の通り相違ありませぬ」と答えた。さらに加入の目的については、中国官憲の朝鮮人に対する取締が厳重なため、「自己の保身上加入しました」と答えている。検事は治安維持法第一条第一項を適用し、懲役四年を求刑した（判決文は不明、以上、『韓民族独立運動史資料集』四六、「中国地域独立運動裁判記録四」）。

治安維持法を補完する保安法の頻用

朝鮮総督府高等法院検事局『思想彙報』第一九号（一九三九年六月）は、「支那事変以後に於る保安法違反事件に関する調査」を掲載している。まず、保安法について「治安維持法に触れざる範囲内に於る民族主義的な諸運動を取締り得る丈けではなく、更に進んで「運動」と称すべき具体的な、或は集団的な行動に到らざる程度の不用意の裡(うち)に発現せられた言動であっても、苟(いやしく)もそれが政治に関し治安を妨害するに足るものであれば取締の対象となるのであって、取締の分野が非常に広範囲に亘っている」とする。保安法と治安維持法のおよその区分けが示されており、「民族主義的な諸運動」にとどまらず、「運動」ないし「集団」未満の「不用意の裡に発現せられた」政治的な言動までも保安法は取締対象としてきたことがわかる。前述の吉田肇「朝鮮に於ける思想犯の科刑並累犯状況」（一九三九年二月）にも、「保安法は思想運動にして未だ治安維持法を以て処断すべき程度に達せざるものに付、屢々其の適用を見るの実情」とあった。

その上で日中戦争が長期化したという「現在の時局下」、民族主義者は「時局の重圧に押され、静観主義を持し、成可く治安維持法に触れるが如き組織的な露骨な運動を避けている傾向が多分にある」と観測し、「寧ろ不用意の裡に発現せられた不穏な言動」を注視し、保安法の積極的な発動を図るべきとする。なお、制令第七号（一九一九年）の適用は一九三五年以降、ほとんどなくなったようである。

保安法違反被疑者の検事局受理数は、一九三七年七月から三九年四月までの合計で六六件三〇一人であるが、三八年に限ると四一件二二六人となる。五二件九九人が起訴となり、保安法単独および保安法と陸軍刑法などとの併合罪で四九人が有罪となっている（四六人は未済）。量刑はほとんどが一年未満で、治安維持法適用と異なり少数ながら禁錮刑もあった。犯罪動機別では「教徒獲得手段」が圧倒的に多く、ついで「日韓併合不満」「神社参拝不満」とつづく。さらに、「思想背景は民族主義一四〇、其の他一三五となっている」ものの、その他も「民族主義的思想傾向」を有するとし、「共産主義思想背景ありと認められるものは一人もなかった」とする。

この増加は「事変の影響に基因するもの」として、「事変の為、取締が厳重となり、従来は放任せられていた程度の不穏言動が、銃後治安の確保と云う意味から検挙、送局せらる様になったこと、事変の影響に因る人心の動揺が激烈であったこと、これを利用した類似宗教団体の暗躍等が主たる原因」とみなした。取締基準の引き下げがおこなわれた。

一九三〇年代後半の保安法の活用状況は、江原道警察部の『治安状況』（一九三八年、国家記録院所蔵）にもうかがうことができる。「思想犯罪検挙」件数として、三六年が治安維持法九件、保安法二件だったのに対して、三七年には四件、三件となり、三八年には三件、六件と逆転する。

具体的な保安法の発動状況をみよう。まず高等警察の活動から。

三八年九月一日、京城鐘路警察署長は京畿道警察部長らに「徽文中学校の紀年写真帖に関する件」を報告する。写真帳の「寄書は民族主義的のもの多く、且非学生的、不真面目なる点は覆うべくもなく、彼等の頽廃せる裏面は悉く曝露された」としながらも、保安法違反の疑いはあるが、卒業生であるため「訓誡に止めた」とする。その一人宋甲鏞の寄書は「無窮花東山で育ちたる偉大なる勇士よ、広き広き我等の使命を忘る勿れ」というものであった。この報告では「学校生徒に対する国民精神の程度は聊か疑わざるを得ず」として、今後の動向に注意中とする（京城地方法院検事局資料「思想に関する情報一〇」、国家記録院所蔵）。

また、四〇年七月五日には、京畿道警察部長から警務局長らに「保安法違反事件検挙に関する件」が通報された。被疑者大江龍之助は三九年一月三一日、文芸座談会に乱入し、「大正八年三月、朝鮮独立万歳騒擾事件勃発の際、日本官憲は不法にも水原の教会に於て多数の良民を焼撃して屠殺したではないか、自分は当時の事を追想すると実に涙が零れる云々と政治に関し不穏の言動を為し、以て聖戦下銃後民心を攪乱し、以て治安を妨害する行為を敢行し居れる事判明せる」というもので、保安法違反で起訴意見を付して検事局に送致の見込みとする（「思想に関する情報一二」）。

保安法違反事件の判決をみよう。三八年二月九日の公州地方法院洪城支庁判決は、朝鮮日報記者鄭応斗に保安法第七条を適用し、懲役八月を科した。その理由は、普通学校の謝恩会の祝辞に「昔中国を大国と呼び、其間中国の文明を享け、爾来其文明の一なる陰暦過歳を為し来りたるが、今日は所謂元旦と云うも其実昔から「オランケ」（ここでは「野蛮人」の意味――引用者注）と蔑視し居たる日本と握手し、日本に併合せられ、「オランケ」日本の正月を利用するに至り、誠に遺憾千万なり」と演説をしたというものである。これが「政治に関し不穏の言論を為したるもの」とされた（「独立運動判決文」）。

三七年一〇月二二日の公州地方法院判決に控訴した柳在莫に対して、三八年四月一二日、京城覆審法院は保安法ほか横領罪に該当するとして、重い横領罪を適用し、懲役一〇月を科した。三六年九月二五日、呉服店店頭で日本水兵狙撃事件の新聞記事に関して「近頃日支間に事件が多く起るのは、日本が支那人一部の悪徒を買収して、故ら事件を惹起せしめ、以て支那より利権を獲得せんと計画し居るものにして、斯様な事件が頻発するは当然の事にして何等怪しむに足らぬ」と高声で語り、「公然政治に関し不穏の言論を為し、治安を妨害し」たものとされた（「独立運動判決文」）。

四一年五月九日、全州地方法院は姜信洪に保安法第七条を適用し、懲役四月を言い渡した。四〇年五月、全州公立農学校の更衣室で同級生四〇人に対して突然朝鮮語で「朝鮮同胞よ、目醒めよ」と叫び、運動場で朝鮮語で「内地人は全部殺して仕舞え」と叫んだとされた。懲役四月という量刑に被告人・検事がともに控訴したが、六月二五日の大邱覆審法院判決は懲役八月と重くなった（「独立運動判決文」）。

このように、一九三〇年代後半、保安法は治安維持法を補完する役割をいっそう強め、戦時体制と植民地統治体制のための治安確保に貢献した。

安在鴻への断罪——合法的民族意識への攻勢

一九三六年六月、京城鐘路警察署は安在鴻を韓国独立党や韓国民族革命党、中国陸軍航空学校などとの関連で検挙したが、すぐに民族主義・意識を断罪することに比重を移した。安在鴻が「日韓併合当時より朝鮮の独立を夢想し、主義の為には一生を犠牲にすべきことを覚悟して実行運動を継続し来たりたるものにして、朝鮮民族主義者間には絶大の信用を有し、広く内外主義者間に膾炙せられ居るもの」（京城鐘路警察署「意見書」）だったからである。合法的な独立思想の持主として安は象徴的な存在であったから、その治安維持法による断罪のために絶好の機会となった。過去の言動にさかのぼり、その民族主義・意識の鼓吹が「犯罪事実」として掘り起こされた。

六月一二日の第二回訊問で、京城鍾路警察署の警部補斎賀七郎が「被疑者は如何なる方法で民族主義を実現せしめる考えなりや」と問うと、安は「私は所謂合法的民族主義者として常に合法的手段に依り、現実朝鮮に即した方法に依り実現出来得る民族主義を方法として居ります」と答える。興味深いのは、次のような総督政治や同化政策についてのやりとりである。

問　朝鮮の総督政治は如何なるものと思って居るか。

答　朝鮮総督の政治は朝鮮人を一文化民族の生活単位として政治、産業、教育等を朝鮮人本意にしなくてはならないに拘（かかわ）らず、一律に同化政策の下にやって居るから間違って居ると思って居ります。

問　同化政策が何故悪いか。

答　悪いと謂うと語弊がありますが、同化政策は間違って居ります。異民族に対する政治は人為的政策を高調するのが普通でありますが、人為一天張り（ママ）の処に矛盾があります。人為を適当にして、其他は歴史進行の自然行程に任した方が却て良く治まるものであります。故に人為一天張りにすることは自然行程に逆（さから）うから間違があるのであります。私は総督政治を此の様に観て居ります。

問　例之（たとえば）如何なるものが其れに当るか。

答　異民族は必ず離脱運動があるから、其（そ）れを弾圧することは当然であろう。故に離脱運動を抑えるのは必要なる人為力であるが、其うでも無い以上は、朝鮮人を一つの歴史ある一文化民族として其の趣味と俗尚（世俗の風潮・好み――引用者注）感情習慣等を尊重して、その趣旨の下に政策を樹立すべきものであります。

其の方法で永く継続しうる間に歴史的行程的に同化せられたら、朝鮮人は別に苦痛もなく反対する必要もないのであります。

六月二〇日には、「安在鴻の不穏講演調査の件」が鍾路警察署巡査目良安之によって報告されている。三五年七月に発明学会科学智識普及会主催の丁茶山（チョンタサン）（李氏朝鮮時代後期の儒学者――引用者注）百年忌紀念講演会でおこなった「監司論」は、「茶山は壬辰以来祖国の為め力を尽し来たりたることは、近世論を以ては愛国思想家と云うべく、万民平等を主唱したることは人道主義家にして、世界的に有名なる人道先駆者であり、且つ近代資本主義的デモクラシイ先駆者であり、亦社会制度等を見るに社会改良主義者であり、賦役問題負担問題等より見るに現代的経済的民族主義者と称し得べし」とする。ついで「茶山は凡ての主義を信じ、定見なきが如きも、其の時代に於ては之等の主義信念を有して始めて社会を救うべかりし為めなり。国家民生の解放を称（とな）うる為めにて」と述べたところで、臨監の警察官から「注意」がかかったという、

六月三〇日付の安在鴻「素行調書」には「終始一貫したる民族主義抱持者にして、実よりも名を重じ、学者肌の人物（政治運動に対する非実践家の意味）と世評され居る」とある。「改悛（民族主義転換）の見込み無し」とされた。

「中国軍官学校事件」として、七月一七日、安在鴻は李昇馥（リスンボク）、金梓瀅（キムチェヒョン）、金世鍾（キムセジョン）、金徳元（キムドクオン）らとともに京城地方法院検事局に送致された。その「意見書」には、「被疑者安在鴻は職業的革命運動者なるが、前掲主義目的の為には手段方法を選ばざるものにして、朝鮮に於ては非合法活動困難なるを以て、新聞に対する原稿の投稿、「パンフレット」の発行或は講演、座談会等に依り、民族主義の宣伝煽動を為し、以て朝鮮民族独立の必然性を鼓吹し、朝鮮民衆をして自から独立運動をなさしむべく常時執拗なる不穏の言動を弄しつつありたる不逞の徒な

り」と断じ、長年にわたる合法運動を七項目に分けて列挙し、それらは治安維持法第一条に該当するとして、起訴処分を求めた。合法であっても「民族主義の宣伝煽動」をなすことが「不穏の言動」として処断の対象となった。

七月一六日の京城地方法院検事局の香川愿検事とのやりとりをみよう。

問　結局、其方は朝鮮の独立を希望し居るのか。

答　純然たる独立と云う事は現在の情勢に於ては望み得ない事でありますから、将来は連邦組織になる事を望み居りますが、其の前提として内政の自治と云う事を望みます。

問　其方の考えて居る内政の自治と云うのは、如何なる事か。

答　軍事及外交の事丈は日本政府に委し、其他の朝鮮の行政は朝鮮人の手に依って朝鮮人本位にやって行こうと云う訳であります。

問　連邦とは如何。

答　朝鮮全体を一つの団体と見て、日本と共同して外国に当るものであります。其の連邦と云うのは、亜米利加合衆国の如き共和国とは異り、日鮮間独特のものが生ずると思います。

七月二五日の第二回訊問では、三五年一一月に京城普成専門学校でおこなった講演「自己の観たる民族主義」の、「英国のアイルランドが今尚イングランドに反旗を翻し、印度が独立運動をなすが如きを観るも、一つの民族は永遠に他の民族と融和するもので無い。朝鮮民族は永遠に日本と融合するものでない」という発言について、「強て学生に対し民族意識を吹き込むわけではないか」と追及を受けている。

七月二七日、京城地方法院検事局は京城地方法院に予審請求をおこなった。安在鴻は「日韓併合当時より引続き朝鮮独立を夢想し、主義の為には一身を犠牲とすべき決心を以て講演、座談会及新聞記事等に依り執拗に朝鮮民族独立の必然性を鼓吹し来りし者なる」とされた。罪名は治安維持法ではなくなり、京城普成専門学校での講演が「政治に関し不穏の言論を為して治安を妨害し」たとして保安法違反とされた。鄭必成(チョンピルソン)と金徳元は保安法と治安維持法違反を問われた。

なお、金梓瀅ら四人は「犯罪の嫌疑なし」として起訴猶予となった。「被疑者等は孰れも弱年客気に駆られて朝鮮独立運動に投ぜんと決意したるものなるところ、間もなく其の不可能なることを悟り、自発的に意を飜し深く謹慎し居り、再犯の虞なきを以て強て処罰の要なしと認め」たという理由である(以上、『韓民族独立運動史資料集』四五、「中国地域独立運動　裁判記録三」)。

その後の安在鴻に関する予審と公判の記録は残されていない。一年以上経過した三七年一〇月一九日、京城地方法院は保安法を適用して懲役二年(求刑二年)を言い渡した。安は覆審法院、高等法院と争ったが、量刑は変わらなかった。

民族意識の発現・涵養への断罪

前述の愛国団や朝鮮革命党などへの加入と帰国後の活動が治安維持法の処断の対象となったのとは異なり、朝鮮内での民族主義の発現への攻勢がみられたのも一九三〇年代後半の特徴である。四〇年一二月七日の京城鍾路警察署長から道警察部長・京城地方法院検事正宛の報告「時局を利用し朝鮮独立を計画する等、治安維持法、保安法違反並に造言蜚語事件検挙に関する件」には、「昨年十月以来、学生間に於ける思想動向も従来の共産主義的傾向を脱し、民族的運動活発となれるやに認められたるを以て、予(かね)て学生、殊に私立学校方面の学生に付ては厳重注意中」という一節がある。三九年秋以来、学生間に民族主義的傾向が高まったとする。

この報告は「朝鮮文化学院又は中東学校内に於ては国語排斥、軍事教練反対等をなす所謂排日的の不穏学徒あるやの趣き聞知」し、厳重警戒中に「大韓独立万歳」の落書を発見したというもので、「本件落書は単なる悪戯的行動に非ずして、現代思想の流れを汲む一種の思想表現にして最も悪質なる行為として兆候を現わすのみならず……其の裏面に必ず民族的背後関係あるものと重視し、捜査に着手し」、被疑者として孫龍祐（ソンヨンウ）を検挙したとする（以上、京城地方法院検事局資料「思想に関する情報一二」、国史編纂委員会所蔵）。その後の司法処分の経過は不明である。

実は三九年秋に先立って、民族意識昂揚の言動に治安維持法を適用して断罪する事例が生じていた。三八年一〇月八日、京畿道警察部長は警務局長らに「秘密結社「徒裸会（ドラフェ）」事件検挙に関する件」を次のように報告している。

京城私立普成中学校四年に在学中

思想係検事
次席検事
検事正

京鍾警高秘第七五四七號ノ
昭和十五年十二月七日
京城鍾路警察署長
京畿道警察部長殿
京城地方法院検事正殿
関係各警察署長殿

時局ヲ利用シ朝鮮獨立ヲ計劃スル等
治安維持法保安法違反並ニ造言蜚語事件
検挙ニ関スル件

對十月三十一日京鍾警高秘第七五四七號

1

ナリ
右報告「通報」ス

記

一、朝鮮獨立ヲ計劃スル等事件ノ發見ノ端緒
現戦時下非常時局ニ於テ一般ガ緊張シ居ル反面
過去ニ於テ擡頭セシ共産主義運動ハ最近其ノ
影ヲ潜メタルモ斯ノ種ノ政治運動ハ依然トシ
テ其ノ禍根ヲ絶タズ殊ニ少壮青年間ニ斯ル思
想濃厚トナリツツアリテ最近時局ヲ利用シ民族運
動ニ変化顕現サレツツアルヲ感知セラルル処ニシテ

2

京城鐘路警察署長報告（1940年12月7日）

京城地方法院検事局資料「思想に関する情報12」、国史編纂委員会所蔵

> なる金和中(キムファジュン)が全校生徒の民族意識昂揚の為、昭和十二年十月一日の始政記念日に際り、「此の日は朝鮮民族の廃政記念日なり」との意味を以て校内に……「アルバムグループ」を結成し……記念撮影を為し、或は民族意識昂揚上興味ある写真を撮影蒐集して写真帳を作成し、之を同志間に配布せる……
>
> 朝鮮の独立並共産社会の実現を目的とする「徒裸会」なる秘密結社を組織し、其の綱領を（一）民族精神の宣揚　（二）平等主義の主唱　（三）無産階級の解放運動の三項と定め、爾来毎週一回個人別に会合協議せる

「アルバムグループ」とされた金和中ら六人は、すでに三日に治安維持法違反として京城地方法院検事局に送致されていた。三人には起訴意見が、残る三人には起訴猶予意見が付された（「思想に関する情報一一」）。その後の司法処分の状況は不明である。

三八年一二月二〇日の小学校訓導薛甲秀(ソルカプス)に対する釜山(プサン)地方法院判決は、治安維持法第三条を適用し、懲役一年を科した。三東(サムドン)公立普通学校第六学年生徒約三〇人に対して、「反英運動の指導者「ガンジー」は幾度か投獄せられたる……朝鮮も亦日本の植民地にして同胞は印度民衆と同様、自由を持たず、左れば各自は朝鮮少年たることを自覚し、将来に於ける朝鮮民族の幸福、即ち自由解放の為活動せざるべからず」旨を語って煽動したとされた（「仮出獄」）。

三九年四月一四日、大邱地方法院は牧師劉載奇(リュウジェキ)に対して治安維持法第二条・第三条を適用し、懲役一年を言い渡した。三五年一月、「義城(ウィソン)キリスト教青年勉励会員及少年信徒に対し民族的意識を注入し、同意識を指導し、以て朝鮮独立の素地を養成すべく右青年勉励会の部門を改革し、従来の精査部を調査部に改むる外、新に体育部、農村部を設置すべきこと」を協議したとされた（「独立運動判決文」）。五月一日の大邱覆審法院判決でも、役員会において「農村部は機会ある毎に農民に対し朝鮮民族意識的訓練を施」すべきなどと煽動したとされ、

量刑は変わらなかった（「在所者資料」）。

こうした民族意識への攻勢は出版物検閲においてもみられた。三〇年代後半に検閲基準が厳重化していったことは、朝鮮総督府警務局『朝鮮出版警察月報』の「出版物禁止要項　安寧禁止」によって類推できる。第九六号（一九三六年八月）ではベルリンオリンピックで日本代表として金メダルを獲得したマラソン選手孫基禎の日章旗抹消事件に端を発する『東亜日報』の「発行停止処分理由」が、次のように記されている。

> 東亜日報は其の発行以来、停刊処分を受くること三回に及び、其の解停の都度、紙面の改善を誓いたるに拘わらず、斯る非国民的挙措に出でたるは洵に遺憾にして、其の処分は単に当該新聞紙の差押に止まるべきものに非らず、此の際、断然同紙の発行を停止し、其の反省を促すと同時に一般諺文他社の誡と為し、且つ従来動もすれば民族的感情に駆られて朝鮮統治に好感を抱かず、延いては我国旗国章に対しても赤誠を示さざるが如き蒙昧なる徒輩の抱懐せる謬想の掃滅を期せんとす

日章旗抹消事件を絶好の機会として、民族主義に固執する「蒙昧なる徒輩の抱懐せる謬想の掃滅を期せん」という強い決意で『東亜日報』の発行停止をおこなったことがわかる。

また、『朝鮮出版警察月報』第一一五号（一九三八年三月）は、『現代朝鮮文学全集』「詩歌集」中の「恐怖の夜」――「友よ―もう鶏の鳴く頃になったではないか／窃盗、強盗、詐欺、賭博……／凡ゆる在来の犯罪と……」――を、「日本の朝鮮統治への呪咀を仄かし、民族意識を高揚せんとするに因る」として発行停止としている。

第一二三号（一九三八年一一月）は、詩集『水車』の「其の昔、世紀は生気溌剌として／脈打てる詩想が泉の如く湧出したるも／今日の此の種族は荒蕪たる砂漠の如く／弱者の呻吟の声のみ沸き返るなり」という箇所に注目し、「併合前の朝鮮を讃美し、現在の統治を呪うが如く全体を通して民族意識涵養の虞あるに因る」として発行停止とした（以上、国史編纂委員会所蔵）。

「民族意識」の発現や涵養などとみなされると、根こそぎ刈り取られてしまったのである。

常緑会事件

一九三八年一〇月二八日、江原道春川警察署の警部補浜野増太郎による「春川中学校内に於ける秘密結社発見に関する件」が、春川中学校「常緑会事件」の第一報である。五年生数十人が「密会」との聞込みと駐在所の報告をもとに「注意中」だったが、生徒の動静が「単なる学校当局に対する不満より惹起せんとの企図とは認め難く、何等か背後に不穏分子の内在又は結社組織活動中には非ずやと認められ」たとして、首脳者を検束して取調をおこなっているというもので、この時点で「常緑会」の組織をつかんでいた。

一一月一〇日の同題通報では「朝鮮独立を目的とする秘密結社常緑会を昭和十二年三月結成し、更に同志獲得拡大を企図、同年四月読書会を結成」、さらに地方に「少年団」や「梧井敬老会及親睦会等」を組織して指導中だったことが判明したとして、関係者三三人を列挙している（以上、『韓民族独立運動史資料集』五八、「常緑会事件　訊問調書、公判調書」）。

取調が一段落した三九年三月二五日、春川警察署長が警察部長・京城地方法院検事正宛に提出した「春川公立中学校学生の民族革命運動事件検挙に関する件」からは、警察当局が以前から春川中学校の動静に強い関心をもって警戒していたことがわかる。「当春川公立高等普通学校創立以來、入学する学生も之等共通の民族反抗心を抱懐し、且又先輩の伝統的な民族的書籍の輪読勧奨に依り、排日的盟休の如きも学校設立以後五回を数え、祝祭日参列忌避、諸般の国家行事に対し極めて不謹慎なる態度を以て望み、凡有排日観念を表徴する等、将来祖国回復の民族運動は宜しく中等教育を受けたる吾等青年学徒の責務なるを自侉し」ていたとする。春川中学校に継承される伝統的な排日気運に警戒を怠らなかった。

とりわけ「支那事変勃発以来、学生の態度明朗を欠き、稍（やや）反戦的気風さえ察知されたる」ため、「鋭意内偵中」だったが、一〇月一七日、学校当局に抗議する生徒の集まりを「密会」とみなし、陳情文の作成やストライキ、学外行動に出る気配があるとして、一斉検挙に踏み切り、家宅捜索による関係文書の押収をおこなった（以上、『韓民族独立運動史資料集』六〇、「常緑会事件　裁判記録Ⅲ」）。

『韓民族独立運動史資料集』には、この春川警察署における被疑者や証人の訊問調書が多数収録されているが、検事局送致後の資料は含まれていない。『思想彙報』第二二号（一九四〇年三月）に収録された京城地方法院の判決をみると、ほぼ警察段階で固められた常緑会事件の「犯罪事実」が踏襲されているといってよい。

警察での取調は、一一月一七日の龍煥珏（ヨンファンオク）に対する訊問から始まった。常緑会組織の目的について、「将来朝鮮の指導階級となる中堅人物に民族主義を抱懐せしめ、期せずして朝鮮独立を目的とするもの」という供述を引き出した。

取調の中心とされたのは、前述の十字架党事件の南宮檍の甥にあたる春川中学校五年生の南宮玷（ナムグンテ）であった。伯父南宮檍の強い影響を受けて、民族主義色彩のある書籍を耽読したとされた。南宮玷に対する訊問は八回におよび、繰りかえし常緑会組織の目的や独立達成のための手段・方法が追及された。三九年二月二一日の第四回訊問では、独立は「然らば如何にして達成される考であったか、その手段は如何」という問いに、次のように答えている。

常緑会、読書会を拡大鞏固にして民族主義の同志獲得に努め、幾何級数に同志を獲得する事を得との確信の許（もと）に全力を尽して努力しました。幾何級数的に同志獲得せば、十年ならずして全朝鮮人を同志と為す事を得、その団結せる精神力を以て武力抗争を為し、日本の全勢力を撃滅して朝鮮独立を図るのであります。然し武力抗争の際に於ける兵器、経済力までは考えておりませんでした。

第五回訊問（二月二二日）では共産主義に対する考えを、第六回（二月二八日）では独立後の政治態様や「現在の心境」などを聞かれている。独立後の政治態様については「民主主義共和政体をとりたいと考えておりました。米国、仏国式の大統領、議会を設けある政体となしたい考えでありました」と供述する。心境については変化したとし、今後は「如何にしても実現出来ざる朝鮮独立の思想は断然擲（なげう）ち、今後は民族主義行動は全然やらない考え」としつつ、「未だ日本の現在の政策たる朝鮮に対する搾取、圧迫及差別待遇に対する不満は政策の改めざる限り、私の脳裡より消滅させる訳には行きません。此の点、私は今後も憤懣（ふんまん）として残る」と述べた。

第七回（三月二三日）では読書会の月例会での講演内容が問われた。「被圧迫者の心と背筋主義」と題して、次のような内容の話だったとする。

吾等同志会合の席上に於て野草と樹木とを考えた。野草は一見弱い様に見えるが、人から踏みにじられても、獣類に依って喰われても、如何なる除去圧迫を受けても、根強き力を以て再び繁茂する。然るに吾々民族が圧迫に倒れて行くのは、野草に対しても恥を感じる。山上の松は大暴風雨、吹雪にさらされても之に屈せず、年中青々として繁茂しおり、且つ吾等を嘲笑するかに見える。吾々も斯くの如く意志強く圧迫に堪えねばならん。吾々には圧迫が甚だ多い。然し、吾が民族は現在無気力だが、過去世界に誇り得る文化芸術を持っており、吾等の何処にかこの力がある。之（ママ）の力を養い、圧迫を反撃して草木に劣らざる覚悟で行動しなければならない。

春川中学校を卒業し、金融組合書記だった文世鉉（ムンセヒョン）は三月二日の第一回訊問で、常緑会組織の目的について「私等が民族主義抱懐共鳴したる眼を以て現在朝鮮を眺むれば、私等の目に映ずるものは日本が朝鮮を統治する方針は一視同仁に非ず、政治的には差別待遇と圧迫を以てし、朝鮮人の幸福と自由を奪いつつある現況に鑑み、之の状態を脱するには朝鮮民族に独立の観念を注入し、期せずして朝鮮を日本の羈絆より離脱せしめ、朝鮮は朝鮮人の手に依り統治する前提とし、常緑会なる秘密結社を組織しました」と供述している（以上、『韓民族独立運動史資料集』六〇、「常緑会事件　裁判記録Ⅲ」）。

三九年五月一三日、春川警察署から京城地方法院検事局に三八人が送致された。一二日付の「意見書」では、「日本帝国が支那事変勃発以来、新東亜秩序建設に邁進せる非常国難に遭遇、挙国結束すべき秋に際し、偏狭熾烈なる民族運動を以て銃後攪乱の不逞行為を為したる犯情、洵に憎むべきものあり」、かつ「改悛の情認めざる」として一二人を起訴処分とすべきとした。二三人は起訴猶予処分相当とされたが、その理由は「各被疑者に対する犯罪事実は何れも其の嫌疑十分なれども、同被疑者等は何れも初犯にして、若年未だ思慮定まらざる期に於て先輩同僚の勧誘により好奇的に常緑会」に加入したもので、現在は「深く前非を悔い、改悛の情顕著なる」という判断からであった。三人は犯罪の嫌疑なしとされた（以上、『韓民族独立運動史資料集』五八、「常緑会事件　訊問調書、公判調書」）。

検事局の取調は簡略だったらしく、五月一八日には一二人が公判請求され、二三人は起訴猶予、三人は嫌疑なしとされた。司法処分は春川警察署の「意見書」通りとなった。

一二月二七日、京城地方法院は治安維持法第一条第一項を適用し、常緑会の「組織」にかかわったとして一〇人に懲役二年六月、「加入」の二人に一年六月（執行猶予三年）という判決を言い渡した。常緑会の「目的綱領」として「会員は自己完成、指導者としての実務を果たすこと、団結力の養成訓練、派閥闘争を排斥し、朝鮮民族の為め一身を犠牲に供すること等」を決定したとする。「読書会」は常緑会の「派生団体」として位置づけられ、「朝鮮独立の目的達成の為めの闘士を養成し、究極に於て朝鮮をして日本帝国の羈絆より離脱独立せしむることを目的」としたと断じた。また、朝鮮語廃止に対する感想談話会を開催し、「其の席上、日本語は一学問として修得の必要あるも、会員同志間に於ては必ず朝鮮語を常用すべき旨述べて民族主義思想を昂揚し」たとする（『思想彙報』第二二号、一九四〇年三月）。

三〇年代後半の「共産主義運動」処断を通じて開発されてきた「読書会」、「闘士」の養成、「究極に於て」などが民族独立運動に対してもフル活用されたといえる。

修養同友会（スヤンドンウフェ）事件

一九三七年六月一〇日の『毎日申報』は「〝修養同友会〟幹部級　鐘路署陸続引致　鄭仁菓（チョンインガ）氏検挙を発端にして　米国関連の裡面調査」という見出しで、李光洙（リグァンス）・李大偉（リディ）らの検挙を報じた。この「修養同友会事件」は、安昌浩（アンチャンホ）がアメリカ滞在中の一九二三年に発表した「米国に在留する同志諸君へ」と題する印刷物の発見が契機となったもので、警察では「興士団（フンサダン）、全遠東（ドンオンドン）委員部同友会は打って一丸とせる革命団体にして、即ち同友会は内外民族主義者を網羅して、広汎なる民族運動を展開し、其の中核たらんことを企図せるもの」という構図を早くから描いた。

七月一一日の被疑者朱耀翰（チュヨウハム）に対する第五回訊問で、一九二七年一月の李光洙と朱耀翰らと協議した修養同友会の改組について、「民族主義者の巨頭を網羅して大組織とし、規約を改正して非革命的字句を削除して直接政治的闘争を展開して、朝鮮の独立の目的達成の為に努力すべきであると主張した」との供述を得たとしていた（京畿道警察部長「同友会関係者検挙に関する件」、一九三七年七月二三日、「思想に関する情報（副本）二」所収、国史編纂委員会所蔵）。一九二二年結成の時点にさかのぼって、民族主義者の合法団体として長年にわたって活動してきた修養同友会への適用に乗り出した。

京城地方法院検事局への送致は数度におよび、三九年三月までに一八一人という大規模なものとなった。検事局の処分は「求予審」が四二人、「求公判」が一人、起訴猶予が六五人、起訴中止が七〇人、公訴権なしが三人となった。起訴猶予や起訴中止人員の多さは、関係者を一網打尽的に検挙することが優先されたことを物語る。

すでに一斉検挙直後から修養同友会員は競って恭順の意を表明した。三八年七月二日の『毎日申報』には「前修養同友会員等　十八名転向表明　内鮮一体の信念把握」、七月三日には「民族主義を一擲〝内鮮一元化が唯一の進路〟興士団十八名転向声明全文」と報じられた。さらに一二月二五日の『東亜日報』には日中戦争全面化にともなって「同友会関係者も四千万献金」という記事が載る。このように本格的な司法処分がなされる前に、修養同盟会メンバーは転向を表明した。治安当局の合法的な民族主義者の根本に打撃を与えるという目論見は実現した。

高等法院への上告趣意において、弁護人安城基はこの事件が「虚偽の供述」に終始していると述べ、「拷問の為め、或は拷問を免れる為め、或は保釈を希望する余り、或は起訴猶予を希望する余り、不本意乍ら訊問官の意図に迎合して供述した」ものとする。

日本人弁護人脇鉄一も同様な認識から「本件に於ける自白の調書の信ず可からざること已に明なる」として、具体的に拷問や詐術の手法を明らかにする。被告朱耀翰の陳述書にもとづき、「警察に於きましては多くの被告は一回以上に亘り、所謂「飛行機乗り」(腕を後に廻して縄にて吊し上げ、身体を打つ方法)又は「水攻め」(仰向けにして口及鼻より水を灌ぐ方法)によって肉体上の苦痛に耐え切れず心にもないことを陳述し、取調官の意の儘に書いた調書に捺印をしたのであります」と糾弾する。検事訊問においても「検事調べの時、書記は直ちに正式の調書を作成せず、下書だけを作って居りましたが、訊問が終って私は白紙の用紙に拇印を押しました。此調書が後で出来てから遂に私には読聞かせて呉れなかったのであります……私のみでなく、他の被告の分も検事記録は実際の問答に依らず、警察の意見書そのまま写し取ったようでありまして」とインチキぶりを明らかにしている。

事件の公判の経過はジグザグだった。予審終結決定では当初四一人が「付公判」、七人が免訴となったが、この免訴に対する検事の抗告が認められ、「付公判」となった。三九年一二月八日の京城地方法院の判決では全員が無罪となったため、検事が全員を控訴した。

四〇年八月二一日の京城覆審法院判決が『思想彙報』第二四号（一九四〇年九月）に収録されている。李光洙（香山光郎）は「日韓併合を憤激したる結果、民族主義思想を抱懐し、遂に朝鮮の独立を妄想するに至れるものなる」とされ、一九二二年二月の修養同友会の組織については「興士団と同様、修養団体を仮装し、窮極に於て朝鮮の独立を図るを目的」としていたと断じた。一四項目におよぶ「目的遂行」行為のうち、三二年二月の次のような行動も「犯罪事実」とされた。

> 朝鮮民族運動三基礎事業なる題下に、「現今朝鮮民族運動の三大礎石は「インテリゲンチャ」の結成、農民労働者の啓蒙、協同組合の組織にあり、然かも此の大事業の基礎となるべきものは「インテリゲンチャ」の結成にある故、「インテリゲンチャ」を一つの理論の下に団結せしめ、之をして朝鮮及朝鮮民族を愛すること自己個人以上になる様に養成訓練し、掛かる主義精神にて訓練されたる者が一千名以上に達せば、其の時の朝鮮は今日の朝鮮と全く異りし朝鮮に変化すべき」旨の論文を「東光」紙上に掲載して之を約五千部内外各地に配布し

実業家金（金岡）東元（ドンオン）は、中学校教師在職中、同僚の安昌浩から感化を受けて「民族主義思想を抱き、遂に朝鮮の独立を希望するに至れり」とされ、修養同友会にかかわる一五の「犯罪事実」が列挙された。二九年三月の会合では「修養同友会本部決議事項として、同会は将来安昌浩に於て組織することあるべき革命党の一

部門としての革命闘士養成に努むること」などを諮り、賛同を得たとする。

量刑としては治安維持法第一条第一項に該当するとされ、李光洙は懲役五年、金東元は懲役三年を言い渡された。四一人全員が懲役二年以上を科された（二四人は執行猶予を付された）。このうち、三六人が上告した。四一年七月二一日、高等法院は「本件に付、事実の審理を為す」ことを「決定」する。そして、一一月一七日の判決では原判決を破毀し、全員を無罪・免訴とした。興士団については「全資料を仔細に参酌考覈するも、右団体を以て朝鮮の独立を図るの目的に在りたるものと認むべき心証を惹起するに足るものなし」とした。さらに、修養同友会についても次のように認定した（「独立運動判決文」）。

> 関係の公訴事実に付按ずるに、右各団体が朝鮮の独立を図るの目的を以て組織せられたるものなることは、全資料に徴するも之を認むべき証左あることなし……検挙せらるるに至る迄前後十六年間団体としての行動に指弾を受くるものあることなく、当局より解散を命ぜらるることなくして経過せる消息は之を了解し得べき処に属す……各団体の規約とする処を見るに著しく民族性なるものを高調し、帝国臣民としての意識の昂揚に聊も言及することなきは明なりと雖、以上の事態を以てするも未だ公訴事実に付、証明あるものと為し難し

まったく妥当な判断で、逆に警察・検察当局の立件と司法処分がいかに強引で乱暴であったかを示すが、それでも修養同友会を解散に追い込み、民族主義の意識を畏縮させたことは、戦時思想体制を整えるうえで十分すぎる意味をもった。

なお、この高等法院への上告趣意書において複数の弁護士が有効かつ的確な主張をおこなっているが、それらについては次巻の「Ⅷ　公判」の章で論じることにしたい。

四　宗教団体への先制的適用

「類似宗教団体」の取締

日本国内においては日本共産党の組織的再建運動を逼塞させた一九三五年の年末には皇道大本教事件の検挙があり、宗教の領域に対する治安維持法の拡張が明らかとなった。朝鮮の場合、治安維持法の適用そのものは少し遅れるものの、やはり一九三〇年代後半には宗教の領域をも治安当局は取締対象としてきた。

三五年四月の道警察部長会議諮問事項答申として黄海道（ファンヘド）警察部から提出された「宗教類似団体に対する取締法令の制定」の要望は、その端緒を示している。朝鮮において「宗教類似団体」は三〇有余に達しているとし、「其の多くは信仰に名を藉り、他日政治的地位の獲得を目標として一般民衆を糾合し、時に荒唐無稽の言説を為し、或は徒（いたずら）に民心に迎合したる浮説を喧伝（けんでん）し、信徒を卒（ひき）いて社会運動に転ぜんとする等、治安維持上相当重視するものある」として、そうした「宗教類似団体」に対する取締法令を制定すべきと要望した。

黄海道警察部はとりわけ熱心で、三七年五月の各道警察部長会議意見希望事項でも新たな取締法令の制定を求めている。「民心を誑惑（きょうわく）せしめ、以て政治的野望達成の具となし、或は革命運動に転ぜんとする虞」は「宗教類似団体」にとどまらず、「淫祠、邪教の跋扈（ばっこ）を招来せる」事態にまで至っているとする。警務局の対応は「参考とす」というものだった（以上、「道警察部長会議書類」、国家記録院所蔵）。

この五月の警察部長会議では期せずして笠井健太郎高等法院検事長も同様の認識を示した。訓示のなかで「類似宗教団体の取締に就て」を取りあげ、「深く裏面の実相を究め、苟も其の行動、又は教義に於て国法に触るるものあらば、仮借なく検挙絶滅を期して時弊を匡救し、以て健全なる国民思想の確立に尽され度い」と訓示している（『思想彙報』第一一号、一九三七年六月）。

「類似宗教団体」の取締がさっそく実行に移されたことを、新聞報道が伝える。五月七日の『毎日申報』は「俎上にのぼる類似宗教撲滅　膺懲徹底取締　当局方針確乎不動」と報じ、七月一九日には「惑世誣民する邪教徹底して弾圧するつもり　全北道の方針断乎」という記事が載る。そして、三八年一月一五日には「昨今両二年間に二万余邪教徒検挙　物心両面から今後を善導　警務局の断乎方針」とある。黄海道警察部が求める新たな取締法令の制定こそ実現しなかったが、三〇年代後半には「類似宗教団体」の取締が広範におこなわれていた。とくに日中戦争全面化以降、民心の動揺を抑えるために「類似宗教団体」取締が活発化した。

三九年八月の各道高等外事警察課長事務打合会で決定した「思想浄化対策要綱」では「類似宗教に対する指導」として、「類似宗教の幹部又は教徒に対する啓蒙に努め、之を漸次脱教せしめ、又は公認宗教へ転宗する様指導すること」などとされている（『高等外事月報』第二号、一九三九年八月分）。

三九年一〇月の検事長・検事正会同で増永正一高等法院検事長は次のように訓示している。

> 次に事変後に於ける注目すべき現象として各位の留意を煩わしたきは、保安法違反事件の激増であります。其の違反者の大部分は類似宗教団体関係者でありまして、此事実は民度の向上と当局の絶えざる弾圧とに因り屏息し居りたる夫等教団が、事変の勃発に因る人心の不安動揺に乗じ、教勢挽回の好機到れりと為し、活発なる行動を開始したるに基因するものと考えらるるのであります。類似宗教団体の横行は社会の安寧秩序を紊乱し、人心を誑惑せしめ、銃後治安の確保に支障を生ぜしむるのみならず、教義の裏面に民族意

識の色彩濃厚なるもの多く、中には不敬罪或は造言飛語罪をも伴うものがありますから、之が取締の強化徹底は刻下の急務なりと信ずるのであります。

さらに、前述したように四〇年一〇月の同会議訓示においても、増永高等法院検事長は宗教団体の取締について、宗教団体関係者の検挙が相次ぎ、「著しく銃後の治安を紊しつつある」として、それらの害は「一般左翼運動と何等逕庭がない」とする。そのうえで、「更に一層厳密なる査察内定を加え、殊に其の裏面の動向に注意し、苟も法に触るる不穏言動を発見したる場合には、速に検挙弾圧を加うる」ことを指示した(以上、『日帝下支配政策資料集』第八巻)。

先の増永高等法院検事長の訓示にあった「保安法違反事件の激増」ぶりについては、『思想彙報』第二二号(一九四〇年三月)掲載の「思想犯罪から観た最近の朝鮮在来類似宗教」も注目している。「東学系統」「吽哆系統」「仏教系統」などに分類して活動状況を述べたのち、「昭和十三年一月以降、当局に於て受理した類似宗教関係思想事件はその大部分が保安法違反罪である」とする。三七年が二四件一〇八人、三八年が四一件二二六人、三九年が三三件二四三人という数値をあげ、これらの約七割以上が類似宗教関係者とし、「如何に事変後、類似宗教団体の暗躍が活発なるかを知るに足る」という。その暗躍を促進する理由として、「最近の半島に於ける皇国臣民化運動の強化徹底に対する保守派、排他派に属する一群の不平乃至反感」と「支那事変の勃発に依り鄭鑑録(朝鮮王朝時代中期に成立した予言書——引用者注)の福音招来が実現可能性あるものの如く無智なる民衆の眼に映ずるに至ったこと」とする。

「結論」として、戦時下銃後の治安確保、国民の一致団結の観点から「これを紊乱する不逞分子が横行することは絶対に許すべからざるところであって、厳重取締を励行し、仮借するところなく検挙弾圧を加うべき」とする一方で、「穏健な類似宗教団体は早急にこれを弾圧することなく、徐々にその改過遷善を期待すべき」

とした。

保安法と治安維持法の発動

まず保安法の発動状況をみよう。新聞には保安法違反関係記事が散見する。見出しをかかげる。

三六年四月一一日『釜山日報』「邪宗雲林教（ウンリムキョウ）に　当局の弾圧降る　教主等平南警察部に検挙　保安法違反で送局」

三七年四月二七日『毎日申報』「全州でも邪教弾圧　「龍神堂」を襲撃　祈禱術法正体追求」（保安法違反）

三八年五月一一日『毎日申報』「神社不参拝の基督教信者七名を送局　保安法違反で」

三八年八月一三日『毎日申報』「漢拏山（ハルサ）を根拠地に　銃後に暗躍した邪教不敬罪、陸海軍刑法、保安法違反等で送局　無極大道事件全貌」

三九年六月一五日『朝鮮日報』「〝正道教（ジョンドキョウ）〟再建事件　教主等今日送局　陸軍刑法、保安法違反、詐欺横領罪等により　無極大道教徒中心に暗躍」

四〇年四月一八日『東亜日報』「邪教、人天教と　二名を今日公判開始　保安法違反と詐欺等の罪名で」

一九三七年三月一三日、京畿道警察部長は警務局長・京城地方法院検事正宛に「人道教（インドキョウ）幹部の新国家建設偽装に依る保安法違反並詐欺等の事件に関する件」を通報した。被疑事実は次のようなものとされた（京城地方法院検事局資料「思想に関する情報綴三」、国史編纂委員会所蔵）。

人道教幹部たりし蔡慶大（チェキョンデ）等は共謀の上、人道教を満洲国に於て再興せしめんことを企図し、其の手段として積極的に満洲国に進出、株式会社神農社なるものを組織するが如く偽装し、一般地方蒙昧なる教徒に対し神農社に加入するときは生活の安定を得るのみならず、昭和十二年三月（陰）に至らば世界人類は悉く（ことごと）

> 天災地変の為滅亡に帰し、吾が教徒のみは其厄を免れ、延て新国の建設は独り吾が教徒の手に依りて完成せらるることとなり、鮮地の回復は勿論、日本帝国領土をも支配すべき時運に到達し居れるを以て、此の際神農社の株式に応募し、渡満を断行せらるべしと称し、之が募集に狂奔中なる模様あるを以て管下水原警察署に於て探知し、許銀善(ホウンソン)外廿八名を検挙するに至り、目下仝署に於て引続き保安法違反及詐欺被疑事件として取調中

その後の司法処分の経過は不明である。

九月四日の京畿道警察部長の警務局長・京城地方法院検事正宛の通報「基督教関係者の保安法違反事件検挙に関する件」は、長老派教会牧師朴鶴田(パクハクチョン)が三五年一二月上旬、私立貞信女学校の講義において、「キリストが此の世に来りて十字架に釘を打たれたるが如く、我等は如何なる試練襲来するも、朝鮮の為に働かんと思わば之を完成せよ……基督教の統一に依り年来翹望する朝鮮独立を実現せしめ得べく、吾々は専心基督教を信ずべきなり」と述べたことが問題視された。本人は「痛く前非を悔い、改悛の情顕著なる」として、保安法違反ながら起訴猶予の意見を付して京城地方法院検事局に送致したという。身柄は「厳重将来を戒飭(かいちょく)の上」、釈放された（京城地方法院検事局資料「思想に関する情報綴二」）。

保安法の適用されない事件も多かったようである。

三七年三月二三日の京畿道警察部長「類似宗教三皇仙道教検挙に関する件」では「創教幾許(いくばく)もなくして暴露せられたる関係上、信徒も極めて少範囲に止まり、何等実害の認むべきなき」と判断しながらも、「将来を戒飭する意味」において警察犯処罰規則違反により拘留二九日の処分に付した。この通報には「最近動もすれば民族的観念の高調を来さんとしつつある折柄、斯種(このしゅ)邪教の跳梁は甚だ面白からざる事象なりと認めら」れるとして、管下各警察署に厳重注意を指示している（「思想に関する情報綴三」）。

また、三九年七月二二日の京畿道警察部長「類宗大覚教検挙に関する件」も同様に拘留二九日という行政処分だった。「大覚教の再興を図り、荒唐無稽の言辞を弄し、或は迷える者の心理を巧みに捉え、吉凶禍福を説き居たること」が判明したとする（「思想に関する情報綴四」）。

先の「思想犯罪から観た最近の朝鮮在来類似宗教」では、一九三七年以降三年間の保安法違反事件一〇四件に対して、治安維持法違反事件は三件としている（一件は「天道教旧派事件」で全員が起訴猶予となる）。そのうち仙道教事件と黄極教事件は後述することとし、まず三道教事件をみよう。これは上記の三件には含まれていない。

三七年三月一〇日の京畿道警察部長「三道教々徒の不穏計画事件検挙に関する件」は、総督府前広場で「長旗を立て、朝鮮独立万歳を三唱」する計画を実行しようとした咸用煥らの三道教教徒を未然に検挙したという内容で、保安法違反として取調がなされていた（「思想に関する情報綴三」）。その後、法の適用が変わり、六月七日の京城地方法院の判決では治安維持法第二条が適用され、咸用煥は懲役二年を科された。

咸用煥の「犯罪事実」は、三二年二月、「一夜夢に神霊を感受し、祈禱に依り富貴、子宝、朝鮮の独立等自己の欲する儘に之が実現可能なるべき神道力を授与せられたりとて祈禱を続け居る中」、儒・仏・仙の三道を加味した三道教を創立し、布教をつづけていたが、三七年三月、「朝鮮独立の為、明九日正午を期し、敵の弾丸をも我等に命中せざる五方旗を押立て、朝鮮総督府庭前に到り、同所に於て朝鮮独立万歳を三唱すべき」ことを実行しようとしたこととされた（「独立運動判決文」）。三道教の組織ではなく、「朝鮮独立万歳」三唱という具体的な計画を協議したことが、治安維持法の適用の理由となった。

三九年八月八日、仙道教事件に対する京城地方法院の判決は金重燮らに懲役五年などを科した。二九年四月、金重燮は「朝鮮をして日本帝国の羈絆より離脱せしむべき目的を以て、道（後世人之を仙道教と称す）と称する宗教類似の結社を組織し、自ら其の副教主となり、爾来其の教勢の拡張に努め」、「表面は修業により不食長生、神仙と化し得べき旨説き、以て教徒を獲得し、将来帝国の危機に瀕する時に於て一挙に革命を遂行せんことを決意し」とされた。金が控訴した京城覆審法院の判決は一〇月一九日にあったが、量刑が変わらなかっただけでなく、判決文も一審と同じだった（「独立運動判決文」）。なお、この仙道教事件の検事局受理数は六一人におよぶことから、教徒は一斉に検挙され、教団そのものがつぶされたと思われる。

四〇年九月二九日の『毎日申報』に「断罪台に立つ妖教黄極教徒　普天教残党の発悪　主謀者十名　来月八日公判開廷　迷夢瞬間打尽」という見出しの記事が掲載された。この黄極教事件に対する全州地方法院の判決は、一〇月三〇日に言い渡された。殷世龍に懲役四年、金霊植に懲役三年六月などが科刑された。この事件も、全州地方法院検事局の受理数は八九人という多さであった。

旧韓国官吏だった金霊植は「総督政治は徒に内地人を偏重し、内地の為に朝鮮を犠牲に供するものなりと誤信し、朝鮮の独立を憧憬し居りたる」ところ、天道教の三・一「万歳運動」に刺激され、「自己も亦右の如き宗教を創始して教徒を自己の身辺に集め、之を指導教養し、其の結束力を利用して朝鮮を我が大日本帝国の羈絆より離脱独立せしめん」と考え、二六年に殷世龍らとともに「黄石公教」を組織したとする。四〇年陰暦三月、「黄石公教に入教し、天書十六字なる呪文を唱うるに於ては天、地、水災等の三災八難を免るべしと宣伝して教徒を獲得し、漸次独立意識を教養したる上、裏面の朝鮮独立の目的を有することを告げて結社に加入せしむること」「朝鮮独立の際は之を利用すること」を決定したことなどが「犯罪事実」とされ、治安維持法第一条第一項前段に該当するとされた（『思想彙報』第二五号、一九四〇年一二月）。

灯台社事件

一九三九年六月二一日の日本国内の灯台社弾圧に連動する六月二九日の灯台社一斉検挙を前に、六月一五日、京畿道警察部は周到な「灯台社事件被疑者取調要綱」を作成している。「通則」の第三には「灯台社の本質及其の国体変革の目的に関する認識並に其の目的実現の手段方法に関する認識、意図及同結社に加入し居りたる事実は治安維持法違反構成の欠くべからざる要件なるを以て、取調に当りては之が構成要件を明確ならしむることに努むる」とするほか、第五には「調書の作成に付ては聴取書に重点を置き、手記又は上申書等は聴取書を補足するの程度に利用するを可とす」とあった。

「各則」では訊問項目として「灯台社入信後の状況に関する点」「灯台社の教理に関する点」「灯台社の本質に関する点」「国体変革の手段に関する点」「地上「神の国」の展望に関する点」などがあげられ、最後の「被疑者現在の心境並に将来の方針」では「改悛の見込の有無」の追及が目的とされている（以上、「思想に関する情報一三」）。

六月二九日には京城府内の信者文泰順（ムンテスン）（文野泰雄）ら一二人が検挙され、その後も検挙が相次ぎ、京城地方法院検事局の受理者は六六人となった。四〇年一二月三日、間島龍井村で検挙された権寧培（クォンニョンペ）（歌路勇三）の検事局送致の際の京畿道警察部警部斎賀七郎「意見書」には、「「ハルマゲドン」勃発の暁には悪魔の領導下にある我帝国に抗敵し、神軍に味方して現制を倒壊し、宗教的共産的万民平等の社会建設を目的として成立せる結社なることを認識し、且つ全世界の万物は神の被造物なれば「エホバ」の神以外の物を礼拝するは偶像崇拝なる、従って我国の神宮参拝及皇居遥拝も偶像礼拝なりと称して反対するものなること等、悉知（しっち）の上」に「エホバ」の証者となり、布教活動をしたことは治安維持法第一条に該当する犯罪として、起訴処分を求めた（「青丘文庫」（神戸市立中央図書館）所蔵）。

四〇年六月三日、朝鮮における指導者と目された文泰順に対する京城地方法院検事局検事杉本覚一の第一回訊問では、次のようなやりとりがなされている（『思想彙報』第二四号、一九四〇年九月）。

問　ハルマドゲンに於て死ぬものは日本の皇室を始め、世界各国の君主は皆同じ運命に遭うと云うのか。

答　左様であります、エホバ証言を信じないものは結局ハルマドゲンに際し死んでしまうのであります、即ち神の国に於て生は亨けられないのであります。

問　エホバの神を唯一至上絶対のものとすれば我国の天皇陛下、皇族、天照大神を拝む事は出来ないか。

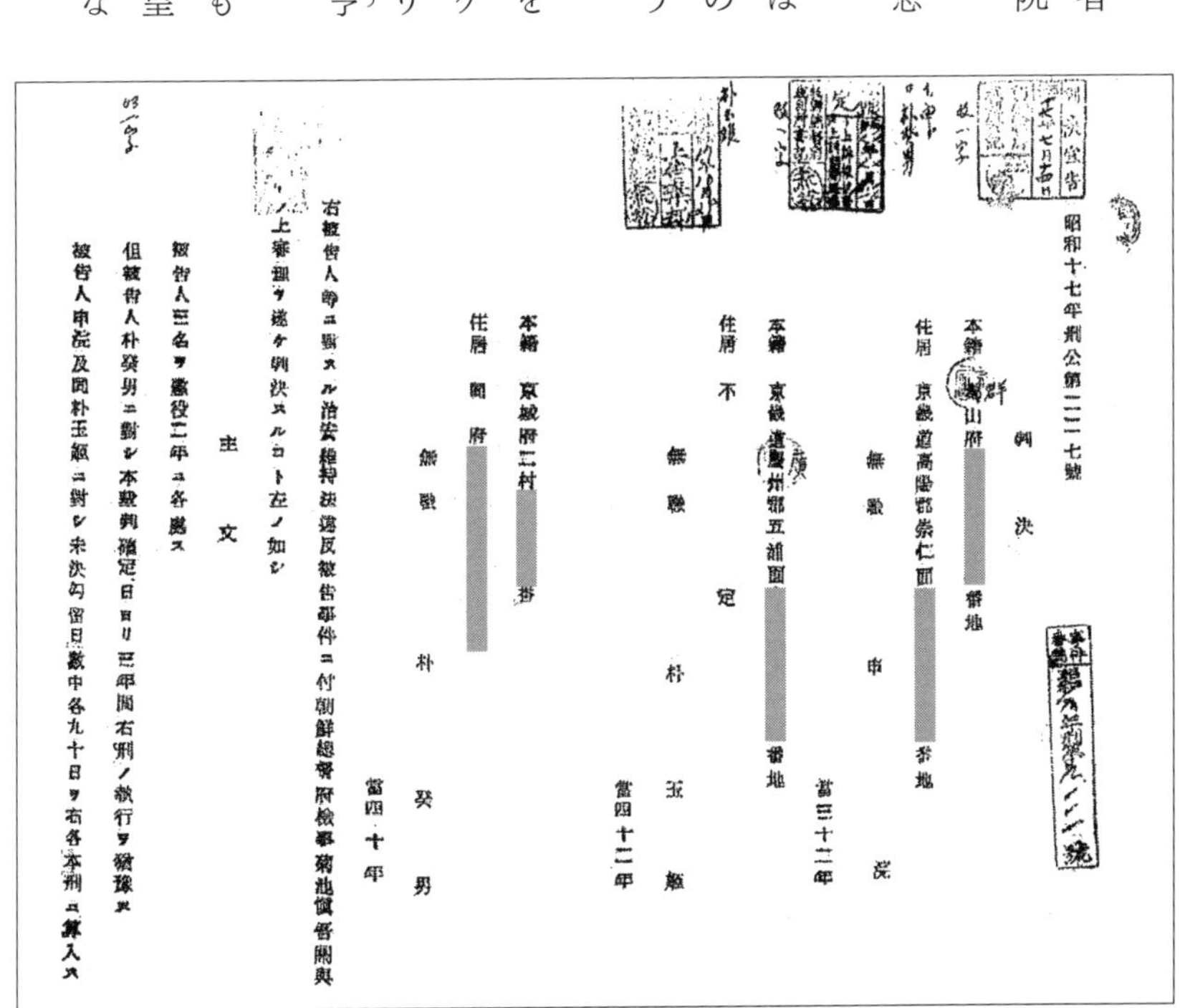

昭和十七年刑公第一二二七號

判決

本籍　群山府　番地
住居　京畿道高陽郡崇仁面　番地
無職　申　浣　當三十二年

本籍　京畿道廣州郡五浦面　番地
住居　不定
無職　朴　玉　姫　當四十二年

本籍　京城府三村　番
住居　同府
無職　朴　癸　男　當四十年

右被告人等ニ對スル治安維持法違反被告事件ニ付朝鮮總督府檢事菊池愼吾關與ノ上審理ヲ遂ケ判決スルコト左ノ如シ

主文

被告人三名ヲ懲役二年ニ各處ス
但被告人朴癸男ニ對シ本裁判確定ノ日ヨリ三年間右刑ノ執行ヲ猶豫ス
被告人申浣及同朴玉姫ニ對シ未決勾留日數中各九十日ヲ右各本刑ニ算入ス

灯台社事件判決文（京城地方法院、1942年7月14日）
「独立運動判決文」、国家記録院所蔵

答　左様であります、私の信仰から云うたら天皇陛下や皇族方、或は神宮、神社に対しては拝む事は出来ないのであります。

増永高等法院検事長は四〇年一〇月の司法官会議で灯台社事件に言及し、「捜査の結果に依れば統治権の主体を否定し、国民の国体観念を混乱せしめ、之に乗じて地上神の国の建設を企図する不敬、不逞の目的を内蔵する結社なることが明確になった」（『思想彙報』第二五号、一九四〇年一二月）とした。

四一年八月三〇日に予審は終結し、文泰順ら三三人が公判に付されることになった。そこでは、灯台社は「「ハルマドゲン」により我が国の国体変革を始め、其の他世界各国の統治組織を変革し、神権政治下の「地上神の国」の建設を目的とする結社」と定義され、新治安維持法第一条後段に該当するとされた（「独立運動判決文」）。

四二年七月一四日、京城地方法院で判決が下された。文泰順の判決文は不明だが、申浣（シンワン）・朴玉姫（パクオクヒ）・朴癸男（パクケナム）に対する判決では、灯台社について「世界支配体制変革の一環として我国民の国体観念を変革し、所謂「地上神の国」実現を窮極の目的とし、証言宣明の方法により我国民の国体観念を腐食せしむるとともに、現存秩序の混乱動揺を当面の主要任務とする結社」としている。この三人には新治安維持法第一条後段を適用し、懲役二年を科した。

同日の判決で、金秉鎮（キムビョンジン）（玄沢太郎）は懲役三年を科せられた。灯台社の教理に共鳴し、三七年一〇月に加入、『黄金時代』などの冊子販売にあたった。四〇年七月、八幡神社に集合して神社参拝を慫慂（しょうよう）せられると、「「エホバ」の神以外の何者をも崇拝することを能わざるを以て神社参拝も出来ぬ、又聖書の解明に依ると　天皇陛下も神「エホバ」の被造物にして之を拝することは偶像礼拝となるを以て宮城遥拝をも為し得ざる」旨の「放言」をしたことが、新治安維持法第一条後段に該当するとされた（「仮出獄」）。

なお、注目すべきは灯台社関係者の処断にあたって、新治安維持法に用意された第七条の「国体」否定や「神宮若は皇室の尊厳」冒瀆を適用するのではなく、第一条の「国体」変革の適用としたことである。前述の「灯台社事件被疑者取調要綱」の各論の「国体変革の手段に関する点」には「国体観念を銷磨せしめんとする」とあり、増永高等法院検事長の訓示では「国民の国体観念を混乱せしめ」とし、第一審判決文でも「国体観念を腐食せしむる」が用いられている。それらは「国体」否認に近い概念と思われるが、実際の法律適用にあたっては「国体」変革が選ばれた。

次章の「**表16** 治安維持法違反罪態別人員」（278ページ）で「国体否定または神宮皇室の尊厳冒瀆」が一九四一年下半期から四二年上半期にかけて計上されていないことは、宗教関係の事犯が「国体」変革で処断されていることを示そう。

なお、朝鮮における灯台社事件の一連の司法処分は、日本国内の灯台社事件の司法処分とは別個に、独立しておこなわれた。

Ⅳ

暴走する治安維持法
——一九四一～四五年

（裁判用紙）

昭和十八年刑上第三八號

判決

本籍 京城府

住居 京畿道始興郡安養面

[illegible]

金象泰改メ 青山秀章

當二十五年

右ノ者ニ對スル治安維持法違反被告事件ニ付昭和十八年三月三日京城地方法院ノ言渡シタル判決ニ對シ被告人ヨリ上告ノ申立アリタルニ因リ朝鮮總督府檢事杉本覺一關與判決スルコト左ノ如シ

刑事判決原本 高等法院

主文

本件上告ハ之ヲ棄却ス

理由

辯護人丸山敬次郎上告趣意ハ原審ハ「被告人等ハ孰レモ水原高等農林學校入學後同校ニ於ケル内地人學生ト朝鮮人學生間ノ對立、内地人學生ノ朝鮮人學生ニ對スル侮辱的態度等ニ刺戟サレ漸次民族意識濃厚トナリ遂ヒニ朝鮮ノ獨立ヲ希望スルニ至リタルカ第一、被告人松島茂、同宇川甫、同朴道秉、及同青山秀章ハ孰レモ朝鮮ヲ帝國ノ羈絆ヨリ離脱獨立セシムル目的ヲ以テ中略(二)被告人松島健、同宇川甫、同朴道秉、及同青山秀章ハ昭和十四年十月十

諺文研究会事件の高等法院判決（金象泰）

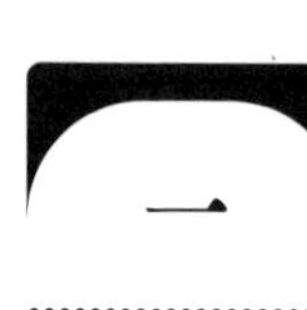

一……暴走期の概観

新治安維持法の施行

一九四一年三月一〇日に公布となった新治安維持法（五月一五日施行）では念願の「予防拘禁」を実現するが、それより約一カ月早い二月一二日、朝鮮では制令第八号として朝鮮思想犯予防拘禁令が公布されていた（施行は三月一〇日）。当初、朝鮮総督府では四〇年一二月一日からの施行を予定していたが、遅延しながらも、なお治安維持法「改正」を待たずに三カ月余り先行して実施したことになる。この予防拘禁制度の実施を必要とする「朝鮮の特殊事情」として、次のような理由があげられた（朝鮮総督「朝鮮思想犯予防拘禁令　理由と説明」、一九四〇年一二月、『治安維持法関係資料集』第四巻）。

（一）朝鮮は直接大陸及蘇連と接壌せるが為、共産主義思想侵入の防遏上、特殊の地位を有す

（二）朝鮮が我帝国の大陸前進兵站基地たる特殊使命を加重せられつつある情勢に鑑み、半島の思想浄化は焦眉の急務なり

（三）半島思想犯人は其の意識程度低き者と雖も、極めて実行力に富み、著しき凶暴性を有す

（四）半島思想犯人は全部偏狭固陋なる民族主義思想を抱懐し、思想運動の殆ど全部が此の民族主義意識を根底とするが故に、思想転向極めて困難なり

（一）と（二）の具体例として示されたのは、前章でみた恵山事件や元山事件という「支那事変後方攪乱事件」である。これらの「特殊事情」のなかでも「半島の思想浄化は焦眉の急務」という現状への危機感が注目される。「斯る情勢に照し、今にして速に斯種不逞凶悪なる思想運動の絶滅を期するに非ざれば、大陸前進兵站基地半島の治安、延いて帝国の大陸国策の前途、憂慮に堪えざるものあり」とする。朝鮮の治安如何が「帝国の大陸国策」の遂行と直結しているという認識が、予防拘禁制度を先行させた。

こうした現状認識のもとで、四一年二月三日、増永正一高等法院検事長から覆審法院検事長・地方法院検事正に「時局下に於ける思想犯罪の防遏に関する件」が通牒される。「異端不純の分子」の速やかな一掃のため、「仮借するところなく鉄槌」を下すことを求めた（『日帝下支配政策資料集』第九巻）。

ついで、五月二日、新治安維持法の施行にあたり、増永高等法院検事長は検事局監督官に対する訓示で「思想犯の防遏」をあげ、「民族意識擡頭の傾向」が顕著だとして「思想犯人暗躍の温床は充分醸成せられ居るものと考うべく、此儘放置するに於ては当然民族主義、共産主義運動の熾烈化が予想せられ、洵に憂慮に堪えざるものがある」と危機感を増進させた。そして新治安維持法の施行について「著しく強化整備せられ、取締の完璧を期し得るに至った」とし、検事に対する広範で強力な強制捜査権の付与により、「名実共に検事を中心とする一元的捜査体制を樹立したる点」を「実に画期的立法」（『日帝下支配政策資料集』第八巻）と歓迎する。

朝鮮思想犯予防拘禁令は、新治安維持法の施行とともに廃止となる。

日本国内では新治安維持法について新聞は議会通過などの事実を短く報じるにとどまっていたが、朝鮮においては大きく取りあげられ、関心の高さを示している。施行直後の四一年五月一六日、日本語新聞『釜山日報』は「治維法改正法律　内地同様　朝鮮にも施行　宮本法務局長語る」という記事を載せた。「国家綱規の大本に背反する一切の不逞行動の徹底的撲滅を期し、以て国民的信念の帰一すべき基本たる国体の尊厳を擁護し、国家の大義を匡さんとするもの」「大東亜共栄圏確立の聖業を完遂せんが為、高度国防国家体制を確保せんとするの趣旨に出でたる重要法律」という宮本元法務局長の談話は、高度国防国家体制の確立という新治安維持法の意義が主に日本人読者に向けて強調されている。

同日の『毎日申報』は社説で「改正治安維持法実施」を取りあげた（『朝鮮通信』第四九〇号の翻訳による）。

> 我半島に於いても一時誤った時代的潮流に盲従し、共産主義や民族主義に感染せる者が無いではなかったが、支那事変発生後、内鮮一体の精神の体得から湧き起った半島全同胞の皇国臣民化運動に本然自覚し、今日では不健全な思想を一掃するに至った。かかる明朗な国内情勢を考慮する時、今回改正治安維持法が罰則強化の形式として実施を見るに至った所以は決して思想犯罪の増加に対応する為めでなく、それと反対に思想犯罪の激減せるに不拘、一層国民の結束を促し、以て大東亜建設と高度国防国家体制確立に於いて皇道精神を昂揚し、反国家思想の蠢動の余地を根絶することに重点が置いてあるのであることを忘れてはならぬ。故に一般国民は此の重大法令の趣旨を充分に理解し、時局下思想対策の万全を期するよう深く留意すべきである。

この時点で唯一の朝鮮語新聞となっていた『毎日申報』では、朝鮮人読者に向けて反国家思想の根絶を図るためという「重大法令の趣旨を充分に理解」させようとしている。

本章ではこの新治安維持法の一九四〇年代前半、朝鮮におけるアジア太平洋戦争下の運用状況をみよう。

日本国内では対米英開戦からまもなくの一二月一九日、言論出版集会結社等臨時取締法が施行され、戦時立法として「造言飛語」「人心惑乱」の取締に威力を発揮していくが、これに準じて朝鮮においては制令第三四号として朝鮮臨時保安令が施行された。すでに言論、出版、集会、結社、多衆運動などの取締法令としては保安法、出版法、新聞紙法、集会取締規則などが活用されていたが、それらは「旧韓国法律、又は統監府令」のため「取締上の不便尠からず」とされた。さらにこの朝鮮臨時保安令の制定には、次のような理由も加えられていた（「公文類聚」第六五編・一九四一年・第一二八巻、国立公文書館所蔵）。

由来朝鮮人は付和雷同性を有し、個人としては怯懦なる者も群衆と為り団体を結成することに依り、忽ちに矯激なる言動を為すに至る、且又政治其の他公事に関する結社を組織するが如きは天性最も好める所にして、特に併合以後統治に不満を有する者は宗教、学芸又は体育に藉口して団体を結成し、暗に反国家的なる政談を事とするもの多し、朝鮮人の団体活動は個人行為に比し、其の危険性甚だ大なりと謂い得べし

対米英開戦ゆえの緊張感に増幅されたというべきだろうか、きわめて強い偏見と差別視に満ちている。こうした背景をもつ朝鮮臨時保安令のなかで重宝に使われたのは第二〇条の規定――「時局に関し造言飛語を為したる者は二年以下の懲役若は禁錮、又は二千円以下の罰金に処す」――であった（運用については後述）。

戦時下の治安維持法違反統計

朝鮮におけるアジア太平洋戦争下の治安維持法運用の最大の特徴は、件数・人員ともに一九三〇年代後半と比較して再び大きく増加していることである。高等法院検事局思想部『思想彙報』「全鮮思想事件月表」から治安維

表 15　治安維持法違反件数・人員（1940〜43.8）

年度＼処分別	受理		求予審		求公判		不起訴		未済	
	件数	人員	件数	人員	件数	人員	件数	人員	件数	人員
1940年	43	286	16	127	8	14	17	138	2	2
1941年	143	1,414	14	98	56	218	39	634	24	409
1942年	172	1,528	7	145	77	275	28	450	43	515
1943年1月〜8月	244	2,050	7	66	46	123	18	372	158	1,420

高等法院検事局思想部『思想彙報』続刊（1943年10月）

表16　治安維持法違反罪態別人員

罪態別／期間	「国体」変革		「私有財産制度」否認		国体否定または神宮皇室の尊厳冒瀆	合計
	結社	協議・煽動など	結社	協議・煽動など		
1940年下半期	143	61	88	15	―	307
1941年上半期	916	543	538	274	―	2,271
1941年下半期	247	311	58	73	―	689
1942年上半期	272	192	39	29	―	528*
1942年下半期	42	133	8	29	127	343*
1943年上半期	26	51	24	21	6	128
計	1,646	1,291	735	441	133	4,266*

高等法院検事局思想部『思想彙報』続刊（1943年10月）
一人数罪を犯したものには各該当欄にそれぞれ掲記。そのため「合計」欄の＊の数があっていない。
数値は起訴・起訴猶予・起訴中止の処分を合計

持法関係の検事局受理数（**表15**）をみると、一九四〇年が四三件二八六人であったのが、四一年には一四三件一四一四人と急増した。四二年は一七二件一五二八人と微増だが、四三年は八月までの数値ながら二四四件二〇五〇人（とくに七月と八月が多い）と激増傾向にあるといってよい。

起訴（「求予審」と「求公判」）と不起訴の割合では、四二年と四三年は未済が多いものの、おおよその傾向として不起訴が多くなっているといえる。実際には軽微な事案が過半を占め、警察の検挙と検察への送致だけでも十分に治安の引締めが効果を発揮しうると判断したと推測される。

また、「求予審」と「求公判」の割合も、四一年以降、「求公判」が優勢になっている。これは従来から「求公判」となる傾向の強い民族主義関係と分類される事件が多数を占めてくることに加えて、四一年五月の検事局監督官会議での斎藤栄治高等法院検事の希望事項――国防保安法・新治安維持法の適用事件には「立法の精神に鑑み、運用上成るべく予審を請求せず、直に公判を請求し」（『日帝下支配政策資料集』第八巻）――に沿った司法処分の結果と思われる。

新治安維持法の立法精神とは、その特別な「刑事手続」に貫かれている司法処分の迅速化・簡略化ということを指している。

「国体」変革関係が「私有財産制度」否認関係よりも三倍近くなっているのは、やはり民族主義関係の事犯が共産主義関係の事犯よりも多いことを推測させる。新たに加わった「国体」否定（第七条・第八条）の関係は、四二年下半期から計上されている（後述）。

判決で科された量刑をみると、一九四〇年下半期から四三年上半期の治安維持法違反受刑者四六八人のなかで懲役三年未満は七〇％弱で、懲役一年六月が最多の二四％となっている（『思想彙報』続刊）。治安維持法運用の本格化した一九二八年から三三年の受刑者二〇二五人のうち、懲役三年未満は約五七％で、懲役二年が最多の約四三％であった（『治安維持法関係資料集』第二巻）。おそらく平均刑期は一九三〇年前後から一年程度下がっていることと推測されるが、それでも起訴や量刑の基準も引き下げられたことを加味すれば、かなり軽微な、あるいは萌芽的な事件さえもが有罪となったことが考えられる。

なお、朝鮮総督府法務局編纂『朝鮮総督府司法統計年報』一九四一年版（一九四三年七月）の「第一審刑事罪名別裁判人員」によれば、治安維持法裁判人員の内訳は死刑が五人、無期懲役が四人、有期懲役二五六人、無罪四人、公訴棄却一〇人となっている。注目すべきは死刑と無期懲役の多さである。事件を特定できていないが、軽微な事件が多数処断される一方、厳重な処断もおこなわれていたことを示している。

「大陸前進」基地としての朝鮮半島

増永正一高等法院検事長は一九四二年五月の警察部長会議における訓示のなかで、「近時民心稍々弛緩の兆あり、各地に思想的不祥事事件が頻発し、殊に昭和十六年度に於ける治安維持法違反其の他の重要思想犯罪の発生検挙数は驚くべき飛躍的増加を示し、前途遽に逆睹し難き情勢に在った」（高等法院検事局編『朝鮮刑事政策資料』一九四二年度版、『日帝下支配政策資料集』第八巻）と述べて、四一年の急増ぶりに注目する。「大陸前進兵站基地半島の治安」確保を最重点課題として、「半島の思想浄化」を一挙に推し進めた結果が、「思想的不祥事事件」の頻発という事態を導き出した。

小磯国昭総督がつづく六月の裁判所及検事局監督官会議で、「国家的道義に悖る不軌の行為に対しては、断乎之を剔抉払拭して掃滅を期すべき」と強い調子で訓示したことは、この「半島の思想浄化」の勢いに拍車をかけただろう。

四三年四月、裁判所及検事局監督官会議で水野重功高等法院検事長はまず「検察事務の戦時体制化」を強く求めた。「法令の字句の末節に拘泥し」、「国家目的に副わざるか、或は却て之に背反するが如き解釈運営を為すこと」を「司法の使命を冒瀆するもの」と強く否定する。そして「吾等検察の任に在る者は此等の国内に於ける敵性行為に対し、之が撲滅策を確立し、内敵対応戦に於ても勝って勝って勝ち抜かねばならない」とする。法規の運用にあたってはその「制定の目的、精神の存する処を深く探究して、戦争目的完遂に即応し得る解釈を下」すほか、起訴の適否においても平時ならば起訴猶予が妥当と認められる場合でも「戦時体制下に於ては一罰他戒の見地」に立って起訴すべきとする。このような発想は、治安維持法のさらなる拡張解釈を慫慂しているといえる。

ついで水野は「思想運動の防遏に就て」訓示し、まず民族主義について二つの動向を指摘する。一つは「日本の敗戦後に於ける朝鮮の独立を夢想し、之が時期到来に備えんとして密に画策し」つつある者、そしてもう一つは「終局に於ける帝国の勝利を確信し居る者の中に在りても大東亜共栄圏確立の暁に於て朝鮮の独立を実現せしめんと希求する者等」が潜んでいるとする。これらは戦局の進展とともに「益激化すること予想に難くない」として、「不逞思想の粛正を図ると共に、思想浄化に格段の努力」を求めた（「青丘文庫」〈神戸市立中央図書館）所蔵）。全般的には民族主義運動に警戒の重点を置いている。

四四年八月作成の朝鮮総督府『第八十五回帝国議会説明資料』（近藤釼一編『太平洋戦争終末期　朝鮮の治政』、一九六一年）は第一に「治安概況」を置き、サイパン島陥落・東条英機内閣倒壊などの「内外情勢の急、変転」に「我が方の敗戦必至なるが如き非国民的浮説を敢てするの風潮漸次擡頭せんとし、殊に甚だしきに至りては暗に我が方の敗戦を期待し朝鮮独立の白昼夢を画きつつある不逞徒輩亦尠しとせざる現況なり」と強い危機感を示した。

四四年一二月、『帝国議会説明資料』として法務局は治安維持法違反事件の急増について、次のような見解を示している（『日帝下支配政策資料集』第三巻）。

之等の事件は、殆ど大部分が民族独立運動事件にして、所謂左翼運動事件と雖、其の殆ど全部が民族主義を基調とする朝鮮民族の共産主義国家の建設を策するものにして、純理論的共産主義運動事件は極めて稀有なる状況なり、最近に於ける治安維持法違反事件の顕著なる特色としては従前の抽象的観念的なる理論闘争を抛棄し、具体的現実的なる実践運動に転換し、其の手段方法も亦漸次積極的且巧妙化し、特に敵国側の諜報機関化せんとする傾向は最も警戒を要するところなり、然れども一般民衆の時局認識漸く昂揚せられ、之等不逞徒輩の策動自ら困難となり、早期検挙の励行と相俟ち、其の企図概ね初期に於て挫折し、治安対策上特に憂慮すべきものなし。

「早期検挙の励行」は、先の小磯総督や水野高等法院検事長の「半島の思想浄化」に向けた督励の忠実な実践にほかならない。その成果は現状を「治安対策上特に憂慮すべきものなし」と自賛するものとなったが、実態はどのようなものだったろうか。第二節以降で、アジア太平洋戦争下の判決を通じて何が見えてくるのか、考えてみたい。

二重刑と少年の不定期刑

アジア太平洋戦争下の判決のなかで特徴的なことがあった。

第一に、二重刑の判決である。四一年一二月一七日、全州地方法院は国民学校訓導朴来殷（青木茂雄）に、「其の訓導たる地位を利用して」朝鮮独立運動を「煽動」したとして新治安維持法第五条を適用し、懲役一年六月を科した（後述）。朴来殷についてはすでに同法院で一一月二六日、保安法違反第七条により懲役六月が言い渡されていた。三九年四月頃、受持ちの五年生に対して、「内鮮一体とは表面的にして実行を伴わざるものなるを以て、内鮮一体を強要する現下朝鮮の政治に関し不穏の言動を為し、因て治安妨害したるものなり」という「犯罪事実」である（「仮出獄」）。まず保安法違反の懲役六月の執行がなされ、ついで新治安維持法違反の懲役一年六月の執行がなされることになった。

このような二重の量刑となったことを不当として、朴来殷は高等法院に上告した。弁護人佐竹亀の上告理由の第一点は「本件は検事の公訴事実第一（治安維持法違反）、第二（保安法違反）、第三（流言飛語罪にして陸海軍刑法違反）中、先づ第二のみを単独事件なりとして単独判事にて保安法違反罪として懲役六月に処すとの判決を為し、然る後第一及第三の事実に付合議部に移送し、同部にて第一事実を治安維持法違反及陸軍刑法違反罪、第三事実を陸軍刑法及海軍刑法違反罪として懲役一年六月に処すとの判決を為し、稀有の経路を辿りたる事件なり」とし、「原審が何故に斯る迂曲転倒の処置に出でたるか、其事由を知るに苦しまざるを得ず」というものだった。上告理由の第二点は、「併合罪」を適用しなかったことを違法とした。

これに対して、四月六日、高等法院は「治安維持法違反罪と保安法違反罪とは罪責を異にし、連続犯を為すものにあらざるを以て、之を分離して各別に審判するを当然とす」とし、上告を棄却した（以上、「独立運動判決文」)。

こうした「稀有の経路を辿り」、二度の判決により、併合罪として想定される量刑よりも重くした理由は、民族独立を志向する言動に対してより厳重な処断をおこなったとしか考えられない。

第二に、少年に不定期刑が科せられるようになったことである。四二年三月一八日、「朝鮮少年令」が施行された。二〇歳未満を少年とし、その第八条――「少年に対し長期三年以上の有期の懲役又は禁錮を以て処断すべきときは、其の刑の範囲内に於て短期と長期とを定め、之を言い渡す」――が治安維持法違反事件にも適用された。朝鮮少年令の制定理由は「近時、罪を犯し又は罪を犯す虞(おそれ)ある少年の数、逐年増加の傾向に在り、殊に朝鮮の現状に鑑み此等犯罪少年及虞犯(ぐはん)少年を保護、矯正、善導して健全有為の国民と為すは、人的資源の増強確保上又社会防衛上緊要なるを以て、此等少年に対する刑事手続及刑事処分に関する特則並に保護処分の制度を設くるの必要あるに依る」(「公文類聚」第六六編・一九四二年・第一〇〇巻、国立公文書館所蔵)となっている。

高等法院検事局「最近に於ける治安維持法違反事件に関する調査」(『思想彙報』続刊、一九四三年一〇月)によれば、一九四〇年七月から四三年六月までの検事局受理者の一八%を「少年」が占めている。朝鮮少年令施行後の四二年七月から四三年六月まででみると、六八〇人中二〇二人と、三〇%にのぼる。『朝鮮総督府司法統計年報』一九四一年版によれば、四一年の治安維持法違反事件で一八歳未満の検事局受理数は六六人(男五二人、女一四人)となっており、これは受理者総数一四五人の四六%にあたる。また、「有罪確定裁判人員」二一四人のうち、二〇歳未満は一一人で五%となっている。同一九四二年版では、四二年の「有罪確定裁判人員」三三五五人のうち、二〇歳未満は六一人で一七%となる。

四二年九月一日、咸興(ハムフン)地方法院は逓信局保険課雇員李根在(リグンジェ)(平本茂夫)に短期一年長期二年の刑を科した。「逓信局前道路上」で同窓生に対して、独ソ開戦について、「該戦争は窮極に於て蘇聯(ソレン)の勝利に帰し、其の結果必然的に日蘇開戦と為るべきも、日本は今や支那との長期戦にて軍勢が極度に衰退し居るを以て、蘇支の敵を受け敗戦に帰すること明白なるにより、我々朝鮮人は斯る好期に乗じて朝鮮の独立運動を為さざるべからず」旨提議したことが、新治安維持法第五条に該当するとされた。判決文には「被告人は二十歳に満たざる少年にして」とあり、不定期刑とされた（「仮出獄」）。

四四年六月一二日の全州地方法院の判決（後述）では、全州北公立中学校教員の盧桓（ノファン）（安東恒雄）以外に、二人の「少年」が「短期一年長期三年」、別の二人の「少年」が「短期一年長期二年」を言い渡されている。前者の一人、朴潤河（パクユンハ）は全州北公立中学校在学中、「厳格峻烈なる訓育を受くるや、其の真意を解せず、却て之に反感を懐（いだ）き、内地人生徒なりせば斯（かく）迄厳格ならざるも、我々は朝鮮人なるが故に苛酷なる訓育を甘受せざるべからずとて、恰（あたか）も学校教育に内鮮差別あるが如き偏見を懐くに至り、遂に日韓併合は不純なる動機に基くものにして、内鮮両国民の一体化は到底実現不可能なり、朝鮮民族幸福の途は一に独立の外なしとの信念を持し」たとする。「犯罪事実」の一つとされたのは、四三年一月、被告となった「少年」らに「印度のガンジーは実に世界的偉人なり、英国政府の総有（あらゆる）迫害に断乎反抗し、印度民族の独立と自由の為に闘争しつつあり、時局が我々朝鮮民族に独立の好機を与えんとする現在に於て、我々はガンジーの如く朝鮮の為奮闘せざるべからず」（「独立運動判決文」）と語り、共鳴を得たことである。

なお、日本国内での治安維持法違反事件で、この少年への不定期刑を科した事例は一件を確認できるのみである（一九四二年一二月九日の大阪地方裁判所は金光権（キムガンコン）（一八歳）に朝鮮民族運動の「煽動」をしたとして短期懲役一年長期三年を科した（司法省刑事局『思想月報』第一〇〇号、一九四三年一・二月））。

二　民族主義運動・意識の最終的えぐり出し

「内鮮一体」政策批判への適用

新治安維持法施行後に目に付くのは、朝鮮総督府が戦争遂行体制の確立に向けて矢継ぎ早に実施する「内鮮一体」政策に対する批判への適用である。それらは植民地統治への不満や不平を知人らに吐露、ないしは書簡で述懐するという個人的行為が「協議」・「煽動」＝新治安維持法第五条の該当とされる事例が多い。刑期としてはおおよそ懲役二年程度までにとどまる。

一九四一年八月三〇日、釜山(プサン)地方法院は「内鮮人間には差別待遇多く、結局這(いわ)ば植民地統治に対する偽瞞(ママ)政策に基くものなりと曲解」し、「国体」変革のために協議・煽動したとして、新治安維持法第五条を適用、梁(ヤン)漢模(ハンモ)（大原文彦）に懲役一年六月、金徳泊(キムドクパク)（金谷権一）に懲役一年を科した。「犯罪事実」とされたのは、四〇年八月の総督府による『東亜日報』・『朝鮮日報』廃刊をめぐる梁から金宛の次のような書簡の内容である（「仮出獄」）。

朝鮮人の最高唯一の文科啓蒙指導機関なる右両新聞の廃刊は全く無謀なる朝鮮総督府の弾圧政策に依るものにして、之を黙過せば朝鮮民族は全く滅亡するにより、我等青年学徒は一致団結して之に対抗して反対的革命行動に出でざるべからず、朝鮮の独立の為には如何なる犠牲を払うも之を辞せず、愈々(いよいよ)自分は我慢出来ざるにより、君も僕と共に堅く決意し、朝鮮独立革命運動の展開の為に邁進すべきおそらくこの書簡の発信者・受信者は警察の視察下にあり、封書が押収され、事件が「発覚」したと思われる。治安維持法はこうした個人レベルの民族意識までえぐり出し、処断するようになった。

四二年一一月四日の釜山地方法院は新治安維持法第五条を適用し、中村東璇（ドンソン）に懲役三年、梧川郁憲（ウクホン）に懲役二年を言い渡した。四一年一二月から四二年四月の間に中村が数回にわたって梧川に「勧説」したことが「犯罪事実」とされた。その内容は東条首相はインドやビルマ、フィリピンに独立の約束をしながら、「朝鮮民族は日本に対し絶対的協力を為したるに拘らず、日本が之に対し独立を認めざるは正に朝鮮統治の欺瞞を曝露するものなり……朝鮮再建の独立運動は大東亜戦争終了後之を展開すべく、又朝鮮民衆が独立決行の為一斉蜂起の暁、之に必要なる武器なきを以て之に代り如何なる手段方法を構ずべきや、将来重大なる研究問題となる」というもので、梧川はこれに「賛同し、朝鮮民族の革命運動の為、共に挺身すべき旨誓約し」たことが有罪とされた（「仮出獄」）。

一二月一日の釜山地方法院判決は、会社事務室で友人に「志願兵制度は強制的にして好感を持てず、創氏制度は古来よりの朝鮮人の誇りを消滅せしむるのみならず、仮令（たとえ）創氏するも内鮮人の差別を撤廃し得るものにあらず、徴兵制度は義務教育制度に先行実施すべきものにあらず」と話したことに新治安維持法第五条を適用し、懲役二年を科した（「仮出獄」）。四四年九月一八日の光州（クァンジュ）地方法院判決は、光州西中の生徒が「諺文（おんもん）統制、国語常用、創氏制度、志願兵制度等当局の施政に付きて事毎（ことごと）に之を曲解し、畢竟右は朝鮮民族を滅し、内地人の勢力伸長を計る欺瞞政策なりと妄断」し、「修養して自己完成に努め、朝鮮独立の時機到来に備えん」としていたとして、新治安維持法第五条を適用し、懲役二年を科した（『日帝下社会運動史資料叢書』第一一巻）。

このような総督府の重要施策を批判・否定する言動は止まず、一九四五年も治安維持法による処断がつづく。

四月二六日、京城地方法院は趙愛実に新治安維持法第五条を適用し、懲役二年を言い渡した。「予てより朝鮮人の生活が悲惨にして無教育なるは日本の朝鮮人に対する植民地政策の結果に因るものなりと民族的偏見を抱懐し居た」が、四四年一月中旬、京城駅で学徒志願兵の出発を見て「祖国朝鮮の為戦死するなら格別、日本の為犬死することを考えれば実に可哀想なる旨」語ったことが「犯罪事実」とされた（「独立運動判決文」）。

七月二三日の京城地方法院は金重鎰（松原茂）に新治安維持法第五条を適用し、懲役四年を科した。四三年一〇月、日本から帰郷し、「当時朝鮮人学徒の陸軍特別志願兵制度発表せられ、学徒等間に異常の衝動を与えつつあるを知り、之が反対の気運を醸成し、朝鮮独立思想を鼓吹せんことを企て」、白紙約二百枚に「朝鮮仮政府、米国より重慶へ」「朝鮮仮政府樹立、学兵に出るな」などを墨書し、電柱や板壁などに貼付したことが「犯罪事実」とされた（「独立運動判決文」）。

「内鮮一体」を掲げた総督府の諸政策への「欺瞞政策」という批判を「曲解」「妄断」とみなし、それらが個人的な言動であっても新治安維持法は容赦なく襲いかかった。

素朴な民族意識への牙

具体的な「内鮮一体」政策への批判的言動に至らない、素朴な民族意識の発現にも新治安維持法は牙をむいた。

四一年六月頃、白南淳（泉原英雄）は『ヒットラー伝』を読んで感激し、崇拝していたが、ソ連への電撃的侵攻に大きな刺激を受け、「独逸の如く其の国威を顕揚せんことを希い、且現に其の機会の到来せるものと信じ」、九月二九日に友人宛書簡に「僕は独逸の様な立派な理想の国を必ず建設して、真なる朝鮮人を以て世界に於て輝く国を夢見つつ、実業方面に活躍して見る決心であります」と記した。四二年一月一九日、京城地方法院はこれを「国体」変革の目的遂行行為として新治安維持法第一条を適用し、懲役一年六月を科した（「仮出獄」）。この事件も、信書の内容をもって一個人に適用した事例である。

四二年五月七日の光州地方法院判決は、金（金村）容圭が四〇年一二月の慰労会の席で校友の上級学校への進学断念について、「朝鮮の学生はもう少し覚醒し、しっかり勉強して上級学校へ進み、知識を広めて将来朝鮮独立の為、働かねばならぬ」と話したことが「国体」変革の「煽動」にあたるとして、新治安維持法第五条を適用し、懲役一年六月（執行猶予五年）を科した（「独立運動判決文」）。

五月一三日、全州地方法院は文大植に新治安維持法第五条を適用し、懲役一年六月を言い渡した。たまたま併合前の世界地図を見て、「朝鮮が瞭に日本帝国と別個の独立国たる韓国として表示しあり、且同図欄外に韓国国旗たる太極旗が図示しあるを目堵して、朝鮮の独立国時代を連想」するようになっていた文が、四〇年六月頃、「朝鮮人一般に朝鮮独立の意識を注入」するために、「進楽山の岩壁に旧韓国国旗を描き置かば、之を目撃したる登山者に於て独立国たりし韓国時代を追想し、朝鮮独立運動を為さんとの念を惹起せしめ得べし」と知人に話したことが「協議」とされた（「仮出獄」）。

六月二日の京城地方法院判決は、綾城謹会に新治安維持法第五条を適用し、短期一年長期三年の懲役刑を科した。四一年四月頃、京城府嘉會町裏山で綾城が「往時の名将として伝えらるる四明堂将軍の如く、身に弾丸を受くるも死せざる如き戦術を研究し、日本軍に当らん」と述べ、被告人湖山毅亨と「更に化学兵器を研究し、日本軍に対抗すること亦肝要なり」などと意見交換をしたことが「協議」に問われた（「仮出獄」）。

九月三〇日、大田地方法院は朝鮮独立の目的達成のため「米英の援助を必要とするを以て、我等は努めて米英系の基督教宣教師に接近するを必要とし、且多数の朝鮮人を基督教徒として獲得し、米英人に対する親密観念を抱懐せしめ、他面反日意識を注入」すべきとする言動に新治安維持法第五条を適用し、懲役一年を科している（「仮出獄」）。

学校における朝鮮人差別への反発を契機とした民族主義の発現が「犯罪事実」とされるケースも多い。京城公立農業学校で四年生生徒が谷口教師より叱責殴打されると、権立俊（クォンリプジュン）（東権正昱（ジョンオク））は「朝鮮人なる故を以て殊更惨酷なる訓戒を加えられたるものと為し、大に憤慨」し、四〇年六月、友人らに「朝鮮が日本の統治下に在る限り朝鮮人の斯る侮辱を免るる能わざるが故に、我々朝鮮人たるものは朝鮮独立運動を起こしては如何」と提議し、同意を得たとされ、四二年九月一日、京城地方法院は新治安維持法第五条を適用し、懲役一年六月を科した（「仮出獄」）。

九月三〇日の京城地方法院は、金（キム）（金海）喆龍（チョルヨン）に対して新治安維持法第五条を適用し、懲役一年を言い渡した。四一年九月、知人宛の書簡で「学校で時局訓話の際、生徒主事と配属将校が我々朝鮮人生徒数十名に対し、国語使用に付散々やっつけた、朝鮮語を舌に乗せる者は退くべしと云うた……政治的圧制の最も不幸なる結果の一つは、被圧迫者の心に狂暴性を培うのではないかと思う」と記したことが「犯罪」とされた（「独立運動判決文」）。

四三年三月一二日、全州（チョンジュ）地方法院は成（ソン）（成田）百愚（ペクウ）に懲役二年を科した。三八年八月、知人に「内地人教諭は内地人生徒に対し親切なるも、朝鮮人生徒に対しては冷淡にして常に猜疑心を以て臨み居れり、内地人生徒は朝鮮人生徒の言葉尻を捕え、朝鮮人の癖に生意気なりと申し、其他種々侮辱的な言葉を使用し居れり」と語り、四〇年三月には朝鮮人の多くはこれらの差別に無自覚とし、「我等は互に大に勉学し、修養し、立派な人物と為り、朝鮮民衆を啓蒙し、自覚せしむべきなり」と語った。これらが新治安維持法第五条に該当するとされた（「仮出獄」）。

四四年二月一四日、全州地方法院は康（カン）（康田）炳辰（ビョンシン）に新治安維持法第五条を適用し、懲役一年（執行猶予三年）

を言い渡した。「犯罪事実」とされたのは、四一年三月から四月、路上で知人に次のように語ったことである。

朝鮮同胞の生活が漸次逼迫し、多数の労働者が零細なる賃銀にて使役され、苦境に喘ぎつつあるは、単に資本主義社会制度の影響に依る階級的差別観念に由来するものなるのみならず、植民地民族として差別的虐待を受けつつあるに因るものなり、今日世界の労働者は漸次其の待遇が改善せられつつあるに拘らず、独り朝鮮人労働者のみ斯る不幸なる境遇に呻吟しつつあるは民族的差別待遇の結果なり、故に我々青年は飽迄朝鮮人たるの自覚を堅持し、労働大衆を獲得して資本家に対抗すると共に、一般朝鮮人に民族意識を注入し、朝鮮独立の為に挺身すべきなり

四五年にもこうした判決を見出せる。四月九日の京城地方法院は朴（井上）魯胎に新治安維持法第五条を適用し、懲役一年六月（執行猶予五年）を科した。四三年五月、友人に「内鮮一体の実現は不可能なり、日本人は短気狭量にして大陸性を帯びたる朝鮮民族とは融和し難く、朝鮮民族は優秀なれば朝鮮独立を実現せざるべからず、夫れが為には軽率なる行動を避け、慎重に考慮する要あり、貴君は尚勉強の要あるも鮮内に於ては其の勉強も不可能なれば、支那に行きて毛沢東の配下の人物に就きて勉強を為すべし」と語ったことが「犯罪」とされた（「独立運動判決文」）。

ある中学生の反日言動事件

学校における民族差別への反発に端を発した治安維持法の適用は前述したが、ここではある中学生、京畿公立中学校四年生（二〇歳）の姜祥奎（大山隆実）の反日言動をめぐる事件をみよう。これからの記述はすべて国史編纂委員会編『韓民族独立運動史資料集』六七、「戦時期　反日言動事件Ⅱ」による。

一九四一年一月一六日、京畿道警察部高等課の馬渡直活巡査による「治安維持法違反被疑事件認知報告」が

第一報となった。姜が同級生に対して「内地人に対する感想を簡単に話して呉れ」「現在朝鮮に対して悲しいと思う処があるか」などの質問をしたことを探知し、「密に何等かの革命運動を画策しつつあるものの如く」考えられるので、報告するという内容である。

京畿道警察部長から京城地方法院検事正宛の報告「朝鮮独立を熱望せる不良学生検挙に関する件」は五月一五日付であるが、すでに三月一〇日から警察における治安維持法被疑事件として取調ははじまっていた。「意見書」に相当する六月五日の「顛末書」では、姜祥奎は京畿公立中学校入学後、「学校の施設の凡てを之を敵として取扱い、随て日韓併合の大義等を理解するに至らず、朝鮮統治上に於ける重大政綱の一である内鮮一体の実現等に就ても歪曲せる猜疑心の下に反対的意見を抱懐し、民族主義的革命思想に対する信念を鞏固に為」したとする。「犯罪事実」とされたのは、三九年一月、「革命十年間予定」を樹立し、第一年目として「全鮮主要都邑の五万分の一地図」数十葉の購入、「六韜三略、孫呉の兵書等」の耽読、「自己の革命運動に対する同志としての適格者」の物色などである。それらは旧治安維持法第三条の「煽動」に該当するとして、起訴処分を希望した。

六月四日付の姜祥奎の「素行調書」では「性活発にして、短気、闘争心に富む」とされるほか、世評は「至極良好」であり、「改悛の見込充分」とされた。

検事局の六月一八日の訊問（第三回）では、検事菊池慎吾との間で次のようなやりとりがなされている。

問　其方の考える事が実現出来ると思ったか。

答　朝鮮人全部が私と同じ気持になれば容易に出来ると思い、私と同じ気持にさせる為に種々な人に説いたのであります。

問　其方は十年計画なるものを樹て、或は兵学等を勉強し、或は地図を買込んだりしてきたが、何うして之が必要だと考えたか。

答　革命運動を実践する時、兵隊を指揮したりする時、応用すべき智識を広める為でありました。

問　今何う思って居るか。

答　何も考えず、単に民族的偏見から誤った考えを持って今日迄来ましたが、今では誤っていたと云う事が判りました。

問　其方の斯様な考えは既に十年も前からの事で、そう簡単に変る事はないと思うが、何うか。

答　長い間留置場にいて種々考えられる事があり、従来の私の考えが間違っていたと云う事が判りました。

七月一二日、京城地方法院に公判請求がなされた。「犯罪事実」としては前述した以外に、帰省中に実兄らに対して「目下支那事変の最中に当り、事変の長期化と共に必然的に日本の国力消耗を来すべきにより、此の機を逸せず、全朝鮮人一致団結し、以て所期の目的実現に邁進せざるべからざる旨」を説いたことなどをあげている。

京城地方法院での公判は一〇月二四日に開廷された（裁判長藤井忠顕）。公開の裁判となったが、弁護士は付いていない。冒頭、姜祥奎が起訴事実を認めると、裁判長は「被告人が朝鮮独立をせねばならぬと思った主たる理由は何か」「日本の圧制と云うのは如何なる点か」「当時被告人は内鮮一体と云う点に付ては如何に思って居たか」などを質問している。最後に姜が「私の行為が間違って居た事に気付ました」と陳述すると、裁判長は「然らば今後朝鮮人は如何にすればよいと思うか」と訊ね、「朝鮮人を幸福にするには内鮮一体によらなければならない事が判りました」という供述を引き出している。

検事は「被告人の抱ける民族意識は深刻なるものにして、到底一朝一夕にして之を清算し得らるるものに非らざる」と断じて旧治安維持法第三条を適用し、懲役三年を求刑した。裁判長から「最終の供述」をうながされると、姜は「将来は心を入れ替え、忠良なる国民として奉公する考え」を示して「寛大なる御処分」を希望した。判決は一一月一二日に言い渡され、懲役二年を科した（判決文は不明）。

なお、注目すべきは、以上のような一連の司法処分の記録とともに、西大門刑務所に姜の拘置中の記録が存在していることである。第一回公判から判決までの中間にあたる一〇月三〇日付で、西大門刑務所長から京城地方法院宛に「思想犯人の動静等に関する件通報」がなされている。「昭和十六年二月十八日附京地刑第五七一号照会に対する」とあることから、京城地方法院との間に拘置中の思想犯人の動静についての通報の手続きが確立しており、判決内容や量刑の判断の参考に供されたと思われる。

まず「刑務所内に於ける言動並行状」の項目があり、「官吏に対する態度　良」「処遇に対する態度　従順」などとある。ついで「思想転向の有無」では「転向者と認む」とされ、その時期（七月一五日、起訴直後）、動機（「家庭愛並拘禁中の苦痛に依る反省」）とつづく。最後に「入所後過去の非を悟り、謹慎自重益々国民的教養に努めつつある」という刑務所側の評価が下されている。

さらに、刑務所側が設定した項目について、拘置中の被告本人に記述させている。第一問は「暴力革命に依る国体変革、私有財産制度破壊に付ての信念の有無及之が実現性に付ての感想」で、姜は「私は単に英雄憧憬的な気持から動機を持ち、そのため暗くなって遠局を眺めることが出来ず、民族主義的意識を抱くようになりましたのであって、暴力革命に依る国体変革と云うことは私として考えたこともありません。私有財産制度に付きましては、私有財産と云う字義すら弁えていません」と記している。ほかの記述項目には、「現在の時局に付ての感想」「刑務所内に於て閲覧したる書籍及其の読後の感想」（菊池寛『西住戦車長伝』、火野葦平『土と兵隊』などをあげている）がある。

さらに、「公判に於ては如何なる事項を陳述せんとするや、尚又裁判長に対しては特に如何なる点を取調べて貫いたいのですか」という項目もある。これに姜が「これまで警察や検事局に於て取調べられた点に所々行き過ぎた感はありますけれども、私はその通りで宜しいのです」と書くのは、拷問による供述の強要があったことをうかがわせる。それでも深く反省して刑に服したいとしつつ、「一つだけはっきりして戴きたいことがあります」として記したのは、警察や検事局は「革命十年間予定」を「飽くまで実行したように」あつかっているが、「それは私が始め架空的な小説英雄伝などを参考に立てたものでありまして、私として到底実行すべき物ではありません」という訴えだった。

これらとは別に、「従来抱持して居た思想と現今の心境を成るべく簡単に書いて見なさい」という注文の付いた「手記」も書かされている。姜は「結局私は時代は進んだにも拘らず、私の頭は全く古ぼけて居ったということが分りました」として、「日本と朝鮮が真に一家族の如くなり、それが固い基礎となって東洋諸国が一致団結し、相提携してのみ東洋人たる東洋なるを得、且つ朝鮮の真の意味の幸福もそこにあるという結論を得た」とする。最後は「私は断乎として過去の過を清算し、皇国臣民なる目標に向って邁進し、誓って立派な皇国臣民になって見せる決心です」と結んでいる。

すでに姜は警察の取調段階から事件への反省を述べ、第一回公判でも「転向」を表明していたが、この拘置中の「手記」でそれを確定し、服罪の意を示した。一一月一二日の判決は懲役二年という量刑となった。戦時下のこうした拘置所における「思想犯人の動静等」についての調査や「手記」の執筆は、おそらく司法処分上の参考資料として確立した手続きになっていた。

「悪化」する「学徒の思想」

学校方面の動向については、とくに注意が喚起されていた。一九四一年五月一二日、次席及上席検事会同で増永正一高等法院検事長は「殊に本来純真無垢なるべき初等学校の児童又は中等学校の生徒の間に不穏の言動を為す者」あることを「甚だ憂慮すべき」として、「常に学校方面の青少年の行動に付ては査察内偵を怠ることなく」と訓示した（『日帝下支配政策資料集』第九巻）。

そして、この訓示に先立ち、三月三〇日、江原道警察部長は「春川中学不良生徒の一斉検挙」を報告している。「朝鮮人学生生徒の思想動向が悪化の一途を辿りつつあるのみならず、底流する民族意識の強烈なるは驚異に値いするものあり」という現状認識に沿って警戒中のところ、一八人の学生を検挙したという一報である。ここでは事件の間接的原因として、かつての常緑会事件につづく春川中学の「伝統的歴史校風」のほか、「支那事変勃発後に於ける半島の最高統治方針たる内鮮一体具現の各種施策は、半島民衆の日本臣民たるの国民的情操の確立に先行したる為、一部民心には逆効果を齎したること」をあげている。直接的原因としたのは「日米戦勃発せば日本は滅亡し、朝鮮は独立するものなりとの最も不穏狂激なる観察を下し、其の機会は将に切迫せりとす」という学生層に広がった緊迫感である。

具体的な「犯罪事実」は朝鮮独立の「意識の昂揚を図」るために協議・煽動したというもので、たとえば李蘭の場合、呂運亨の入獄や出獄に触れて「彼は今日に於ても未だ民族独立の鞏固たる信念を棄てず、之が主義実現に邁進しつつある」ことなどを友人たちに「教養」したこととされた（江原道警察部長「春川中学校生徒の治安維持法違反事件検挙に関する件」、一九四一年七月二一日、以上、京城地方法院検事局資料「思想に関する情報一三」）。

四二年三月一三日、京城西大門警察署長は京畿道警察部長ら宛に「蹴球を表現団体とする民族的秘密結社発覚に関する件」を報告している。京城私立薬学専門学校は「内鮮人共学なるも内鮮人学生は対立し、鮮人学生等は全校校友会蹴球部を独占し、民族的に結合し活動中なるを探知」し、海喆龍ら九人を治安維持法違反被疑事件として取調中という内容である。朝鮮人クラスの級長は蹴球部を通して「日本人学生に対し意識的に対抗せねばならぬ云々」と「婉曲に朝鮮独立運動を煽動した」としている（「思想に関する情報（警察署長）」）。その後の司法処分の状況はわからない。

戦時体制がしだいに深刻化していくなかで、治安当局の「朝鮮人学生生徒の思想動向が悪化の一途を辿りつつある」という認識はさらに深刻になった。四四年八月の朝鮮総督府『第八十五回帝国議会説明資料』には「学徒の思想傾向」を取りあげる。法文科系教育の停止などの影響を受けて「反国家的民族意識に低迷する者あり」として、敗戦と朝鮮独立を「夢想」するもの、「日ソ開戦の時機こそ朝鮮民族解放の野望達成の絶好の機会」とするものが少なくないとする。こうした思想は「青少年学徒特有の小乗的感激性と相俟ちて折に触れ機に臨み不穏言動となり、巷に其の片鱗を露呈しつつありて遂には秘密結社を組織し不穏の画策を為すに至り、神聖なる学園を汚濁して刑へきに触るるもの又尠からざる状況にあり」と警戒感をあらわにする。しかも、それらは「精神的団結の強化と智力、体力、経済力の向上を図り、以て朝鮮独立の日に備えんとする傾向」を有するとする。

四三年五月一九日の光州地方法院は金（金海）健鎬に有罪を科したが（判決文不明）、執行猶予が付されたため検事は高等法院に上告した（八月一二日の判決は棄却）。この検察の上告理由には戦時下における「青少年の思想事犯」に対する、きわめて厳重な取締姿勢があらわれている。金健鎬は「専門学校教育を受け、所謂知識人」として「飽くまで反国家的思想を放棄せず」、「悪逆不逞なる言辞を弄して多数のものを煽動した」ことが「犯罪事実」とされた。検事は執行猶予という「寛大」な量刑となったことについて、次のように「甚しく不当」と主張する（「独立運動判決文」）。

> かくの如き者に対して徒に寛大なる処分を為すに於ては自戒の目的を達すること能わざるは勿論、一般を警戒し、以て治安確保の万全を期し難きに至るや必せり、加之近時半島の思想情勢寔に憂慮すべきものあ

り、殊に青少年の思想頓に悪化し、各地に於て学生若くは中等学校卒業生の思想犯罪頻発する傾向あり、素よりかかる事犯の悪質重大にしてその影響するところ極めて大なること言を俟たざる処、□□断じて之を根絶せざるべからず、而してかかる青少年の思想事犯を防遏せんとするには、刑事政策上所犯軽微なるものに対しては時に寛大なる処分に出ずるを相当とすることあらんも、所犯悪質にして毫も憫諒すべきもののなきに対しては断乎厳罰に処し、以て一罰百戒の実を挙て銃後治安の万全を期せざるべからず

検事のいう「所犯悪質」がどの程度のものだったか、前述のような判決事例から想像できるが、「銃後治安の万全」のためにはそれらに対しても「一罰百戒」の処断が不可欠と考えられていた。

教員による民族意識鼓吹

前述した一九四一年五月一二日の次席及上席検事会同で増永高等法院検事長は「常に学校方面の青少年の行動に付ては査察内偵を怠ることなく」と述べたあと、「之等学校の教師にして講義の際、民族思想を鼓吹せんとする者があります、斯の如きは最悪質なるものでありますから、厳重取締を為すを要します」とも訓示していた（『日帝下支配政策資料集』第九巻）。教員による民族思想の鼓吹は「最悪質」なものとして、治安維持法の断罪を受けていく。

四二年六月の司法官会議で水野重功京城覆審法院検事長は管内状況を報告する際、「第二の国民を薫陶育成すべき立場に在る中等学校教職員及国民学校訓導の犯罪事件」について、次のように言及した（高等法院検事局編『朝鮮刑事政策資料』一九四二年度版、『日帝下支配政策資料集』第八巻）。

被告人等は孰れも大邱師範学校在学中校内の伝統的雰囲気に刺戟せられ、民族主義を抱懐し、同窓の学生等と結託して朝鮮独立を目的とせる大邱師範学校文芸部と称する秘密結社を組織して毎土曜日会合して主

義の普及の為の作品を持寄り、互に批判を加え、謄写版を用いて機関紙学生と題する不穏文書を印刷して同校生徒数十名に配布し、同志の獲得に熱中し、就職の暁には教壇を利用し、頭脳優秀なる鮮人学生等に対し民族意識を注入昂揚すると共に、皇国臣民錬成の神聖なるべき学園をして不穏思想造成の道場たらしめ、純真なる少年等を邪悪に誘導することに狂奔し、独立成功の暁に於ける有為の人材たらしめんとしたるものにして、其の手段の陰険なるは惨禍の甚大を予想せられ、慄然（りつぜん）として肌に粟を生ぜしむるものあり

「皇国臣民錬成の神聖なるべき学園」である師範学校において「純真なる少年」に対して、教壇から「民族意識を注入昂揚する」ことはきびしく断罪されるべきことだった。この大邱師範学校の事件がどのように司法処分されていったのか、判決文も含めて不明である。

四一年八月一九日、京城地方法院は小学校訓導洪淳昌（ホンスンチャン）（徳山実）に「自己の教職を利用し、生徒等に対し民族意識を注入」したとして新治安維持法第五条を適用し、懲役二年を言い渡した。三九年九月、校長がその長男と朝鮮人児童の喧嘩に対し「偏頗なる処置」をとったことに「悲憤の涙」を流し、六年生に対して「お前達も今内地人の校長が朝鮮人の児童を殴るのを見たであろう、之れが悲しくなくて何が悲しいか、自分はお前達の将来のことを考えて泣くのである」と話したことが、「煽動」とされた（「独立運動判決文」）。

一二月一七日の全州地方法院の朴来殷に対する判決については、二重刑として前述した。「訓導たる地位を利用」して、三九年一〇月頃、普通学校五年生約六〇人に「新羅百済の歴史を教えたる後、生徒の感想を求めたるに……「朝鮮風俗慣習が内地式に変るから嬉しい」と述ぶるや、右生徒等の面前に於て……「君は朝鮮が亡（ほろび）たるのが左様に嬉しいか、朝鮮にも新羅百済のような立派な文化があったのだから、其の祖先の頭を受け継いで一生懸命朝鮮の為めに尽さなければならぬ」と語ったことが、「暗に朝鮮独立運動を為すべきことを慫慂し」たとみなされ、新治安維持法第五条の適用により懲役一年六月を科せられた（「仮出獄」）。

四二年三月三一日、咸興地方法院は安炳畿（安興邦彦）に「東光学園の教員となるや、同学園児童等に朝鮮独立を目的とする思想的訓練を為し、以て宿望を達せんことを企て」たとして、新治安維持法第五条を適用し、懲役二年を言い渡した。四一年六月から一一月にかけて第六学年八〇数名に対して授業時間を利用し、「朝鮮人は夜行列車内通路に新聞紙を敷き寝て居る様なもので何時も安眠が出来ない、時には北方の支那より、時には南方の日本より侵略を受けて居る、現在我々朝鮮は日本より征服され、其の搾取を受けて居るから其の独立を図らねばならぬ」と話したことが犯罪とされた（「仮出獄」）。

四四年六月一二日、全州地方法院は全州北公立中学校教員の盧桓（安東恒雄）が「教職に在る自己の地位を利用し、生徒に民族意識を注入すると共に独立の気運を醸成」したとして、新治安維持法第五条を適用し、懲役五年を科した。民族意識注入の「犯罪事実」九件が列挙された。その一つ、四三年一月、四学年生徒五〇人に「君等は現在の時局が如何に展開して行くかを考えねばならぬ、今の時局は我々朝鮮人にとっては最も関心を持つべき重大な時であり、朝鮮青年として大いに奮起すべき時に当って君等は余り呑気過ぎる、君等の祖国を思え」と語ったとされた（「独立運動判決文」）。

ある中学校教員の反日言動事件

この項では、警察の探知から取調、検事局取調、公判という一連の司法処分過程をたどることのできる、対米英開戦の当日の中学校授業での言動が不穏とされた事件を概観する。一一九点におよぶ文書は『韓民族独立運動史資料集』六八（「戦時期反日言動事件Ⅲ」）に収録されている。

まず、第一報は一九四一年一二月一四日の「松都中学校教員の不穏言動に関する件」という、開城警察署巡査の署長宛報告である。英語科教師金（金川）炯敏が授業中に「布哇には我が朝鮮人同胞が相当多数居住して居るが、日米戦争を動機として独立運動を為すであろう」と話し、蒋介石を賞揚したことなどを「聞込」んだので「真偽鋭意内査中」という内容である。ついで、四二年一月四日、この事件を開城警察署長は京城地方法院検事正や京畿道警察部に通報する。ハワイ滞在の経験をもつ金炯敏は「今尚欧米依存観念鞏固なる為」、その動静を以前から注視していたところ、「大東亜戦争勃発を好機とし、自己の担任英語の時間を利用」し、前述のような言動をなし、「内査するに罪証明白となった」として、一二月二五日に「任意同行」、取調中という報告である。

一月二〇日、開城警察署長から京城地方法院検事正宛に「不穏言動に関する治安維持法違反被疑事件被疑者として嫌疑濃厚にして勾留の上、取調べの要あり」として、金炯敏の訊問・勾留と家宅捜索、関係者の証人訊問について「何分の御指揮相仰ぎ度（たく）」という「報告書」が出された。これは新治安維持法により検事の捜査指揮権が確立したことに伴う手続きである。一月二二日、訊問などの「処分を命ず」という「命令書」が京城地方法院検事正から発せられた。この時点で、金は正式に検挙となったと推測される。

翌二三日、金の訊問が開始された。三月二五日まで七回の訊問がなされた。それらの訊問調書冒頭には、「京城地方法院朝鮮総督府検事杉本覚一の命に依り」と記されている。これも、検事の命令にしたがって警察での訊問がなされるということを示すが、実際には形式的な手続きを踏むにとどまったと推測される。

二月二七日の第六回訊問では、警部補山崎吉二郎との間に次のようなやりとりがあった。

問　若し日本が不幸にして敗戦する場合は、朝鮮の前途は如何になると考え居りしや。

答　朝鮮は英米の領地となるか、或は現在の状態を継続するか、二つの途を辿るのですが、米国は第一次欧州大戦後、民族自決主義を主張した事もありますから、朝鮮人である私は朝鮮を独立させて呉れるものと考えて居りました。

問　然らば其の方は米英の援助に依り、朝鮮が独立できるのを希望して居りたるに非ずや。

答　私は朝鮮人でありますから、朝鮮の独立は内心希望して居りましたが、現在の日本の情勢から推して其の実現は仲々困難なことで、其の機会に恵まれず、今日に至ったわけであります。

並行して、金の授業を受けた生徒多数が証人として訊問を受けた。二月二二日、その一人王鉉は「証人は其の話を聞いて如何なる感じがしたか」という問いに、「金烔敏先生は朝鮮の独立することを希望し、布哇に住んで居る朝鮮人の独立運動状況を吾等に知らせて、此の機会に事新しく朝鮮の独立を思わしむるに非らずやと思われます」と答えている。また、三月二日の山本利夫に対する証人尋問では、「斯様な話しが一般に知られる場合は、国家に如何なる影響を及ぼすものと思うか」と問うて、「一つの流言蜚語となって、民心に不安を与えて国家に不利になるものと思います」という答を引き出している。一方、「朝鮮の独立は見込あるものと思うか」という問いに、証人は「全く違います。毎日皇国臣民の誓詞を斉唱したり、内鮮一体を高調する今日、斯ることは寸毫も考えたこともありません」と、いずれも否定をしている。

総じて、証人の供述は金先生の言動の「不穏」ぶりを肯定し、自らは「皇国臣民」であることを強調するものとなっている。おそらく、そこにはそのような供述をさせる強い圧力が加えられたと思われる。

四月一三日、開城警察署長から京城地方法院検事正宛に「捜査報告書」が送付された。「犯罪事実」として、「大東亜戦争勃発せるや、五年間の長期に亘りて支那事変を継続し来りし帝国は軍事的に経済的に相当疲弊困憊し、世界一等国として自他共に許し居る米・英両国を対手として戦争する事は寔に至難にして、敗戦の憂目を喫するは当然なりと憶断し、大東亜戦争に対する朝鮮人中学生として帝国が敗戦する場合には朝鮮独立を為し得べく、斯る場合の心構を暗示的に煽動する目的」で「不穏当なる言動」をおこなったとした。次に「意見」の項では、新治安維持法第五条に該当するとして起訴処分とすべきとした。その際、「被疑者は中等学校教員たる職分を悪用し、純真無垢なる半島人中学生に対し、朝鮮独立に関する意識を認識煽動せしめ、刻下非常時の銃後民心を惑乱せしめたるは情状洵に憎むべきものあり」として、厳重処分を希望している。

藤木龍郎検事による訊問は六月一六日から七月二二日まで、四回にわたってなされた。生徒の証人としての供述が焦点となった。第一回では「其の日、其の方の話を示し、又日本が敗戦する事がある様な話をして居たと供述するものが多いが、怎うか」と問われて、金炯敏は「決して左様な話をした訳でもなく、そんな目的にて話をしたものでもありませぬ。唯私の話を聞いた生徒達が実際左様に私の話を受取り、其の様な悪い影響を受けたとすれば、国家を始め皆様に対し誠に申訳ない事だと思います」と供述している。

七月二二日、第四回訊問の最後に、金は警察の訊問の不審点を突いた。「前回御読聞けの警察に於ける私の供述は何れも二月二十七日以後の私が申したことになって居る様ですが、私は開城署で最後に調を受けたのは二月十四日の日で、其の日の事は私がよく記憶して居ります。同日以後刑務所に入る迄、調を受けた事は全然ありませぬ。其の間、私が何か申立てた事になって居るとすれば、全然虚偽であります。其の点を御調べ下さい」と、開城警察署での訊問の捏造を訴えた。訊問調書によれば三回目が二月五日、四回目が二二日、五回目が二六日、六回目が二七日となっており、金が最後の訊問となったという一四日付の調書は存在しない。金にしたがえば、第三回目以降が「虚偽」となる。

これに対して検事は金の暴露に取り合わず、七月二二日付で京城地方法院に公判請求をおこなった。前述の「犯罪事実」を繰りかえしたのち、「暗に朝鮮人たる右生徒等に対し帝国が苦境に陥り、朝鮮独立の機会あるべきを教示して其決意を促し、右生徒等の民族意識の啓発高揚を図り、以て朝鮮独立の目的を以て其の目的たる事項の実行に関し煽動を為したるものなり」と断じた。

八月一七日、金は京城地方法院長宛に「上申書」を提出し、検事による第三回・第四回訊問でのやりとりを詳細に述べた。「私に非道い拷問でもして、自分達が私から言って貰いたいことを言わせてあの様な事を書いて呉れたら、私は拷問に堪えなかった事にしても、私の口で一度申述た事は今更に弁明する余地もない事と思われますが、私には訊問もしないし、申述もしない事を、しかも私が述べた様に取調書を偽造し、司法当局を欺瞞し、以て自分達の一時の功利心を満足させると言いますと、之れはあまり非道い事の様に思われる外ございません」と、警察の訊問調書が虚偽であることを再度訴えている。

京城地方法院の公判は九月一七日に開廷された。釜屋英介裁判長は「被告人が生徒達に対して話した口調なり態度から推して、被告人は日米戦争の勃発を非常に喜び、此の機会を利用して朝鮮の独立を計らねばならぬと云うことを暗に教え、其の決意を促した様に見えるが、怎うか」「朝鮮人の中には今次大東亜戦争勃発を以て朝鮮の独立を計る好機なりと考えて居る者が多いのであるから、被告人も左様な考えを持って居たのではないか」などと問いただす。警察の虚偽調書について金が述べると、裁判長は「然し事実取調を受けないのに調書が作成せられることはない筈ではないか」と取り合おうとしない。

裁判長も生徒の証言を持ち出して、「和泉と云う生徒は日本人は一致団結せなければならぬ時に、日本に対し刃向う者の話をするのは不穏当だと思ったと供述し、又新井と云う生徒は先生が話した様な話は悪い影響を与える様に思ったと供述して居るが如何」と金に迫る。金は「私の話が或は不穏当であったかも知れぬと、今は後悔して居ります」と反省の弁を述べる。

検事は新治安維持法第五条を適用し、懲役二年を求刑した。金は最後の弁論で「私の不注意から生徒に対し穏当でない話をしましたが、私自身は不穏な思想を持って居るものではありませぬ」と述べた（以上、『韓民族独立運動史資料集』六八、「戦時期反日言動事件Ⅲ」）。

第二回公判は九月二九日の予定だったが、一日遅れ、三〇日に開廷し、判決が言い渡された。生徒に不穏な言動をおこなったことが「自己の憶測を語り、以て今次支那事変及大東亜戦争に際し軍事に関し造言飛語を為したるものなり」として、新治安維持法ではなく、陸軍刑法違反の造言飛語罪として禁錮一年を言い渡した。蔣介石を賞揚したことには触れられなかった（「独立運動判決文」）。なぜ新治安維持法ではなく急に陸軍刑法の適用に変更されたのか、なぜ懲役ではなく禁錮刑になったのか説明されていないが、推測するに釜屋裁判長は可能な限り寛大といえる判決を下したのだろう。判決で「犯意継続」を認めなかったのは、不注意の言動ではあるものの、新治安維持法を適用するほどの「悪質性」はないと判断したと思われる。警察訊問の捏造も影響をおよぼしたかもしれない。

この判決に対して、九月三〇日、金炯敏は「該判決全部に対し不服」として控訴をしたが、一〇月二日になって、それを取り下げた（『韓民族独立運動史資料集』六八、「戦時期反日言動事件Ⅲ」）。

在日朝鮮人への適用

これまでも朝鮮人の在日中の言動が治安維持法の対象となることはあったが、一九四〇年代にはとくに民族主義的な言動に対する処断事例が目立つようになった。往来が激しくなり、日本国内での特高警察による視察状況が朝鮮側の高等警察に通報され、立件となることが多くなったと思われる。

一九四一年一二月三〇日、全州地方法院は高山鐘根（ジョングン）に新治安維持法第五条を適用し、懲役二年を科した。東京で苦学中に就職差別に直面すると、「斯く内鮮の差別ある以上、内鮮一体は到底具現せざるものと曲解したる結果、真の朝鮮民族の幸福は朝鮮が帝国の羈絆より離脱するにありとし、朝鮮の独立を翹望（ぎょうぼう）し居たる」とされた。冬期休暇で帰省中の一月一〇日、被告人西原健雄らと「会合し、酒を酌みつつ昼食を喫し雑談中」、「東京に於ては内鮮人学生の差別甚（はなはだし）く、朝鮮人学生の留学は不可能にして朝鮮民族の真の幸福の為には朝鮮の独立を図るの外なき」旨提議して承諾を得たことが、「犯罪事実」の一つとされた（「独立運動判決文」）。

四三年四月二三日の全州地方法院は、金圭燁（キムギュヨプ）（金原佳正）に新治安維持法第五条を適用し、懲役六年を科した。「苦学しつつ中央大学に通学中、内地人は事毎に朝鮮人を蔑視し、差別待遇を為すと曲解し、内地人に対し反感を抱」いていたが、四一年二月中旬、荻窪の飲食店で知人と「朝鮮の農村は疲弊し居り、農民は殆ど無教育者にして文化の程度も低く悲惨なる状態なり、右は朝鮮義務教育制度実施され居らざる為なるを以て、我等は民族運動を為し、朝鮮人を啓蒙し、其の民族意識を昂揚せしむべきなり」と語ったことなど、三一件の「犯罪事実」を列挙した（「仮出獄」）。この重罪に金圭燁は上告した。次のような上告趣意書である。

私が一生を、生命を賭して迄朝鮮の独立を希望し、計画したることは絶対にありませぬ、私の過去の思想は淡い乍（なが）ら、内地人から直接間接侮辱されたり、差別的待遇を受けて感情に触る其の瞬間的の気持としましては朝鮮が独立すればよいと云う位の無自覚的な、反揆的な気持は持って居りましたけれ共、その気持が永久的な、連続的なものでは決してなかったのです……警察署に於ては私の弁解には一向耳を藉さず、私の友人は全部同志なりとし、又彼等と会った度毎に民族的協議を為したるに相違なしとて拷問を加え、私が如何に左様でない事実を有の儘申述べても少しも信用せず、無理な拷問を為すので、私は度重なる拷問の苦痛に堪えられず、虚偽の自白を為しました。

検事の訊問においても、地方法院の公判においても拷問による自白の強要を訴えたが、聞き届けられることはなかったとする。最後に「私は本当に日本臣民としての国民的自覚と宿命の下に、謹んで微力乍ら聖恩の億分の一でも報い奉る可く、白紙に還元して新しい更生した金原として、明るく正しく皇民道を闊歩しますことをお誓い申上げます」と述べた。

しかし、六月一七日、高等法院は「右証拠中、被告人の警察に於ける自白が所論の如く取調官の苛酷なる拷問の結果、不任意に為されたる内容虚偽のものなることを認むべき証迹存せず」とあっさりと退け、上告を棄却した（「独立運動判決文」）。

九月一四日、釜山地方法院は崔信模（山本松盛）に新治安維持法第五条を適用し、懲役一年六月を言い渡した。崔は東京で貸間を何度も拒絶された経験から「内地人に対し反感を懐」くようになった。四二年二月、日本人より強く叱責せられ「鬱憤遣瀬無く」、知人に「今日の世界は変転極りなき故、近く日本は必ず打撃を受くるに至るは必定なれば、其の時こそ朝鮮を独立せしむる好機なり」として、「其の機会到来に至る迄、一人前の人間に為り、独立運動に挺身し、今日の怨を霄す心算なる」旨提議したものの、賛同は得られなかったとする。このことが罪に問われた（「仮出獄」）。

四四年二月一日、全州地方法院は日本大学芸術学院在学中の鄭（玉原）基福に新治安維持法第五条を適用し、懲役二年を科した。「上京後、苦学生活の経験に基く自己の境遇に対する不満より階級意識を強め、朝鮮人の下宿難、就職難、或は差別的待遇を見聞するに及び、漸次民族意識濃厚とな」った。「犯罪事実」の一つとされたのは、四〇年一〇月、知人に「東京在住朝鮮人の多くは賤業に従事し居りて、内地人より侮辱せらるるも無智なる為、反撥する気力もなく、憐むべきものなり」として、「其の子弟に在りては朝鮮に対する認識乏しく、民族意識欠如し居るを以て、彼等に朝鮮語、朝鮮事情等を教え、民族意識を注入すべきなり」と語ったことである（「独立運動判決文」）。

朝鮮文学・歴史・文化尊重への適用

戦時下において政治的に、また労働・農民運動を通じて民族意識に能動的に働きかけることはもはや困難となっていたため、朝鮮人としてのアイデンティティ確立をめざそうとすると、朝鮮の歴史や文学、文化一般の希求として実践された。しかし、それらが発見されると、すぐに治安維持法が襲いかかっていった。

一九四二年一二月一八日、海州（ヘジュ）地方法院は岩本清基（チョンギ）（一九歳）に新治安維持法第五条を適用し、短期一年長期二年の懲役を科した。岩本は「作者不明の朝鮮歴史を読み、朝鮮人は昔開城、平壌等に於て燦然（さんぜん）たる文化を建設したる」ことを知り、「往時の盛時を再建せん」と考えた。「犯罪事実」とされたのは、「田舎に於て信望有する区洞長を通して一般民衆に独立思想を普及せしむる目的の下に朝鮮独立万歳騒擾を誘発せんことを企て」、区洞長に文書を送付したことである（『仮出獄』）。

四三年二月一日、全州地方法院は新治安維持法第五条を適用し、張（チャン）（張本）基龍（ギヨン）に懲役三年の判決を言い渡した。四〇年一一月、張が知人に「東亜日報の廃刊は総督府の朝鮮文学に対する弾圧政策にして、此の為、将来朝鮮の一般民衆に対し朝鮮文学を注入し、其の向上を図り、朝鮮の為に働くべし」と語ったことが「煽動」とされた（『仮出獄』）。四三年二月一七日、京城地方法院は林淵次郎に新治安維持法第五条を適用し、懲役二年を科した。四一年春から四二年一月にかけて数回、弟に説示したことが民族意識の注入を図ったとされた。その説示の一つが「現在内鮮一体が強調せられ居るも、実際は鮮人は差別待遇を受け居り、内鮮一体の実現は不可能なるを以て、我々は過去の光輝ある我朝鮮の歴史を研究し置く必要あり」というものだった（『仮出獄』）。

四三年四月二一日、平壌地方法院は林允傑（リムユンギョル）に新治安維持法第五条を適用し、懲役四年の刑を科した。四一年九月、朝鮮の流行歌レコード「桐葉の誓」を演奏し、「嗚呼（ああ）過ぎ去った十九歳の夢、私も誓う桐葉の誓を」という歌詞を、「吾々は常に朝鮮の独立を熱望し来りしが、此の熱情も何等報いらるることなく年月は徒に過ぎ去れり、然れ共、吾人は桐の葉の青きが如く若く、又決意は桐の真直にして堅きが如く昔と変りなく強固なり、吾人は朝鮮独立の為、更に誓を新にせん」と評釈し、「朝鮮独立の必然性を力説」したことなど一〇件を列挙して「煽動」と断じた（『日帝下社会運動史資料集』第七巻）。

四四年三月二三日、高等法院は四三年一一月三〇日の大田地方法院判決（ともに懲役二年六月）に対する権（クォン）（吉田）快福（クェボク）・朴（パク）（楠坪）祐儁（ウシュン）らの上告を棄却した。第一審判決文が不明ながら、弁護人北村直角の上告趣意によれば、第一審では被告人が「朝鮮人たる自覚の下に一致団結して民族意識を昂揚し、文芸、美術、運動の各部門に付実力を養成し、朝鮮をして帝国の羈絆より離脱独立せしむる目的の下に茶革党なる秘密結社を組織したもの」と認定したと推測される。弁護人は「被告人等の行為は民族意識を昂揚したるものとして保安法違反の制裁あるは格別、之を治安維持法違反として問擬」したことは事実誤認か、擬律違法と主張した。また、「被告人等は何れも思想堅実ならざる為と、単純なる動機の下に一時の感激により過誤に陥り犯したるもの」として、現在は十分に反省し、「忠良なる皇国臣民として更生し、一死報国に殉ぜんと悲壮なる決心と覚悟を有して」いるとして、減刑を求めた。これに対し、高等法院は「原審の措置に毫も採証上の違法存することなし、記録に付精査するも原審の認定に重大なる誤謬あることを疑うに足るべき顕著なる事由なし」と切り捨てた（『日帝下社会運動史資料叢書』第一二巻）。

三月三〇日、高等法院は四三年一二月一日の平壌（ピョンヤン）地方法院判決に対する千秋承福（チョンチュスンボク）らの上告を棄却した。懲役八年とされた千秋の上告趣意書には、次のようにある。

警察署の訊問調書は被告人等の同文会事件の事実の内容とは全然違反しているのであります、書類には自分達が秘密結社を組織し、朝鮮独立運動を目的として文学を研究し、民族思想を普及したる如く書いていますが、実際は刑事達の造り言葉に過ぎないのであります、刑事達は被疑者の言語の自由を束縛し、苛烈なる拷問をかけて彼等の意見通り被疑者に強制的に言わしめたのであります、実際に自分は警察に来る前は民族的な事や朝鮮独立云々の事は夢にも思った事もなければ、口にした事もありません、警察署では同文会の事を秘密結社の如く取扱われていますが、実際は秘密裡に組織したる何物でもありません。

文学研究を志すサークルであった同文会に対して、警察は文学を通して朝鮮独立をめざす秘密結社という虚構を描きだし、「被疑者の言語の自由を束縛し、苛烈なる拷問をかけて彼等の意見通り被疑者に強制的に言わしめた」と被告らは訴えた。高等法院は「供述が所論の如く警察官の強制又は誘導に基き為したる不実の陳述なることは記録上認め難く」と一蹴し、上告を棄却した（「独立運動判決文」）。

五月二七日、京城地方法院は李在日（本原実）に対して新治安維持法第五条を適用し、懲役三年を科した。四三年一〇月、知人にビルマやフィリピンが独立したのに対して「次ぎは朝鮮の番である、東亜諸民族は独立の気運に在る半面、朝鮮民族のみは内鮮一体の美名下に大和民族化されんとするは矛盾である、朝鮮も独立すべきである、朝鮮人は内地人と血統が同じであるにしても、二、三千年間言語・風俗・習慣を異にして来たのみならず、朝鮮文化はビルマ・フィリピンに劣らないものなれば独立を認めらるべきである」と述べたことなどが「煽動」とみなされた（「独立運動判決文」）。

六月一六日、大邱地方法院は白川亨吉に懲役五年を言い渡した。四〇年一二月、「朝鮮民族の精神的脆弱性」を是正するためとして、「速に内地の大乗的仏教を模倣して朝鮮同胞の精神的強化結合を図ると共に、朝鮮文学を研究して文化の向上に努め、同時に経済的に進出して猶太人以上の□□を獲得し、以て朝鮮民族をして精神、文化、経済力等の各方面に於て内地人と同等の水準に到達せしめて朝鮮の独立を図る為、我々同志は相集りて団結力強き団体を組織する必要がある」旨提案し、その後「舞台団なる秘密結社」を組織したことが新治安維持法第一条前段に該当するとされた（「在所者資料」）。

演劇活動への適用は、九月二五日の全州地方法院の判決にもみられる。金芳洙（金光成恒）は四二年六月、知人に「自分は演劇研究を為しつつあるを以て俳優となり、広く鮮内各地を巡りて民心の動向を察知すると共に朝鮮歴史劇を演出して朝鮮人元来の民族意識の昂揚に努むべし」と語ったことが、新治安維持法第五条に該当するとされて懲役二年を科された（「独立運動判決文」）。

一一月二七日、全州地方法院は黄（広瀬）龍順に新治安維持法第五条を適用し、懲役一年を科した。『朝鮮小史』や『朝鮮史談』などを読破して「朝鮮は過去に於て独立国家として厳存したる事実及現在唱道せられつつある内鮮同祖同根論は架空の説にして、内鮮一体の如きは到底具現し得るものにあらず」という考えを抱き、四四年一月、知人に「祖国なき我々には祝祭日もなく、内地人の喜ぶ祝祭日には淋しくて堪らぬ、孫基禎は朝鮮人でありながら世界一の名を挙げたではないか、我々も頑張れば何でも出来るのだ、大いにやろう」と話したことが「煽動」に問われた（「独立運動判決文」）。

四五年五月一四日の京城地方法院判決は、朴（井原）泰哲に新治安維持法第五条を適用し、懲役一年を科した。「文学に趣味を持ち居たるところより文学を通して民族意識の昂揚を図らんが為」、四四年七月、友人三人と「各自の諺文の文学作品を集めて冊子を作る」ことを提議した。冊子の「名称を朝鮮人は放たれたる羊の如き状態なるも、羊が牧羊者の指図に従う如く、適当なる指導あらば朝鮮独立の為に蹶起すべき意味を含めて「牧羊」と命名し」、五冊を作成したことなどが「犯罪」とされた（「独立運動判決文」）。

諺文研究会事件

文化活動を通じて民族意識を注入し、昂揚させたとして処断された事件には、さらに諺文研究会事件と朝鮮語学会事件がある。諺文研究会事件については、検挙から公判まで司法処分過程を追うことができる。『韓民族独立運動史資料集』六九、「戦時期反日言動事件Ⅳ」には一一四点の文書が収録されている。

この事件の第一報は、一九四二年八月二四日の水原警察署長の京城地方法院水原支庁検事宛の「治安維持法違反被疑事件に関する件」である。水原高等農林学校を卒業した鄭周泳（松島健）・閔丙駿（宇川甫）ら四人について、在学中、「朝鮮人学生に於て東寮会なるものを組織し、民族意識の昂揚に努め、朝鮮の独立を企図、卒業後に於ても同志を獲得策動中を探知し内査」したところ、治安維持法違反被疑事件として捜査の要があるとして「何分の御命令相煩度」という内容である。すでにこの時点で、鄭周泳・閔丙駿らが「東寮精神を発揮昂揚することは朝鮮民族独立運動の根源にして、其の実践の第一着手として朝鮮国の存在は朝鮮語の存否に依り左右せらるるものなる」として、三九年九月、諺文研究会を組織したという構図が描かれている。

すぐに検事の捜査指揮がなされたはずで、水原警察署で八月二六日から鄭周泳の訊問がはじまり、二七日には下宿の家宅捜索もおこなわれた。第一回訊問で「朝鮮語を研究することは朝鮮民族精神昂揚であり、朝鮮魂の練成であって、延ては国体意識を変更せしむる目的で諺文研究会を組織したと認めらるるが如何」と問われて、鄭周泳は「理論上云えば只今御訊ねの通り国体意識を変更せしむる目的で東寮精神の昂揚に努め、諺文研究会を組織したことになります。実際は国体を変革する目的で諺文研究会を組織したのではありませぬ」と供述する。

取調の焦点は、諺文研究会の組織が「国体」変革を目的としていたかどうかとなった。八月二九日、第二回目の訊問で閔丙駿は次のように追及されている。

問　日本の国体の意義は。
答　日本帝国は万世一系の天皇が統治し給う君主国体であります。
問　其の許は国体を変革することを目的として諺文研究会を組織したのではないか。
答　左様なことはありませぬ。私は朝鮮を独立せしむる為に諺文研究会を組織したのではありませぬ。
問　然し朝鮮民族意識を昂揚し、朝鮮魂を練成し、朝鮮の文化の保存すると云うことは国民の国体意識を変更せしむるものではないか。

答　左様であります。

問　而らば国体を変革することを目的として諺文研究会を組織したと云うことになるではないか。

答　其の点は認めます。

鄭周泳にも繰りかえし「国体」変革の意志があったことを認めさせようとする。東寮会でおこなった鄭の「将来の為に」という講演について、九月七日の第四回訊問でそれが日本精神に悖るものであったことを認めさせたのち、「日本精神に悖れば国民の国体観念を変更せしむる意思があったと、斯様に認めらるるが如何」と問い詰め、「斯様に御認めになれば仕方ありませぬ」という供述を引き出している。そのうえでさらに「国体の大義に照し、日本臣民として斯様なことが人に言えると思うか」と追及し、「日本臣民として国体の大義に照すときは、私の申したことは悪いことで日本臣民として言うことは出来ないことであります」とまで追い詰めた。

一〇月八日、水原高等農林学校の卒業生金象泰（青山秀章）を証人訊問したところ、諺文研究会に関与したことがわかったとして、一二日付で京城地方法院水原支庁検事に「被疑者として身柄拘束の上糾明の要ありと思料せらる」と報告された。一五日から訊問がはじまり、「蹴球部は表面は学校当局の校友会に於て設けたる合法的団体なるも、裏面に於ては東寮精神に基き心身を鍛練して、同時に朝鮮人学生の団結を固くすること」、「朝の挨拶、蹴球部に於ける蹴球選手に対する挨拶等には総て朝鮮語を以て為すこと」などの「民族精神の昂揚」を図ることについて上級生から聞かされ、東寮の伝統精神となっていたと供述した。「表面は」「裏面に於て」などからみて、これらは拷問による強制があったと推測される。

一〇月二〇日、金象泰は第三回訊問で「創氏制度には不賛成であったか」と問われて、「左様であります。創氏すれば朝鮮民族の特徴たる三字の姓名が無くなりますから、私は之には不賛成でありましたが、父が創氏をすると申しますので、已むを得ず創氏改名したのであります」と供述している。一一月二六日の第五回訊問の最後では「私は今迄考えて居たこと、又為しつつありたることは悪いことでありました。故に潔く処罰を受け、再び社会に出れば今後は皇国臣民として更生し度いと考えて居ります」と述べている。

被疑者に対する「素行調書」をみると、鄭周泳については「温順にして極めて理智的なるも、激し易く稍（やや）雷同性に富む」とされ、「改悛の情ある」（九月一五日）とされた。閔丙駿については「一見温順を装うも、陰険にして他人を狐疑（こぎ）し、和合せざる性癖を有す」とされ、「相当なる処分を附し、改悛を促す要ある」（九月一日）とされた。金象泰の場合は、素行について「平素職務に真面目にして良好と認むる。近隣の風評も良好」で、「将来充分改悛の見込ある」（一〇月二八日）とされた。

この間に水原高等農林学校の元東寮生多数を証人として訊問している。たとえば、一〇月七日、林炳賢（リムビョンヒョン）（林茂雄）は「鄭周泳の講演を聴いて何んな意味に解したか」と問われ、「朝鮮民族意識を昂揚する様に鄭周泳が云って居りましたが、私は当時三年でありまして、伝統的な東寮精神を強く云い表わして居りました」と供述している。

一二月一日、水原警察署から京城地方法院水原支庁検事に被疑者五人が送致された。「犯罪事実」が記載された報告書」では、鄭周泳と閔丙駿については「民族意識濃厚となり、密かに朝鮮の独立を翹望するに至りたる者」とされている。「秘密結社」諺文研究会を組織して継続的に「秘密裡に会合し、意識の昂揚に努め」たことのほか、鄭周泳が「将来の為に」という講演で「東寮精神を生かすことは吾朝鮮を生かすものなりと語り、我等の昔を生かす為に東寮精神を生かさざる可からず」と煽動したこと、金象泰が「朝鮮を独立せしむるには先づ朝鮮文化を復興せしむるに在りと為し、諺文を他人に教えて之を後世に伝えざる可からず」として、書店より『朝鮮文法及語学史』などを購入し、「自宅に於て諺文の研究に没頭し居りたる」ことも「犯罪」とされた。

そのうえで鄭周泳の行為は新治安維持法第一条と第五条に、関丙駿・金象泰らの行為は新治安維持法第一条後段に該当するとして「起訴相成可然」とされた。

この送致に先立ち、鄭周泳と関丙駿に対する長井省吾検事の訊問が八月二四日になされているが、本格的な訊問は一二月四日からとなった。鄭周泳に対する訊問では「将来の為に」という講演の目的が「朝鮮独立の目的を以て出席者等の朝鮮民族意識を昂揚し、煽動する為でありました」という供述を、関丙駿・金象泰らからは諺文研究会について「朝鮮の文化たる諺文を維持し、以て同諺文を通し朝鮮民族意識を昂揚し、朝鮮独立の目的を以て斯様な諺文研究会と云う結社を組織した」（関丙駿）という供述を引き出すことに努めている。

一二月一五日、京城地方法院に公判請求がなされた。「犯罪事実」の第一にあげられた鄭周泳の講演「将来の為に」は「朝鮮を独立せしめ、因て国体を変革することを目的として其の目的たる事項の実行を煽動し」と、警察「報告書」よりもより悪質性が強調されている。

京城地方法院の公判（釜屋英介裁判長）は四三年二月一七日に開かれ、三月三日の第二回公判で判決が言い渡された。公判で被告たちは、いずれも朝鮮の独立を希望したことはないと警察や検事の訊問での供述を否定する。裁判長から問われると、鄭周泳は「それは警察や検事廷に於て左様に認定せられたので、私が陳述したことはありませぬ」と答えた。鄭は「創氏制度、朝鮮語科目廃止」についても「内鮮一体を実現する為に当然なることであると思い、何等不満は持って居りませぬでした」とも供述する。五人の被告への訊問が一巡したのち、あらためて鄭周泳を次のように訊問する。

問　併し朝鮮語の使用が禁止せられて居るのに、今更諺文を研究することは学校の方針に反すると思われるが何うか。

答　諺文を研究する以外に目的はありませぬでした。

問　警察及検事廷に於ては朝鮮文化の保存と朝鮮の独立の為に利用する為に諺文研究会を作ったと述べて居るが、如何うか。

答　警察では拷問を受けたので、刑事に強いられる儘に供述したのでありますが、検事に対しては否定したのであります。

問　諺文研究会は裏面に於て朝鮮独立を目的として居るのではないか。

答　左様ではありませぬ。

問　仮に独立の目的はなかったにしても、諺文の研究によって朝鮮人たる意識を持たしめて、独立の為に利用せんとしたのではないか。

答　左様な考えは少しもありませぬでした。

手を変え品を変えて、朝鮮独立の意図があったことを認めさせようとしている。被告らは恭順の意を示すけれども、独立の目的はなかったという点は譲らない。しかし、裁判長は警察や検事の訊問調書を証拠として採用した。検事は新治安維持法第一条と第五条に該当するとし、鄭周泳・閔丙駿・金象泰に懲役五年を、他の二人の被告に懲役三年を求刑した。

三月三日の判決文は不明であるが、金象泰が懲役二年六月、鄭周泳が懲役二年、閔丙駿と他の被告が懲役一年六月となった。金を除く四人は上告を放棄して服罪したが、金は高等法院に上告した。

五月一日、弁護人丸山敬次郎は上告趣意書を高等法院に提出する。そこでは「朝鮮を日本帝国の羈絆より離脱独立せしむる目的の如きは被告人の夢想だになさざりし所にして、原審は此の点に関する証拠を検事の第二回訊問調書に求められたるも、この調書は警察に於ける訊問の後を受け、且つ被告人等がその供述を否定し居る所にして、事実の真相は原審公判廷に於ける被告人の供述の如きものなることを肯認し得るものにして、既に朝鮮独立の目的なき以上は、其の目的たる事項の実行に付協議したることも否定せらるべきは当然なり」などと主張した。

高等法院の公判（裁判長斎藤栄治）は五月一七日に開かれ、五月二四日の判決は「警察に於ける被告人の供述が強制に基く虚偽のものなることは、記録上之を推認せしむるに足る資料無く、其の他記録を精査するも原審の認定に重大なる過誤あることを疑わしむべき顕著なる事由なき」として上告棄却となった（「独立運動判決文」）。

朝鮮語学会事件

一九四二年一〇月一日、咸鏡南道洪原警察署は朝鮮語学会関係者一一人を検挙し、その後検挙者は二九人となった。証人も約五〇人にのぼる。この弾圧事件は洪原警察署と咸鏡南道警察部の合作で、自白書を「書いてはなぐられ、なぐられてはまた書き、書いては飛行機に乗り（訳注・逆さにつるされる拷問の一種）、乗ってはまた書き、書いては水を飲み（訳注・拷問の水攻め）、飲んではまた書き、書いては水を飲み、飲んではまた書き、このようなことをくりかえすのがわれわれの日課であった。そして約四ヵ月間はこのような日課をくりかえし、所謂じん問調書を書かなかった」と李熙昇は回想する（「朝鮮語学会事件回想録〈Ⅱ〉」『韓』第六巻第九号、一九七七年九月）。

李熙昇は、朝鮮語辞典の編纂は「固有文化を維持

李熙昇
（李圭運『写真で知る　韓国の独立運動』（下））

保存する最も大きな器であり、したがってこれを用いて民族精神を伸長・高揚させることになり、民族精神の高揚は即、独立戦取の手段であるという三段論法式の詭弁でもってわれわれ一同の犯罪構成を立証しようとがむしゃらに強弁した」と事件の全体像を描く。辞典原稿のカードを押収し、「太極旗・大韓帝国・李王家・大闕（けつ）（王宮）・白頭山・檀君・李花・無窮花……」などの語釈が不穏であり、反国家的とするほか、「京城」に対する評釈が東京の評釈よりも何倍も詳しいのは「明らかに反国家的思想の表現である」と恐喝したという（「朝鮮語学会事件回想録〈Ⅱ〉」）。

四三年九月一八日、咸興地方法院に一六人が予審請求となるが、予審中に二人が獄死している。四四年九月三〇日の予審終結決定では「民族運動の一形態としての所謂語文運動は民族固有の語文の整理統一普及を図る一の文化的民族運動たると共に、最も深謀遠慮を含む民族独立運動の漸進形態なり」として、「一見巧みに学術的なる朝鮮語辞典を装い、其の実朝鮮固有文化を向上せしめ、且朝鮮民衆の民族意識を喚起昂揚するに充分なる朝鮮語辞典の編纂に努め」、四二年九月頃に原稿を作成したことが「犯罪事実」とされた。一二人が公判に付され、二人が免訴となった（「朝鮮語学会参考資料」『韓』第六巻第九号）。

一二月二一日から咸興地方法院の公判が開始され、九回の公判を経て、四五年一月一六日、李（リ）（義本）克魯（クンノ）ら五人に懲役六年から二年の刑が言い渡された。一人は懲役二年、執行猶予四年だった。この判決文は不明だが、四人の被告・検事がともに上告した高等法院の八月一三日付の判決が残されている（藤本香藤裁判長、「独立運動判決文」）。

被告・弁護側の上告趣意からみよう。丸山敬次郎は七点にわたって第一審判決を批判する。まず「原審は民族固有の語文の整理統一普及を図る所謂語文運動は文化的民族運動たると共に最も深謀遠慮を含む民族独立運動なりと断定せられたるも、否なり」とするのは、朝鮮語文会をあくまで「純文学的、言語学的、教化運動乃至言語の純化運動」とみて、「朝鮮民族に民族精神を吹き込み、更に進んで朝鮮民族独立運動に進ましむるが如き能力なし」とみなすからである。丸山は「所謂弱小民族が如何に必死に語文の保持に努むると共に、之れが発展を策して方言の標準化、文字の統一普及を希求するものは只単に純文学的、若くは言語学的文化運動に過ぎず」ともいう。朝鮮民族の主体的独立自体を否定する立場から、朝鮮語学会事件の成立不能論を展開している。

弁護人安田幹太も「本件運動は、十数年の間、専ら純粋なる文化運動として其埒を超えること無く」経過してきたものであり、「政治結社と認めらるる如き資料たるに足る具体的事実を発見すること能わざりし」として、第一審判決の破棄を求める。また、弁護人平川元三は「被告人等は警察に於ては厳重なる取調を受けたる為、虚偽の自白を為し、又検事局に於ては先に取調を為したる警察官が立会いたる為、已むを得ず、従来の自白を維持したるものにして、此等の自白は孰れも真実に反するものなり」と論じた。

これらの弁論を、高等法院は「然れども原判示に係り被告人等の犯罪事実は原判決挙示の証拠に依りて之を認むるに十分なり……論旨は要するに原審の採用せざる資料に基き、其の事実認定の不当なることを主張するものに外ならず」と拒絶する。

平川弁護人の上告趣旨の第二点は「治安維持法に所謂国体変革の目的ありと為すには、積極的直接的なる方法に依りて其の変革を企図する場合を謂い、消極的間接的なる方法に依りて其の変革を企図するが如き場合は、其の目的実現の可能性なきが故に、同法適用の対象たることを得ず」ということだった。「消極的間接的なる方法」にまで「国体」変革の概念を拡大することに異議を唱えたことになるが、高等法院判決は次のように反駁する。

同法には単に国体変革の目的と謂い、国体変革の手段方法を限定せざるを以て、苟も国体の変革を目的とする行為は其の変革の手段方法が積極的直接的なると、将又消極的間接的なるとを問わず、凡て同法に所謂国体変革の目的を有する行為と解するを相当とす、而て国内の一民族が其の国家より分離し独立するの方法は、政治闘争又は武力闘争の如き積極的直接的なる手段に依ること多かるべしと雖も、必しも斯る手段に限るにあらず、民族的色彩濃厚なる宗教を弘布し、或は民族固有の言語を普及統一して民族意識の昂揚を図り、国家が其の民族に対し独立を許容せざるを得ざるが如き内外の政治情勢を訓致し、依て其の目的を達成することも亦其の一方法たること……固有の言語の普及統一の如き間接的消極的なる文化運動なりと雖も、国体変革の危険なしと断ずるを得ざること勿論なり……行為其れ自体は元来違法のものにあらずとするも或る違法なる目的と結合することに依て犯罪を構成することあるは必しも異とするに足らず

一事件に対して、高等法院判決がここまで詳細に論述するのは異例といってよい。それだけこの朝鮮語学会事件の社会的影響を考慮せざるをえなかった、というべきだろう。

安田弁護人も朝鮮語辞典編纂会と朝鮮語学会を新治安維持法第一条の「国体」変革の結社とみなしたことを、「同法条の不当なる拡張解釈にして、同法条の解釈運用を誤りたる違法有るもの」と批判した。「本件朝鮮語辞典編纂会及朝鮮語学会の目的は、専ら朝鮮語辞典の編纂と朝鮮語文の統一標準化の運動にあり、此目的と国体の変革とが凡そ何等の繋りを持ち得ざるものなることは多言を要せざる所なり、朝鮮語辞典の編纂と朝鮮語文の正確統一化により国体が変革せしむると言うが如きことは、如何に牽強付会の甚しきものなるか」と論じた。

この論点についても、高等法院はやや詳しく反論した。「被告人等の行動は純然たる学術的文化運動に過ぎざるを以て違法性なしと云うにあるも、原判決の確定する処は被告人等の行為は純然たる学術的文化運動にあらず、合法的文化運動の名に隠れて朝鮮の独立を目的とする結社を組織し、其の目的遂行の為に活動し、或は其の目的たる事項の実行に関し協議を為したりと云うにあるを以て、違法性なしと云うを得ざること言を俟た

ず」としたのである。頑として朝鮮語学会などを「裏面」で朝鮮独立を目的とした結社とする判断を崩さず、第一条の「拡張解釈」を正当化した。

一方で、検察側は四人が「犯情憫諒すべきものあり」として減刑されたことを不服として上告した。李克魯が公判廷で「自分は学者として学術的に朝鮮語文を研究する為本件の如きことをなしたるものにして、朝鮮独立の目的を以て為したるものに非ざる故、良心的に恥ることなし、自分は警察及検事廷に於ても朝鮮独立の目的を以て為したるものに非ずと極力否認したるに、如何なる訳か自分が本件犯罪を認めたる如く調書が作成せられ居たり」と「弁解」したことなどが、「現在本件犯行に付、何等恐縮の意を表せず、毫も改悛の情なきもの」とされている。

また、検察は張鉉植（チャンヒョンシク）（松山武雄）が無罪となったことを「重大なる事実の誤認」とした。張が予審で「自分は検事、警察官の訊問に対し自白したことは相違なきも、それは取調厳重なりし為、又速かに釈放されんが為、不本意乍ら事実に反する供述を為した」と犯行を否認したことを、「自己の犯罪を免れん為の単なる弁解に過ぎざる」とした。

この検察側上告に対して、高等法院判決は「記録を精査検討するも、原審の事実認定に重大なる誤謬あることを□□□足る顕著なる事由あるを認めず」として棄却した。第一審判決が確定した。日本敗戦のわずか二日前だった。

日本敗戦予測への適用

朝鮮総督府高等法院検事局『思想彙報』続刊（一九四三年一〇月）は、「呂運亨（ヨウニョン）の朝鮮独立運動事件」を取りあげている。一九四二年一一月二八日、京城地方法院検事局の受理となり、四三年二月二〇日に公判請求がなされ、京城地方法院は七月二日、懲役一年、執行猶予三年の刑を言い渡した。判決では保安法違反や陸軍刑法違反などが適用されたが、それまでは治安維持法違反事件として処理されていた。

判決によれば、呂運亨は「大東亜戦争に於て窮極に於ける日本の勝利は到底困難なりと観察し、日本が敗戦したる場合には第一次欧州大戦後の平和会議の例により、今次戦争後の平和会議に於て当然朝鮮独立問題が取上げられ、其の実現の可能性あるべき」と考えて、「自分等朝鮮民族の策動に在りては朝鮮独立の到底不可能なるを悟りながら、民族的感情旺盛にして、内心朝鮮独立を全く断念し得ざる」状況にあったところ、四二年六月、「軽率にも」友人に同趣旨のことを話したことが「犯罪」とされた。検挙後、呂は「完全に民族主義的感情を清算し、今後完全なる皇国臣民として積極的に国家に奉公せんことを固く期する」に至っているとみなされたことに加えて、「時局真に重大の折柄、被告人に於て斯る行動に出づるに於ては、一部半島青年学生層に蓋し重大なる好影響を与うるに至るべき」などの判断によって執行猶予付の刑となった。著名人の呂を治安維持法違反で処断することへの社会的反響を考慮してだろう、保安法が適用された。

この事件にみられるように、戦局の悪化にともない、日本敗戦を予測する言動の増大に治安維持法や保安法が襲いかかっていった。

四四年一月二五日、咸興地方法院は国民学校に勤める清川浩に新治安維持法第五条を適用し、懲役一年六月を科した。「内鮮人の給料の差異」に不平不満を抱き、四三年三月下旬、国民学校宿直室で被告人宮本培勤に「日本は大東亜戦争に於て経済的に破綻して敗戦し、又独蘇戦は独乙の敗北と為り、結局世界は資本主義国家たる米英と共産主義国家たる蘇聯の勢力下に二分せられ、日本は地理的関係等より蘇聯の支配下に入るべく、然る時には朝鮮は日本の支配より離脱して独立国となる」旨を説述し、その意識昂揚に努めたことが「煽動」とされた（「仮出獄」）。

四月二二日、全州地方法院は金原相権に新治安維持法第五条を適用し、短期一年長期三年の懲役刑を科した。四三年九月、友人に対して「大東亜戦争の現況を見るに、山本元帥戦死後、日本は其の戦況振わず、又アッツ島玉砕等の事例に鑑みるに日本軍勝算なく、而も戦争長期化するに伴い日本の困窮は漸増し、敗戦必至ならん」としたうえで、戦勝国アメリカは朝鮮を保護し、その独立を許容するだろうと話し、「凡そ国家の隆替の中心勢力は青年に在るを以て、我々は此際大いに奮起せざるべからず、故に多数同志を獲得して相提携、朝鮮独立運動を為すべく」としたことが「煽動」とみなされた（「独立運動判決文」）。

朝鮮総督府『第八十五回帝国議会説明資料』（一九四四年八月作成）では「主義運動の状況」の内、民族主義運動について「戦時下民族生活の凡有不平不満を捉えて民衆を煽動し企図の拡大を図り、或は国外不逞分子の活動に呼応し、之と密絡を保ち展開せらるるの状況」としたうえで、次のように現状の危険性を捉えている。

> 従って企図実現の手段方法に於ても従来の如く実力養成、意識昂揚等の準備的運動に暗躍せる形式より飛躍前進し、実践様相を濃化して一斉蜂起、破壊暴動、民衆煽動等に依り目的を達せんと企図しありて、空襲其他重大事態発生の場合、一気に蜂起すべく、夫迄は積極的行動を抑制し、努めて犠牲を避けんとする陰性のもの多し。

こうした取締当局の認識は、判決に反映する。一二月一六日、京城地方法院は趙（邦本）鴻璧と張（張元）漠哲に新治安維持法第五条を適用し、それぞれ懲役二年を言い渡した。四二年四月から四三年三月にかけて数回にわたり、「日本は米戦に於て不意打して大戦果を挙げたが、米国は立直り、長期戦の結果、日本を負かす旨、或は日ソ戦は必至にして日本は日米戦に於ける疲弊の為敗戦し、ソ連の勢力が先に朝鮮に侵入すべきに付、吾々は此のソ連勢力に呼応して蹶起し、独立を期すべきである、ソ連の極東には朝鮮人部隊が多数居り、之が朝鮮に侵入する場合は之を迎えて、順次蹶起すべきである」などの意見交換をしたことが「協議」とされた（「独立運動判決文」)。

敗戦までつづく「日本敗戦」言動の処断

一九四五年にも治安維持法による処断がつづく。三月一二日、京城地方法院は柳帝鐸（ユチェタク）に新治安維持法第五条を適用し、懲役一年六月を科した。徴用を忌避して東京から平壌に帰来した柳は四三年八月、友人に「大東亜戦争に於ては日本及米英は双方疲弊して共倒れとなるべく、此の時期を捉えて独立せざるべからず、戦争終了迄には三年位はかかるを以て、其れ迄に東京在住の朝鮮人学生を集めて団体を作り、朝鮮民衆を啓蒙し、日本及米英共倒れとなりたる機会に一斉蜂起せしめ、独立運動を起すべく、重慶や共産八路軍の中にも朝鮮人が沢山居り、其の時期に朝鮮に帰り来るべきを以て、同人等と協同して独立運動に従事すべし」などと話したことが「煽動」とされた（「独立運動判決文」）。

五月二三日、全州地方法院は新治安維持法第五条を適用し、金田泰碤（テヨン）に懲役二年を、雲井泰善（テソン）と金原正吉にそれぞれ短期一年長期二年の懲役を科した。三人が四四年四月、「朝鮮農民は供出等に因り自からの食糧をなくし困窮の極、当局に怨嗟（えんさ）しつつあり、之は畢竟日本が戦争に名を藉（か）り、苛酷なる供出をなさしめたるが為にして、我々は之等農民の怨嗟に呼応し、内地人警察官を始め、食糧係職員を殺害すべく、之に成功せんか、期せずして全鮮青年は奮起するに至るべきを以て、我々は先づ錦山邑（クムサンウプ）内在住内地人巡査を始め食糧係職員を殺害し、之を全鮮に普及せしめて一挙に朝鮮独立を図るべく申合せ」たことなど二一件を列挙し、「協議」罪とした（「独立運動判決文」）。

七月一八日、京城地方法院は芳岡実（シル）に新治安維持法第五条と外患罪（抗敵）を適用し、懲役三年を科した。四四年一二月一五日、出征する知人に「各自近日入営し、戦線に出動したる場合は幹部候補生に志願し、上官の信頼を得たる上、好機を捉えて敵陣に投降し、敵軍に参加して日本軍に抗戦し、因て日本を敗戦せしむべし」と述べたことが犯罪とされた。七月二〇日、大田地方法院清州支庁は金正洙（金星勝照）に新治安維持法第五条と朝鮮臨時保安令を適用し、懲役一年六月を科した。四四年八月、知人に「船で海に出ると、米国からのラヂオがあり、朝鮮語で朝鮮は米国に反抗する必要なし、朝鮮は独立せよ、米国には朝鮮の仮政府が出来て居り、日本が敗けても朝鮮は必ず独立するからと云い居る、自分は其の為め努力するが、君も共にやれ」と話したことが「煽動」とされた（『日帝下社会運動史資料叢書』第一二巻）。

八月四日、京城地方法院は新治安維持法第五条を適用し、金（金原）永圭に懲役三年を科した。四四年一月、金永圭は被告申蒼（蒼海良舟）・車（安田）漢玉に「今次大戦の戦局を通覧するに、盟邦独逸は間もなく敗戦すべく、大東亜戦争に於ても日本は引続き敗退し、朝鮮独立の機会は到来するも、其の機に乗じて在外朝鮮独立団と相呼応して一斉に蜂起せば、朝鮮独立の目的を達成し得べきが故に、今後互に協力して革命意識昂揚は勿論、同志の獲得に尽力して其の準備を進め、革命運動の指導者たる役割を果すべし」と提起して賛同をえたことなど一〇件が列挙され、「協議」罪とされた。なお、朴（木田）百仲・申蒼・車漢玉については、四一年一二月一〇日頃、「革命闘争を通して朝鮮独立目的とする朝鮮独立団と称する結社を組織し」たとして新治安維持法第一条を適用し、それぞれ懲役三年六月を科した。

八月七日、光州地方法院は新治安維持法第五条を適用し、崔（高山）圭俠に懲役四年を科した。崔は陸軍志願兵に応募したが、二度の胸膜炎により現役免除となっていた。「入営中、一将校の不用意なる言葉使いにより、又は其の以後に於ける物資配給等社会面の諸相に鑑み、内鮮間に差別待遇あり、内鮮一体は実現不可能なりとの偏見を深め、朝鮮独立の外に朝鮮同胞の幸福は望み難しと妄想し、殊に今次大東亜戦争が漸次我国の不利に陥るや、帝国の敗戦必至にして米英軍は朝鮮に上陸し来るべく、其の際は米英両国は朝鮮独立を支援し呉るること必定なるにより、朝鮮同胞は其の機に乗じ一斉蜂起すべく、さすれば朝鮮独立は可能なるべきを以て朝鮮人は是に備え、同志を糾合し置かざるべからずとの不穏思想を固めありたる者」とされた。ついで同志獲得のために奔走したことが、「協議及煽動」とされた。

崔から「不逞思想の注入を受け、之が同志たらんことを求められ、更に他の同志獲得方勧説さるるや、輒（たや）すく之に傾きて賛同」したとして、車定一（チャジョンイル）（安田稔一郎）はやはり新治安維持法第五条の適用を受け、懲役一年六月（執行猶予三年）を科せられた（「独立運動判決文」）。

なお、七月二七日、光州地方法院が李（リ）（松川）永垠（ヨングン）に懲役三年、安（アン）（竹川）泰漢（テハン）と玉（オク）（玉岡）炯根（ヒョングン）に懲役二年（執行猶予五年）を科した判決では、新治安維持法第八条が適用されている。第八条は後述するように、「国体」否定とみなした民衆宗教の「集団」に適用されるが、この判決は民族意識の言動を処断した。李の場合、四一年二月、「全羅南道警察部高等課長深井警視の為したる青年の朝鮮独立運動に対する警告的講演に依り痛く其の民族意識を刺戟せられ、其の思想動向愈（いよいよ）矯激を加え、大東亜戦争勃発後は物量を誇る米英を相手とせる帝国の敗戦は必至にして、其の暁こそは朝鮮独立の好機なりと夢想するに至り、更に昭和十七年二月頃、東条首相の為したる緬甸（ビルマ）、比律賓（フィリピン）の独立声明に刺戟せられ、遂に実践運動を決意するに至りたる」とされた。

被告ら三人は四二年五月、朝鮮独立を目標に「其の日に備えて文武の道を磨き、大衆を指導し、一度機到らば一斉に蜂起し、目的完遂を期すべき趣旨の下に結束邁進せんことを誓い」、「集団」を結成したとされ、次のような運動方針を協議したとする（「独立運動判決文」）

（イ）朝鮮研究に適する書籍雑誌を購入輪読し、実力の向上を計ると共に、諺文の研究を為し、朝鮮民族としての自覚を昂（たか）めること

（ロ）体力の錬磨に努むべきこと

（ハ）大衆を獲得するのは映画利用が単純にして効果的なるを以て、映画の研究を為すこと
（ニ）基督教徒、順天公立中学校同級生、女子青年層を目標とし、同志獲得に努むべきこと
（ホ）本運動資金獲得の方法として花卉（かき）の栽培を為すべきこと

なぜ判決が第一条ではなく第八条の適用であったのか。独立実現後の展望をもっていないと判断され、「国体」の変革ではなく否定が選ばれたのかもしれない。

三　共産主義運動・意識の最終的えぐり出し

「分散的個別的運動」への適用

一九四〇年代前半、治安維持法発動の対象は朝鮮独立の民族運動・意識に重点がおかれていたものの、共産主義運動・意識への発動もつづいていた。

一九四一年五月二日の検事局監督官の会議で増永正一高等法院検事長は新治安維持法の施行にあたり、共産主義運動が「従来の形体（ママ）たりし統一的組織的運動形体より、分散的個別的運動形体に移行」しつつあるとして、警戒するよう訓示した（『日帝下支配政策資料集』第八巻）。さらに四三年四月の裁判所及検事局監督官会議で水野重功高等法院検事長は、共産主義運動に対して「不断の検挙に依り漸次衰微凋落（ちょうらく）の傾向を辿って居ります」と

しつつ、「其の手段方法著しく隠密巧妙となり、之が検挙の端緒を得ること益困難を加え来り、何時如何なる機会に其の爪牙を逞しうし来るやも測り難い状況に在る」として、「機宜の措置」をとることを指示している（青丘文庫〔神戸市立中央図書館〕所蔵）。それは具体的には「共産主義運動」のいっそうのえぐり出しに外ならなかった。

四四年八月、朝鮮総督府『第八十五回帝国議会説明資料』では共産主義運動の現状について「合法場面に匿れ、所謂人民戦線戦術を採用し、戦時国策遂行に伴い国民生活の全面に強力なる制圧加重せられ、之に対する国民の不満乃至は怨嗟の声の擡頭に乗じ、是を以て資本主義国家の没落過程にありとなし、民衆獲得の機に出でつつあり」と捉えていた。

四一年二月四日、京城地方法院は廉（玉川）弘燮に新治安維持法第一条第一項後段・第二項後段に該当するとして、懲役二年、執行猶予四年を科した。中央大学生だった廉は三七年九月頃から小林多喜二『オルグ』『不在地主』、河上肇『第二貧乏物語』、大森義太郎『唯物弁護法読本』などの左翼書籍を耽読して共産主義に共鳴、マルクス主義研究を目的とする「グループ」を結成して「在京第一高普同窓生に共産主義の宣伝啓蒙を為」し、コミンテルン・日本共産党の「目的達成の為協力せんことを意図し」たとされた。具体的な「犯罪事実」とされたのは、三八年四月、同窓生に対して話した次のようなことである（「独立運動判決文」）。

> 支那事変の結果、日支両国は多大の人的物的資源を消耗するに至り、民衆の反戦思想旺盛と為り、「プロレタリヤ」革命は必至たるべく、蘇連は之を積極的に援助し世界を共産化せしむるは当然なるを以て、我等は其の機に乗じ蹶起して朝鮮を日本帝国の羈絆より離脱独立せしめ、共産主義社会の実現を期せざるべからず、尚之が実現は近き将来のことなれば、常に之に処する研究と準備を怠るべからず

二月八日、光州地方法院は曺元京（夏山豊康）に新治安維持法第一条第二項を適用し、懲役一年、執行猶予

三年を科した。友人の感化で共産主義思想に共鳴した日本大学生の曺が、「朝鮮に於ける私有財産制度を否認し、共産主義社会を実現する目的を以て」、光州出身者数人で組織した「親睦団体たる親友会を改組拡充し、情を知らざる同会会員に左翼思想を植付け、漸次階級意識を昂揚」しようとしたこと、さらに三九年一月、親友会を解散して「ラピッド倶楽部」を組織したことが「犯罪」とされた（「独立運動判決文」）。

一〇月一六日、京畿道警察部長は警務局長に東京音楽学校二年生の金（金源）泰成についての「捜査報告書」を提出した。金は三八年一〇月から三九年三月にかけて約四五回、「民族主義、或は共産主義等に対する意識の昂揚宣伝に務め居たる」とされた。その一つは「此の朝鮮民族の解放と朝鮮革命運動は思う様に早く効を奏するものに非らざるを以て、吾等一代の内に成功せざる時は子孫の代に到る迄も継続する必要がある」として、「或時期迄は吾々が各自に於て実力を養成しつつ時期を待って、後日吾々の内に誰でも最初に革命其の他の運動を表面化すれば、其の時は皆は夫れに合流して一丸となって所期の目的を達成する様に努むべきである。故に現在格別団体の名称等を付ける必要もなく、何等形に残して置くことも必要に非らず、後日若し発見せらるるとも絶対に秘密を厳守すべきである」というものであった。これらは新治安維持法第五条と第一一条の「協議」罪として、「起訴相成可然もの」とされた（京城地方法院検事局資料「思想に関する情報一四」）。

四二年五月四日、仁川警察署長は京畿道警察部長ら宛に「治安維持法違反事件被疑事件検挙に関する件」を報告している。朝鮮共産党再建事件に連座した呂運徹（四一年一〇月二日検挙）が日興社に勤務中、同僚の兪（兪村）鎮綱・柳（柳河）錫河ら「同志を獲得」し、「赤化教育を施」したとする。「階級意識の昂揚に専念し、更に資本家に対抗する目的を以て……職工を煽動して怠業を為さしめたるのみならず……工場執務時間外の残業制度に服従せざる等活動、執拗なる実践的闘争を為す」などの協議・煽動したことが判明したとして、新治安維持法第一一条と第一二条に該当するとした（「思想に関する情報（警察署長）」）。二つの事件のその後の司法処分状況は不明である。

五月一八日、大邱覆審法院は朴来秀に新治安維持法第一一条を適用し、懲役二年を言い渡した。三七年六月頃、思想犯前歴者の朴源根と「現在の情勢より視て直に共産主義革命が実現し得るとは期待出来ざるも、同志を多数獲得し、「プロレタリヤ」一般大衆を指導訓練し革命的気分を醸成すれば、終局の目的を達し得べき旨、其の他農民層、労働層より同志獲得の方法、実践運動の方法等に関し申合せを為し、且其の実践運動闘士の育成、教養の意味に於て朴源根より共産主義に関する理論的指導を受けて、之を肯定し」、協議したことなど四件が「犯罪」とされた（「在所者資料」）。

一一月一一日、清津地方法院は金日虎に懲役一年六月を言い渡した。金は三四年に治安維持法違反で懲役二年の有罪を受けたことがあった（未決日数の通算で即日出獄）。工員として勤務中、「大東亜戦争の勃発するや、日本は必ず疲弊し敗戦するものと妄断し」、朝鮮独立のためには共産主義社会の実現をめざして「多数無産者を煽動する」ことを決意し、四二年五月、工場の便所内の板壁に鉛筆で「漢諺文を以て「無産者青年に告ぐ、無産者半島青年男女よ、我々は一日も早く共産主義運動を煽動宣伝して帝国主義を打破しよう」と記載」し、工員一人に「閲読」せしめたことに新治安維持法第五条と第一一条を適用した（『日帝下社会運動史資料集』第七巻）。

四四年九月二七日、京城地方法院は京城高等工業学校在学中の万（万山）容模に新治安維持法第一一条を適用し、懲役二年を科した。四一年七月、裏山を散歩しながら友人に「独ソ戦はソ連の勝利に帰する旨を語りたる後、我々自然科学を専門に勉強する者は社会の常識を広めるべく、社会科学を研究せざるべからざるべく、之が為には同志を獲得すべき旨申向け」たことが、「私有財産制度」否認の「協議」罪とされた。なお、この判決では予審終結決定の「犯罪事実」の半分以上が無罪とされた（「独立運動判決文」）。

以上のように、ほとんどが「分散的個別的運動形体」であって、取締当局にとってみれば「其の手段方法著しく隠密巧妙となり、之が検挙の端緒を得ること益困難」であったが、「機宜の措置」によりそれらをえぐり出していった。

共産主義「結社」「集団」への適用

共産主義運動の「分散的個別的運動」のえぐり出しがなされる一方で、この時期にも「結社」や「集団」に対する新治安維持法の発動があった。

まず「結社」よりも緩やかな「集団」が活用された事例をみよう。一九四二年七月二七日、京城地方法院は山岡龍範（ヨムボム）ら九人に新治安維持法第四条（「国体」変革を目的とする「集団」の結成・参加）、第一一条（「私有財産制度」否認の「協議」「煽動」）を適用し、有罪判決を下した。「犯罪」時、二〇歳未満の六人は三年以上五年以下から一年以上二年以下の懲役刑を科せられた。被告らは「交友の感化、社会科学に関する書籍の耽読、若（も）しくは生活難の環境より、孰れも朝鮮を日本帝国の羈絆より離脱せしめ、且現在の資本主義社会を転覆して無産者独裁の共産主義社会を実現せしめんことを熱望せるものなる」とされた。

中心人物と目された山岡龍範は、三九年一〇月中旬、前述の目的を実現するために「水原芸術互研倶楽部なる仮面の下に集団を結成し」、参加を勧誘するなど一五件の活動をしたとされた。「朝鮮独立の実践運動を為すには米国に在る朝鮮人と連絡して為すべきものにして、我等は今後実力を養い、朝鮮人たる精神を涵養して同志の獲得に努め、団体の力を以て目的を達成すべきなり」と協議（一九三九年九月）、「或る事業を起し、無産者児童を収容して該児童等に対して民族意識の注入に努むれば、朝鮮の独立並共産主義社会建設の目的達成は容易なるべし」と協議（一九四一年三月）したことなどが「犯罪」とされた（「独立運動判決文」）。

一二月二日の京城地方法院は京畿中学校を中心とした宋澤永（ソンテクヨン）ら一三人に新治安維持法第一条を適用し、有罪判決を下した。宋澤永は京畿中学校の「国語常用強制方針に対し、国語常用は結局朝鮮民族の滅亡を招来するものとし、遂に民族主義思想を抱懐する」一方、「共産主義に興味を持ち」、各種の左翼文献を繙読して共産主義思想に共鳴し、「朝鮮の独立並に其の共産化を希望するに至りたる」とされた。四〇年一一月、宋は「朝鮮の独立並に其の共産化を計らんが為、同志を糾合し結社を組織せんことを企て」、六人で「本会合は共産主義乃至は民族主義信奉者のみの会合にして、其の主義に於ては相異るところありと雖、朝鮮民族解放の為、日本帝国主義と闘争することを目的とする点に於ては相一致するものあるが故に、朝鮮独立を当面の目的として結社を組織し、朝鮮民族解放の為挺身すべき旨提議し、種々協議の上」、「朝鮮人解放闘争同盟」を組織し、さまざまに活動したことが犯罪とされ、懲役五年を科された（「独立運動判決文」）。

四四年七月二一日、大邱地方法院は林時憲（リムシホン）ら一〇人に新治安維持法第一条を適用し、懲役八年から三年の懲役刑を科した。三八年四月頃、林は「我等友人間に楔を組織し、広く各地の知友と緊密を図り団結を堅固にせば万事成就すべし、日本は長期の戦争を為し居るにより、此の好機を利用し各地の団体と連絡し、共産運動を展開し、以て朝鮮独立の暁は一切の差別待遇解消し、安楽なる生活を享受し得べし、今後の思想運動は朝鮮在来の楔を利用せば容易なるにより、朝鮮の為、将又子孫の為、楔を組織し共産運動を為すべき」と提案した。これは「準香楔（スンヒャンケ）」と称する秘密結社として組織された。

三八年秋には林らが準香楔への加入を勧誘する際、「我等凡才の青年が集り一心同体となりて共産運動に努力せば、軈（やが）て朝鮮に共産社会が実現し、金持も貧乏人も無く、一様に働き、又総ての物資を平等に分配し、真に安楽なる生活を享受し得ると同時に、朝鮮の独立も実現し、子々孫々に至る迄幸福なるべし、故に表面は親睦楔を装い、内面共産運動を展開せざるべからず」旨を提案したとされた。林は懲役八年を科せられた（「在所者資料」）。

一〇月七日、京城地方法院は洪仁義ら一六人に判決を言い渡した。懲役七年を科せられた洪は三一年にロシア共産党に入党し、共産大学を卒業後はコミンテルンから朝鮮を共産主義化するために活動すべき指示を受けて朝鮮に戻り、「京城を中心に生産部門に働き掛けて共産主義運動を為すべく」活動していたとされた。四〇年一一月に朴憲永と会談し、「各個の共産主義運動者を教養して其の組織体を構成すべきことを協議」したこと、四一年八月、出版が中断している機関紙『コムミニスト』の継続について協議し、自ら「我が朝鮮被圧迫労働者大衆男女老少よ、血に飢えたる侵略者を此の土地より無くせしめよ」「各自切迫し来る決死的闘争に当っては常習的技能を全部発揮し、役割を果すべきである、日ソ開戦となれば、鶴嘴、鑿、鋤、鎌其の他を以て武装して敵対し」などの原稿を作成したことなど一一件をあげて、「朝鮮独立の段階を経て朝鮮を共産主義化する意図の下に」ロシア共産党の目的遂行行為を為したとされた。新治安維持法第一条と第一〇条が適用された。

また、洪仁義から「ソ連では万民が同じく働いて同じく食っているが、此のソ連の社会に比して朝鮮の我々労働者の恵まれないのは、資本家が僅の賃金を与えて残の総べてを取得するが為なる旨教養せられて、共産主義社会の実現を希望するに至りたる」山本秉喜ら四人には新治安維持法第一一条を適用し、懲役二年から一年六月を科している。なお、六人の被告に対しては「国体変革或は私有財産制度否認の目的を有したりとは認むべからざるところにして、犯罪の証明なき」により無罪が言い渡された（「独立運動判決文」）。

「分散的個別的運動」は主に「協議・煽動」罪が適用されたため量刑は比較的軽かったが、「組織」「集団」となると懲役五年や八年という重い量刑となった。

四　宗教事犯への本格的適用

「日本的基督教」への変更強制

一九四〇年九月二二日、『京城日報』は「耶蘇(やそ)教不逞分子検挙　今春来国体変革を企(くわだ)つ」という見出しで、「総督府警務局ではこのほどに至り、半島人牧師、長老、伝道師、伝道婦人、元牧師等を中心とする不穏策動の秘密結社の存在を探知し、彼等の企図した国体変革、不敬罪、造言飛語等の確証把握と同時に、二十日午前四時を期し、各道警察部に一味検挙の緊急指令を発し、警務局指揮のもとに全鮮にわたり一味多数を電撃的に検挙、彼等の不穏計画を未然に然(しか)も一挙にして潰滅し去った」と報じた。同時に「耶蘇教徒内の不純分子を一掃し、従来半島にあって特殊の傾向を有する同教が、これを契機として純化更生し、以て皇国臣民

耶蘇教不逞分子檢擧
今春來　國體變革を企つ
警務當局談

『京城日報』1940年9月22日
国家記録院所蔵「切抜」

としての自覚のもとに宗教報国に邁進せんことを切望している」という警務当局談も載った。

警務局保安課『高等外事月報』第一四号（一九四〇年九月分）ではこの検挙について、「現在の社会は悪魔の組織する社会なりとして呪咀否認すると共に、数年後には耶蘇の再臨に依る地上天国の新社会を招来するものと夢想要望し、此の新社会の恵沢を享有するものは耶蘇の誡命に触れざる忠信教徒のみなりとの思想に基きて、我が国体の変革を目的とする秘密結社を組織し、之を母体とし全鮮的に同志を獲得して地上天国を建設すべく企図したる」ほか、不敬の言動や軍事に関する造言蜚語などの「悪質犯罪」が判明したので、「今にして此の種耶蘇教徒の反国家的不穏分子を弾圧芟除するに非れば、到底耶蘇教徒指導取締の目的を達し得ざる」として、司法当局との打合せを経て治安維持法その他を適用し、九月二〇日、一斉検挙に踏み切ったとする。検挙者は一九三人となったが、その司法処分の状況は不明である。

一九三〇年代後半に始まっていた「類似宗教」の弾圧は、灯台社事件を踏み台として、四〇年代にはキリスト教全般におよんだ。まず取締当局のキリスト教への弾圧と一対になった強力な統制の方針の表明からみよう。警務局『高等外事月報』第一五号（一九四〇年一〇月分、『思想彙報』第二五号に転載）掲載の「朝鮮に於ける基督教の革新運動」では「昭和十一年、朝鮮基督教徒の神社不参拝問題擡頭以来、当局は朝鮮に於ける基督教の日本化を目標に強力なる指導取締を加え来る」とし、さらに「物心両方面に亘る朝鮮基督教の欧米依存関係を禁絶して、日本的基督教に純化更生せしむること」という指導方針を実施しているとする。四一年の長老大会の場で警務局保安課長古川兼秀がおこなった講演「基督教の進むべき途（其の一）」では、次のように統制色がより強められていた（『警務彙報』四一八号、一九四一年二月、韓国国立図書館所蔵）。

> 理由なき迫害は加えぬ。国体国策に反せぬ限り無茶な断圧は加えぬが、従来動もすれば教徒中邪道に踏み入った向が尠く無かったのは甚だ遺憾である。指導の余地あらば指導する寛容さを有し、健全な歩み方を

すれば助長する決意を有するが、依然として異心を抱き、其の態度を改めぬ者は断乎取締る方針である。灰色は如何なる思想部門に於ても許されぬし、不純な転向も亦許さぬ。速に国体の本義に基いて、軌道に乗った真正日本的基督教の建設に努めて貰いたいのである。

　而して更に朝鮮の基督教徒としては、深遠荘厳な内鮮一体の理念に徹し、誤れる民族観念を棄て、然る後に宗教の待つ偉大なる感化力に依って大衆指導に努め、新秩序建設の我が国家的使命を理解し、伝道報国の実を挙ぐべきである。是れこそ朝鮮に於て基督教の生くべき途であり、許されたる信教自由の限界である。伝道に国境なしとは、国体又は国策を無視した自由放恣の謂では断じて無い事を肝に銘ずべきである。

ずいぶんと居丈高で、強い威嚇と警告といってもよい内容である。当局にとってあるべきキリスト教とは「真正日本的基督教」であり、そのためには「従来の伝道方針と教義教理の採択解釈に付て再検討を加え、日本的改革への努力を試みる必要があろう」と結んだ。

増永高等法院検事長もすでに四〇年一〇月の司法官会議で、「基督教系諸団体に在りては近時国民精神の昂揚に刺戟せられたると、当局の適切なる啓蒙指導に依り能く時局を認識するに至り、漸次日本的基督教に転換するの趨勢に向い着々其の実を挙げつつある」とする一方で、「尚一部頑迷なる教徒中には依然旧来の迷夢を捨てず、不敬、不穏の言動を弄し、反国家的蠢動を敢てする者が尠くない」として厳重な取締を求めていた（『思想彙報』第二五号、一九四〇年一二月）。

『警務彙報』第四二〇号（一九四一年四月）掲載の警務局保安課「朝鮮耶蘇教会の現状」は、「内容は克く朝鮮の耶蘇教会の真相を穿って其の弊害を剔抉したもの」として「一警防団員の投書」を取りあげた。日曜学校では「親しみのある朝鮮語で教えるから、感受性の強い小学校の生徒が殊に面白がる。日本神話を打消して、聖約書の創世記、西洋神話を真なりと注入する。これ国史教育を破壊し、全国民教育を破壊するものなり」とみて、「日曜学校は国語教育に全力を注がしむる事」「牧師以外の無資格者の檀上説教を厳禁し、専任牧師の無い教会は月一回又は二回巡回牧師の説教を聴く様にすること」という「改正腹案」を示した。結論は「良き日本人を育成するに縁の遠き不完全なる教会は一掃して、村一丸となって一神祠（神社）を中心とし、神に帰依して、正しき信仰に基き、一致団結し、人生の聖化の歩みを進めて、以て忠良なる国民精神を作興するにあり」とされた。日本国内でも「日本的基督教」への統制・誘導はなされるが、その徹底度において朝鮮での統制はすさまじいものがあった。

日本国内においてもキリスト教教団は当局の圧力と統制により「日本的基督教」への変容を強制され、戦争協力への道を歩むが、朝鮮においてははるかに厳重に強力に統制された。「朝鮮耶蘇教長老派」を例にとると、総会において当局の指導に順応することを決議したが、警務局保安課ではさらにそれを促進させるために、常置委員を召集して懇談会を開き、指導を加えて「革新要綱」を公表させた。その「指導原理」は「国体の本義に基き、国策に順応し、過去の欧米依存の邪念を禁絶し、日本的基督教の純化更生に努むると共に、教徒をして、各々其の職域に於て滅私奉公の誠を捧げ、協心戮力、東亜新秩序の建設に勇往邁進せんことを期す」となっている（警務局保安課『高等外事月報』第一四号、一九四〇年九月分）。こうして各教派を「日本的基督教」の下にがんじがらめとする一方で、その指導原理に抵抗する「頑迷なる教徒」の不穏言動は治安維持法などによって弾圧を加えていった。

「頑迷なる教徒」への弾圧

「頑迷なる教徒」の不穏言動を一掃しようとしたのが前述の一九四〇年九月二〇日の一斉検挙であり、ついで全鮮的に断行されたのが万国婦人祈禱会事件である。四一年二月頃、警務局から各道警察部に捜査が指令されており、二八日には黄海道警察部で「犯罪嫌疑」が認知されている。六月から八月にかけて各道警察部の取調が終わり、被疑者が各地方法院検事局に送致された。六月一八日の黄海道警察部から海州地方法院検事正（五井節蔵）宛に送られた北長老派宣教師ハーレ・コビントンら五人の「意見書」には、北長老派の布教活動について次のような把握がなされている。

多年に亘り米本国の伝統的政策たる宗教的侵略の意図を奉じ、其の巨大なる資力と総じて朝鮮人間に扶植せる隠然たる勢力を利用、聖書を表看板として我国体固有の神祇観を否定し、一般耶蘇教徒に対し偶像崇拝の罪悪なることを鼓吹すると共に、陰に神社参拝を国民に奨励する日本帝国は悪魔の国家にして、エホバの神意に依り近く滅亡すべしと宣伝妨害し来るのみならず、今次支那事変に対しては日本は口には東洋平和の建設を唱え、内心は資源の獲得並極東に於ける権勢慾を満足せんとする領土的侵略に外ならずと誹謗、殊更に事実を歪曲、帝国の不利を策し

四一年二月、「万国婦人会祈禱会順序書」を各教会に配布し、祈禱会において前述のような「戦時又は事変に際し軍事に関し造言飛語」をおこなったことが、朝鮮不穏文書臨時取締令および陸軍刑法・海軍刑法に該当する犯罪とされた。ハーレ・コビントンの言動は「現在我国が国家の総力を挙げて東亜新秩序建設に邁進しつつある現実を否定し、朝鮮民衆の上に巨大なる勢力を有する朝鮮人基督教徒に呼び掛け、未だ朦朧なる教徒に残存せる外国宣教師の宗教的支配力を巧に利用し、厭戦的乃至反戦的思想を注入せんとするものにして、日支事変勃発以来日本的基督教に好転せんとしつつある一般信徒の人心を惑乱し、治安を妨害せんとする所謂宗教謀略に外ならず」と断じて、「起訴厳罰」を求めた。

六月二六日の平安北道警察部から新義州地方法院検事正宛の五人の「意見書」では、祈禱会開催の「趣旨目

的等に関し、単に聖書を通して全世界人類に神の福音を伝播せんとする一方便に過ぎずとなし、口に基督の博愛主義を強調して、表面宗教の超国家的存在を主張しあるも、事実上は飽迄米本国が過去長年に亘って採り来れる我帝国に対する外交攻勢の具に供せられ居たものなる」とみなしていた。

宣教師と信徒二七人が起訴されたというが、その後の司法処分の状況は不明である。宣教師は検事局での聴取後の四一年九月、朝鮮から引揚げている。

ここから治安維持法違反事件を取りあげよう。

四一年一〇月九日、京城地方法院は長老派教会牧師の姜（松本）琮根に新治安維持法第五条（煽動）を適用し、懲役一年六月を科した。「犯罪事実」の一つとされたのは、三九年四月、昌道教会で教徒約五〇人に対し「復活節を迎えて」と題し、「一陽来復し草木も活動を始めた斯る時期に復活節を迎うる我等の精神にも生命力が充溢せねばならぬ、我等は堕落死亡の墓の中に眠って居る朝鮮の社会に生気の振作を叫んで居るのだ、非常時局に際会して居る今日、朝鮮の社会は醒生夢無の状態であると説教し、以て民族意識の昂揚に努め」たというものである（「独立運動判決文」）。

一一月四日の光州地方法院は牧師の孫（大竹）良源に新治安維持法第五条を適用し、懲役一年六月を科した。孫はその「聖書観より来たれる唯心的末世論に基き、我国を含む現存国家の滅亡と千年王国建設の必然性とを確信するものにして、此の思想に依りて我国民の国家信念を攪乱し国体意識を変革せしめ、現存秩序の混乱動揺を誘発しつつ、究極に於て所謂「ハルマゲドン」に依る現存秩序の崩壊に依り我国を始め世界各国家の統治組織を変革して千年王国の建設を実現せんことを冀求し」てきたとする。四〇年四月、愛養園教会の患者七百数十人に「主の再臨と吾の苦待」と題して、キリストの再臨により「地上に於ては凡ゆる災悪、即ち戦争、疾病、凶年、飢餓等消失し、信者たる癩患者の癩病も全快し、永遠に平和幸福なる地上王国、乃至新天新地神の国が建設さる」という説教をおこなったことなどが「犯罪」とされた（「独立運動判決文」）。

『思想彙報』続刊（一九四三年一〇月）の「朝鮮重大思想事件経過表」には、四二年五月一二日、平壌地方法院に予審請求された李基宣ら三五人の「耶蘇教徒の神社不参拝教会再建運動事件」が載っている（検事局の受理は六八人）。「孰れも朝鮮耶蘇教長老派の教役者或は篤信者なるところ、昭和十四年八月以降、聖書の所謂末世論に基き、近く基督の再臨により地上神の国は実現するものとなし、窮極に於て我が国体を変革して千年王国を建設することを目的とする神社不参拝再建総会組織準備会なる秘密結社を組織し、全鮮に亘り之が拡大強化の為活動し、且種々不穏言動を弄したり」が「犯罪要旨」とされた。判決は不明である。

四二年八月一〇日、光州地方法院は新治安維持法第五条を適用し、伝道師金龍洙（華山正一）に懲役二年六月を、朴東煥（信一正男）と趙龍澤（賀川龍澤）に各懲役一年六月を科した。被告らはいずれも「末世論的思想の伝道に依り我国民の国体意識を麻痺せしめ、国家観念を動揺せしめつつ、徐々に現存秩序の混乱を誘発し、基督の再臨を俟ちて基督王国の建設を実現せんことを究極の目的と為し、基督教伝道の合法的仮面に隠れ、其の主義思想の宣伝に努め来りしもの」とされた。

金龍洙については「耶蘇教徒の神社参拝問題発生以来、朝鮮基督教の現状は腐敗堕落の一途を辿り、為に教勢著しく衰退し、此の儘にして推移せんか、朝鮮に於ける基督教は衰微するより外無く、斯くては地上天国の実現を到底之を望み得ずと為し」、今後は神社不参拝同志が結束して「聖書研究に依り信仰を浄化し、教勢の復興を図る以外に方途なしと確信」したとして、個別的な言動を一六件列挙する（「独立運動判決文」）。

九月三〇日、光州地方法院は長老派の牧師朴（新本）容義に新治安維持法第五条を適用し、懲役三年を科した。長老派について「アングロサクソン民族の自由民主主義思想に朝鮮の民族主義思想を混淆せる複雑怪奇なる性格を有し、従て其の教理に依って指導せらるる教徒の思想亦自由主義的且民族主義的色彩濃厚にして国家信念に乏しきものあり」とする。そのうえで朴容義は「天照大神と「エホバ」の神とは異名同一神なるを以て、神社参拝は教理違反にあらずと為す不敬神観を以て教徒等を指導し」たが、それは「究極に於ては依然神社を偶像視するものあり」と断じた。

「犯罪」とみなされた朴の具体的な言動とは、三九年五月から四〇年九月にかけて、毎週水曜日と日曜日に教徒二〇〇人から三〇〇人に「基督の再臨は近付けり、基督は肉体を以て現実に地上に再臨し、其の時世界各国は滅亡し、基督は万王の王となりて千年王国を建設し、世界を支配するが、信仰篤き者ののみ右王国の民となり不信者は地獄に陥さる、故に我等信者は益々信仰を堅くして再臨を待ち、其の民とならざるべからざる」旨の説教をおこなったことが「国体」変革の「煽動」とされた（「独立運動判決文」）。

四四年二月四日、光州地方法院は長老派牧師金基燮（金山金鑄）に新治安維持法第五条を適用し、懲役一年六月を科した。その信仰は「聖書を唯一絶対至上の教理として信奉し、聖書に記載せられたる事実は全て神の予定したる真理の表示にして、将来必ず実現すべく、人類は之を信仰することに依りてのみ永遠の救を享受すべきものなりと妄信」するものとした。四一年四月下旬、信者五〇人に対して「人生の危機」と題し「我々朝鮮人も生活難、就職難、入学難等の大患難に直面し居るが、斯る現象は聖書「マタイ」伝に記録せられたる末世現象なるを以て、基督の地上再臨も目睫に迫れり、基督が再臨すれば前記の如き危機は勿論、我々朝鮮人の前記大患難もなくなり、現世世界各国は完全に基督の統治する千年王国に変革せらるる」旨を話したことが、「犯罪」の一つとされた（「独立運動判決文」）。

民衆宗教への適用

増永正一高等法院検事長は一九四〇年一〇月の司法官会議で、「類似宗教団体の取締」にも言及している。

「依然として之等諸団体関係者の蠢動其の跡を絶たず、不穏の言動を弄して人心を誑惑せしめ、治安を妨害しつつある」として、「合法的団体の教理教説乃至裏面の思想動向に対しても再検討を加うるの必要ある」と訓示した（『思想彙報』第二五号、一九四〇年一二月）。

四一年七月三一日、京城地方法院は「北学教（ボクハクキョウ）」の尹尚明（ユンサンミョン）ら四人に懲役一年六月から六月を言い渡した。尹は一九二九年に「朝鮮は古来東洋の独立国にして、現在は日本の領土に属し居るも、這（これ）は一時的現象に過ぎず、近き将来に天地開闢（かいびゃく）して独立国となるものなる旨」を述べたことなどが、「政治に関し不穏の言動を為し、因て治安を妨害し」たとされ、保安法第七条の適用となった（「独立運動判決文」）。一九三〇年代後半、宗教団体への発動は保安法が主だったが、四〇年代になると治安維持法の発動が主になっていった。

四一年一〇月三一日、大邱地方法院は中原庸錫（ヨンソク）らに懲役三年六月を科した。その判決文は不明なため、高等法院判決に引用されたものから引くと、「篤信者一万二千名は道通君子と為りて悪疫を治癒すべき神通力を得、而して近く全世界に大戦争起り、悪疫流行して日本を始め各国滅亡する際、右道通君子一万二千名は其の神通力に依りて朝鮮を独立せしめ、将来永く朝鮮独立建国の大功労者として国家並に全国民より優遇崇敬せらるるに至るべく」となっている。この朝鮮独立を目的とする宗教団体を「無名の秘密結社」とみなして、新治安維持法第一条後段を適用した。

判決に中原庸錫らは上告した。弁護人の上告趣意は「全く荒唐無稽の言にして客観的に観察して……帝国の朝鮮に対する統治に変動を来すべき筈なし、況（いわ）んや道通君子の神通力に依りて朝鮮が独立すと云うが如きは、全然其の結果発生の可能性なきものにして、彼の呪咀に依りて人を殺害せんとすると選ぶ処なし、被告人等の行為は危険性あるものにあらず、所謂不能犯に属し、罪と為らざるものなり」という理由からである。

しかし、四二年一月二六日、高等法院は「国体」変革は「其の目的実現の方法は必しも共産主義結社に見るが如く階級闘争及暴力革命に依ること、即ち現実的なることを要するものと解すべきにあらず、布教其の他の方法に依りて民族意識の昂揚を図り、徐々に独立の機運を醸成し、平和的手段に依りて其の目的を達成することも亦其の一方法たるを失わず、而して斯る方法は非現実的なりと雖も、必しも結果発生の危険性なしと断ずることを得ざる」として、上告を棄却した（『高等法院判決録』第二九巻、一九四二年版）。「非現実的」としながらも、処断は容赦なかった。これは判例として確立し、「類似宗教」を「国体」変革の結社として処断することが加速する。

八月一三日、京城地方法院は「侍天教」と「甑山教」の両教義を総合した新宗教を創唱したという金彦洙に新治安維持法第一条後段を適用し、懲役二年を科した。「近く全世界に大戦争起り、悪疫流行し、日本を始め各国滅亡に瀕するが、其際……朝鮮を独立せしめ、将来永く朝鮮独立建国の大功労者として国家並全国民より優遇崇敬せらるるに至るべく」と唱えて団員獲得の活動をしたことが「犯罪」とされた（「在所者資料」）。

九月二二日、同法院は申（平山）永和に新治安維持法第一条前段を適用し、懲役五年を科した。「近く世界中に病災、戦災、兇災の三災発生し、富者、智者、権力階級は凡て死滅し、日本始め世界各国は滅亡に瀕すべく、其の際右道通君子一万二千名は其の神通力に依り生存し、朝鮮を独立せしめ得て将来永く朝鮮建国の大功労者として優遇せらるるに至るべし」として「無名の宗教団」を組織したことが「犯罪」とされた（「独立運動判決文」）。

ところが、四三年後半以降の判決では、民衆宗教に対する新治安維持法の適用に変化がみられる。第一条から第七条ないし第八条の適用に転換したのである。「国体」変革の結社（第一条）ではなく、「国体」否定ないし神宮・皇室の尊厳冒瀆の結社（第七条）と集団（第八条）となった。前掲**表16**において、「国体否定または神宮・皇室の尊厳冒瀆」の欄の人員が一九四二年後半に急増したのは「起訴」段階のものであるから、その予審および公判と判決は四三年以降になると考えることができる。

そうした推測に沿うものとして、四三年八月一四日の京城地方法院の「無極大道教（ムグッテェドキョウ）」に対する予審終結決定がある（一〇人を公判に付し、一五人を免訴、五人を公訴棄却）。検事局の受理人員は五二人で、四二年八月と四三年三月に創唱者の金瓚鎬（キムチャンホ）ら三〇人が「求予審」とされていた。金は四一年九月頃には検挙されていた模様である。

予審終結決定書によれば、金瓚鎬は三九年一二月頃から「世界には近く悪疫、凶作、兵乱等の三災が到来し、当時の支那事変を始めとして昭和十七年頃迄には世界大戦乱に移行し、人類の死滅、国家の滅亡等が相続くに至るものなるが、此の時に於ては玉皇上帝より善者と判定さるる者のみが死滅を免」れ、「玉皇上帝は宇宙万物の創造主にして総てのものを支配し、我国の　天皇始め各国君主と雖も其の命に依り現在の地位に在るもの」を旨とする布教をおこなって教徒を拡大したという。この集団「無極大道」を「我国の国体を否定し、且皇室の尊厳を冒瀆すべき事項を流布すること」を目的としていると断定することに加えて、一二件にわたって具体的な布教・祈願などが「以て右集団の指導を為し」としていることは、治安維持法第八条の適用を想定していることがわかる（「独立運動判決文」）。ただし、その後の公判と判決については不明である。

四四年一月一〇日、全州地方法院は洪（ホン）（山本）淳玉（スンオク）ら一六人に懲役四年から一年を科した。「日支事変勃発し、世界の情勢重大化するや、是れ即ち姜一淳（カンイルソン）の教理たる後天仙境開闢し、五万年の新天地実現し、姜一淳が現世に再臨し、其の支配の下に何等不平不満なき不死不滅の平和世界が創造せられ、朝鮮は独立するの前兆なりとし、之が為姜一淳を教祖とする強力なる教団を結成し置かざるべからずと為し」、「無名の結社」（のちに「天子教」と称した）を組織し、祈願祭をおこなったとされた。これが新治安維持法第七条の「国体」否定の結社に該当するとした（『日帝下社会運動史資料叢書』第一一巻）。

四五年二月二日、光州地方法院は鄭大建（チョンテコン）（河東万壽）に懲役四年（ほかに詐欺罪で懲役一年）を科した。鄭は壊滅に瀕していた「弥勒仏教」の再建を企図し、「弥勒仏教信者のみは神明の霊力に依り其の三災（凶、兵、病）八難を免れて生き残り、朝鮮に弥勒仏の再生たる聖人出現し、朝鮮法を作り朝鮮内地は固より全東洋を支配し、弥勒仏社会なる宗教社会を建設し、其の宗教徒が社会の実権を掌握して之を統治」するという内容の布教をしたとして、新治安維持法第八条の「国体」否定の集団に該当するとされた（「独立運動判決文」）。

六月一五日、全州地方法院は申泰済（シンテジェ）（正崗憲一）に新治安維持法第七条を適用し、懲役五年を科した。四三年二月、申によって創唱、組織された「正道灵（ジョンドリョン）」は「我国体を否定すべき事項を流布することを目的とした正道教類似の結社」で、「最高の神灵（しんれい）にして、天照大神は其の補佐役たる神灵に過ぎず」とする。そのうえで「大審判たる現下世界大戦終了後は朝鮮を中心とする後天坤（こん）運の世界、即ち正道の灵（れい）の世界が実現し、自己が上帝親政出世（上帝たる正道灵が自己に顕現し、新世界を支配すること）に依り主公たる大任を果すべき時期、将（まさ）に到来せるものと妄信するに至りたる」とされた（「独立運動判決文」）。

五 保安法・朝鮮臨時保安令・不敬罪・陸海軍刑法などの積極的活用

保安法の全開

表17からわかるように、一九四一年以降、治安維持法違反人員の急増とともに、保安法違反人員の増加も目

表 17　全鮮思想事件表（検事局受理人員）

年別＼法別	治安維持法	皇室に対する罪	保安法	陸軍刑法	軍機保護法	朝鮮臨時保安令
1940年	286	51	60	2	9	—
1941年	1,414	136	209	23	29	—
1942年	1,518	257	287	5	50	—
1943年（8月迄）	1,830	230	239	9	14	7

『思想彙報』続刊（1943年10月）

に付く。「皇室に対する罪」は刑法の不敬罪（主に第七四条）に相当するとみてよく、これも多い。取締対象を拡大した新治安維持法でも戦時下の治安維持に対応しきれないために、保安法や不敬罪などが補完的に発動されたと推測される。ただし、治安維持法と保安法の発動の基準が明確にあったのかどうかは不明である。四三年八月迄の数値であるため、朝鮮臨時保安令の受理数はすくない。あるいは警察段階での訓戒などで釈放となった事例が多かったのかもしれない。

四一年一一月五日、京畿道警察部長は警務局長らに「不穏落書犯人検挙に関する件」を報告している。兪大根（ユテグン）が私人の道路に面した便所の壁に「李完用（リワンヨン）なる落書あるを見て所持の鉛筆を以て李完用の下に「韓国の敵」と添加し、更に「大韓独立万々歳」と落書し、仝便所に出入する不特定多数の人々に朝鮮の独立を宣伝し」たというもので、保安法違反の起訴意見を付して京城地方法院検事局に送致したという。

四二年一月二六日の京城東大門警察署長の京畿道警察部長らへの報告は、金（キム）瀅模（ヒョンモ）がコンクリート塀に「日本人を殺せ、馬鹿」という「極めて不穏なる落書」をしたのを突きとめて検挙したというものである。保安法第七条に該当する犯罪の証拠は十分ながら、被疑者がまだ一四歳という未成年者のため、不起訴意見を付して検事局に送致したという（以上、「思想に関する情報一四」）。その後の司法処分の状況は不明である。

二月一〇日、大田地方法院清州支庁は延（中山）圭鶴を保安法違反で懲役一年に科した。四一年一二月、延は「国を奪われたる上、人迄奪われる為、志願兵に行くか、彼等は彼等の国のことだから奮戦するのだ、自分も吾等の国のことなら死んでも戦うが、死んだら自分の命丈損するのだ」と「放言」し、「朝鮮に於ける陸軍特別志願兵制度を誹謗する言辞を弄し」たとされた。異例にも判決ではさらに「単に陸軍特別志願兵制度を漫然誹謗したるに過ぎざるものと為すべからず、其の言辞の趣旨内容、及之が出づるに至れる根底に在るものを稽え、且其の場所をも鑑みるときは厳重処罰するの要ある」と付け加えている（「独立運動判決文」）。

六月一九日、仁川警察署長が京畿警察部長らに報告した内容は、機械製作所で雑役をしている韓基永が、四一年八月、日本人職工が呼びに来た際、「此奴等の言うことは聞くな」と朝鮮語で同僚に語り、日本人の指示に従わないよう「慫慂するが如き言辞を弄し」たというものである。これを保安法違反として検事局に送致するにあたり、「時局下此の種言動は内鮮一体の政策に相反するのみならず、延ては銃後一致協力を乱すに至るべき事案たるを失わず」という意見を付した（「思想に関する情報（警察署長）」）。この程度の言動をも犯罪視することは、取締当局が民心の動揺につながる言動にいら立ちを強めていることを示そう。

一一月六日、仁川警察署長は京畿道警察部長らに全治鳳（新村大）の保安法違反事件を報告する。教員の全については「民族主義思想の為、地下研究を続け来りたるは日記に依りて疑う余地なき」とあるように、以前から内偵が進められていたと推測される。七月二五日、公園を散歩中、同僚教員に対して「最近高級なる生菓子類は内地人の方に良く廻るが、鮮人の方には配給がない……当局は内鮮一体と云うが、斯の如き不公平は矛盾も甚だしい、内鮮一体は未だ一つも実現されて居ない」とするほか、配給機構や国語常用問題などについての不穏言動も明瞭になったため、検挙したとする（「思想に関する情報（警察署長）」）。これらのその後の司法処分の状況は不明である。

四四年五月一五日、咸興地方法院元山支庁は保安法違反などの事件で安（安田）炳耆、徐（大山）仁孝、李昇燦（高木昇）の三人に無罪を言い渡した（判決文は不明）。これに対して検事は京城覆審法院に控訴した。「警察の訊問調書に録取せられたる事実は調官の拷責に依り、其の推問の通りを肯定したるに止まる虚偽の自白なり」とする安らの主張を第一審判決が採用したことは「重大なる事実の誤認」という趣旨だった。一〇月一二日、覆審法院は検事の主張を認め、事実審理をおこなう「決定」をくだした。

一一月二日、京城覆審法院は安炳耆に懲役一年、徐仁孝と李昇燦に懲役一〇月を言い渡した。安の場合、四三年一二月、雑談中に「我々朝鮮人は馬鹿を見た、内鮮一体と甘言を弄し、我々を騙して創氏改名をさせた南総督の奴は内地に逃げ帰った」と語ったことが、「政治に関し不穏の言動を為し、以て治安を妨害」したとして保安法第七条を適用された（ほかの言動は朝鮮臨時保安令や陸軍刑法に該当。「独立運動判決文」）。拷問による「虚偽の自白」については一顧だにされなかった。

不敬罪を問われたものとして、四一年七月一五日の京城覆審法院判決がある。春川公立中学生の劉賛基（江原秀宗）に対する咸興地方法院判決に検事が控訴した。京城覆審法院は刑法第七四条の不敬罪を適用して懲役一年を科し、検事の控訴を理由なしとした。「犯罪事実」とされたのは、四〇年八月、宿泊した旅館の部屋に掲げられていた明治天皇の肖像について、友人に「国語を以て　大帝の玉体並に皇位継承の事に関し極めて誹謗に亘る事実無根の言辞を弄し」たことであった（「独立運動判決文」）。

四二年八月八日、水原警察署巡査の岡部清は京城地方法院水原支庁検事局に朴載和（新井正夫）の不敬容疑についての「意見書」を提出した。一八歳の朴は京畿公立商業学校在学中、四月二九日の天長節に「御真影に対し学校の命に依り最敬礼を為したるが、御真影に数回敬礼を為すは無意味なりとの観念を抱き」、拝賀式終了後、友人に「あんな写真なんかに礼を何回も為すのか」と「放言」した。これが「最も憎む可き犯罪と認めらる」とされて、起訴処分が希望された（「青丘文庫」所蔵）。その後の司法処分の状況は不明である。

造言飛語

「造言飛（蜚）語」に対してはさまざまな治安法令が発動された。軍事関係の場合は陸軍刑法・海軍刑法や軍機保護法が適用される。

一九四一年三月六日、京畿道警察部長から警務局長らに「時局に対する造言蜚語容疑者検挙に関する件」が報告された。白春萬（ペクチェンウ）（白川正雄）が二月一〇日の旧正月祝宴の席上、酩酊しながら「日本は支那事変に大勢の兵隊が戦死して人間が不足して来たので、朝鮮で志願兵を募集して居るが、之等志願兵が十八万名も北支に戦争に行ったが、殆んど戦死して生きて帰った者は半数位である」と話したことが、陸軍刑法違反被疑事件としてあつかわれた（「思想に関する情報一四」）。

四二年一〇月二四日、光州地方法院は天主教宣教師ダウソン・パトリックら一一人全員に有罪判決を下した。パトリックは懲役二年六月を科せられた。「支那事変に於て日本が勝利を得るに於ては東洋に於ける天主教の布教も不能と為り、欧羅巴人は東洋より駆逐せらるべきも、日本が敗北するに於ては朝鮮は日本の圧迫より脱し、且東洋は平和と為るべき旨妄信して日本の敗戦を冀望（きぼう）し居りたる」が、三九年秋頃の「新聞やラヂオの放送は常に自国の戦果を誇大に報道す、日本も相当損害ある筈なるに、自国の損害は発表せず、支那軍の損害のみを報道し居れる」などの発言が、「今次支那事変に対し確実なる根拠なくして軍事に関し造言飛語を為し」とされた。ここまでの司法処分では陸軍・海軍刑法違反や保安法違反などとされてきたが、判決では軍機保護法第二条が適用された（「独立運動判決文」）。「造言飛語」として、より悪質と判断されたと思われる。

四三年三月三〇日、京畿道警察部高等課警部斎賀七郎は京畿道警察部長らに「軍事に関する造言者検挙の件」

を報告した。かつて新幹会会長などを務めたことのある許憲（ホホン）が「今次大戦は米国が何等の準備なく開始せる為、緒戦に於ては米国が不利なりしも、米国は物資豊富にして実力あるを以て最後の勝利は米英連合国側にあり、故に今次戦争が終熄せば連合国の力に依りて朝鮮は独立さるるに至るべし」と「造言飛語」したことが判明したので、任意同行、取調中という内容である。

その後の取調経緯は不明ながら、八月二七日、斎賀警部から京城地方法院検事正戸沢重雄に許憲に対する「意見書」が送付された。そこでは「朝鮮文化を向上せしめんには朝鮮をして我が日本帝国の羈絆より離脱独立せしめ、朝鮮人の手に依りて統治することに依りてのみ実現さるるものなりと思惟し、朝鮮独立の実践運動を決意せるものに

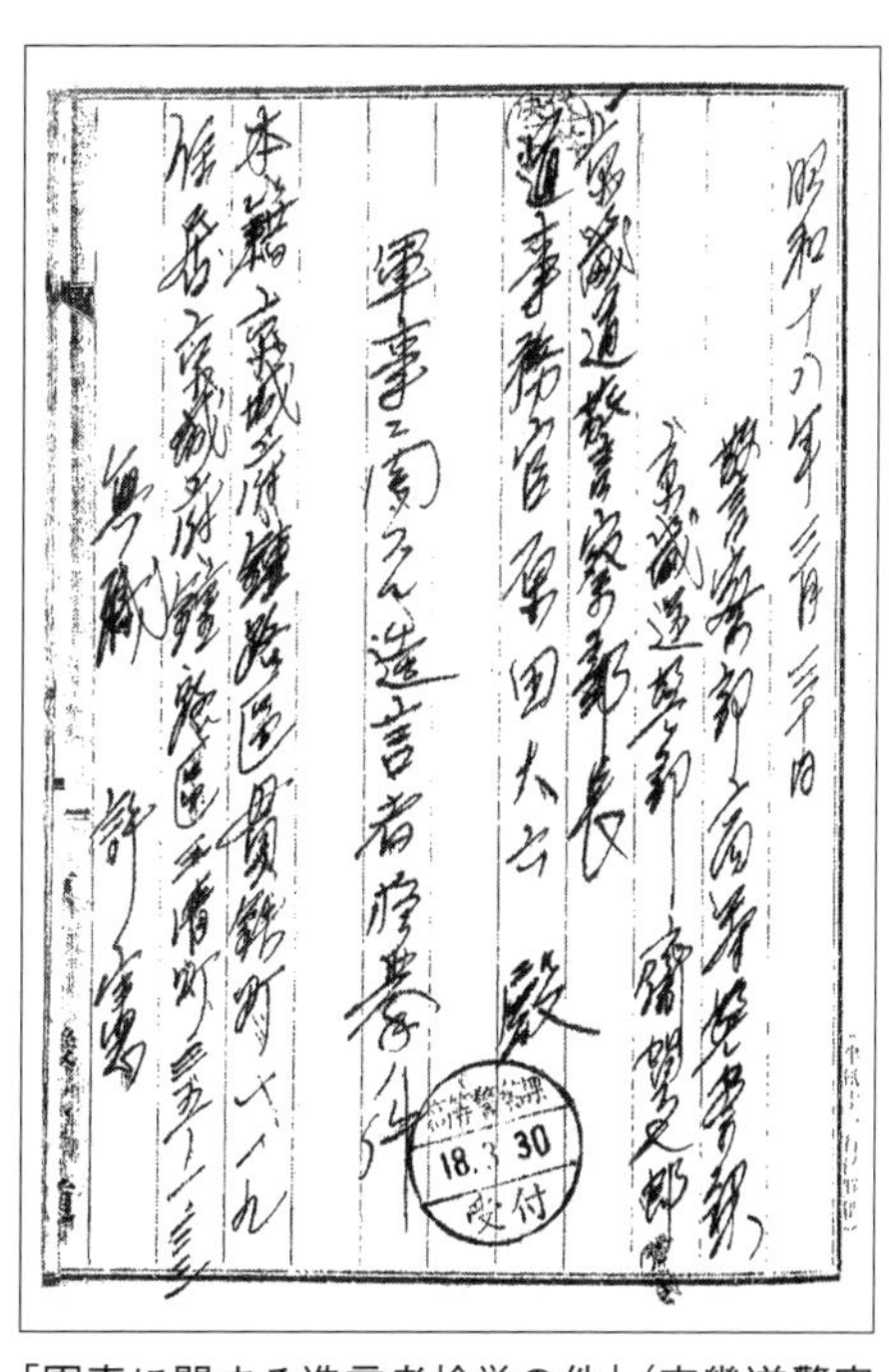

昭和十八年三月三十日

軍事ニ関スル造言者検挙ノ件

無職 許憲

18.3.30 受付

「軍事に関する造言者検挙の件」（京畿道警察部高等課、1943年3月30日）
「治安維持法関連資料」、韓国・国会図書館所蔵

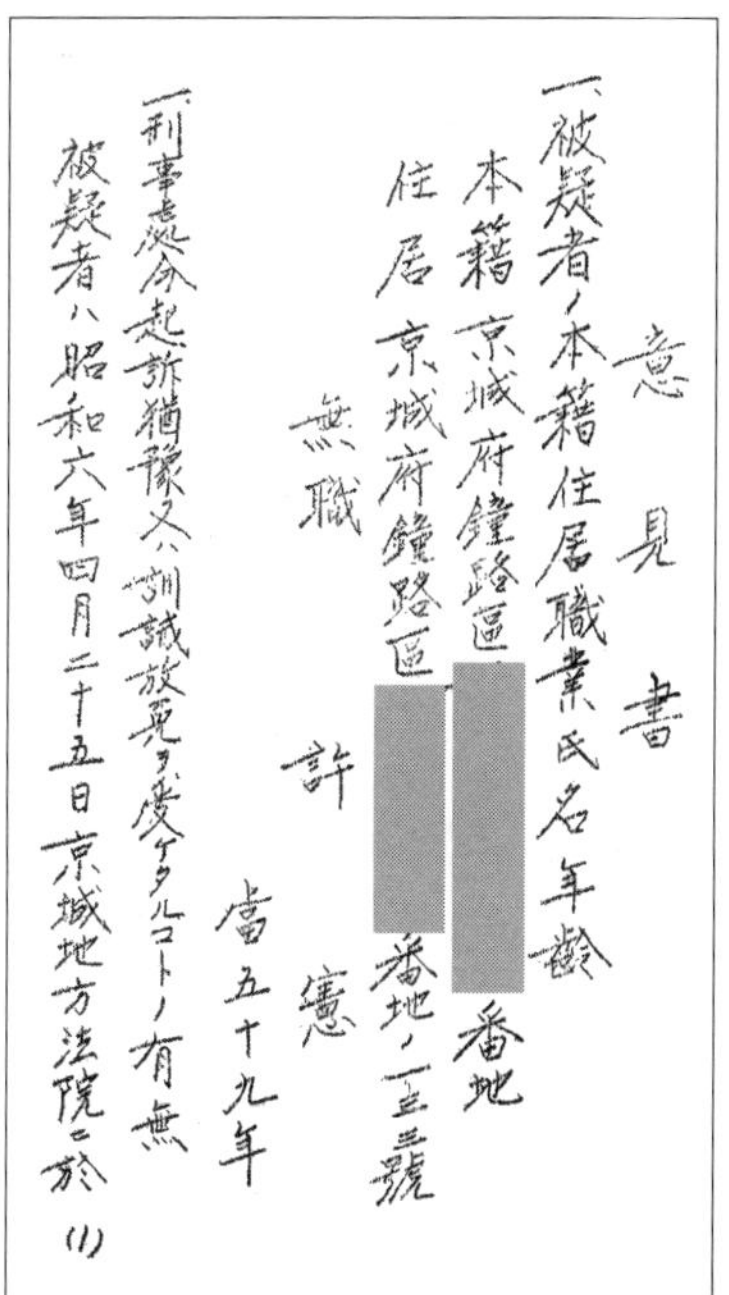

意見書

一、被疑者ノ本籍住居職業氏名年齢

本籍 京城府鐘路區[illegible]番地

住居 京城府鐘路區[illegible]番地ノ一三三號

無職 許憲

當五十九年

一、刑事處分起訴猶豫又ハ訓誡放免ヲ受ケタルコトノ有無

被疑者ハ昭和六年四月二十五日京城地方法院ニ於

(1)

許憲に対する「意見書」（京畿道警察部高等課、1943年8月27日）
「治安維持法関連資料」、韓国・国会図書館所蔵

して、被疑者は社会主義たると朝鮮自治運動たるとを問わず朝鮮の独立を窮極の目的として闘争すべきものなり」としたうえで、朝鮮の現状を次のように語ったとする。

一般民衆中智識階級は不平不満を洩し、非協力的にして日和見（ひよりみ）主義の者多く、最近重工業の発達に依り労働者は智識階級以上の生活を為し居るも、彼等は享楽的にして戦争に無関心なり、又南鮮及西鮮地方に於ては食糧不足の折柄なるに酒類密造を為すに徴するも、彼等が今次戦争に非協力的なることを知るに足るべし。

これらの「犯罪事実」は陸軍刑法、海軍刑法、朝鮮臨時保安令、保安法に該当するとして、「而も利敵性質濃厚に就き、起訴厳罰可然（しかるべき）ものと思料す」とされた。

九月一八日、京城地方法院検事局から京城地方法院に許憲の公判が請求された。そこには「造言飛語」の事例として、四三年五月、京畿道警察部留置場において許憲が「現在朝鮮民衆は子供から年寄に至る迄全部日本に反対の心を持って居るが、今若し米英の飛行機が何十台か京城の上空に来襲し、爆弾を投下する様なことでもあれば、必ず朝鮮の民衆は老若男女を問わず、武器がなければ棍棒でも持って蜂起し、米英側に味方をすると謂う気持を一人残らず持って居る」と語ったことなどが加わっている。

一〇月二五日の京城地方法院の公判で、許憲は警察や検事局での供述を全面的に否定した。検事は懲役一年を求刑した。一一月一日の判決は、陸海軍刑法と朝鮮臨時保安令を適用し、懲役一年を科した（判決文は不明。以上、「治安維持法関連資料」、韓国国会図書館所蔵）。

四一年一二月二六日施行の朝鮮臨時保安令違反とされた判決をみよう。四二年八月一二日の京城覆審法院は、五月三〇日の大田（テジョン）地方法院忠州（チョンジュ）支庁判決に控訴した林角奎（リムカクギュ）（林木吉雄）に朝鮮臨時保安令第二〇条を適用し、懲役一年、執行猶予四年を科した。「忠州警防団員は出勤手当一円六十五銭なるが、内地人側に於ては之に対し不満を抱き居る者多きも、鮮人側には左様な者なく、又警察署に於ては内地人側商人の経済事犯に対しては寛大なるも、之に反し鮮人側商人に対しては徹底的に取締居り、之が為内地人側商人は暴利を得、毎日料亭等に於て遊興に耽り居る」と「虚構言説」したことが「犯罪」とされた（「独立運動判決文」）。

一〇月七日、京城東大門警察署長は警察部長・京城地方法院検事正に「食糧逼迫に対する不穏通信に関する件」を報告している。郵便検閲により岩本正両が兄宛に出した手紙の内容が、「時局下人心を惑乱すべき不穏通信」とみなされた。文面は「京城は食糧不足で大困難であり、此の反面には自殺する人とか食えなくて餓死した人が尠なくなりませぬ」というものだった。「他に思想上容疑の点なく、其の情況に於て酌量すべき点あり」としながらも、「斯の如き造言蜚語が時局下治安に及ぼす影響の重大なるに鑑み、自懲他戒の為、朝鮮臨時保安令違反事件として取調中」とされた（「思想に関する情報（警察署長）」）。その後の司法処分の状況は不明である。

おわりに

思想犯の解放（1945年8月）

治安維持法公判の「公訴棄却」

一九四五年八月一五日、判決言い渡しの公判が予定されていた京城地方法院の治安維持法違反事件の公判は開廷されるものの、判決の内容は急遽変更された。安東馨・北条光範に「各被告人に対する各被告事件に対し夫々公訴の取消ありたる」として、「本件公訴は孰れも之を棄却す」という「決定」を下した（「独立運動判決文」）。八月一六日、京城地方法院は広山善鶴ら一八人に「本件公訴は之れを棄却す」という「決定」を言い渡した。理由は「本件公訴取消請求ありたるに因る」とされた（「独立運動判決文」）。一七日の大田地方法院清州支庁で松山泰惇にも「本件公訴は棄却す」とされたが、理由は少し詳しく「右事件、昭和二十年六月七日当庁検事より公訴の提起ありたるも、同年八月十七日、同検事より右公訴の取消ありたるにより」となっている（「独立運動判決文」）。「公訴の取消」は、手続き上、検事の申し出によってなされたことがわかる。おそらく高等法院検事長から各覆審法院検事局・各地方法院検事局に、係属中の治安維持法公判について「公訴の取消」の指示が一斉になされたはずであるが、それを確認することはできない。

七月二日の新義州地方法院の判決に香山真一が上告した治安維持法違反事件について、八月二〇日、高等法院は「本件公訴は之を棄却す」という「決定」を下した（「独立運動判決文」）。

以上のように、八月一五日から二〇日までに「公訴棄却」となったものは高等法院「決定」を含めて一八件五五人を確認できる（「独立運動判決文」）。ここには平壌や咸興、清津、新義州などの北の地方法院と平壌覆審法院は含まれていないので、全体では倍近くの件数・人員だったかもしれない。予審を経て、あるいは検事の公判請求によって係属中の治安維持法公判が対象となった。

公訴棄却となった被告の身柄はすぐに釈放されたはずである。公判まで至っていない警察・検察での被疑者や予審中の被告も、八月一五日直後から釈放されたと推測される。

日本国内の治安維持法被疑事件の公判では横浜事件の場合がよく知られているように、連合国軍の進駐のまえに司法処分を済ませるために性急で倉皇な予審終結と公判・判決が八月下旬から九月初旬にかけてなされていくことと比較すると、朝鮮における司法処分の決着状況は対照的である。

その後、後述するように朝鮮においては一〇月九日に正式に治安維持法が廃止される。一一月九日、京城地方法院は朴村昌濱（チャンビン）に検事の公訴取消を理由に、公訴棄却の「決定」を下した。同日、同様な「決定」が六件二二人に対してなされていることが確認できる。これらの「決定」はいずれもハングル・漢字表記、西暦表記であり、朝鮮人判事の手によってなされている。法院・法院検事局が朝鮮人司法官の手に移り、執務態勢が整備された段階で、係属中で未処理だった治安維持法違反事件にこのような後始末の法的措置がなされたと推測される。

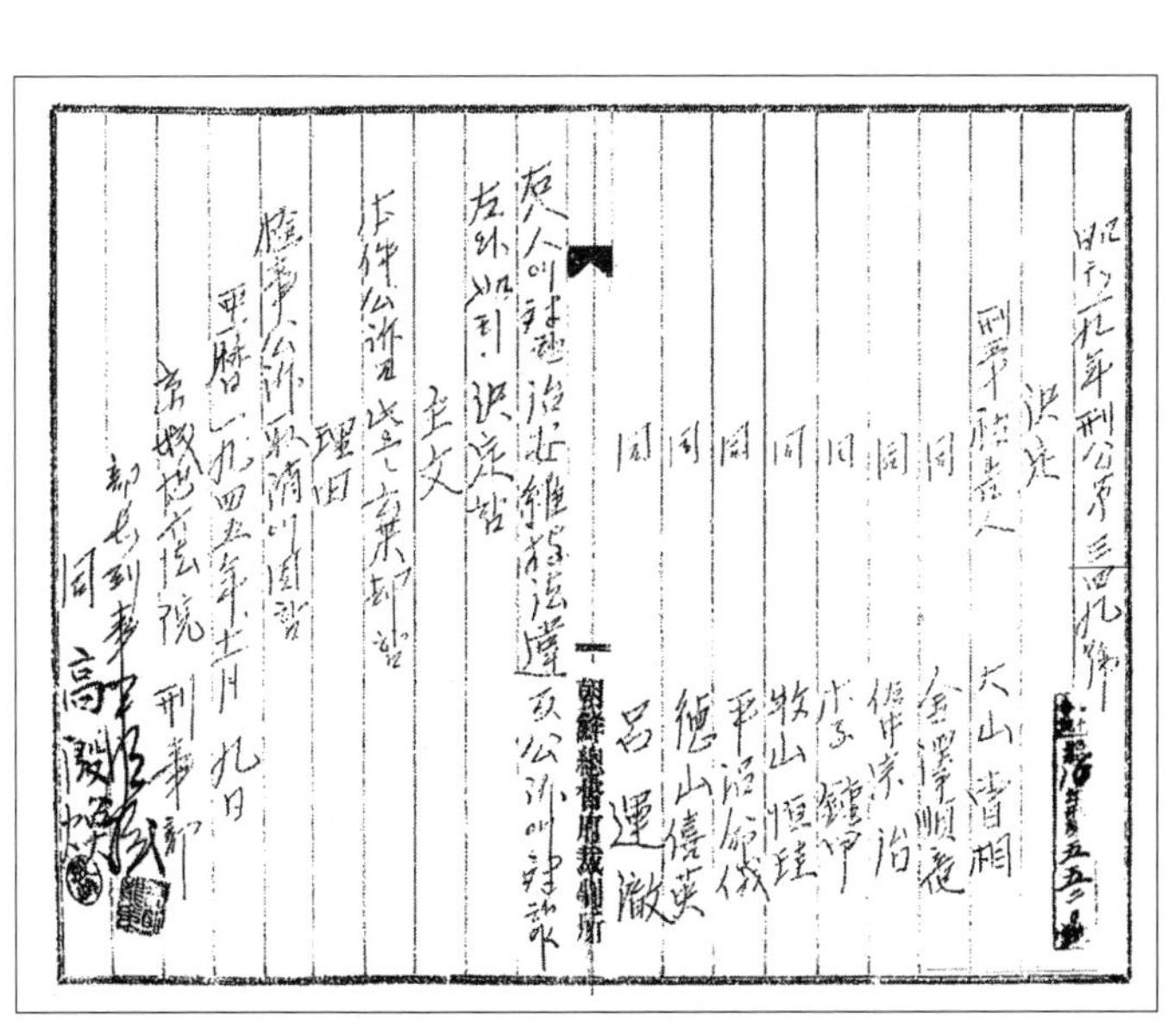
決定
主文
理由
西暦一九四五年十一月九日
京城地方法院 刑事部

公訴棄却の「決定」（京城地方法院、1945年11月9日）
「独立運動判決文」、国家記録院所蔵

獄中からの解放

朝鮮では、日本の敗戦によって植民地統治機構の瓦解とともに治安体制も崩壊していった。西広忠雄警務局長は「終戦決定と同時に、第一に政治犯・経済犯を釈放すること、第二に朝鮮人側の手によって治安維持をさせることを考え」、遠藤柳作政務総監に進言した。遠藤総監は賛同し、永野重功高等法院検事長と高地茂都朝鮮憲兵隊司令官の了解をえた。永野から早田福蔵法務局長に伝えられた。一五日の午前三時ころであった。同日早朝、遠藤柳作政務総監は呂運亨（ヨウニョン）と会談して治安維持への協力を求めると、呂は受刑中・勾留中の「政治犯」の釈放を求めた。

一六日午前九時、呂らは京城西大門（ソデムン）刑務所におもむき、政治犯・経済犯の釈放に立ち会った（さらに京城刑務所の政治犯釈放にも立ち会う）。「午前十一時から、釈放された政治犯を先頭に、各思想団体の示威行進が鐘路街頭でおこなわれた。……いたるところに朝鮮独立を明示する太極旗がひるがえり、トラック・自動車・電車には民衆が鈴なりに乗って太極旗をかざし、独立万歳、解放万歳をさけんだ」。朝鮮建国準備委員会の副委員長安在鴻（アンジェホン）は、京城放送局からの放送のなかで、「昨八月十五日から今十六日までに、京郷各地の既未決合計千百名が即時釈放されました」と述べた。

江原道（カンウォンド）では一六日に「思想犯・経済犯約百五十名が釈放された」。咸鏡南道でも一六日、「咸興刑務所にいた約二百名の政治犯・経済犯が釈放された」。黄海道での釈放は一七日となった。平安北道では一七日に刑務所の思想犯・経済犯が釈放されることになっていたが、「他の受刑者も興奮して騒ぎはじめたために、刑務所長は全受刑者約千名を釈放してしまった」という（以上、森田芳夫『朝鮮終戦の記録』、一九六四年）。

朝鮮語学会事件で咸興刑務所に在監中の崔鉉培（チェヒョンペ）は、次のように証言する（「ハングルをめぐる闘争と支援」『韓』

第六巻第九号、一九七九年九月）。八月一三日に崔ら四人の上告は棄却され、第一審の量刑が確定したばかりだった。

一九四五年八月一五日の朝、検房に来た二人の看守の中の一人が、特に朗らかな気分で、検査を受ける同室の三人に対し、一度あそこまで走って見ろと激励のような言葉を発した。ほんとうにおかしいと考えた。平常から特別に心ざしの良いあの看守が、私達に無言の中に喜しい知らせを伝えてくれるのだな！　昼食の直前、日本の無条件降伏の知らせが漏れて来た。わいわいさわぐ声が監房の廊下にまで響いて来た。夜になると、祝賀の酒が入ってきたという。崔自身の釈放は一七日昼過ぎであった。事件関係者四人が看守長の部屋に集まり、釈放が宣言された。

『朝鮮近現代史年表』には「八・一五　全国の刑務所から独立運動家二万余名の釈放開始」とあり、ブルース・カミングス『朝鮮戦争の起源』は米軍側の資料にもとづいて一六〇〇〇人の釈放とする。四五年八月時点の朝鮮全刑務所の在監者のうち、「思想犯受刑者」は約一〇〇〇人と推測される。前述のように朝鮮建国準備委員会副委員長安在鴻はラジオ放送のなかで八月一六日までに約一一〇〇人の釈放と述べていた。咸興刑務所などの釈放は一七日であるので、全刑務所の受刑者と警察・検察段階の被疑者、予審・公判係属中の被告を合わせると、思想犯関係の釈放は二千人近くになった可能性がある。さらに、「保護観察」人員は四四年八月時点で約二九〇〇人、「予防拘禁」人員は四四年九月時点で五九人となり、これらを合計すると、政治犯・思想犯・経済犯として釈放された人数は五千人前後であったのではないか。ブルース・カミングスらの提示する数値は、一般の刑事犯罪者を含むものであったと推測される。

ここからは、一九七〇年八月一五日に『朝鮮日報』に掲載された「八月一五日、その日の「獄中解放」」という特集記事（金文純（キムムンスン）記者）による。見出しは「八月一五日、その日の「獄中解放」　超満員の監房で病死者相

次ぎ　日本軍の敗戦の知らせを韓国人看守らが続々知らせて　放送を聞くや互いに抱き合って「万歳」となっており、当時の咸興刑務所元山支所用度主任の退役刑務官権寧峻（クォンヨンジュン）の証言から構成されている。

咸興刑務所は日本人所長と一〇〇人以上の職員により二〇〇〇人以上の収監者を担当していた。「平壌、西大門（現ソウル）、京城（麻浦（マポ）：閉鎖）、大邱（テグ）刑務所とともに、我が独立闘士らの政治犯を主に収容して悪名を馳（は）せていた場所」とされる。定員が三〇〇人の元山支所にはほぼ倍の五〇〇人が収監されており、「収監者らは背中をくっつけあって座っている状況であった」という。

八月一五日正午の天皇の「玉音放送」後の状況を権寧峻は、次のように回想する。

知らせは稲妻のようでした。午後一時になるや、全ての監房の収監者たちが解放の知らせを知り、互いに抱き合って万歳を叫び、喊声を上げるなど、ひとしきり大騒ぎになりました。祖国と自身の解放を一度に得た収監者たちの歓呼の声に監獄内はまるごと抑えようのない興奮に陥ってしまいました。……

翌日（一六日）、政治犯と経済犯が釈放され始めました。続いて雑犯たちも刑の執行停止と仮出獄の形で釈放され、凶悪犯だけ残ったが、彼らも結局二、三日後に全員釈放されました。

金文純記者は「解放前の日帝の監獄に何度も拘束された金俊淵（キムジュンヨン）・趙炳玉（チョビョンオク）・安昌浩（アンチャンホ）・安浩相（アンホサン）・呂運亨氏らも、権老人が三八年の看守生活で馴染んだ顔」と記したのち、「民族という血のつながりはどうしようもありませんでした。韓国人看守たちは収監中の政治犯たちにこっそりと麦飯のお握りも差し入れてやり、米軍の硫黄島上陸、広島の新型爆弾投下など、戦況をこっそりと伝えてやったこともあり、面会時間もできるだけ引き延ばし、いつも日本人幹部たちにひどく叱られていました。看守と収監者という距離も民族の血のつながりで自然と狭まった」という証言を紹介する。「時局の変動にのみ神経をとがらせてきた政治犯たちに外部のニュースを伝えようとする韓国人看守と、これを妨害しようとする日本人看守の間には、目には見えない監視の眼差しが光っていたという」。

八月一五日まで権勢を振るっていた特高警察官は、報復を恐れて姿を消した。高峻石（コウチュンソク）は「八月十五日から植民地警察は混乱をきたし、それまで肩で風を切りがに股で威張りちらしていた日本人巡査たちは、猫に追われた「どぶ鼠」のように逃げ出し、日本人植民者の手先であった朝鮮人巡査たちは、過去に於ける親日協力の罪を問われ処断されることを恐れて雲隠れしてしまった」と述べる。高の友人は「洋服のポケットに石ころをいっぱい詰めて」、高等警察の刑事を「殺すといって探し回った」という。それでも、南朝鮮において、朝鮮建国準備委員会が「朝鮮人愛国者を拷問で殺害したかどで全国（朝鮮全域）に指名手配した植民地高等警察の犯罪者の数は僅か十四名にすぎず、逮捕された者にたいしてもその命を奪うようなことはなかった」（以上、『朝鮮1945―1950』、一九八五年）。

治安維持法の廃止

一九四五年九月七日、アメリカ軍は南朝鮮の軍政開始を宣言した。九月九日、朝鮮総督府はアメリカ軍に降伏した。一二日、アーノルド少将が軍政長官に、憲兵司令官シェイク准将が警務局長に就任した。

ブルース・カミングス『朝鮮戦争の起源』によれば、アメリカ軍政は「旧総督府官僚機構そのものの維持に依存しなければならなかった。司法部は「ほとんど例外なく対日協力分子」であり、警務部の八〇％以上を「日帝時代」の警察官が占めた。松田利彦『日本の朝鮮植民地支配と警察』も、「総督府の行政機能を便宜的に活用しつつ、他方で朝鮮人への権力委譲も考慮しようとしていた初期軍政下にあっては、旧植民地支配体制からの転換には時間がかかった」とする。「日本人警察官が退場するのはおおむね一〇月以降」となる。「旧植民地警察出身警察官に対しては、「日帝残滓」「親日派」として問題視する空気が朝鮮社会内に強かった。しかし、南部朝鮮における共産主義勢力の押さえ込みを重視した軍政庁は、「親日派」警察官を清算する道を選ばなかった」。

朝鮮米国軍司令官ジョン・ホッジは九月九日に発表した声明で、「宗教・言論・思想の自由も、やがて復帰するであろう」と述べていた（『朝鮮終戦の記録』）。二一日、アーノルド軍政長官は「指令（法令）第五号」を発し、治安維持法・朝鮮臨時保安令・出版法などの実質的な廃止を指示した。これは、日本国内では約二週間後に発せられる「人権指令」に相当する。日本国内では一〇月一五日に治安維持法は正式に廃止となるが、朝鮮においては法令第一一号により一〇月九日に正式に廃止となった。

もちろん、朝鮮において八月一五日を境に治安維持法は実質的に廃止同然となっていた。この点も、治安維持法の機能が半減し（新たな発動はなかったものの、その司法処分と受刑者・予防拘禁者はまだそのままだった）、「国体」の魔力が消え去りながらも、法として存続していた日本国内と比べて大きな相違であった。

日本人警察関係者・司法関係者の検挙と裁判・抑留

植民地統治体制の崩壊後、治安維持法運用をになった日本人警察関係者・司法関係者はどのような扱いを受けたのだろうか。森田芳夫『朝鮮終戦の記録』からその情報を追ってみよう。三八度線を境とした南朝鮮と北朝鮮の状況は大きく異なる。まず南から。

米軍軍政庁の成立とともに総督府首脳部が解任された九月下旬すぎ、警察・司法関係者を含む日本人官公吏らが勾引され、取調を受けた。容疑は植民地統治時代のものではなく、八月一五日以降の政府および公共団体の不法な経費支出、政府の重要記録その他の文書の不法な焼却、機密費の使途などであった。西広忠雄警務局長は機密費の使途について、早田福蔵法務局長は重要書類の焼却について取調のために抑留されたが、その後、日本に追放された。

京城保護観察所長長崎祐三は保護観察所の記録を焼いたことに加え、「機密費九万円を大和塾会員五名に送って、約五十名からなる治安隊を結成させて、交通整理・世論指導・拘留（ママ）日本人釈放などの運動をさせたことなどの責任」を問われて、四六年三月二〇日、懲役一年六月の判決をうけた。三月二五日、京城刑務所長渡辺豊は懲役八月の判決を受け、西大門刑務所長の相良春雄は懲役一年（執行猶予二年）の判決を受けた（いずれも理由は不明）。

地方では八月一六日から二三日の間に警察官署に対する襲撃・占拠・接収要求などが一四九件、銃器・弾薬の略奪が四一件、日本人警察官に対する暴行・脅迫・略奪などが六六件、朝鮮人警察官に対する暴行・脅迫・接収要求などが一一一件報告されている。日本人・朝鮮人警察官に対する殺傷事件もあった。

警察署が朝鮮側に接収される際に、武器の員数不足などを理由に日本人警察官が勾留、処罰された事例があった。全羅南道では木浦警察署長が武器不足を理由に一〇月二五日に検挙され、一二月一〇日のアメリカ軍の軍事裁判で一年の判決を受けた。江原道南部の三陟（サムチョク）署長は武器弾薬の一部行方不明と書類焼却により、八月二〇日から一二月一九日まで警察署に勾留された。江陵（カンヌン）署長と高等主任らも三カ月間勾留された。

司法関係者に関する情報は少ないが、四五年一一月九日の『中央新聞』は「思想検事の元凶　森浦、静永らを検挙」と報じている。森浦藤郎は京城地方法院検事正だった。静永世策は戦時下、法務局刑事課の事務官だった。また、大邱覆審法院検事長五井節蔵が四六年三月一五日に釈放され、大邱地方法院検事正江上緑輔が三月二六日に懲役八月を科された事例は、やはり戦後の書類焼却などの責任が問われた可能性がある。大田（テジョン）地方法院判事吉田幾雄が四六年一月三日に懲役五年という重い判決を受けているが、理由は不明である。

北ではソ連軍が進駐し、釈放された政治犯も加わって各地に人民委員会が結成され、日本人警察・司法関係者の責任がきびしく追及された。

江原道の北部では警察部長・高等課次席（警部）、地方法院長・検事正・判検事らが四五年九月一三日から一七日にかけて検挙され、平壌のソ連軍刑務所に送られた。平安南道では八月二七日、「堂本警察部長以下警察関係各課長、部付警視、高等課の主任級および平壌府内の警察署長が逮捕され、二十八日に山沢佐一郎覆審法院長以下法院関係者四名、検事七名が逮捕された」。平安北道（ピョンアンプクド）では九月二日、知事・警察部長・高等課長・新義州警察署長、新義州地方法院長（山下秀樹）・新義州地方法院検事正・次席検事・新義州刑務所長らが検挙されて平壌に送られた。九月下旬、司法関係者および警察官約四五〇人が検挙されて、収容所に送られた。山下はその後、収容所で死去する。

『朝鮮終戦の記録』では、平壌では四五年八月から四六年二月までに司法関係者一八二人が検挙されている（全体では二四二一人）。朝鮮人の治安署（保安署）・治安隊・赤衛隊などによる検挙もあった。「終戦後の革命的興奮の中で、被圧迫民族としての過去の報復を求める気持が横溢としており、とくに民族運動取締りの第一線にあった警察官（ことに特高関係）・刑務官・司法官などに対しては遠慮ない報復を加えようとした」とする。定州（チョンジュ）では四五年九月一一日、検事・判事・警察署長・特高課長を含む二四人が「民族運動の取締りに関与したものとして暴行をうけたのち、一二日に新義州刑務所」を経由して平壌に送られ、ソ連軍に引き渡された（一部の人は定州に帰された）。新義州に送られる際、「後手錠（うしろ）をしたものは、大正八年の朝鮮独立運動事件のときに朝鮮人を殺害したもの、前手錠は朝鮮人を搾取したもの」という理由だったという。

検挙・抑留された人々は、その後、朝鮮の裁判を受けるもの、ソ連軍の裁判を受けるもの、シベリア抑留となったもの、釈放されたものという運命をたどる。

『朝鮮終戦の記録』に、朝鮮の裁判について次のような記述がある。

裁判は、北朝鮮全般からみると、平等に行なわれておらず、咸鏡南北道・黄海道では、日本人を二十一年春までにほとんど釈放したが、平安南北道では、ソ連に捕えられなかったもの、またはソ連から釈放された司法関係者中、とくに思想犯を取り扱ったものを朝鮮側でまた逮捕した。その罪は、最初「政治犯」といっていた。家族が嘆願して「官吏として正当な職務を遂行したまでのことであって、犯罪者とされる理由がわからない」と述べたことに対して、北朝鮮の司法官は、つぎのようにいったという。

「私たちも、かつて共産主義の理想とその命ずる任務を遂行しただけだった。しかし、私たちも、日本の裁判では罪人とされ、ながい刑期をうけた。その理由はわからないままだった」。

『朝鮮終戦の記録』は、量刑について小野沢龍雄の証言を紹介している。平壌人民教化所の受刑者で、一九三七・三八年頃の平安北道警察部長だった服部伊勢松はその経歴によって「政治犯」とされ、一審の死刑判決後、二審で懲役一五年になったという。国境警察官であった福原富久一は「建国妨害罪」という罪名で、一審死刑、二審で懲役一五年を科せられた。平壌覆審法院検事長の山沢佐一郎・同法院検事の坪谷久次ら五人は、「その経歴と在職年限に応じて無期、一二年、五年、三年」の刑となった。「中に一、二、実際取り扱った思想事件、朝鮮独立事件審判を罪科とされている」という。

ソ連スパイ検挙事件として、ソ連軍による二つの裁判を『朝鮮終戦の記録』は記述している。元山の裁判で咸南高等課長清野武雄は二五年の刑、元山警察署長富田音松は死刑、同署員川島武夫は一五年の刑、同野中伊八は七年の刑を受けた。また、平壌の裁判では平安北道警察部長手塚敏夫が死刑、同巡査部長藤本一美が一〇年の刑を受けている。

受刑状況では、四六年一一月時点で平壌と新義州の人民教化所に未決・既決の約五〇人が収容されていたという。平壌人民教化所には平壌の司法関係者が多かった。未決囚の内、数人の判事・検事は四六年五月と六月の二回に分かれて釈放された。一方、平壌覆審法院部長・判事・保護観察所長らはソ連軍に引き渡され、シベリア抑留となった。

四六年一二月、ソ連軍の「刑期二年以内のものは釈放」という命令により、二〇余人が出所となったが、七人は内務局員の非常上訴で再審となり、五人が死刑や懲役五年の刑を科された。四八年七月の時点で平壌人民教化所に残った一四人の受刑者の内、一〇人が司法・警察関係者だった。

中国・延吉のソ連軍下の日本軍捕虜収容所はシベリア抑留の中継的性格をもっていたが、ここに平壌・咸興などから警察官・司法官・官公吏ら約二八〇〇人が移されていた。これらは、四五年一二月三一日、ソ連送りとなるものを除いて釈放された。南下して朝鮮をめざすもの、農耕隊を組織し自活しつつ帰国の道を探るものなどがあった。

『朝鮮終戦の記録』によれば、「咸鏡南北道の行政官が一括してソ連に送られたのに対し、平安南北道・黄海道では、その様相を異にし、ソ連軍により三合里（サムハプリ）（平壌郊外）・延吉に抑留されたのち」、平安南道知事・同警察部長・平安北道警察部長がハバロフスクに移された。黄海道知事・同警察部長らは琿春を経てシベリアに移された。司法関係者は平安北道を除いて、ほとんど延吉に送られ、平壌保護観察所長ら三人が取調のためにソ連に送られた。

一九五〇年一月現在で、ソ連地区に抑留されていた朝鮮関係者七三人のほとんどは警察関係者であった。これらの人たちの多くは四月までに引揚げとなった。

その一人、平安南道知事としてシベリア抑留となった古川兼秀は、一九四〇年前後に警務局図書課長、保安課長を務めていたが、「在ソ中、終始私の反ソ的行動の疑は晴れず、また警務局在勤中における思想運動取締及び防護活動についても峻厳な取調べがつづけられ、観念していたのであったが、幸に帰ることが出来たのは何よりであった」と回想している（森田芳夫・長田かな子編『朝鮮終戦の記録』「資料編第一巻　日本統治の終焉」、一九七九年）。

なお、戦前の高等警察の一員であった朝鮮人への追及もなされていく。断片的ながら新聞報道によりその一端をみよう。一〇月二一日の『新朝鮮』に「朝鮮でも高等警察廃止　やたらに取締逮捕せず　京畿道警察部長　率先断行」、二四日の『自由新聞』に「前総督府悪政の標本　高等警察残滓（ざんし）一掃せよ　重要地位に残置し世論沸騰」という記事が載る。この具体的な展開は不明だが、四八年後半になって「反民族主義」に対する追及の動きが活発化する。四八年一〇月二三日の『東亜日報』の「反民族徒輩」処断という記事のなかには「高等警察関係四千」とある。ここからは、実際には「高等警察残滓一掃」が進まなかったことが推測される。

『東亜日報』1948年10月23日

四九年一月五日の『釜山新聞』には「過去高等係刑事一掃」、二八日の『自由新聞』には「狂信的親日派曺（チョ）秉相（ビョンサン）、高等警察頭目崔燕（チェヨン）逮捕」とあり、責任追及が本格化したことがうかがえる。二月二五日の『湖南新聞』には「河判洛（ハパンナク）罪状続々綻露　高等警察として憂国闘士抑圧」、四月二七日の『自由新聞』には「高等警察金悳基（キムドクキ）　第一回公判で犯罪是認」、六月三日の同紙には「高等警察南部縞（ナムブホ）十年公民権剥奪求刑」、一一月二六日の『漢城日報』には「反逆徒輩に鉄槌連発！　日帝高等警察の元凶　盧徳術、李源甫再逮捕　厳重に武装して潜伏処を急襲」という記事が載る。各地で前高等警察官の検挙や司法処分がなされていった。

その一方で、四七年一月八日の『大衆日報』には「非合法的陰謀防止に　高等警察の設置緊要」という趙警務部長の会見談が載る。すぐ後述するように、左翼勢力への弾圧が本格化するなかで「高等警察」の復活が求められたといえよう。

治安維持法の残滓

「人権指令」によって治安維持法が廃止となり、特高警察が「解体」されても、それらが日本の主体的な作用でなかったために、日本の為政者はすぐさま代わるべき治安体制の構築に着手した。占領政策の円滑な遂行を第一義とするＧＨＱの了解を得て、一九四五年一〇月一八日には「大衆運動の取締に関する件」を閣議決定し、一二月一九日には内務省警保局に公安課を設置し、各府県にも警備課が設置されていく。治安法令としては、団体等規正令を経て、一九五二年には破壊活動防止法の成立に至る（拙著『戦後治安体制の確立』参照）。

南朝鮮においても、戦後日本の治安体制が形成・整備されていくのとおおよそ同じ軌跡をたどって、戦後の治安体制が形成・整備・確立していったと思われる。私にはそれを明らかにすることは困難なので、高峻石『朝鮮１９４５−１９５０』の記述と新聞報道を中心にその一端を見るにとどまる。

一〇月一九日、スターリン京畿道警察部長は警察部高等課の廃止と情報課の新設を発表した（『毎日新報』一九四五年一〇月二〇日）。情報収集活動は途切れなく継続され、政党や社会運動、民心の動向が対象となる。『朝鮮終戦の記録』によれば、「はげしくつづく朝鮮人側の不法行為」に対して、一〇月二七日、警察当局は「公衆の安寧秩序ならびに軍政を妨害する性質のビラ・ポスターの貼付等は、実質的に布告第二号違反なるをもって、今後、軍隊および行政警察は、これが違反計画者を即時逮捕留置すべし」と発表した。

高峻石は『朝鮮1945―1950』のなかで「アメリカ軍政庁は、自己の政治目的、すなわち南朝鮮にたいする植民地化政策を推し進めるために各地方の人民委員会の破壊をはかり、まず共産主義者の主な活動家たちを狙い打ちし、あらゆる口実による検挙・投獄を行なうようになった。南朝鮮は解放されたのも束の間、再び反動の嵐が吹きすさび、重苦しい世の中になっていった」と述べる。

四六年四月二日の『朝鮮日報』は「日帝強占期の「治維法」隠匿者を拘引してもよいのか」「検事局の法的解釈に物議ふんぷん」という記事を載せた。解放前の治安維持法違反で有罪判決を受けた人物を隠匿したという理由による京城地方法院検事局の検挙に批判が集まった。法曹会は「解放になった今日、日本人が作った悪法を黙って守り、今更のようにそれを執行する必要があるだろうか。万一、このような法律的見解を持った人が司法部内にいるとすれば、解放後に出獄した愛国闘士らは安心して働けないであろうから、朝鮮政界に及ぼす影響は極めて大きい。このような法律的解釈は、我が朝鮮民族としては徹底的に糾明する必要があると考える」と表明した。こうした批判の高まりに、大法院検事総長李宗聖(リジョンソン)は「建国精神から見たとしても「治維法」消滅が当然　法理論解釈の統一を言明」し(『朝鮮日報』、四月三日)、京城地方法院検事局の措置を誤りとした。

その直後の四月一〇日、軍政長官の指令として米ソ共同委員会の開催中の政治的集会やデモの禁止を京畿道警察部が発表した。

こうして治安維持法の残像が朝鮮の人々に再び焼き付けられ、不安が高まっている状況に向けてだろう、四月一九日、軍政庁法務局の補佐官オーバン大尉は治安維持法が四五年一〇月九日に完全に廃止されていることをあらためて言明した(『朝鮮日報』、四月二〇日)。

六月一日の各紙は、軍政庁から発せられた軍政布告第七二号が朝鮮人の政治的自由と人権を蹂躙するという意味でかつての治安維持法を彷彿とさせるとの非難が高まっていると報じた。当局者はそれは誤解だと弁明に努めるが、撤廃の要求に押されて、その後、見直しのための保留に追い込まれた。

四七年三月、立法議院が「対日協力者・民族反逆者・戦争犯罪者・謀利奸商輩」に対する特別法律案を発表すると、世論は紛糾した。その趣旨や運営についての説明書では、「対日協力者の規定は極めて広範に、制裁はごく寛大にし」、「過去の日本統治時代に横行していた親日分子を総網羅して、当分少なくとも三年間は政界の指導層に進出できないよう公民権だけをはく奪するごく軽い制裁を立案」したとする。そのうえで「日本で実行された戦犯放逐と、中国で断行された漢奸懲治、遠くはフランスのド・ゴール将軍の凱旋の光景をも念頭に置き、最も近しい北朝鮮の轍を踏まないようにしようという企図から、秩序ある人情ある最小数の犠牲を出し、絶対多数の民族の将来のために子孫万代に大義名分を立て、正義と勤労と良心を活かそうとする忠誠をもって本法を起草した」という。

対日協力者の数は全国民の約〇・五％、一〇万人から二〇万人と予想されているが（『朝鮮日報』、一九四七年三月九日）、ここには治安維持法の運用にあたった警察関係者らも含まれているだろう。

再び高『朝鮮１９４５―１９５０』によれば、アメリカ軍政庁は四七年八月一五日の朝鮮解放二周年記念日を前に、「左翼勢力の全面的破壊をはかり、記念行事の屋外集会およびデモを禁止する行政命令第五号を公布した」。そして、八月一一日から一五日にかけて、「南朝鮮赤化を計画し、軍政を破壊する陰謀がある」として左翼勢力に対する大弾圧をおこなった。「アメリカ軍政庁の縮小した発表だけによってみても、殺害された者二八名、検挙・投獄された者一万三七六九名、重傷を負わされた者二万一〇〇〇余名という数にのぼった。同時に、南朝鮮労働党、全評、全農などの事務所（会館）が閉鎖された。この日から、南朝鮮における左翼運動は、全面的に地下活動を余儀なくされ、重要幹部たちは続々と三十八度線を越えて北朝鮮へ脱出するようになった」。

解放後の朝鮮においては植民地統治の根源であった治安維持法の残滓の払拭に努める一方で、親日派勢力の取り込みと協力を図り、新たな治安体制の構築に力を注いだといえる。そして、この上部にアメリカ軍政庁が君臨していた。

一九四八年八月、アメリカ軍政が幕を閉じて李承晩（リスンマン）に政権が移譲されたが、アメリカは軍事顧問団と文官顧問団を配置して「大韓民国政府の中枢部を支配するようになった」。「李承晩政権は、アメリカ軍政庁時代の暴圧機構と法律体系をそのままそっくり継承した。すなわち、日本帝国主義統治時代の「新聞紙法」「保安法」などをはじめ、アメリカ占領軍の軍布告、軍政庁法令などを継承して、南朝鮮人民支配に臨んだ」（高『朝鮮1945―1950』）。

そして、社会運動と民心を抑え込むもっとも根幹の治安法として制定されたのが、国家保安法である。

国家保安法への継承

治安維持法を継承したといえる国家保安法（一九四八年一二月一日公布施行）の成立の背景について、閔炳老（ミンビョンロ）「韓国の国家保安法の過去、現在、そして未来」（『比較法学』第三三巻第一号、二〇一四年五月）を参照する。米ソ共同委員会が一九四七年七月に決裂し、国連も「信託統治」案を放棄すると、南北の分断が確定し、それぞれ選挙が実施されることになった。四八年五月、済州島を除く南での総選挙の結果、李承晩による大韓民国が樹立され、北には九月に朝鮮民主主義人民共和国が樹立された。「韓国内部では左翼勢力が国家権力に対して武装闘争を展開することになり、三八度線では二つの政権間の武力衝突が頻繁に起こった」。

済州島など各地で武装蜂起が多発するなか、「権力基盤が弱かった李承晩政権は、親日派を政府機関の重要ポストに任命し、反共イデオロギーを支配イデオロギーとして反対勢力の除去に拍車をかけた」。ここで制定されたのが国家保安法である。閔炳老は「建国に反対する反政府運動者に対する弾圧法として当初から反共イデオロギーを利用し、人権侵害を広範に行う最大の悪法として活用された」という評価を下している。

公布施行直後の一二月三日、『東亜日報』は「運用に慎重を期せよ」という社説を掲載する。北とのはげしい対峙を踏まえて「北朝鮮傀儡(かいらい)政権が改心しない限り、また民主主義による南北統一がない限り、険悪な事態は絶えず続くことが予測されるので、それに対する収拾策を講じなければならない。その収拾策の一つとして登場したのが、去る一日公布施行された「国家保安法」である」とするように、基本的なスタンスは肯定・支持である。「制定・施行においてその動機や内容の妥当性を躊躇なく納得する」ものだった。

この社説の意図は、運用において「多少微妙な問題に直面する」ことの表明にあった。なかでも第一条の「国憲を違反」した者を見極めることは容易ではなく、「民主主義を重視する自由主義者まで第一条に掛かってしまうという懸念がなくはない」とする。そして「法の濫用」の恐れを指摘し、「もし意識的な濫用があれば、民主主義を唯一の道として誕生した大韓民国は傀儡政権支配下の北朝鮮のように暗黒化し、現在の混乱事態は一層深刻化するので、当局の賢明な運用を促してやまないのである」と注文を付けた。当然、その懸念や憂慮はまだ記憶の生々しい治安維持法の濫用と猛威と深く結びついている。

しかし、この懸念は最悪のかたちで的中する。閔「韓国の国家保安法の過去、現在、そして未来」によれば、国家保安法によって検挙ないし立件された人員は施行から約一年の間に一一万八六二一人に達するという。これは、治安維持法二〇年の運用で検挙・受理された人員の三倍以上となる数値である。

その後の国家保安法が韓国現代史においてどれほど多くの犠牲を強いたかについては、すでに多くの先行研究がある。日本の治安維持法の解明と同様に、さらなる「いわれいんねんの、いちぶしじゅう」(能勢克男の言葉)の解明が求められる。

あとがき

前著『治安維持法の「現場」』をまとめつつある段階では、まだ本シリーズ「治安維持法の歴史」の構想が固まっていたわけではなかった。二〇一九年夏に独立紀念館（韓国独立運動史研究所）の尹素英（ユンソヨン）さんにお会いした機会に、韓国において治安維持法関係の史料がデジタル化されて公開されていることをお聞きした。それ以来、めざすべき方向が明確になった。

「はじめに」で記したように国史編纂委員会や国家記録院、韓国・国会図書館などが所蔵し、ウェブ上で閲覧に供しているものを見始めると、それらが治安維持法研究にとって質・量ともにきわめて豊かなものであることがすぐに理解された。日本国内において治安維持法関係の文書、とくに警察から裁判所・刑務所に至る司法処分の記録の多くが意図的に消滅させられていたため、治安維持法違反事件がどのように裁かれたのかという解明に大きな困難が立ちはだかっていたことと比べて、むしろその膨大な史料群を前に、どのように全貌を把握し、的確に読み解くことが可能かという問題に直面することになった。

韓国において植民地期の治安維持法研究について全般的な考察はなされていないため、本書ではまず一九二五年から四五年までの通史的な運用の概要をまとめることとした。しかし、その通史的な運用の概観だけでは朝鮮における治安維持法をめぐるさまざまな問題をとらえきることはできないため、治安維持法違反事件がどのように裁かれていったのかという、警察・検察・予審・公判・行刑、そして保護観察・予防拘禁の各「現場」に密着して検証することを試みる。次巻の『朝鮮の治安維持法の「現場」』である。

治安維持法の「悪法」の根源と実態を可能な限り明らかにしたいという一念に押されて、はからずも朝鮮近代史という未踏の領域に踏み込んでしまった。そのために本書は植民地朝鮮への理解不足に発する問題把握のつたなさや論述の不徹底・過誤をまぬがれていないだろう、率直な批判や教示を切に願ってやまない。

「独立運動判決文」（国家記録院所蔵）や「治安維持法関連資料」（韓国・国会図書館所蔵）などにはできるだけ目を通したつもりだが、見落としたものも少なくないだろう。また、二〇二〇年以降、コロナ禍のために韓国での再度の調査をなしえず、本来閲覧すべきいくつかの史料群が未検討のままとなっていることも心残りである。

朝鮮における治安維持法という主題の中間点に至り、日本国内の運用と朝鮮における運用を比較することが可能となり、両者の異同が見えてきた。さらに植民地台湾、かいらい国家「満洲国」におけるそれぞれの治安維持法運用の実態などを明らかにすることで、ようやく治安維持法の全体像をえがきだすことができるだろう。私には任が重いとはいえ、植民地統治あるいは帝国による統治について、欧米との比較という魅力的なテーマも近づいてくる。

この中間点に立って、いくつかのことが思い浮かぶ。

一つは、治安維持法の運用という観点から見えてくる植民地統治の罪悪性の再認識である。次巻であつかうように、朝鮮の高等警察による治安維持法違反被疑者の取調べでは日本国内以上の苛酷な拷問がなされた。それは朝鮮近代史における独立運動への激しい弾圧取締としてある程度は類推しうるものであったが、本書が主題とするように警察取調べを含め、検察から公判、行刑に至る一連の司法処分の状況において、その虚偽や論理の飛躍が法的な外装を施されて正当化されていることを再確認すると、朝鮮総督府の統治、すなわち日本の朝鮮統治の保障と支えになった治安維持法のさらなる「悪法」性に突き当たる。

もう一つは、治安維持法の運用の当事者として、暴力の行使を日常とする警察官だけでなく、検事や予審判事・判事らに対する憤激を禁じえなかったことである。朝鮮の植民地統治を第一義として治安の維持を図るという司法官の使命に駆られてといってよいだろうが、検事廷・予審廷、そして公判廷において被疑者・被告らが訴える訊問調書の虚偽作成、拷問による自白の強要などを聞き入れることなく（ごく一部の無罪判決ではそうした調書の虚偽性や自白の強要を認めた）、公判における大半の証人申請を却下し、有罪という処断を下した。痛々しい拷問の傷跡を身をもって示しても、裁判長らは動じることもなく、「被告人の警察に於ける自白が所論の如く取調官の苛酷なる拷問の結果、不任意に為されたる内容虚偽のものなることを認むべき証迹（しょうせき）存せず」と切り捨てた。

十字架党事件において、民族主義を固持し、独立希求の志を持ちつづける南宮檍（ナムグオク）に対して、裁判長（山下秀樹）が併合後の総督府施政により朝鮮の民衆は豊かに幸福になったではないかと説得する場面には、日本帝国にいかに忠実な司法官かと感心するほどだった。一九三〇年代後半になると、朝鮮総督府施政に対する反発や抗議を治安維持法違反の名で断罪するにあたり、「其の真意を解せず」とか、「曲解」「妄断」をなすものと決めつけたが、それらこそ総督府施政の「真意」を見抜いた真っ当な批判的行動であった。こうした司法官にあっても朝鮮社会の緊張の増大や民衆の不満・不平の鬱積について日常の感覚として受け止めざるをえなくなっていたと推測されるが、治安維持法の運用においてはその威力を振りまくことに躊躇はなかった。

次巻でも触れるが、これらの司法官の多くは戦後日本において検事・判事・弁護士の職についた。

そして、こうした日本国内に比して何重もの法的制約やきびしい処断があったにもかかわらず、暴政・重圧に対する反発、日常的な民族差別への抵抗、植民地支配からの脱却の意志が朝鮮の人々のなかで持続していたことに、あらためて感銘を受ける。一九四〇年前後、つまり植民地化されて以降に生まれた少年らにも抵抗の芽生えがあったように、変革を求める民族の意志は根強く持続していた。それらを為政者側は「不逞」な、「独立」をめざす犯罪行為としてえぐり出し、治安維持法違反の名の下に容赦なく一掃しようとした。しかし、一九四五年八月一五日の「光復」を喜ぶ朝鮮民衆の歓声と刑務所に収容されていた政治犯の解放は、治安維持法による恐怖の支配が失敗におわったことを意味する。

それは、日本国内において、治安維持法体制の解体がようやく一〇月四日のGHQ「人権指令」によってなされたことと際立った対照をなしている。敗戦後の府中の予防拘禁所に最初に訪れたのが朝鮮人であったことも想起される。ただし、日本国内がそうであったように「光復」後の朝鮮においても、まもなく治安維持法的な恐怖の支配が復活していく。そのことは解明されねばならない課題である。

本書で用いた「独立運動判決文」や「治安維持法関連資料」、「韓民族独立運動史資料集」などを整理し、ウェブ上での閲覧に供している国家記録院・国史編纂委員会・韓国・国会図書館の関係者の方々に深くお礼を申しあげます。また、「仮出獄」「在所者資料」などの閲覧と複写（データ）にあたっては国家記録院にお世話になりました。「仮出獄」などの所在について、全明赫（チョンミョンヒョク）氏からご教示をいただきました。

日本国内では「青丘文庫」の閲覧と複写で神戸市立中央図書館に、さまざまな文献の閲覧では小樽商科大学図書館・早稲田大学中央図書館のお世話になりました。

朝鮮の治安維持法という主題に本格的に取り組むきっかけを作っていただくだけでなく、尹素英さんには二〇一九年一一月には独立紀念館での中間報告の場を設けていただきました。『東亜日報』の社説や記事の翻訳にあたっては、洪善英（ホンソンヨン）さんにお願いをすることができました。また、この主題に取り組むにあたり、水野直樹氏と松田利彦氏から多くのご教示をえました。

芳賀普子さんには朝鮮人名と地名の読みにあたり、全面的にご援助をいただきました。これらの方々・機関に心よりお礼を申しあげます。

本書は尹素英さんのご尽力により韓国でも近く刊行されます。何よりの喜びです。自ら翻訳の労をとっていただいた尹さんに厚くお礼を申しあげます。

前著にひきつづき、本書の刊行にご尽力いただいた六花出版の山本有紀乃さん、大野康彦さん、黒板博子さん、岩崎眞美子さんにお礼を申しあげます。判決文などの引用が満載の文章を、読みやすくしていただきました。

なお、本書は「科研費」(2017-2020「「治安」の視点より見た近代日本の植民地統治・帝国統治」〔17K03089〕)の成果の一部です。

二〇二一年一一月三〇日

荻野　富士夫

《**出典・所蔵**》

はじめに　章扉　『開闢』第六四号、一九二五年一二月一日、国史編纂委員会データベース
第Ⅰ章　章扉　「治安維持法違反(朴憲永外十人調書)」　韓国・国会図書館所蔵
第Ⅱ章　章扉　李順玉(日帝監視対象人物カード)国史編纂委員会データベース/「予審請求書」　韓国・国会図書館所蔵
第Ⅲ章　章扉　「治安維持法違反　権栄台外三十三名訊問調書」　韓国・国会図書館所蔵
第Ⅳ章　章扉　「独立運動判決文」　国家記録院所蔵
おわりに　章扉　李圭運『写真で知る　韓国の独立運動』(下)、一九八八年、国書刊行会

わ

ら

ま

や

は

な

た

さ

主要人名索引

あ

か

さ

た

索引

主要事項索引

あ

か

［治安維持法の歴史Ⅳ］

朝鮮の治安維持法——運用の通史

著者——荻野富士夫
発行日——二〇二二年一月二五日　初版第一刷
発行者——山本有紀乃
発行所——六花出版
〒一〇一-〇〇五一　東京都千代田区神田神保町一-二八　電話〇三-三二九三-八七八七　振替〇〇一二〇-九-三二三五二六
校閲——黒板博子
組版——公和図書デザイン室
印刷・製本所——モリモト印刷
装丁——臼井弘志

著者紹介——荻野富士夫（おぎの・ふじお）
一九五三年　埼玉県生まれ
一九七五年　早稲田大学第一文学部日本史学科卒業
一九八二年　早稲田大学大学院文学研究科後期課程修了
一九八七年より小樽商科大学勤務
二〇一八年より小樽商科大学名誉教授

主な著書　『特高警察体制史——社会運動抑圧取締の構造と実態』せきた書房、一九八四年／増補版、一九八八年／増補新装版　明誠書林、二〇二〇年／『戦後治安体制の確立』岩波書店、一九九九年／『思想検事』（岩波新書）二〇〇〇年／『特高警察』（岩波新書）二〇一二年／『日本憲兵史』日本経済評論社、二〇一八年／『よみがえる戦時体制』（集英社新書）二〇一八年

ISBN978-4-86617-159-3